KB038322

독일 교양 이데올로기와 비전

독일 교양 이데올로기와 비전

이광주 지음

도서출판 길

지은이 **이광주**(李光周)는 고려대 사학과를 졸업하고 같은 대학교 대학원에서 수학했으며, 충남대, 전주대, 인제대 사학과 교수를 역임했다. 유럽 지성사와 대학사에 관심을 가지면서 문화사 전반에 걸친 다양한 저술활동을 펼쳐왔다. 특히 유럽 교양계층과 책의 문화사에 대한 에세이로 정평이 나 있다.

저서로 『역사 속에 선 인간: 독일근대사론』(문학과지성사, 1979), 『정념으로서의 역사』(문학과지성사, 1987), 『지식인과 권력: 근대 독일 지성사 연구』(문학과지성사, 1992), 『유럽사회: 풍속산책』(까치, 1992), 『대학사』(민음사, 1997), 『아름다운 지상의 책 한권』(한길사, 2001), 『베네치아의 카페 플로리안으로 가자』(다른세상, 2001), 『동과 서의 차 이야기』(한길사, 2002), 『윌리엄 모리스, 세상의 모든 것을 디자인하다』(한길아트, 2004), 『내 젊은 날의 마에스트로: 편력』(한길사, 2005), 『유럽 카페 산책』(열대림, 2005), 『아름다운 책 이야기』(한길아트, 2007), 『교양의 탄생: 유럽을 만든 인문정신』(한길사, 2009), 『아름다움과의 만남: 나의 미술기행』(편저, 열화당, 2011), 『담론의 탄생: 유럽의 살롱과 클럽과 카페 그 자유로운 풍경』(한길사, 2015), 『나의 유럽 나의 편력: 젊은 날 내 영혼의 거장들』(한길사, 2015) 등이 있으며, 역서로는 『지성의 몰락: 독일 대학의 정치사회사』(H. P. 블로이엘, 한길사, 1980), 『국가권력의 이념사』(프리드리히 마이네케, 한길사, 2010), 『역사의 매력: 새로운 문화와 역사를 위해』(요한 하위징아, 도서출판 길, 2013) 등이 있다. 현재 인제대 명예교수로 있다.

독일 교양 이데올로기와 비전

2018년 12월 10일 제1판 제1쇄 찍음
2018년 12월 20일 제1판 제1쇄 펴냄

지은이 | 이광주
펴낸이 | 박우정

기획 | 이승우
편집 | 권나명
전산 | 한향림

펴낸곳 | 도서출판 길
주소 | 06032 서울 강남구 도산대로 25길 16 우리빌딩 201호
전화 | 02) 595-3153 팩스 | 02) 595-3165
등록 | 1997년 6월 17일 제113호

"이 도서는 한국출판문화산업진흥원의 출판콘텐츠 창작 자금 지원 사업의 일환으로 국민체육진흥기금을 지원받아 제작되었습니다."

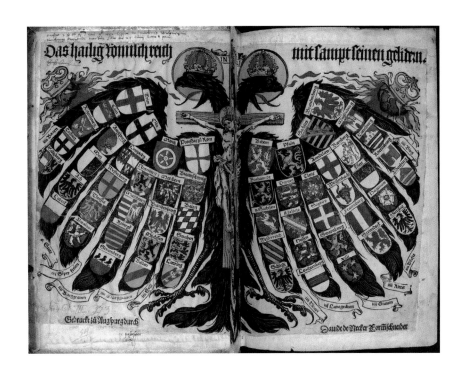

독일의 근간 '신성로마제국'

독일제국은 15세기 후반부터 '독일 국민의 신성로마제국'(Heiliges Römisches Reich Deutscher Nation)으로 지칭되었으며, 그 명칭은 1512년에 이르러 정식 국명이 되었다. 그러나 제국이란 이름뿐, 독일은 하나의 주권 아래 통합된 단일국가라기보다 영방 내지 영방제후들의 연합체였다. 근대에 이르러서도 그칠 줄 모른 독일과 독일인의 특유한 분파성(당파성) 및 분열 현상을 스탈 부인(Madame de Staël)은 『독일론』(1813)에서 "이 제국은 문화와 민중의식의 공통된 중심을 보유하지 못하고 있다. 독일 전체의 상류층이 모이는 수도가 존재하지 않는 까닭에 대다수의 작가, 문인, 사상가는 고독 속에서 일을 하든지 자기 자신이 다스리는 작은 단체를 주변에 소유하는 데에 불과하다"라고 평했을 정도이다.

그림: 「신성로마제국의 상징으로 개별 국가들을 거느린 두 개의 머리를 가진 독수리」(1510)

1521년 4월, 신성로마제국 황제 카를 5세가 보름스에서 소집한 제국의회에 출두하여 자신의 신학적 입장을 밝히고 있는 마르틴 루터와 그의 저서들 『영웅숭배론』의 저자인 영국의 역사학자 토머스 칼라일(Thomas Carlyle)은 루터가 자신의 주장을 철회하지 않고 당당히 밝힌 이 역사적 순간을 근대 역사상 가장 위대한 순간이라고 평가했다. 더불어 루터는 단순한 혁명가가 아니라 위대한 사상가이기도 했다. 종교개혁의 핵심 사상을 담은 3대 논문을 포함해 1520년에만도 133종의 책자를 발표했을 정도이며, 1517~20년에 무려 30만 부의 책이 팔려나가 읽혔다.
그림: 안톤 폰 베르너(Anton von Werner, 1843~1915)의 「보름스 제국의회에 출두한 루터」(1877)

프랑스 계몽사상을 대표하는 볼테르, 디드로, 달랑베르, 루소(왼쪽부터 시계 방향으로)

프랑스 계몽사상가들은 모두 담론가였으며, 프랑스혁명의 3대 이념인 '자유, 평등, 박애' 역시 문자와 책을 가까이할 수 있었던 일부 지식인들의 담론 문화의 소산이었다. 그러나 담론 문화의 번성과 함께 담론 공동체는 프랑스인 모두의 요람이 되었으며, 프랑스인들은 여러 세대에 걸친 담론 문화를 통해 자신들의 바람, 즉 '자유, 평등, 박애'를 실현했다.

프로이센의 계몽 절대군주 프리드리히 대왕

18세기 계몽사상은 본질적으로 '자유로운 인간'(homo liber)임을 자각한 시민이 국가에 맞서면서 생겨나고 발전했지만, "시민의 첫 번째 의무는 조국에 대한 봉사이다"라고 확신한 프리드리히 대왕에게서는 '자유로운 인간'이란 말이 있을 수 없었다. '강한 의무감과 국가의식'만이 있을 뿐이었다. 결국 계몽 절대군주인 그가 독일과 독일 국민에게 남긴 최대의 유산은 '프로이센 군국주의'였다.

그림: 안톤 그라프(Anton Graff, 1736~1813)의 「프리드리히 대왕 초상」(1781)

대학과 교수 중심의 계몽사상을 대표하는 라이프니츠, 칸트, 훔볼트, 헤겔(왼쪽부터 시계 방향으로)
굳건한 시민사회의 부재로 인해 폭넓은 시민적 공공성 대신에 '학자 공화국'인 대학이 독일에서는 계몽
사상의 근거지가 되었다. 즉 독일 계몽사상은 일부 대학교수들에 의해 대학을 중심으로 싹트고 확산되
었다.

프랑스 교양과 문화의 산실 역할을 한 살롱과 아카데미

프랑스적 교양은 살롱을 요람으로 하는 사교 생활 속에서 키워졌으며, 살롱은 곧 문예 살롱과 철학 살롱으로 발전하고 마침내는 인권선언과 인민주권을 싹틔운 공론의 터전이 되었다. 아울러 1635년 설립된 '아카데미 프랑세즈' 역시 학문 연구의 기구라기보다는 갖가지 학예를 즐긴 사교와 담론의 터전이자 교양인 중의 교양인의 모임이었다.

그림: 샤를 가브리엘 르모니에(Charles Gabriel Lemonnier, 1743~1824)의 「조프랭 부인의 살롱에서 볼테르의 비극 '중국의 고아' 읽기 모임」(1812)

'학문을 통한 교양'의 형성을 모토로 훔볼트의 주도적 역할 아래 설립한 베를린 대학
훔볼트는 신분 중심의 낡은 교육 이념인 직업적 유용성을 앞세우는 계몽주의적 교육 사상을 배제하고 인문주의적 교양 이상(理想)을 금과옥조로 받아들였다. 훔볼트와 더불어 베를린 대학 설립에 참여한 철학자들은 학문의 진흥, 특히 교양으로 표현되는 전인적 인간의 형성을 새로운 대학의 지도 이념으로 표방하면서 그 실현의 길을 학문과 교양의 일치에서 찾았다.

문학 중심의 독일 인문주의를 주도한 요한 볼프강 폰 괴테와 프리드리히 실러

두 사람은 출신 환경을 비롯해 그 성격과 창작 방식에서 무척이나 대조적이었다. 괴테는 10세 연하인 실러를 처음에는 경원했지만, 그를 예나 대학 역사학 교수로 추천하여 바이마르로 거처를 옮기도록 했다. 그 뒤 1천 통이 넘는 『괴테 · 실러의 왕복 서한』(1829)이 밝혀주듯이, 두 작가의 우정은 1794년부터 실러가 작고할 때까지 지속되었으며, 그 우정 위에 독일 고전문학과 인문주의가 대성했다.

독일 낭만주의 미술을 대표하는 화가 가운데 한 명인 카스파르 다비트 프리드리히와 그의 대표작인 「테첸 제단화」(1807)

북독일 출신의 프리드리히는 즐겨 새벽 박명(薄明)과 달밤의 풍경, 안개와 눈, 폐허를 그렸는데, 특히 그림에 십자가 및 수도사를 끌어들여 종교적 · 상징적 깊이와 의미를 담았다. 드레스덴을 여행했던 당시 괴테는 "그 뛰어난 풍경화, 안개의 묘지, 넓고 넓은 바다"와 "섬세한, 아니 경건한" 화가의 심정에 많은 공감을 표하기도 했다.

그림: 게르하르트 폰 퀴겔겐(Gerhard von Kügelgen, 1772~1820)의 「프리드리히 초상화」(1810?~1820?)

독일 미술을 처음으로 유럽 미술사에 독자적으로 자리 잡게 한 알브레히트 뒤러와 그의 대표작 「멜랑콜리아 I」

그는 "독일인의 정신을 고려해야 한다. 무엇인가를 창조하고자 하는 사람은 누구든지 이전에 전혀 볼 수 없었던 새로운 형식을 체득해야 한다"라고 하여, 독일의 예술사상 아니 사상사와 문학사 전체를 통해서도 '독일'을 의식한 최초의 인물이자 그 탐구를 한평생 지향한 인물이었다.

독일 음악의 명암을 상징적으로 보여주는 리하르트 바그너

음악의 여신을 받들어 자기의 음악 이념과 예술의 이상을 실현하기 위해 모든 것을 바친 바그너는 19세기 최고의 가극 작곡가로 평가받고 있다. 하지만 그는 자신의 논문 「음악에서의 유대성」(1850)에서 "방황하는 유대인의 해방이란 망해 없어지는 것이리라!"라고 극언함으로써 반유대주의를 표방, 결국 나치의 예술적 상징으로 이용당하기도 했다.

그림: 안톤 폰 베르너(Anton von Werner, 1843~1915)의 「티어가르텐에서의 바그너 기념물 제막식」(1908)

독일 내셔널리즘의 국가주의적 성격을 특징적으로 보여주는 레오폴트 폰 비스마르크
프랑스혁명 전후에 태동한 내셔널리즘은 19세기 최대의 정치 이념이었다. 그런데 주목할 점은 낭만주
의의 영향 아래 민족문화의 혈연적 친화를 굳게 다지면서 추진된 독일 내셔널리즘이 대체로 옛 문화,
낡은 정치사회적 체제, 낡은 이념과 손을 잡으면서 마침내는 권력 정치의 항진을 기도한 국가주의적 성
격을 드러냈다는 사실에 있으며, 그 정점에 흔히 철혈(鐵血) 재상으로 일컬어지는 비스마르크가 있다.
그림: 프란츠 폰 렌바흐(Franz von Lenbach, 1836~1904)의 「비스마르크 초상」(1890)

독일 문화의 '시와 진실'을 찾아

　　대학 학부과정을 수료하기 직전에 탐독한 야코프 부르크하르트(Jacob
Burckhardt)의『이탈리아 르네상스의 문화』(1860)와 뒤이어 요한 하위징
아(Johan Huizinga)의『중세의 가을』(1919)에 매료되어 역사학에 뜻을 품
게 된 나에게 역사의 세계란 문화의 세계이고, 역사란 바로 문화의 역
사로 이해되었다. 그러면서 18세기 중엽 이후부터 19세기 전반에 이르
는 독일 문학사에서 '괴테 시대'라고도 일컬어지는 약 1세기의 문화를,
즉 요한 볼프강 폰 괴테(Johann Wolfgang von Goethe)와 프리드리히 실러
(Friedrich Schiller) 및 빌헬름 폰 훔볼트(Wilhelm von Humboldt)로 대표되
는 독일 인문주의를 중심으로, 그 전(前) 단계를 이루는 '슈투름 운트 드
랑'(Sturm und Drang, 질풍노도) 운동 및 1800년대 전반의 낭만주의까지
이르는 시기의 독일 문화의 흐름과 풍경을 망설임 없이 나의 연구 주제
내지 과제로서 설정했다.
　　'망설임 없이'라고 감히 말함은 부르크하르트를 만나기에 앞서 괴테,
실러, 횔덜린(Hölderlin), 노발리스(Novalis) 및 토마스 만(Thomas Mann)의
작품들을 애독해 마음에 깊이 새겨왔기 때문이다. 젊은 시절의 독서가

대체로 편식이 심하듯, 나의 독서 편력은 30, 40대에 이르러서도 대체로 그들 독일 시인과 작가, 사상가들로 집약되었다. 이 배경에는 당시 역사학이 바로 '정치사학'(政治史學)을 의미했던 우리 역사학계에 대한 나의 불만이 깊이 자리잡고 있었다. 나는 강의실에서 막스 베버(Max Weber)나 카를 마르크스(Karl Marx)의 이름도 거의 듣지 못했다. 부르크하르트나 하위징아는 대학원 시절에조차 끝내 한마디도 듣지 못했다. 그에 대한 반작용이었을까. 역사학을 전공한다면서 나의 서가에는 오랫동안 정치사나 사회경제사에 관한 책은 거의 찾아볼 수 없었다. 18세기와 19세기 독일 중심의 유럽 문화를 배우리라는 기쁨과 긍지가 나를 감쌌다.

토마스 만은 자신의 정신적·예술적 교양의 패턴을 이룬 찬란한 '세 가지 별'로 아르투르 쇼펜하우어(Arthur Schopenhauer)와 프리드리히 니체(Friedrich Nietzsche)와 리하르트 바그너(Richard Wagner)를 들고 있다. 그러면서 그는 예술과 문학에서의 독일적인 것에 대한 자신의 사랑이 바로 유럽적인 것, 모든 유럽인이 그것에 친근감을 지닐 수 있으리라는 믿음에서 비롯되었다고 토로한 바 있다. 만은 쇼펜하우어, 니체, 바그너를 통해 체득한 독일적인 것은 바로 유럽적인 것으로 확신한 듯했다. 그러나 앞에서 열거한 나의 별들은 독일의 천공(天空)에 빛나는, 유럽적인 것과는 색다른 것으로만 비쳤다.

나에게 유럽적인 것이란 고대 그리스와 로마 시대 이래의 후마니타스(Humanitas)의 문화 전통과 이것을 이어받은 이탈리아 르네상스 그리고 근대적 시민사회와 시민문화로 특징지어졌다. 그에 반해 독일적인 것은 자아와 세계의 궁극적인 내면성을 추구하는 파우스트풍의 정신, 무한을 향한, 일상적인 것, 시민적인 것들에 초연한 낭만주의적이고 음악적인 정념(情念)을 의미했다. 나는 바로 그 '독일적인 것'의 '데몬'(Dämon)에 매료되었던 것이다.

그러나 1970년대 초에 나는 학위 논문인 「근대 독일 교양계층의 연구」에 착수하면서 그간 의식적으로 외면한 사회정치적인 것에, 역사적 세계의 '리얼한' 측면과 그 구조적 현실에 눈을 뜨게 되었다. 그러면서 '독일적인 것'과 그것이 이룩한 '시인과 철학의 나라'를 향한 그간의 나의 경탄과 비전은 수정될 수밖에 없었다.

내 학위 논문 주제는 원래 '근대 독일 지식계층의 연구'였다. 그러나 18세기 중엽에서부터 19세기 초반에 이르는 괴테 시대의 독일에는 엄밀한 의미에서 근대적 지식계층(Intellectuals), 즉 독자적인 권력집단으로서 체제와 맞선 체제 비판적 지식계층은 존재하지 않았다. 그 대신 당시 독일에 부상한 것은 대체로 비정치적·반사회적인 학식자 집단의 성격이 짙은 체제 지향적 '교양인'(敎養人, Gebildete) 계층이었다. 프랑스나 영국과는 색다른 독일에 독특한 이와 같은 현상이 독일의 정치체제와 사회구조의 후진성에 기인함을 인식하면서 나는 어리석게도 처음으로 사회와 정치에 눈을 떴다.

이 책의 주제는 괴테 시대를 중심으로 한 독일 문화의 본질과 흐름, 그 사회사적 위상에 관한 규명이다. 동서를 막론하고 오늘날 반듯한 국민은 저마다 독자적인 문화를 지니게 마련이다. 그런데 그 국민문화는 독자적 특수성을 지니면서도 인류 공통의 세계사적 보편성과 교차되고 접목된다. 이탈리아와 프랑스의 문화는, 15, 16세기 르네상스와 18세기 계몽주의가 상징하듯이, 유전적(遺傳的)인 양 극히 국민적이면서 유럽적·세계사적 보편성을 본질적으로 잉태하고 있다.

19세기 프랑스의 역사가 프랑수아 기조(François Guizot)가 지적한 바 있듯이, 유럽 문명은 시민계급을 중심으로 역사적 발전을 이룩했다. 그 과정에서 국가권력 내지 권위를 떠올리게 하는 사회적 측면과 인간성, '위마니테'(Humanité) 내지 정신적 자유를 떠올리게 하는 개인적 측면이 때때로 대립과 갈등을 거듭해왔다. 그러면서도 유럽 문명의 빛나는 특성으로서 양자는 필경 상생하고 유대를 굳건히 하여 오늘날의 유럽 문명을 쌓아 올렸다.

그러나 독일 문화는 군이 '독일적'이라 지적하고 강조할 만큼 그 특수성이 유별나 때때로 비(非)유럽적이며 반(反)유럽적이기도 하였다. 바꾸어 표현해본다면, 비보편적이며 반보편적이었음이 엿보인다. 그 전형적인 예로 국가권력이 여러 세대에 걸쳐 사회적·문화적 영역을, 정신과 개인의 자유를 억누르고 인간의 영혼 깊숙이 상처를 입힌 군국주의적 프로이센 국가를 들 수 있다. 그런데 그 끔찍한 배후에, 마르틴 루터(Martin Luther)의 프로테스탄티즘 및 독일 낭만파에서 지적할 수 있듯이, '검'(劍, Ense)과 함께 '펜'(Style)이 크게 기능했다는 것도 사실이다.

독일 문화는 특히 제바스티안 바흐(Sebastian Bach), 볼프강 아마데우스 모차르트(Wolfgang Amadeus Mozart), 루트비히 판 베토벤(Ludwig van Beethoven)의 음악과 이마누엘 칸트(Immanuel Kant), 피히테(Fichte), 헤겔(Hegel)의 관념론적 철학, 괴테와 실러의 문학 그리고 레오폴트 폰 랑케(Leopold von Ranke)의 역사주의(Historismus)를 통해 유럽 및 세계의 문화사를 빛내고 풍요롭게 했다. 그 음악과 철학, 문학과 역사학의 흐름의 공통된 본질은 인간 정신의 내면성을 향한 치열한 정념이다. 이러한 정념은 인간의 바람직한 심성과 덕성이라는 독일적 교양의 이념으로 엉켜 굳어졌다.

교양도 하나의 '이념'(Idee)으로 뿌리를 내리는 순간, 후진국 독일의 정치사회적 상황 아래에서는 필시 갖가지 문제성을 잉태하고 드러내기 마련이었다. 그 전형적이며 핵심적인 문제점으로 나는 특히 정치와 교양, 사회와 문화의 이원적 분리 내지 대립 현상을 지적하고 강조하고 싶다. 15, 16세기 인문주의적 르네상스가 이탈리아적이고, 18세기의 담론하는 계몽주의가 프랑스적이며, 의회정치를 실현한 자유주의가 영국적이라고 한다면, 루터의 종교개혁은 참으로 독일적이다. 인간의 내면성을 철저히 추구하며 도그마가 된 루터, 그리고 과도한 내면성과 표리를 이루는 비정치적·반사회적인 프로테스탄티즘! 내가 그토록 받들어온 이른바 '시인과 철학자의 나라'는 어쩌면 그 소산이 아니었던가.

독일 또는 유럽 역사상 루터만큼 찬탄과 비판, 그 공과(功過)가 극도로 상반되게 나타난 인물도 없을 것이다. 그러나 분명한 것은 이 거인이 독일적인, 참으로 독일적인 인물이라는 사실이다. 독일 내외의 루터 비판자들은 독일의 불행이, 독일의 근대가 루터로부터 비롯되었음을 즐겨 찾고자 한다. 그러면서 프랑스의 근대가 자유로운 지성, 에스프리(esprit)의 인간 미셸 드 몽테뉴(Michel de Montaigne)로부터 비롯되었음을 대조적으로 강조한다.

사실 근대 독일을 주도한 프로이센 국가의 핵심은 루터의 프로테스탄티즘이었으며, 독일 근대 문화의 본질을 이룬 독일적 교양의 이념 또한 루터와 극히 친근한 관계에 있다. 루터의 인간과 사상, 프로테스탄티즘의 특징으로서 나는 다시 정치와 교양, 사회와 문화의 이원적 분리, 파워 엘리트와 지적 엘리트 간의 대립된 위상을 지적하면서, 그 밑바닥에 깔린 인간 자아의 내면성의 비사회적 특징을 또한 독일적 특징으로 강조하고 싶다. 독일 문화론의 서술에 굳이 '교양과 정치', '정치와 교양'을 그 부조리한 대립과 갈등의 본질적인 것으로 표방한 이유이다.

지난날 독일 문학사나 철학사상사, 예술사의 대부분은 저명한 문인, 작가, 철학자, 사상가 및 미술가나 음악가의 이름과 그 작품들을 나열하며 쓰였다. 특히 독일에서 유별난 그와 같은 기이한 현상은 문화 전반이 정치사회적 기반 위에 조화롭게 꽃핀 프랑스나 영국과는 참으로 대조적인, 독일 역사의 오랜 '특이한 길'(Sonderweg)의 소산이었다.

현대 스페인의 철학자 오르테가 이 가세트(Ortega y Gasset)는 "나란 나와 나의 환경이다"라고 말한 바 있다. 그 지혜로운 언명을 상기하면서 나는 이 독일 문화론을 독일 문화를 둘러싼 정치사회적 구조와의 관련뿐만 아니라 선진 서유럽 문화와 사회사적 내지 문명사적 관련 속에서 서술하겠다고 스스로에게 당부했다. 그리고 이 과제의 또 하나의 방법론으로 나는 특히 현대 영국의 비평가인 레이먼드 윌리엄스(Raymond Williams)의 문화론에 크게 공명하고 그의 집필 방식을 본받았다.

　윌리엄스는 문화의 연구를 "생활양식 자체에 내재한 갖가지 요소 간의 방식"의 연구로 정의하고 문화를 생활양식 전체, 즉 문명사적 관련 속에서 규명하였다. 그러면서 그는 문화를 이상, 기록, 생활의 양식이라는 세 가지 유형의 실천의 총체로 보았다. 문화와 깊이 관련된 '전통'을 정치적·경제적·사회적 상황에 따라 역사적으로 선택되고 유지·계승되어온 의미와 가치의 공론(公論)과 공공성의 패턴으로 생각했으며, 이 패턴을 한 사회의 '감정의 구조'(Structure of feeling)로서 표상했던 것이다. 그에게는 이 '감정의 구조'를 읽고 비판적으로 이해하는 것이 문화 연구이며, 그 바람직한 방도로서 특히 문예작품을 중시했다. 문화 인식의 핵심으로서 일찍부터 문예작품의 독해를 염원해왔던 내게 '감정의 구조'의 독해를 바로 문화와 역사 인식의 핵심으로 구축한 윌리엄스의 견해는 참으로 마음 든든한 기쁨이며 뒷받침이었다. 독일적 교양의 흐름과 비전 및 서유럽 문명의 풍경을 주제로 그간 근 반세기 꾸며온 작업들의 집대성인, 그러면서도 필경 하나의 시론(試論)임을 면치 못하는 이 저술이 독일 문화의 '시와 진실', 즉 비전과 리얼리티에 과연 얼마만큼 가까이 다가갈까 하는 염려와 불안이 가시지 않는다.

2018년 9월

이광주

차례

제1장

독일제국의 정치체제와 사회구조

유럽 역사상 15세기부터 17세기 후반에 이르는 시기는 중세에서 근대로 구조 전환이 진행되는 일종의 과도기이다. 그 흐름의 핵심으로 우리는 장원경제의 붕괴와 시민사회의 대두, 르네상스 운동과 종교개혁이라는 범(汎)유럽적인 정치, 경제, 사회, 문화 전반에 걸친 복합적 현상을 감지한다. 이 모든 현상은 특히 강력한 군주권을 중심으로 중앙집권을 지향하는 국가통합을 줄기차게 촉진했다. 이러한 흐름에 힘입어 엄격한 신분제 위에 뿌리를 내린 봉건사회가 붕괴되고, 더불어 그리스도교적 유럽 공동체라는 중세적 관념도 흐릿해졌다. 왕권 중심의 절대주의를 추진한 국가주권은 모든 것 위에 군림하고자 마음먹었다. 교회도 예외가 아니었다.

국가주권에 의한 교회 관리의 움직임은 영국과 프랑스에서는 이미 14세기 이래 나타났으며, 16세기의 종교개혁을 계기로 국가교회주의가 확립되었다. 잉글랜드에서 헨리 8세의 수장령(首長令, 1534)에 따른 영국국교회(Anglican Church)의 태동, 가톨릭 신앙의 테두리 내에서 교황청에 대해 프랑스 교회의 독립을 주장한 프랑스의 갈리카니슴(gallicanisme)이 그 전형적인 예이다. 그리고 독일 여러 영방(領邦, Landstaat)에서도 루터의 프로테스탄티즘(Protestantismus)이 뿌리를 내린다.

지난날 국왕과 더불어 교회, 제후, 성직자, 귀족 등 봉건제 신분에 의해 나누어졌던 국가주권은 이제 교권(敎權)으로부터도 자유로워진 국왕에게 집약되었다. 국가권력을 통합함으로써 근대적 주권 개념을 세운 왕권은 16세기 프랑스의 정치가이자 사회사상가인 장 보댕(Jean Bodin)이 선언한 바와 같이, "공민(公民)과 시민에 대한 최고의 법에 따라 행사된 무제한의 권력"을 의미하게 되었다. 이러한 절대왕권의 전형적인 모습은 16세기 영국의 헨리 8세, 프랑스의 프랑수아 1세 및 스페인의 카를로스 1세에게서 나타난다. 그러나 독일제국만은 예외였다.

15세기 후반 이래, 특히 카를 5세(재위 1519~56) 치하 독일제국의 핵심 지역은 오늘날의 독일, 오스트리아, 룩셈부르크, 벨기에, 네덜란드였으며, 스위스도 이에 속했다. 그 밖에도 체코 및 프랑스의 일부와 북부 이탈리아의 일부, 그리고 베네치아도 독일제국에 속했다. 이렇듯 유럽 전역에 걸쳐 이루어진 독일제국은 한때 고대 로마제국보다도 광대했다.

그러나 지정학적으로 명확한 경계도 없을뿐더러 여러 민족과 언어로 혼합 교차되고 분할된 제국은 로마법과 라틴어를 통해 정치적·문화적인 유대를 뿌리내린 고대 로마제국과는 대조적으로, 그 정체성과 연대의식을 거의 찾아볼 수 없었다. 그러면서도 군주권 중심의 절대주의를 지향하는 시대의 큰 흐름에 독일도 뒤늦게나마 합류했다. 하지만 12, 13세기 이래 형성된 지방 중소국가를 뜻하는 일종의 영방 연합체인 독일제국의 절대주의는 이념적으로나 현실적으로 지극히 변칙적으로 추진될 수밖에 없었다. 즉, 독일제국의 절대주의적 움직임은 강력한 왕권 밑에 중앙집권 체제와 국민국가를 지향한 서유럽 여러 나라와는 달리 영방 중심으로 분할적으로 진행되었다.

1. 독일 국민의 신성로마제국

독일제국은 15세기 후반부터 '독일 국민의 신성로마제국'(Heiliges Römisches Reich Deutscher Nation)으로 지칭되었으며, 그 명칭은 1512년에 이르러 정식 국명이 되었다. 그러나 제국이란 이름뿐, 독일은 하나의 주권 아래 통합된 단일국가라기보다 영방 내지 영방제후들의 연합체였다. 프로테스탄트계 제후 및 도시에 의해 결성된 슈말칼덴 동맹(1531)에서부터 프로이센 중심의 3제후 동맹(1785)에 이르기까지 250여 년에 걸쳐 이어지는 제후들의 연합이라는 역사적 전통을 염두에 두면서 프로이센의 프리드리히 2세(재위 1740~86)는 독일을 '제후들의 고귀한 공국(公國)'이라고 불렀다. 독일의 전(全) 국민으로부터 국민통합의 상징으로서 프리드리히 대왕으로 불린 그 자신조차 제국의 분립을 자연스럽고 당연하게 여겼다. 근세 독일 정치체제의 실상은 독일이 하나로 통합된 국가라기보다 수많은 영방이 실제의 국가임을 말해준다. 제후에 의한 영방 지배권의 형성이야말로 법사학자(法史學者) 하인리히 미타이스(Heinrich Mitteis)가 지적했듯이, 중세 및 근세에 걸친 독일 정치체제의 핵심적 현상이었다.

독일제국은 멀리 프랑크 왕 겸 서로마 황제 카를 1세(768~814, 서로마 황제 재위, 800~14, 프랑스와 영국에서는 샤를마뉴Charlemagne로 지칭)가 로마에서 교황 레오 3세로부터 황제 대관(800)을 받음으로써 성립되었다. 독일 왕 오토 1세의 황제 대관(962) 이후 황제는 속계(俗界)의 지배자 및 교회와 교황의 수호자로서 사제 서임권을 장악하고 고대 로마 황제를 계승한 유럽 유일의 황제이자 영적 존재가 되었다.

그러나 제국 내의 "안정적이며 응집력 있는 세력"은 성속계(聖俗界)의 영방제후, 고위 성직자 및 귀족이었으며, 그들의 위상은 제국의회에 의해 뒷받침되었다. 이들 제국 신분의 수는 1500년부터 1803년 동안 347명이었고, 이 가운데 성속 귀족 출신이 332명이었다. 그간에 이어졌던 제정(帝政, imperium)의 이념은 이미 1250년경에 타파되었다. 교황이 집전한 황제 대관식도 1530년을 마지막으로 종지부를 찍고 황제는 더 이상 '신성한 존재'로 추대되지 않았다.

한편 유력 제후들은 영방의 기본법인 영방법에 따라 군주로서의 자주적 권리를 황제로부터 공식적으로 승인받았다. 그 결과 나타난 제권(帝權)의 약화와 제국의 연합체적 변질은 황제 카를 4세(1347~78) 치하 7인의 선제후(選帝侯, Kurfürst)에 의한 황제 선출, 영방주권의 원칙을 정한 제국 최초의 기본법이자 헌법이라고 할 금인칙서(金印勅書, Die Goldene Bulle)의 선포(1356)에 따라 법적으로 명확해졌다. 더욱이 영방에 국가주권과도 같은 광범위한 제권(諸權)을 부여한 1648년의 베스트팔렌 조약은 영방군주의 주권 개념을 '제(諸)신분의 자유'라는 명분 아래 "성속의 제(諸)문제에 관한 영방주권의 자유로운 행사"로까지 공식화했으니, 이는 곧 제국과 황제에 대한 사망 선고나 마찬가지였다.

그렇듯 영방 분립체제가 뿌리를 내린 독일제국은, 정확히 말하면 제국이라기보다 황제와 영방 및 제국 신분들의 연합국가였다. 제국 신분들이란 신종제(臣從制)와 은대제(恩貸制)의 결합으로 이루어진 군신(君臣)의 봉건 관계를 황제와 직접 맺고 제국의회에 참가할 자격을 지닌 선제후, 제후, 제국백(帝國伯, Graf)으로부터 제국 기사에 이르는 성속 귀족 신분 및 제국도시를 가리킨다. 그 수는 1521년 당시 선제후 7명, 제후 74명(성계 제후 50명과 속계 제후 24명), 고위 성직자 83명, 제국백이 143명이었다. 이 수는 18세기 말에 이르러서도 314명에 달했다. 그런데 신분들은 황제에게 협력하여 제국의 통치체제로 기능하면서도 한편으로는 황제에게 대항해 이른바 '제국 신분들의 자유'를, 즉 자기 가문의 봉건적 특권을 옹호하는 데 급급했다. 그 중심에 빈(합수부르크가家)과 베를린(호엔촐레른가家)이 존재했다.

이른바 "성속의 모든 문제에 관한 영방주권의 자유로운 행사"로 정의

되는 '제국 신분들의 자유'는 두 번에 걸친 황제 부재의 이른바 대공위(大空位) 시대(1657~58, 1740~42)의 무정부적인 상황 속에서 더욱 힘을 얻고, 프랑스혁명 시기까지 독일의 정치체제와 사회구조를 특징지었다. 또한 영방군주의 정치적 권리뿐만 아니라 뒤에서 논의하듯이 아우크스부르크 종교화의(1555)에 따라 종교적·이데올로기적으로도 크게 영향을 끼쳤다.

그렇다면 제국과 황제의 참된 위상과 모습은 어떠했을까. 독일제국의 일반적 국법 내지 통치(조직)의 법을 의미하는 공법(公法)은 독일을 단일국가로 간주한다. 제국이 금인칙서라는 기본법을 지니고 '최고 권력'으로 인정받고 있는 한, 제국은 법적으로 단일국가임을 부인할 수 없다. 사실 30년전쟁(1618~48) 이전에 제국은 범독일적으로 법과 법적 비호의 근원이었다. 영방국가는 저마다 국가체제를 이루고 있으면서도 황제에 예속되었다는 공통점을 지녔다. 그 예속은 국가로서의 영방의 성격을 당연히 제약했다. 황제는 법의 구속으로부터 자유로운 대권을 보유했다.

신성로마제국 황제는 그 명칭이 시사하고 금인칙서가 공식적으로 밝혔듯이, "그리스도교도의 지배자이며 속계의 수장"이라는 우월성을 유럽 여러 나라의 군주들에게도 과시했다. 그러나 그 권위는 역대 황제가 전통적으로 가장 가까이한 이탈리아에서조차 대체로 유명무실했다. 그러면서도 독일제국은 왜 그토록 이탈리아에 집착했을까.

하나의 유럽 세계라는 관념은 프랑스와 더불어 독일도 그 핵심을 이룬 서(西)프랑크 카롤링 왕조의 성립(751)과 궤를 같이했다. 그러나 유럽 문화와 유럽 문명은 그 기원을 지중해 세계, 즉 인문주의적 고전 문화 헬레니즘의 고대 그리스와 그것을 이어 하나의 문명으로까지 확대·심화한 로마에서 싹텄다. 로마의 발전과 영토의 확대에 따라 로마의 언어, 즉 라틴어와 로마법이 보급되었다. 로마 문명은 라틴어로 '로마니스무스'(Romanismus), 즉 로마주의, 로마풍, 로마 민족성, 가톨릭주의로 채색되었다. 지중해 주변의 라틴계 국민인 이탈리아인, 프랑스인, 에스파냐인, 포르투갈인이 그에 속했다. 이른바 민족 대이동(375)에 따라 처음으로 유럽 역사에 등장하는 독일인을 비롯한 게르만 민족은 유럽 고전 문화의 형성에 어떠한 기여도 하지 못했다.

게르만인이 처음으로 역사에 기록된 것은 로마의 정치가이자 장군으로 라인 강까지의 갈리아 전 지역을 정복한, 즉 게르마니아를 침공한 율리우스 카이사르(Julius Caesar, 기원전 100~기원전 44)가 남긴 『갈리아 전기』였다. 거기에 기록된 게르만인은 "넓고 아득한 공동체에 속한 명확하지 못한 집단"일 뿐이었다. 이어서 로마의 역사가이자 정치가인 타키투스(Tacitus, 56?~120?)가 『게르마니아』(Germania)에서 게르마니아에 거주한 각 부족의 삶과 풍습을, 다른 미개인에서는 볼 수 없는 반듯한 가족생활과 전사(戰士)적 강건함을 중심으로 구체적으로 묘사했다. 타키투스는 게르만 민족의 건전함과 소박함을 로마의 부도덕성과 퇴폐에 대비하며 예찬했다. 타키투스는 게르만 민족이 장차 로마에 큰 위협이 되리라고 경고했다.

타키투스의 우려는 적중했다. 4세기 후반부터 6세기 말까지 게르만 민족이 로마제국 영내로 이동·침입해온 것이다. 게르만계의 핵심을 이루는 독일인은 라틴계 여러 민족보다 훨씬 뒤늦게, 그것도 로마 문화를 배우고 모방함으로써 비로소 그 미개 상태에서 벗어날 수 있었다. 그들이 그리스도교를 받아들이는 것도 몇백 년 뒤였다.

'도이치'(deutsch, 독일·독일인·독일풍)라는 용어와 의식이 처음 생긴 것은 대략 8세기 말경이었다. 즉, 게르만 민족이 세운 프랑크 왕국의 왕 카를 1세가 중서부 유럽의 주도권을 장악한 시절부터 '독일'이라는 의식이 게르만 민족, 그중에서도 독일인의 선조라고 할 여러 종족 내에서 싹텄다. '도이치'라는 말은 어원적으로 '민족을 이룬다'(zum Volk gehörig)를 뜻하며, 'Deutschland'는 'Diots(인민)의 나라'에서 유래한다. 그 표현은 지중해 지역의 라틴 민족을 염두에 둔 독일인의 자의식의 발로라고 볼 수 있다. 황제 카를 대제와 그 신하들은 라틴어와 프랑크어로 말했으며, 수도 아헨은 라틴어권에 속했다. 한편 '게르마니아'라는 말은 고대 로마인이 프랑크족, 고트족, 부르군트족, 반달족 등 게르만 민족의 거주 지역에 붙인 명칭으로, 고대 로마인에게 '지평선 저쪽의 세상'을 의미하는 비하(卑下)의 감정을 알게 모르게 드러냈다.

카를 대제도 이 같은 사실을 잘 알고 있었을 것이다. 이탈리아 원정에서 고대 문화에 크게 감명을 받은 그는 궁정 학교를 세워 이탈리아의 학자와 장인, 기예가(技藝家)들을 교사로 초빙했다. 그의 최대 염원은 변경의 땅이나 다름없는 수도 아헨을 '미래의 로마'로 꾸려 옛 로마의 영광을 재현 내지 부활하는 것이었다. 그 자신은 원래 게르만 민족의 왕인 프랑크 왕이기를 바랐으나, 결국 '존엄한 로마인의 황제'가 되었다. 이 칭호는 이후 역대 황제들을 무모하게 이탈리아에 얽매어놓는 화근이 되었다.

독일제국에서 황제의 권력은 대체로 황제만이 행사할 수 있는 대권과 선제후나 제국의회와 더불어 공유한 권한으로 구분되었다. 대권에는 명목상으로 제국령에 속한 제국 신분들의 영토를 그 통치자의 부재 시에 다른 제국 신분들에게 수여하는 권리와 귀족 신분을 승진시키는 권리, 제국교회, 제국의회, 제국재판소에 대한 영향력 등이 포함되었다. 그에 반해 입법, 재판, 재정, 군사, 외교 등 본래 황제의 대권에 속할 가장 본질적인 권한은 제국의회, 바꿔 말해 제국의회에 참여한 제국 신분들 ── 선제후, 제후, 귀족, 제국도시 ── 과 분할 소유했다. 대규모 제국 봉토(封土)의 처리, 제국의회 소집, 제국 신분들에 대한 추방 선고 등도 선제후의 동의가 있어야 했다. 제권(帝權)과 함께 제국의 권력체제의 핵심을 이룬 제국의회에 관해 생각해보자.

'제국의회'(Reichstag)라는 명칭은 15세기 후반부터 쓰였으며, 그것은 고전적 자유주의를 상기시키는 신분제 의회였다. 제국 정치의 토론의 장

(場)이자 주요 사항의 결의의 장으로 최고의 기능과 지위를 차지한 제국 의회는 세 가지 부회(部會), 즉 선제후 부회, 제후와 고위 성속 귀족 및 제국백으로 구성된 제후 부회 및 제국도시 부회로 구성되었다. 영방 내의 신분들은 참석할 권한이 없었다. 세 부회 중 가장 오래된 것은 1273년 이래의 선제후 부회이며, 제후 부회는 황제와 선제후의 권력에 대항해 1480년에 이르러서야 성립되었다. 선제후는 일반 제후로서의 지위도 함께 누리면서 두 부회에서 권한을 행사했다. 한편 제국백과 고위 성직자는 제후와 달리 개인적으로 표를 행사할 수 없었으며, 합쳐져 집단으로 표를 행사하는 데 불과했다. 1803년 당시 제후 부회의 131표 중 78표가 10명의 선제후 표였다. 그만큼 선제후의 권한이 막강했다. 그에 반해 1792년에는 고위 성직자 41명, 제국백 99명의 집단 표는 불과 6표로 계산되었다. 그만큼 하급 귀족의 존재는 유명무실했으며 제국은 제후, 특히 선제후의 나라였다.

한편 제국도시는 1648년에 이르러서야 부회를 결성할 수 있었으며, 표결에서도 선제후와 제후의 두 부회가 결정을 내린 뒤 도시 부회에 의견을 묻는 방식이어서 그 존재는 더욱더 유명무실했다. 1521년 무렵 제국에는 87개의 도시가 존재했으나 18세기에 이르러서도 제국의회 참석권을 지닌 도시는 51개였으며, 1803년에 이르러서는 단지 6개 도시에 불과했다. 그만큼 독일에서 도시는 날로 쇠퇴했다.

한편 황제는 제국의회를 소집할 권리를 독점한 동시에 의회의 결의를 거부할 권리도 지녔다. 그러면서도 1495년에 창설된 제국 최고법정인 제국최고재판소에 대해서는 어떠한 권한도 갖지 못했다. 제국의회 외에도 제국 신분들이 황제로부터 더 많은 자율성을 획득하고자 마련한 선제후 회의와 '공공의 평화를 위해' 황제와 제국 신분들이 협력하여 설치한 군회의(群會議) 등이 있었다. 군회의는 군소 영방을 지역적으로 집단별로 나눴으며, 16세기 후반 이후 제국대표자회로 대치되었다. 제국의회를 대신하고자 마련된 이 모든 중간 관리조직 격인 회의는 이렇다 할 특별한 성과 없이 소멸했다. 그에 반해 제국의회는 종교개혁의 혼란기 (1576~1603)를 제외하고는 그런대로 제국 정치의 중심 무대로 기능한 것으로 평가된다.

황제는 자신에게 예속된 제국 신분들의 기득권을 뺏을 수 없었다. 그 뿐만 아니라 영방주권은 국가성 획득 경쟁에서 오히려 제권(帝權)을 앞섰다. 독일제국을 통합된 단일국가로 간주할 수 없는 이유이다.

17세기 법학자 사무엘 폰 푸펜도르프(Samuel von Pufendorf)는 다른 독일 학자들과는 달리, 국가의 본질 자체를 주요 주제로 다뤘다. 그는 제국을 둘러싼 논의에서 대권이 황제와 제국 신분들에 의해 공유된 까닭에 제국을 "하나의 변칙적인 괴물 같은 것"으로 표현했다. 한편 헤겔은『독일의 헌법』(1800~02) 첫머리에서 "독일은 더 이상 국가가 아니다"라고 기술했다. 헤겔은 국가의 본질적인 전제로 '공동의 방위력과 국가권력'을 들었다. 제국의 '비국가성'은 필경 무력한 황제 권력의 실상에서 유래된다.

'독일 국민의 신성로마제국'이라는 고색창연한 명칭에서도 드러나듯이, 제권(帝權)은 중세적 개념에서 벗어나지 못했다. 봉신(封臣), 즉 제국 신분들에 대한 '비호와 보호'로서 상징된 황제의 봉건적 지배 관념은 같은 시대 유럽 여러 나라에서 뿌리를 내리기 시작한 근대적 국가이성, 권력의지를 기반으로 한 정치적 관념과는 상반된 것이었다. 황제는 제국 전체를 통치하고 제국 신분들을 지배하고자 한 정치적 권력의지보다, '그리스도교도의 지배자'로서 가톨릭교회의 후견자, 그리고 종교개혁 이후에는 가톨릭과 프로테스탄트 두 종파 간의 조정자 역할에 집착했으며, 제국 권력 또한 종교적 평화 유지에 몰두했다.

이 모두가 가톨릭계인 합스부르크가(家) 출신의 역대 황제들이 가톨릭적 보편왕국의 수장이라는 중세적 관념 내지 자의식에서 자유롭지 못한 결과였다. 이 점에서는 제후동맹의 이념에 대항하여 황제의 중앙집권을 위해 투쟁한 합스부르크가 최고의 황제 카를 5세도 예외는 아니었다. 독일제국의 반근대적·반역사적 성격은 앞에서도 지적했듯이, 실로 멀리 중세 작센 왕조(919~1024)의 독일 왕으로서 이탈리아 원정 길에 이탈리아 왕이 되고 마침내 신성로마제국 황제가 된 오토 1세의 황제 대관(962)에서부터 비롯된바, 그 후 제권은 전통적으로 교회와 이탈리아에 집착하여 16세기 이후에 이르러서도 초지일관 로마 교황권과 손을 잡고 속권과 교권, 국가와 교회의 유착이라는 중세적 유풍에서 벗어나지 못했다. 독일제국을 가톨릭적 중세로 붙들어놓은, 실로 반역사적인 어리석은 행태였다.

제국과 로마 교황권의 유착 관계는 제국 전체의 시각에서라기보다 범그리스도교적 왕조라는 합스부르크가의 명분과 환상이 뒤섞인 자의식에서 싹튼 것이었다. 그러면서도 황제는 마치 대영방의 군주처럼 합스부르크가의 세력 강화에 급급했다. 골로 만(Golo Mann)도 지적한 바와 같이, 제국은 현실적 성과에 의해서가 아니라 그 이미지와 이념, 상징으로서 독일사에 큰 의미를 지녔다. 그에 의하면, 환상의 산물인 제국은 독일 국민의 부질없는 우월성과 열등감의 진원이 되기도 했다. 합스부르크가의 그러한 처사는 영방제후들에게서 뿌리 깊은 불신을 조성하여 황제와 제국 간의 일체성 및 연대나 교감에 더욱더 심각한 균열을 초래했으며, 19세기에 이르러서는 제국 대 영방이라는 두 세력 간의 대립 양상을 드러내기까지 했다.

제권의 취약성을 그대로 반영한 황제와 제국 간의 일체성이나 유대의 희박함은 황제의 궁전이 빈에 자리잡은 반면에 제국의회는 프랑크푸르트에, 제국최고재판소는 레겐스부르크에 자리잡는 등 제국 권력을 상징하는 기관들이 여러 지역에 분산된 사실에서도 잘 드러난다.

제권의 취약성은 황제라는 지위가 황제 선출권을 지닌 선제후에 의해 선출된다는 점에서 가장 잘 드러난다. 합스부르크가를 중흥시킨 황제로서 네덜란드에서부터 스페인에 이르는 대제국의 초석을 다진 막시밀리안 1세(재위 1493~1519) 이래 황제의 칭호는 '선거로 뽑힌 로마 황제'가되었다. 황제는 단지 그에게 맡겨진 권한을 행사하는 존재가 된 것이다. 그리고 황제는 1495년부터 1806년까지 지속된 선거를 통해 거의 변함 없이(단 한 번의 예외를 제외하고는) 합스부르크가 출신이었다. 이러한 사실을 볼 때, 선제후나 영방제후들에게는 황제의 장기 세습도 전혀 두려움의 대상이 아닌 것으로 이해된다. 선제후(1648년 8명, 1692년 9명, 1777년 이후 다시 8명이 되었다)는 황제를 선출함과 아울러 황제의 통치권에도 영향력을 행사하였다.

제국과 제권의 이와 같은 취약성에 대해 황제의 중앙집권을 강화하고 제국을 황제의 권력국가로 통합하고자 한 시도가 이념적으로나 실제로 없었던 것은 아니었다. 이른바 '제국 개혁'으로 불리는 시도는 교회의 분열을 해결한 룩셈부르크가(家) 출신의 황제 지기스문트(Sigismund, 재위 1411~37)와 합스부르크가의 부강을 도모하는 한편 보름스 제국의회에서 1495년 황제가 제국에서의 봉토주권(封土主權, Lehnshoheit)의 보유자임을 주장한 막시밀리안 1세가 주도했다. 그 뒤 16세기와 17세기에도 교회 통합을 통해 절대주의적 지배를 기도한 카를 5세, 페르디난트 2세(재위 1619~37)에 의해서도 시도되었다.

제국 개혁을 위한 여러 시도는 제국을 '부분적으로 근대화한' 것으로 평가받는다. 그러나 개혁 운동의 헤게모니는 아이러니하게도 황제가 아니라 제후 측에 있었으며 유력 제후들, 특히 선제후들에 의해 제국의 일체성을 확립하고 합의제 제국정부를 수립하려는 노력이 13세기 이후 18세기에 이르기까지 여러 차례 되풀이되었다. 그러나 그것도 제권의 강화를 경계하는 나머지 결국 '제국 신분들의 자유'를 옹호하는 것으로 귀결되었다.

사실 중세 말 이래 황제는 자신의 권력 약화를 방지할 능력도 의지도 없었으며 스스로 대제후로서 처신했다. 대관식을 로마에서 거행한 마지막 황제 프리드리히 3세(재위 1452~93)의 치하에서 제위(帝位)와 제국의 분리는 더욱더 심화되어, 황제의 통치는 합스부르크가의 세습 직할 영토인 제국 대공령(大公領)과 제국령에 속한 소영방에 국한되거나 그것을 약간 벗어난 데 지나지 않았다.

한편 독일 서남부에 산재한 소영방(그 수는 약 300을 헤아렸다)에서는 제국백 혹은 남작(Freiherr)이라 불리는 영주가 사법적 관념이 통용되는 가부장적 지배를 일삼았다. 그렇듯 모든 것이 '토지와 인민'의 소유자인 영주 개인에게 의존했다.

굳이 제국체제의 유지 기반을 꼽자면, 그곳은 제국의 이해(利害)와 합치한 다수 소영방의 소재지인 독일 서남부 지역이었다. 이곳은 또한 제국 상층부, 즉 빈의 궁정 귀족, 관직 귀족, 무관(武官) 귀족의 기반이기도 했다. 소영방은 황제와 제국에 충성을 다하는 제국기사, 제국 직속의 중소귀족, 성직 제후, 제국도시 등과 더불어 전통적으로 황제에 대한 경애심을 공유했다. 이러한 그들의 집단 심성조차 제국이 없으면 자신들의 존재 기반이 위태롭다는 이해타산에 기인한 것임은 물론이다.

독일 서남부를 중심으로 산재한 제국기사는 제후나 제국귀족 등 출생에 의한 귀족 신분과는 달리 대체로 평민 집안 출신이었다. 그들은 대개 뛰어난 무공(武功)으로 제국기사라는 하급 귀족의 지위를 손에 넣음으로써 한 마을 규모의 영지와 갖가지 사소한 특권을 세습적으로 누렸다. 그런데 16세기 종교개혁 와중에 황제를 위해 싸운 제국기사 프란츠 폰 지킹겐(Franz von Sickingen)이나 그와 손잡고 성직 제후들에 맞선 뛰어난 인문주의자이자 루터의 열렬한 지지자였던 제국기사 울리히 폰 후텐(Ulrich von Hutten)이 지휘한 기사전쟁(1522~23)을 제외하면, 제국기사는 독일 역사에서 이렇다 할 역할을 하지 못했다. 성직 제후를 겨냥한 그

기사전쟁마저 황제를 정점으로 하는 중세적인 제국 부활을 시도한 반역사적 행태에 지나지 않았다. 그 패배는 결국 기사 신분을 전적으로 영방제후에 종속시키는 결과를 초래했다.

소영방이나 제국기사와 함께 제국에 복속하면서 자립적 지위를 인정받은 것으로 제국도시도 들 수 있다. 제국도시는 시의 출입문과 시 청사에 제국과 합스부르크가의 상징인 독수리 문장(紋章)을 새겨 제국도시임을 자랑했다. 프랑크푸르트, 뉘른베르크, 아헨, 뤼베크, 취리히 등으로 대표되는 제국도시는 도시의 규모나 경제력과 상관없이 제권의 감독과 관리 아래 놓여 있으면서도 한때 영방군주와 같은 수준의 권한을 누렸으며, 동맹조약의 체결권까지 가진 자치도시로 발전했다. 그러나 제국의회에서의 발언권은 ― 앞에서도 지적했듯이 ― 제후나 귀족에 비해 미미했으며, 제국 정치에서도 부차적인 역할에서 벗어나지 못했다. 이같이 제국에 예속되고 의존했던 제국 신분들은 근대화를 향한 역사의 격랑 속에서 날로 무력화되고 그 대부분은 프랑스혁명의 충격 속에서 해체되는 운명에 처했다.

> 사랑하는 신성로마제국이여
> 왜 해체되지 않고 있을 수 있는가.
> ―괴테, 『파우스트』 중에서

볼테르(Voltaire)는 독일 국민의 신성로마제국을 "신성하지도 않고 로마적이지도 않으며, 도대체 제국도 아니다"라고 비꼬았다. 독일제국은 그 체제와 구조의 모순이나 취약성에도 불구하고 어떻게 1천 년 넘게 살아남고 유지될 수 있었을까. 우리도 파우스트처럼 반문하고 싶다.

독일제국은 그 존재 자체에 대해 오랫동안 많은 비판에 시달렸다. 그러면서도 한편에서는 제국과 제국 이념을 긍정적으로 평가한 견해도 그치지 않았다. 요한 슈테판 퓌터(Johann Stephan Pütter)와 유스투스 뫼저(Justus Möser)를 비롯한 18세기의 공법학자들은 황제와 제국의 존재를 독일의 일체성의 상징으로 이해하고 그것이 독일인의 정치의식의 원점이었음을 강조했다. 이들은 그 배경으로 제국이 본질적으로 비권력적이면서도 영방 분립의 독일에서 정치적 통합과 일체성의 상징이었음을 지적한다. 한편 랑케도 제국 이념을 신봉하여 모든 권력이 그것으로부터 발동되었다고 했다. 현대 독일의 역사가 베르너 콘체(Werner Conze)에 의하면, 제국의 존재는 17, 18세기에 정치적 균형이라는 이념을 독일에 심어주었다. 골로 만 또한 환상의 산물인 신성로마제국이 근대 국민국가의 형성을 가로막은 점을 염두에 두면서도 제국은 그 상징성으로 인해 독일사에 큰 의미를 지녔음을 강조했다. 제국은 괴테를 비롯한 여러 시인들의 역사적 추상의 대상이 되기도 했다. 그런데 우리의 관심을 끄는 것은 제국이 그 자신을 대변하고 옹호한 한 사람의 뛰어난 현실 정치가도 갖지 못했다는 사실이다. 그만큼 그 실체가 비현실적이고 상징적인 까닭이었을까?

독일제국은 왜 통합된 단일국가가 되지 못했던가? 그 배경과 원인에 대해서는 앞에서 언급했듯이, 황제가 국내 문제를 소홀히 하고 로마 교황권과의 유대 내지 대(對)이탈리아 정책에 허송세월했음을 지적한 바 있다. 미타이스는 또 하나의 결정적 원인으로 제국이 끝내 독자적인 관료제를 형성하지 못한 점을 들고 있다.

2. 영방, 국가 아닌 국가?

프리드리히 대왕은 『나의 시대의 역사』에서 다음과 같이 서술했다.

독일제국은 만약 그 많은 왕, 선제후, 제후들을 고려한다면 강력하다. 그러나 그 제후들을 갈라놓은 이해관계의 대립에 주목하면 그것은 약체이다. 레겐스부르크에 있는 의회는 단순한 그림자이며, 과거의 아득한 추억에 불과하다. 만약 거기에서 전쟁이 결의되었더라도 황제와 정신(廷臣)들은 독일의 힘을 그들 자신의 야심의 도구로 이용할 뿐이다.

근세 독일사는 크고 작은 많은 영방에 의해 주도된 역사이다. 이 영방들은 상반된 이해관계로 인해 대립했다. 15세기 말 이래 제국의 영방화 과정은 독일사의 흐름을 좌우했으며, 영방주권의 자주성을 공적으로 인정한 베스트팔렌 조약(1648) 이후 독일제국은 심각한 레임덕 현상에 빠져들었다. 그러나 그에 훨씬 앞서 제국의 헌법이라고 할 금인칙서에 따라 영방제후들은 이미 자신의 주권을 거리낌 없이 행사해왔다.

이 영방국가의 수는 프랑스혁명 이후에 이르러서도 중세 말 그대로 약 3백 개를 헤아렸다. 그중에는 유럽의 강대국으로 행세한 오스트리아와 프로이센 같은 대영방도 있고, 바이에른처럼 왕국으로 자처하면서 절대주의 체제를 창출한 나라도 있다. 뷔르템베르크 공국과 작센 공국같이 유럽의 국가 체계에서 독자적 위상과 지위를 갖고자 부심한 영방도 있다. 그러나 대다수의 소영방은 한갓 국가의 희화(戱畵)에 지나지 않았다. 이러한 실상은 영방군주들의 하루 일과에서도 잘 드러났다.

18세기 후반 독일의 군소 제후와 영주들 가운데 우리의 관심을 끌 만한 인물은 별로 없다. 그들 대다수는 계몽주의 시대에 이르러서도 봉건적 특권을 가부장적으로 누리는 데 급급했다. 단지 예외적 존재로 우리는 괴테와도 인연이 깊었던 카를 아우구스트(Karl August) 대공(大公) 치하의 작센-바이마르-아이제나흐 공국을 들 수 있을 것이다.

바이마르 공국은 1803년 당시 면적 10만 6천여 제곱미터에 인구는 3만 6천 명이었고, 공국의 수도인 바이마르 시의 주민은 7천 5백 명을 헤아렸다. 괴테가 대공을 처음 만났을 때, 그는 소영방의 한 시골 귀족 내지 젊은 영주에 지나지 않았다. 당시 많은 소영방 영주와 다름없이 그도 하루 일과를 침대에서 아침식사를 들면서 건축가와 정원사, 대신의 보고를 받는 것으로 시작해, 낮이 되어서야 침실에서 나와 위병(衛兵) 33명을 사열했다. 그러고는 산책을 마친 뒤 오후 2, 3시경부터 하루 일과 중 중대사인 오찬에 3~5시간을 보냈다. 이후 커피를 든 뒤 몇몇 궁녀 혹은 장교들과 춤을 추거나 바이올린 연주, 그림 그리기 등의 취미를 즐겼다.

한편 바이마르 공국의 이웃 나라로서 비교적 큰 영방이라고 할 고타 공국의 프리드리히 2세(Friedrich II)는 아침 7시에 기상한 뒤 예배나 독서에 약 1시간을 보내고 대신과 방문객을 맞이한다. 정오에는 공비(公妃) 및 아이들과 1시간 반 가까이 식사를 하고 정원을 산책하거나 신하 귀족을 방문하여 1~2시간가량 게임을 즐기고 돌아와서는 저녁식사 뒤 밤 9시경에 취침했다. 가부장적 체제의 중·소영방에서 스스로 국부(國父, Landesvater)로 행세한 제후들의 일과란 대체로 이와 같았다.

영방국가라고 하더라도 그 규모나 위상, 체제는 각양각색으로 군주제적·절대주의적·과두제적이거나 가부장적으로 다스려지는 등 갖가지 구성체로 난립했다. 독일에는 영방국가 일반이란 존재하지 않았다.

영방군주 가운데 작센 대공 모리스(재위 1541~53), 바이에른 선제후 막시밀리안 1세(재위 1597~1651) 및 브란덴부르크의 대선제후 프리드리히 빌헬름(재위 1640~88) 같은 군주들은 투철한 권력의지를 품고 군주권의 확립을 지향했다. 18세기에 들어서도 영방국가 오스트리아에서는 황제를 겸했던 카를 6세(재위 1711~40), 여제(女帝) 마리아 테레지아(재위 1740~80), 마찬가지로 신성로마제국 황제에 즉위한 요제프 2세(재위 1780~90)를 비롯해, 프로이센의 국왕 프리드리히 빌헬름 1세(재위 1713~40) 및 바이에른의 카를 7세(재위 1742~45)도 독립국가인 양 군주권의 절대주의를 성취한 인물로 들 수 있다. 그런데 이들 중 제국 내지 통일 독일이라는 이상과 비전을 굳게 품은 인물이 전혀 없었음은 참으로 놀랍다. 세습에 따라 제위를 차지한 오스트리아의 합스부르크가를 포함하여 그들 모두의 국가관은 이념적으로나 현실적으로나 영방국가적 테두리를 벗어나지 못했던 것이다.

영방국가 간의 차이는 비단 통치 영역의 규모나 체제의 측면에서뿐만 아니라 영방 내의 성직자, 귀족, 도시 등 영방 신분들의 위상과 특징에 따라서도 구별되고 나뉘었다.

독일제국이 제국 신분들에 따라 다스려지듯이, 영방 또한 영방의회를 구성한 영방 신분들에 의해 다스려지고 분할되었다. 영방군주와 영방 신분들은 봉건적 충성 서약으로 맺어졌으며, 그 관계는 쌍무적이었다. 즉, 영방 신분들이 '조언과 지원'을 제공하는 데 대해 군주는 영방 신분들을 '비호하고 보호'하며, 그들의 '권리와 자유'를 보장했다. 군주가 그들의 권리와 자유를 침해할 경우 영방 신분들은 저항할 권리를 지니고 있었다.

영방군주 가운데 최고의 권력을 누린 것은 물론 선제후였다. 그들은 황제를 선출하는 특권 이외에도 갖가지 영방주권, 즉 재판권과 더불어 원래 황제 대권에 속한 관세 징수권, 화폐 주조권, 광산 지배권, 교회 보호권 등의 제반 특권을 보유하고, 이와 더불어 독자적으로 군대를 갖고 외교권까지 행사했다. 특히 대영방의 제후는 야심만만하게 독립된 국가의 왕인 양 절대주의 체제를 지향하고 갖추는 한편, 유럽의 정치 무대에서의 역할을 과시했다. 그 전형적인 예가 브란덴부르크-프로이센 영방이다.

제국과 황제는 단일한 통합 제국의 틀을 갖추고자 노력했으나 실패했으며, 거의 모든 영방이 독립국인 양 고유의 영방을 이룩했다. 한편 귀족, 고위 성직자, 영방의 신분들도 자기 영내의 영민을 보호할 권한과 책무를 지닌 국지적 지배권을 보유했다. 그런데 이들 영방 신분들이 누린 제 권리, 즉 영방 신분들의 '권리와 자유'는 명확한 법에 따라 정립된 것이 아니라 관습과 상황에 따라 군주와 영방 신분들 간의 역학 관계에 의해 그 위상이 달라지고 결정되었다. 그러면서도 영방 신분들은 영방의 권력 체계를 구성한 주요 핵심이며, 독일 사회구조사 연구의 선구자격인 오토 힌체(Otto Hintze)의 지적대로 그들이 바로 실질적으로는 영방이었다.

제국과 마찬가지로 영방의 본질은 필경 신분제 국가였다. 신분제는, 1789년 이전 앙시앵 레짐 아래에서는 범유럽적 현상이었다. 그러나 영국과 프랑스에서의 신분제는 16세기 이래 국왕의 절대주의 내지 국가의 중앙집권화가 진행되면서 서서히 해체된 데 반해, 독일은 19세기에 이르도록 신분제 국가로 존속하였다. 중세 봉건 유산 그대로의 엄격한 신분 차별은 남녀 모두 신분에 따라 달랐던 복장에서도 드러났으며, 교회에서조차 마찬가지였다. 궁정 설교사는 교구민을 1) 귀족, 2) 도시의 부유한 상층 시민과 고급 관료, 대학 교육을 받은 전문직, 3) 수공업자와 농민, 노동자 등 세 신분으로 나누어 차별했다. 즉, 귀족 부부는 언제나 '귀인', '마님'으로 받들고 시민 출신의 명망가 부부는 '씨', '부인'으로 경의를 표했으며, 일반 서민들은 이름만 불렀다.

신분제 국가, 영방의 실상은 영방의회의 성격에서도 잘 드러났다. 영방의회의 본질은 그것을 구성한 영방 신분들이 영방 정치에의 참여를 통해 영방군주의 권한을 견제하고 축소하는 한편, 자기에게 주어진 봉건적 특권을 최대한 누리고자 한 점에 있었다. 그들의 관심사는 무엇보다 자신의 신분적 자유와 특권을 지키는 데 있었으며, 그만큼 구태의연하게 봉건적 신분에 연연했다. 이 점에서 그 행태는 영국과 프랑스에서 의회를 구성한 모든 신분들이 근대적 자유와 국가 내지 국민의식에 눈뜬 정치 세력으로서 왕권의 절대주의와 맞선 것과는 참으로 대조적이었다. 영국이나 프랑스의 국민이 이미 누리고 있던, 하나의 주권 아래 통합된 국민적 일체성과 연대의식을 독일에서는 찾아볼 수 없었다. 이에 더해 독일에서는 공법적 관념과 사법적 관념이 혼동되었으며, 공민법의 존재가 유명무실하여 공민(公民)의 평등권 대신 불평등의 원리와 소수 엘리트층을 위한 특권이 오래도록 지배적이었다.

독일제국 및 영방의 신분제를 놓고 '중간 권력'의 존재를 긍정적으로 평가하는 견해도 없지는 않았다. 지질학자이면서 교육사 교수를 역임하기도 했던 카를 폰 라우머(Karl von Raumer)는 옛 독일 신분들의 '권리와 자유'는 19세기적 정치의식에, 즉 개인의 자유 및 평등 사상에 결코 뒤지지 않으며, 그 '권리와 자유'의 기반 위에 독일에서는 앙시앵 레짐 아래의 프랑스에서보다 실생활의 영역이 더욱 광범위하게 존재할 수 있었다고 주장한다.

프랑크푸르트 국민의회 의원을 지내고 법학에도 정통했던 19세기 역사가 라우머는 독일제국의 특성을 '단체적'(코포레이션적)인 것으로 이해하고 프랑스보다 더 강력한 '중간 권력'의 존재를 인식했다. 독일이 더 자유로웠다고 말한 몽테스키외(Montesquieu)와 장-자크 루소(Jean-Jacques Rousseau)를 잠시 떠올리게 된다. 한편, 현대 독일의 철학자이자 미학자인 마르틴 젤(Martin Sell)은 절대주의 시대 속에서도 '옛 좋은 법', 즉 신분들의 특권을 가장 잘 지킨 독일 서남부에 위치한 대영방 뷔르템베르크 공국의 체제 속에 근대 민주주의에 접목되는 법체계의 굵은 줄기를 인식하고 독일 자유주의의 슈바벤적인 원형을 독일에 '토착적인 것'(heimatlichen)으로 높이 평가했다. 힌체 또한 신분의회제의 본질과 관련하여 단체적으로 조직된 신분들이 군주에 대해 주민 전체를 대표함으로써 근대적인 입헌제 아래의 인민대표와 유사할 뿐만 아니라 그것이 민주주의의 전 단계를 이룬 것으로 보았다.

서유럽에서 모든 신분은 단합하여 정치적 '중간 권력'으로 훌륭히 기능하고 근대 자유주의와 국민국가의 실현에 선구적 역할을 다했다. 그러나 독일 영방국가에서 신분들의 '권리와 자유'라는 '옛 좋은 법'은 오히려 봉건계층의 특권으로 기능했으며, 더욱이 국가권력 숭배로 각인된 루터주의적인 정신 풍토 아래에서 신분들의 존재는 그 자체로 필경 비정치적·반역사적일 수밖에 없었다. 이상과 같은 영방의 본질을 이룬 퇴화현상은 바야흐로 관료제 중심의 절대주의를 실현하여 슈타인-하르덴베르크(Stein-Hardenberg) 개혁을 통해 근대국가의 면모를 갖춰 오스트리아와 나란히 독일의 양대 세력으로 유럽 열강의 반열에 오른 프로이센조차 예외는 아니었다.

3. 오스트리아와 프로이센

17세기 이래 독일 역사는 어떤 의미에서 오스트리아와 프로이센의, 프로이센과 오스트리아의, 그리고 빈과 베를린의 역사였다.

춘하추동 햇빛을 좀처럼 볼 수 없는 불모의 땅 프로이센은 슬라브어로 '땅'을 의미하는 'Borrussie'에서 파생되었다. 그 명칭 그대로 그곳은 원래 슬라브계 프로이센인의 거주지였다. 10세기까지 그 역사는 거의 알려지지 않는다. 10세기 말경부터 그리스도교가 보급되고 독일기사단(독일기사수도회)이 이주하면서 프로이센 지대는 평정되고 쾨니히스베르크를 비롯한 몇몇 도시를 중심으로 독일인의 이주와 개척이 비롯되었다. 이 모두가 10세기 이래 13세기에 이르는 동안 독일인의 '동방 진출'(Drang nach Osten)의 역사적 결과였다. 그러면서 독일화되었다고 하지만 그간 프로이센 지역은 전체적으로 이웃 폴란드의 종주권 아래 놓여 있었다. 그러다가 호엔촐레른가(家) 출신의 성직자이자 독일기사수도회의 마지막 회장인 알프레히트(Alfrecht von Hohenzollern)가 변경백(邊境伯, Mark Graf)이 되고 이어 브란덴부르크공(公)으로 승격하면서 그 영지 프로이센은 프로이센 공국으로 지칭되게 되었다. 이후 브란덴부르크 선제후 프리드리히 빌헬름(재위 1640~88)은 프로이센을 폴란드의 지배로부터 해방(1560)해 독일제국에 편입하였다. 그리고 마침내 프로이센은 1701년 왕국으로 승격되었다.

프로이센 왕국의 초대 왕 프리드리히 1세(재위 1701~13)는 학문과 예술을 사랑하여 할레 대학을 설립하고, 베를린에 독일 최초의 예술 아카데미 및 과학 아카데미를 세웠다. 그의 아들 프리드리히 빌헬름 1세(재위 1713~40)에 이르러 절대주의 체제를 확립해 그간 민족적·문화적으로 이질성이 강했던 여러 지역을 정치적 통합체, 즉 프로이센으로 통합하는 데 성공하였다.

프로이센의 절대주의는 '구츠헤어샤프트'(Gutsherrschaft), 즉 영주 일가에 의한 농장 직영의 기반 위에 국가가 토지세와 소비세를 징수하여 재정 기반을 확립하고 상비군 제도를 갖추는 한편, 중상주의 정책을 추진하여 봉건적 신분제를 개편 내지 타파함으로써 왕권 중심 절대주의의 기틀을 다져 근대국가의 틀을 마련하였다.

이상과 같은 프로이센 절대주의의 실현에 크게 이바지하고 중앙정부의 핵심을 이룬 것은 왕에게 충성하는 관료집단이었다. 관료집단은 귀족과 시민 출신으로서 대학 교육을 받은 전문직으로 구성되었으며, 그 두 신분은 출생의 신분 차이를 전적으로 극복하지는 못했어도 공통의 강한 국가관과 소명의식으로 원래의 신분 개념을 어느 정도 탈피할 수 있었다. 그러면서 그들은 자유롭고 솔직한 비판적인 대화도 나누었다.

이들 시민 출신의 대다수 관료들은 영국과 프랑스의 관료들과 달리, 중간 권력이라는 '정치적' 계층의식을 지니지 못했다. 그 배경에는 그들의 신분을 둘러싼 법적 보장의 미약함과 경제적 불안정도 적잖이 작용했다. 그러므로 그들은 계몽절대주의와 이른바 '관방통치'(官房統治, Regierung Kabinett)로 상징되는 프로이센 체제의 충실한 신하에 머물렀다. 그런데 각별히 지적되어야 할 것은 프리드리히 빌헬름 1세 치하에서 국가 예산의 대부분이 군비에 충당되었다는 사실이다. 상비군만 8만 명을 헤아렸다. 왕 자신은 언제나 군복을 착용해 '군인왕'(Soldatenkönig)으로 비웃음을 받으면서도 국가 전체를 병영(兵營)처럼 꾸며, 모든 사람에게 '기꺼이 순종하라'(Nicht räsomiesla!)라고 밀어붙였다. 필경 프로이센 국가의 본질이 된 프로이센 군사주의의 태동이다.

독일 영방, 특히 프로테스탄티즘이 국가의 교리로서 행세한 프로이센을 비롯한 대다수 영방의 정치사상은 국가를 둘러싼 본질적 논의를 배제한 채 '주어진 질서의 형식', 즉 경험적인 행정에 파묻히기 마련이었다. 따라서 근세 독일의 대표적인 국가론자들은 대부분 행정학자였다. 영방국가에는 행정만 존재하고 정치 이념의 구현인 헌법은 존재하지 않거나, 존재하더라도 유명무실했다. 19세기에 이르도록 국가에 대한 궁극적 바람은 군주에 의한 '선정'(善政, Gutespolitik)에 머물렀다. 이러한 통치 행태는 대체로 범독일적이었으며, 특히 재정, 경제, 군사 등 각 부문이 동일한 관료 조직 아래에, 그리고 국가행정의 일체성이 국왕의 관방정치, 즉 독일식 중상주의(Kameralismus)에 근거한 프로이센에 가장 전형적으로 나타났음은 물론이다.

국왕에 의한 철저한 가산적(家産的) 친정체제를 의미한 관방정치는 한편으로 중간 권력으로서의 관료제를 억제하는 기능도 했다. 그러나 프로이센의 친정 정치도 라우머가 지적했듯이, 독일 절대주의 일반이 그랬던 것처럼, 국가의 모든 영역에 걸쳐 관철되지는 못했다. 프로이센의 절대주의는 대체로 지방의 행정 앞에서 작동을 멈췄다. 그것은 도시의 지배기구인 시 참사회(參事會)나 기사령 및 왕의 직할지 등 세습적 특권을 잉태한 가산적 지배에 개입하지 않았든가 개입하지 못했기 때문이다. 이뿐만 아니라 관직과 군의 요직을 둘러싼 귀족의 특권에서 볼 수 있듯이, 프로이센의 핵심적인 국가조직 자체도 기본적으로는 신분제적 봉건 질서에 근거했다.

이러한 사실은『프로이센 일반 법전』(1794년 완성)을 편찬한 계몽사상의 신봉자 프리드리히 2세에게서도 다름이 없었으니, 계몽 절대군주인 그 자신도 모든 신분의 사회적·법적 질서가 국가의 바람이자 이익이라는 신념을 굳게 다지고 신분제를 존중해 신분 차별을 더욱 공고히 했다. 이러한 프로이센 체제의 핵심에 융커(Junker)가 존재하였다.

　융커는 원래 농장 직영의 영주 구츠헤어(Gutsherr)로서 국가 혹은 국왕과 신민 전체의 중간에 자리잡은 대농장 소유자이자 지주 귀족이었다. 그러나 30년전쟁(1618~48) 이후 프로이센이 관료 조직과 상비군을 갖추면서 정치와 군사 분야에서 고위직을 독점하다시피 하고 지방의 행정도 광범위하게 관할하게 되었다. 프로이센 국가는 정치적·사회적 차원에서는 바로 융커 중심의 신분제 국가였다. 그러나 프로이센의 절대주의는 신분제적 사회체제를 국가 속에 흡수하고 국가정책에 따라 통제되고 관리되었으며, 국가의 이해관계는 신분에 우선해야 한다는 원칙에 융커를 비롯한 모든 신분이 승복했다. 프리드리히 2세의 계몽절대주의에 따라 각인된 국가 개념에 따르면, '국가 내에서' 유지된 신분적 질서는 절대주의의 사회정책적 핵심이며 모든 신분과 국가행정 간에는 원칙적으로 어떠한 대립도 존재하지 않았다.

　이상과 같은 독특한 절대주의의 확립을 통해 프로이센은 유럽 최초의 의무교육과 징병제의 제정(1733)을 이룩했으며, 오스트리아와 프랑스, 러시아 등 세 대국과의 7년전쟁(1756~63)을 승리로 이끈 프리드리히 대왕은 범독일적 명성을 프로이센에 안겨주었다. 실로 프로이센은 그간 독일제국 전체에, 독일의 모든 영방에 결여되었던 많은 것을 갖춘 강대하게 상승하는 권력국가였다. 지식인을 비롯한 대다수 독일인이 프리드리히 대왕의 프로이센에 독일의 미래를 기대하고 꿈꾸기 시작했으며, 유럽 또한 오스트리아보다 '현실정치'(Realpolitik)를 추구하는 프로이센에 큰 관심과 조심스러운 대응을 기울이게 되었다.

그러면서도 적지 않은 독일의 교양계층과 지식인들이 프로이센 혐오 (Preussen verhasst)에 시달렸음은 잘 알려진 사실이다. 프랑스의 『백과전서』(1751~72)도 일찍부터 프로이센을 '전쟁과 강탈로 거대해진 왕국'으로 혹평했으며, 프랑스의 혁명가 미라보(Mirabeau)는 국가는 저마다 군대를 갖고 있으나 프로이센에서는 "군대가 국가를 지녔다"라고 비꼬았다. 사실 미개했던 엘베 강 동쪽에서 프로이센이 영민을 직접 통치할 수 있었던 것은 오직 무력을 통해서였으며, 강대국 프로이센의 산파 또한 바로 군부 중심의 군국주의였음이 틀림없다.

18, 19세기 독일의 역사는 참으로 운명과도 같이 프로이센을 주축으로 진전되었다. 막스 베버는 프로이센적 비스마르크 제국의 세 가지 요소로서 관료제, 황제와 재상의 통치권 및 융커의 존재를 들고 있다. 이 철저한 정치 부재의 보복을 독일은 머지않아 참혹하게 당할 것이다. 이제 오스트리아에 눈을 돌리자.

오스트리아(Austria는 영어의 표현)의 원명은 '동방의 나라'를 뜻하는 'Österreich'이다. 스위스에 이은 산악 지대가 국토의 태반을 차지하면서도 나라 전체가 거의 도나우 강 유역의 분지를 낀 아름다운 경관이다. 기후도 따뜻하여 살기 좋은 유럽의 중앙, 즉 서방과 동방의 중간 지대에 위치하며 오스트리아 대공령에 속한 빈 중심의 그 지역은 예로부터 게르만족, 슬라브족, 아시아계 민족들 및 로마인이 왕래하는 교차점이었다. 그만큼 오스트리아는 여러 민족으로 구성되었으나, 그 절대다수(99퍼센트)는 독일어를 쓰는 게르만 민족인 독일인이었다.

'동방의 나라'와 '동방인'이라는 지칭은 그들이 고대 로마 문화와 그것을 이어받은 서방 여러 나라를 의식한 것으로, 그만큼 그들도 일종의 콤플렉스로부터 자유롭지 못했다고 할 것이다. 오르테가 이 가세트는 서유럽과는 다른 모국 에스파냐의 자연 풍토와 문화 전통을 의식해, 자연 풍토와 그 경관을 '앞을 가로막는' '역사적 운명'으로 지적한 바 있다.

이 현자(賢者)의 말에 따르면, "자연경관은 역사적 운명을 우발적으로 가차 없이 결정하지 않는다. …… 단지 부추길 뿐이다. 우리 앞을 가로막는 문제이다." 이와 같이 언명하면서 그는 피레네 산맥을 비롯하여 높이 2,000미터 이상의 산맥이 동맥처럼 국토를 차지하고 추위와 더위 또한 고약한 모국의 '파란만장한' 자연을 국토 전체가 "훌륭하게 다듬어진 흔적"을 보여주는 비옥하고 부드럽고 푸른 프랑스와 대비하고 있다. 17세기 이래 독일사의 주류를 이룬 오스트리아와 프로이센은 공통적으로 유럽의 동방 변경 지대에서 유래, 그 기원을 찾을 수 있다. 그러면서도 두 나라는 자연환경이 상반된 까닭에 같은 독일인이면서도 저마다 이질적인 역사와 문화적 전통을 쌓아올렸다. 참으로 흥미롭다고 할 것이다.

앞서 논의한 바와 같이, 합스부르크가의 신성로마제국이 전사(前史)를 이루는 오스트리아의 역사는 독일 왕(961~83)이자 신성로마제국의 황제(967~83)인 오토 2세에서부터 비롯되었다. 'Österreich'의 명칭이 처음으로 문서에 기록되는 것은 그의 아들 오토 3세에 이르러서였다. 그러나 그는 독일어보다 이탈리아어, 라틴어, 그리스어를 일상적으로 쓰면서 로마인이라고 자처했다. 그리고 로마의 언덕에 궁전을 꾸려 특히 교황청과의 유대에 심혈을 기울이고 이탈리아와 함께 독일을 다스리고자 했다. 합스부르크가 출신의 역대 황제들도 대체로 그를 본받았다. 7세기 이후 전래된 가톨릭교 이외에는 국가의 정체성이나 연대의식을 달리 찾아볼 수 없는 이유이다.

오스트리아는 한때 고대 로마제국에 비길 만한 방대한 영토를 보유한 대제국이었다. 그러나 그것도 강대국을 지향한 정치적 행적의 결실이 아닌 일종의 결혼정책의 결과였다. 역대 왕들은 참으로 많은 아들딸들을 낳았다. 합스부르크가 발전의 초석을 놓은 13세기의 루돌프 1세는 11명, 16세기의 카를 5세는 8명, 막시밀리안 2세는 16명의 자녀를 두었다. 16명의 아이를 낳은 마리아 테레지아는 며느리에게 말했다. "아이는 몇

이 있어도 상관없습니다. 이 점에서 나는 싫증을 느끼는 일이 없습니다."
강대한 국가를 이룩하려는 권력의지도 혹은 국민국가를 표방한 국민의식도 찾아볼 수 없었던 오스트리아, 그 오스트리아의 정체성과 연대의식을 구태여 찾는다면 왕실에 대한 범국민적인 막연한 경애(敬愛)의 심정이라고 할까. 합스부르크가도 이러한 사실을 잘 알고 자기과시의 연출에, 갖가지 축제와 의례(儀禮)에 전력했다. 그 상징은 황제의 관(冠)이었다. 이 제관에 관해 마리아 테레지아의 후계자이면서 내우외환에 시달렸던 요제프 2세의 재상은 어느 문서에서 다음과 같이 강조했다.

제관이야말로 이 숭고한 종가(宗家, Erzhaus)의 번영을 가져오고 오늘에 이르도록 종가의 위대함, 권력과 명성을 뒷받침한 원천임을, 그리고 제관의 유지가 현재 필요 불가결함을 증명할 수 있는 극히 중요한 동기이다.

의식적으로나 무의식적으로 정치적 현실을 외면한, 그러면서도 왕실이 의례에 전념함으로써 온갖 혜택을 누릴 수 있었던 오스트리아 지배계층의 최대 고민은 '증오할 이웃' 프로이센의 존재였다. 오스트리아와 프로이센은 프리드리히 대왕의 슐레지엔 침공과 그것에 분노한 마리아 테레지아의 대결 이후 필경 자웅을 다투어야 할 공존할 수 없는 운명적 라이벌이었다. 이 사실은 독일사의 큰 재난이자 불행이었다. 두 적대 세력의 승패는 예감되고 예고된 것이나 다름이 없었다. 프로이센이 승리한 프로이센-오스트리아 전쟁(1866)의 결과는 결국 프로이센이 독일연방 맹주의 지위를 오스트리아로부터 빼앗는 결과를 낳게 되었다.

4. 도시와 시민사회, 그 자유로운 정체성

독일의 도시와 시민계급 및 시민사회에 대해 논의하기에 앞서 유럽 도시와 시민사회 일반에 관해 생각해보자.

"신이 자연을 낳고 인간이 도시를 만들었다"라고 18세기 영국의 어느 시인은 읊었다. 동서를 막론하고 모든 국가와 국민은 저마다 도시를 지닌다. 그럼에도 불구하고 베버는 도시의 존재를 유럽 문명의 고유 현상이라고 지적하면서, 그 특징으로 유럽 도시의 원형인 고대와 중세 도시의 시민(political cives, Bürger)의 존재를 강조했다.

동아시아 유교 문명권의 '도시'(都市)는 문자 그대로 왕궁의 소재지[都]와 시장[市]이라는 뜻이 담겼다. '都市'라는 한자가 시사하듯이, 유교 문명권의 도시는 베버나 유럽적인 관점에서 볼 때 적잖이 낯선 것이라고 할 수 있다. 국왕의 거처이자 그에 따른 통치 기구와 행정 중심지로서의 유교 문명권의 도시는 그 정체성을 무엇보다 시민의 존재에서 찾는('시민'市民이란 말은 원래 한자어에 없었다) 유럽의 도시와 사뭇 다른 성격을 지녔다. 유럽에서 도시란 바로 시민 공동체이기 때문이다.

시민 공동체인 유럽 도시의 원형은 자유로운 시민 공동체를 지향한 고대 그리스의 '폴리스'(polis)이다. 그런데 오늘날 유럽에서 옛 도시라고 하면 중세 도시를 가리킨다. 폴리스나 그것을 본딴 고대 로마의 도시는 단편적인 유적으로만 남아 있을 뿐 그 대체적 위상과 모양새를 알아볼 수 없기 때문이다.

유럽의 중세 도시는 원래 그리스도교의 중심적 공간인 주교좌 성당의 터전이었다. 중세가 엄격한 신분제 사회라고 하지만, 사람들은 성당을 통해 믿음을 공유하고 그리스도교적 공동체의 정체성과 일체감을 나누었다. 중세 사회는 약 1천 년 동안 '기도하는 사람'(oratores), '싸우는 사람'(ballatores), '일하는 사람'(lavoratore)으로 존재했다. 즉, 성직자와 기사

(귀족), 농민-장인 등 세 신분으로 나뉘어 구성되었다. 그런데 11, 12세기에 이르러 상인이 출현하면서 변혁이 일어났다.

> 신은 세 가지 생명을 만들었다. 기사와 농민과 성직자를. 네 번째 생명을 만든 것은 악마의 책략이다.

13세기 독일의 어느 저술가가 한 말이다. 네 번째 생명이란 상인을 가리킨다. 상인의 이자 취득과 금전 거래를 그리스도교적 입장에 비추어 악마적인 행위로 해석한 것이다. 중세 초 '메르카토르'(mercator, 영어 'merchant'의 라틴어 어원)라고 불린 상인은 혼자서 혹은 대상(隊商)의 형태로 무리를 지어 이곳저곳을 돌아다니며 상품을 팔았다. 거의 모든 사람들이 저마다 거처를 지키며 정주하여 이동할 줄 몰랐던 시대, 7세기부터 11세기에 이르는 동안 여기저기 정처 없이 일탈하는 상인은 '근본 없는 사람'으로 여겨졌다. 11세기의 어느 문서에서는 이들을 '무법자'라고 칭했다.

그러나 무법자, 탐욕의 존재로 일컬어졌던 상인관(觀)이 11세기부터 13세기에 걸친 상업의 부활에 힘입으면서 서서히 바뀌었다. 12세기 이후 그간 잊혔던, 아리스토텔레스(Aristoteles)가 중요시한 '경제'(economic)라는 그리스어가 쓰이기 시작했다. 상행위를 긍정적으로 받아들이게 된 것이다. 그리고 경제적 풍요가 사람들에게 은혜를 베풀고 있다는 인식이 싹트고 퍼지면서 금전과 금전 거래는 정당화되었다.

시장 중심의 도시에 앞서 중세 도시는 원래 성당도시였다. 수도제의 창시자인 베네딕투스(Benedictus, 480?~543)는 6세기경에 형태를 갖춘 수도원을 가리켜 '하늘의 도시'라고 했다. 수도원과 이를 둘러싼 공간은 그리스의 폴리스와는 이질적인 성당 중심의 새로운 중세 도시를 형성한 원형이었다. 성당을 비롯하여 상인과 수공업자의 조합인 길드(guild)

와 춘프트(Zunft), 뒤이어 시 청사와 대학을 갖춘 유럽 중세 도시의 다양한 기본 구도는 여전히 성당을 받든 교구 중심으로 13세기경에 완성되었다. 생활공간인 거주 지역은 태어난 신분에 따라 나눠지고 차별화되었다. 이 시기는 이탈리아 베네치아나 프랑스의 브뤼주(지금은 벨기에의 브뤼허) 지방 등지에서 원거리 교역을 통해 도시의 부와 풍요가 청빈과 순종이라는 지난날의 그리스도교적 미덕을 침식하고 시민문화가 새로이 싹틀 무렵이었다. 상인과 시민계급이 주도한 이 거대한 패러다임의 변화를 '상업혁명'으로 지칭하는 이유이다.

중세 도시는 성벽에 둘러싸였다. 그 성벽은 왕후 귀족으로부터 도시의 독립과 자유를 지키고자 한 시민 자치의 상징이기도 했다. 11세기 이래 상인들은 자신들의 이익을 지키려고 도시 내의 평화, 안전, 질서 및 상부상조를 위한 상인 공동체인 길드를 결성했다. 11세기의 어느 신학자는 "이제는 카이자르가 아니라 금전이 최고이다"라고 토로했다. 금전, 즉 상인 중심 도시의 우월성을 개탄하며 일컫는 말이다. 장원제의 발전과 화폐의 보급, 그리고 그에 더해 십자군 전쟁이 초래한 여러 지역 및 국가 간의 원거리 교역이 뒷받침되어 크게 부상한 시장 중심의 도시는 특히 이탈리아 중북부와 프랑스의 루아르 강, 독일의 라인 강 유역 사이 지역에 집중되었다. 이 지역에서는 상인 길드, 은행, 원거리 교역이 급속히 진전되고 발전하였다.

유럽 도시는 다른 문명권에서와는 달리, 이미 중세부터 농촌과 법적으로 구별되었다. 즉, 도시적이고 시민적인 영역이 농민적·봉건적인 영역과 조직이나 구성에서뿐만 아니라 경제적·정치적·법적으로도 구분되고 차별화되었던 것이다.

시민 특유의 자율성과 계급성을 본질로 하는 시민 공동체로서의 도시의 출현에 크게 기여한 것은 11세기 이후 13세기에 걸쳐 나타난 원거리 교역이었다. 그 결과 모(母)도시에 깊이 뿌리를 내리면서도 국가의 테두리를 넘어 정치권력과 일정한 거리를 유지한 자유롭고 새로운 상인 유형, 수공업자 및 그들의 길드나 춘프트가 날로 거대한 권력집단으로 발전했다. 시민계급의 경제적 발전이 정치적·사회적 활로를 찾게 되고 결국 도시의 자치로 이어졌다. 중세 도시의 자치는 상인 길드의 지도 아래 시민이 '서약 공동체'를 결성하면서 싹텄다. 이들 도시는 일단 국가를 멀리한 시민계급에 의해 최대의 근거지인 '모도시'가 되었다. 그리고 12세기에 이르러 상층 상인이 주도한, 그러면서도 상인계층의 테두리를 훨씬 넘은 시민 전체의, 시민을 위한, 시민에 의한 서약 단체인 코뮌(commune)이 북부 프랑스와 북부 이탈리아를 기점으로 유럽 각지에 생겨났다. 이 점에서는 독일도 마찬가지였다.

유럽 도시의 역사는 어떤 의미에서 코뮌 성립 이전과 이후로, 다시 말해 도시 공동체 형성 전후로 나뉜다. 특히 베버는 코뮌 운동의 전개 속에 유럽의 발전을 결정짓는 혁명적 변혁을 파악했다. 유럽에서도 11, 12세기에 이르도록 도시는 군주권의 지배 아래 놓여 있었다. 그러면서도 이해관계를 함께하는 상공인들이 길드 및 춘프트 등을 통해 윤리적·법적으로 의무와 권익을 공유하는 상공업 조합을 형성한 사실은 앞에서 지적한 바와 같다. 그들이 지향한 목표는 그들 자신 및 그들의 거점인 도시의 안정과 평화, 번영이었다. 이러한 염원을 실현하기 위해 상공인과 시민계급은 종종 도시의 지배 권력, 즉 군주권과 맞서고 때로는 투쟁하기에 이르렀다. 코뮌 운동의 전개이다.

성속의 지배권에 맞서 저항하고 이를 극복한 코뮌(운동)은 시민의 경제적 힘이 정치권력으로 신장된 사실을 과시하고 시민이 정치적·사회적 신분(status)임을 밝혔다. 자치도시의 탄생이다. 이러한 위업을 가장 먼저 성취한 이탈리아, 특히 중북부 이탈리아의 여러 도시 공화국은 차차 유럽 최초의 선진국임을 자랑하게 되었다.

자치도시는 재판권을 행사하고 독자적 재산을 소유하며 병력까지 갖추었다. 13세기에 이르러서는 신분제 의회(삼부회)에 대표를 보내고 성직자, 귀족과 나란히 의석을 차지했다. 이러한 역사적 발전은 사실 고대 그리스의 폴리스 전통에 회귀하는 것으로, 아리스토텔레스는 일찍이 시민사회(societas civilis)를 '시민의 공적인 정치 공동체'로 이해하고 밝히지 않았던가. 이탈리아는 15, 16세기 르네상스에 앞서 정치적·사회적 '부흥'을 이미 이룩한 것이다. 자크 르 고프(Jacques Le Goff)는 역사는 '이행'(transratio)의 연속으로 이루어진다고 말한바, 유럽의 근대화는 다른 문명권과 달리 지난날과의 단절 내지 극복이 아닌 '이행'과 '연속선' 위에 구축되었다.

중세 도시의 중심인 성당을 둘러싼 광장 주변에 자리잡은 시 청사에는 으레 큰 시종(市鐘)이 매달려 시선을 끈다. 르 고프가 서정적으로 흥미진진하게 묘사했듯이, 성당의 종이 교회의 시간, 즉 기도하는 시간을 알린다면 시종은 시민과 상인의 시간, 즉 노동하는 시간과 거래하는 시간을 알려주었다. 시민과 상인이 그들 자신의 시간 질서를 갖추고 그것에 따르자, 교회의 시간이 다스렸던 가톨릭적 질서에 황혼이 깃들 수밖에 없었다. 이 모든 것이 자유로운 시민 공동체를 향한 시민의 군건한 '단결심'의 결실이며 보상이었음을 강조하고 싶다.

5. '도시의 공기는 자유롭다': 재산과 교양을 갖춘 시민의 탄생

중세를 '방랑자의 시대'라고 한다. 이들 방랑자들이 향한 곳은 한결같이 도시였다. 성직자와 기사는 산기슭 수도원이나 성곽에서 되풀이되는 갇히다시피 한 침침한 생활에서 벗어나기 위해, 젊은이들은 학교와 일터와 꿈을 찾아, 농민은 농노의 신분에서 해방되고자 도시로 향했다. 14세기 말 유럽 역사상 최초로 자유시민을 육성한 피렌체를 필두로 이탈리아에서는 귀족도 도시로 거처를 옮겨 상층 시민의 생활 방식을 받아들이고 교역에 종사했다. 도시에는 상품과 물자, 신분상승을 꿈꿀 수 있는 일거리가 많았으며, 사람들을 유혹하는 부(富)와 사치, 봉건적인 사슬로부터 벗어나 해방을 누릴 수 있는 자유가 있었다. (유대인을 제외하고) 농노 출신도 열심히 일하고 일정한 세금을 납부하면 시민권을 손에 넣고 자유로운 시민이 될 수 있었다.

도시의 자유는 국왕이 시민 공동체에 부여한 특허장에 의해 보장되었다. 절대주의를 향한 왕권 신장의 과정에서 성속의 귀족층과 이해관계가 상반되어 대항 관계에 있었던 국왕은 그만큼 경제적 권력집단을 이룬 신흥 시민계급의 도움과 협력을 필요로 했다. 이렇듯 한때 도시의 자유는 봉건귀족에 공동으로 맞선 왕권과 시민계급의 일종의 '거래'의 소산이기도 했다. 그러나 그것은 무엇보다 '봉건적인 것'과 맞선 시민정신의 오랜 저항의 보상이었다.

"도시의 공기는 자유롭다"(Stadtluft macht frei)라고 했던가! 자유로운 도시는 지적 향기가 물씬 묻어난다. 도시와 시민의 자유는 또한 상인의 지적 활동과도 깊이 관련되었다. 계약서를 비롯한 갖가지 문서가 따르기 마련인 상거래는 지적 노동이었다. 일부 성직자들만이 학식자이자 지식인이었던, 적잖은 귀족이 문자를 읽지 못한 시대에 상인들은 비즈니스를 위해 종교적 미션 스쿨과는 다른, 배움 자체를 위한 세속 학교를 세웠다. 문자를 배우고 아라비아 숫자를 널리 사용한 상인들은 계약서를 작성하고 법령에도 밝아야 했다. 이뿐만 아니라 상인과 시민들은 복식부기, 보험, 금융, 외국어 등 새로운 지식과 기술을 익혔다. 따라서 이들 상인들에 의해 말의 문화, 즉 구술(口述) 문화의 시대가 종말을 고하고 문서의 시대, 문자 문화, 정보화의 시대가 열렸다.

12세기에 이르러서는 상인과 시민의 도시에서 대학이 탄생하고 이들의 아들들이 대학에 몰려들었다. 상인들은 "새로운 모든 것을 이해한다"

라고 칭송되었다. 지식은 힘이고 자유였으며, 또한 교양이었다. 바야흐로 부(富)와 함께 상인과 시민의 지식이 새로운 유형의 시민문화를 꽃피웠다. 이들 시민계급을 '재산과 교양을 갖춘 사람들'(Leute von Besitz und Bildung)로 부르고 받드는 이유이다. "나는 로마 시민이다"(civis Romanus sum)라는 키케로(Cicero)의 이 한마디에는 자유로운 로마 시민이라는 자기 정체성과 연대감, 자부심이 담겨 있다. 유대인 출신이며 로마 시민이자 초기 그리스도교의 대전도사인 사도 바울로(Paulos)도 "나는 로마 시민이다"라고 말했다니 참으로 놀랍다. 괴테 또한 자서전인『시와 진실』의 맨 첫머리에 다음과 같이 기록했다.

> 1749년 8월 26일 정오 12시, 종소리와 함께 나는 마인 강변 프랑크푸르트에서 태어났다. 별들은 슬기로운 모습을 나타냈다.

괴테는 자유도시 프랑크푸르트의 시민임을 자랑했으며, 일생 동안 '시민 시대의 대표자'(토마스 만)로서 자기 방식대로 자유롭게 살았다.

전통사회에서 귀족과 농민은 태어나면서부터 귀족이나 농민이었다. 그러나 시민은 자신이 시민임을 자각하고 시민답게 행동할 때 비로소 시민이 되었다. 그만큼 그들은 행동하는 존재, 즉 행위의 인간이었다.

유럽의 도시는 왕후나 귀족 가문처럼 저마다 자신만의 문장(紋章)을 갖고 있다. 그것은 도시의 역사와 자유에 관한 긍지의 상징이다. 도시의 역사는 수많은 시련과 그것을 극복한 찬가(讚歌)로 수놓아져 있다. 오늘날까지 이어지고 있는 도시 찬가의 기록은 놀랍게도 이미 8세기 말경부터 나타났다.

그 전형적인 예로『밀라노 찬가』(13세기 말)를 들 수 있다. 밀라노에서는 9개의 시문(市門)을 갖춘 성벽이 맨 먼저 모습을 드러낸다. 성벽 내에는 광장과 포도(鋪道), 물길과 교회가 보인다. 그러면서도 '천상의 예루

살렘'인 밀라노는 무엇보다도 성성(聖性)을 강조하고 있다.『밀라노 찬가』를 본따 이탈리아, 잉글랜드, 프랑스, 독일 등 여러 나라의 수많은 도시가 저마다 자화자찬의 기록을 남겼다. 그 기록들은 도시의 수호성인을 받들며 하나같이 주교나 수도원에 의해 지켜진 '성스러운 도시'의 이미지를 강조한다. 그런데 또 하나의 밀라노 찬가인『밀라노의 위대함』(1288)의 내용은 전혀 다르다.

어느 라틴어 교사, 즉 인문학자가 쓴 이 기록에 따르면 밀라노의 당시 인구는 20만 명(그 무렵 베네치아와 피렌체의 인구는 각각 10만 명, 파리는 24만 명, 런던은 5만 명이었다)이었는데, 흥미로운 것은 이 인문학자가 밀라노의 자랑으로 무엇보다 학식자와 교양인의 존재를 부각하고 있다는 사실이다. 그에 따르면 당시 밀라노에는 로마법과 교회법에 능통한 학자가 120명이나 있었으며, 법조인인 공증인은 1,500명을 넘고 의사의 수는 내과의 29명, 외과의가 150명을 넘었다. 학원도 많아 문법 교사, 즉 인문학자들이 학생을 가르쳤다. 이들 법조인과 의사는 문법 교사와 마찬가지로 대학에서 자유학예와 전문학을 이수한 학식자이자 교양인이었다. 이들 학식자와 교양인의 존재는 도시의 우월함을 밝히는 징표이자 자랑이 되었다. 도시 찬가는 어느새 성직자와 교회로부터 학식과 교양을 갖춘 시민 찬가로 바뀐 것이다. 이탈리아의 상업과 금융의 중심지로 일찍부터 코뮌 운동이 발생한 시민의 도시 밀라노는 날로 '재산과 교양'을 갖춘 시민의 거리로 발전했다. 이탈리아 르네상스의 도래를 예견할 수 있는 이러한 변화와 발전은 다른 나라의 여러 도시에서도 서서히 나타났다.

1366년 북부 프랑스의 어느 관료는 신을 "모든 것 중에서도 가장 오래되고 가장 고귀한 부르주아이다"라고 말했다. 그는 유럽 부르주아지의 신통력을 극찬한 것인가, 아니면 예측하기 어려운 그들의 가능성에 대한 두려움을 예고한 것일까.

거리 한복판의 대성당과 성벽, 길드 시대의 상관(商館), 노동시간을 알리는 시 청사의 종, 그리고 궁전과 성속의 갖가지 축제에 흥청대는 거리들. 그렇듯 고딕적이며 로코코풍의 장엄하고도 호화롭고 아름다운 양식의 옛 건물들의 그늘에 현재가 얽혀 있는 듯한, 역사 이야기 속 갖가지 삽화 그대로의 도시의 자태. 유럽에서 도시와 시민사회는 명암이 뒤섞인 집단 기억을 잉태한 채 새로운 미래를 설계하고 꿈꾸면서 역사를 이끌어왔다.

암스테르담 국립미술관에 들어서면 렘브란트(Rembrandt)의 「야경」(1642)이 눈길을 끈다. 일군의 시민 의용대가 막 출동하려는 순간을 그린 작품이다. 도시가 위기를 맞자 출전하는 그들의 표정에서 모도시의 자유를 향한 유럽 도시 역사의 파노라마가 생생하게 연상된다.

11세기 말부터 "생활 상태가 안정되어 지불 능력이 있는 신뢰할 만한 시민", 즉 부르주아(bourgeois)가 생겨났다. 그러면서 도시의 중심은 성당과 성채로부터 시장으로 옮아갔으며, 시장이 바로 도시 정체성의 상징이 되었다. 상인과 장인이 자유시민이 되면서 자치도시(borough)의 주민(borges), 혹은 성(bourg) 안에 사는 자유민을 지칭하는 부르주아는 도시의 중심 세력이 되었다.

이탈리아 도시는 나의 고향과 사뭇 다릅니다. 거주하기 위한 장소일 뿐 아니라 정치적 결정을 내리기 위한 장소이기도 하며 언제나 모두가 광장에 모여들어 황제나 교황보다 도시의 행정관 편이 비중이 더 큽니다. 마치 일개의 도시가 한 왕국과도 같이.

14세기 이탈리아 북부의 한 수도원을 둘러싼 움베르트 에코(Umberto Eco)의 소설 『장미의 이름』(1980)에서 독일 출신의 견습 수도사 아드소가 토로한 말이다.

6. 독일의 도시와 시민계급, 그 퇴화 현상

독일제국에서 도시의 지배자는 황제였다. 그러나 황제 프리드리히 2세(재위 1220~50) 이후 도시 건설권은 영방군주의 권리가 되었다. 독일에서도 서유럽과 비슷한 현상이 나타났다. 즉, 12세기 초 상인과 수공업자는 영주의 횡포에 저항하여 코뮌을 결성했다. 쾰른은 그 대표적인 예다. 이어 라인 강 유역의 세 종교 도시인 마인츠, 보름스, 슈파이어(Speyer)가, 12, 13세기에는 독일의 주요 도시 모두가 코뮌, 즉 시민 공동체를 형성했다. 시의 상징적 건물이 된 시 청사는 '시민의 집' 또는 '평화의 회관'으로 불리게 되었다. 13세기에 이르러 연이어 태동된 자유도시는 시민을 정치적·사회적 신분으로 격상시켰으며, 이들은 성직자/귀족과 더불어 제국 혹은 영방 신분으로서 자신들의 대표를 제국의회나 영방의회에 보낼 수 있게 되었다. 제국의 헌법 격인 금인칙서는 도시와 시민계급이 권력집단으로 부상하는 것을 두려워하여 그들 간의 동맹을 금지하는 규정을 만들었다. 그러나 한자동맹(Hanse)에서 볼 수 있듯이 그것은 허사였다. 시민이 자유롭고 평등하게 공존하는 정치적 공동체인 자유도시의 발전은, 이탈리아를 제외하고는 그 무렵 범유럽적으로 널리 알려진 한자 자유도시(Hansestadt)에서 볼 수 있듯이, 유럽 어느 나라보다도 독일에서 활발했다.

12, 13세기 유럽에는 교역을 위해 먼 길을 나선 여상(旅商)집단이 여기저기 존재했다. 그중 북해 및 발트해 연안의 '한자 자유도시'로 불린 뤼베크, 함부르크, 브레멘, 쾰른을 중심으로 77개 도시로 구성된 '한자'(Hansa라는 말은 원래 '집단', '단체'를 의미했다)는 1370년경에 절정기를 맞이하며, 약 반세기 동안 크게 번영을 누렸다. 특히 한자의 중심 항구인 뤼베크는 이후 중세 내내 쾰른에 이은 독일 제2의 도시가 되었다.

한자 자유도시는 조세를 징수함은 물론 화전(和戰)의 결정권과 동맹권까지 보유하는 등 거의 독자적인 주권국가나 다름없었다. 14, 15세기 유럽의 교역은 남방 지중해를 중심으로 한 이탈리아 상인의 무역권과 북해 및 발트해를 중심으로 한 독일 상인의 한자 무역권으로 나누어졌다. '상인들의 한자'는 '도시 한자'로 발전하고 프랑스와 잉글랜드에서도 갖가지 특권을 누렸다. 그러나 1400년경부터 대서양 항로가 개척되면서 한자는 쇠퇴의 길로 접어들었다. 이와 거의 때를 같이하여 시민 자치를 지향하는 자유도시가 한자를 대신하듯 독일 여기저기에서 생겨났다.

독일에서 자유도시라는 명칭인 'Freistadt'는 14세기 중반부터 사용되었다. 일종의 도시 공화국인 자유도시는 영방군주로부터는 물론 제국에 속하면서도 제국으로부터 갖가지 의무, 즉 황제에 대한 충성 선서, 군역(軍役), 제국세를 면제받았다. 그러한 자치의 상징은 재판권의 향유였으며 바젤, 슈트라스부르크, 슈파이어, 보름스, 마인츠, 쾰른, 레겐스부르크 등 7개 도시가 그 혜택을 받았다. 그러나 독일 역사상 최악의 재난이었던 30년전쟁은 도시 인구의 33퍼센트를 감소시키고 모든 독일 도시를 파괴했다. 쾰른, 브레멘, 단치히, 뤼베크, 쾨니히스베르크, 슈테틴, 뉘른베르크 등 북부 독일의 상업 중심 도시는 한자동맹 당시의 번영하고 부유한 모습을 더 이상 찾아볼 수 없게 되었다. 인구 2만 명을 넘는 도시는 10~12개에 지나지 않았으며, 쾰른과 뤼베크의 인구도 3만 명과 2만 5천 명에 불과했다. 그 밖의 대부분은 도시라고 하더라도 주민 수가 500~2,000명 정도에 머물렀다.

이상과 같은 상황은 18세기 말에 이르러서도 마찬가지였다. 즉, 도시인구는 독일 전체 인구의 약 10퍼센트에 지나지 않았으며, 독일은 19세기 중엽에도 농업 중심의 국가로 사회생활의 중심은 어디까지나 농촌이었다. 결국 독일인 대다수는 19세기 후반까지도 토지에 의존하는 농민과 다름없는 삶을 살았다. 18세기 말의 독일의 경제구조는 19세기 후반보다도 중세에 더 가까웠다.

독일에서 도시 발전의 큰 걸림돌은 프로테스탄티즘이었는데, 그것은 곧 프로테스탄티즘과 가톨릭 양파 간의 극심한 종교 분열 때문이었다. 남부 독일의 가톨릭계 제후들은 자기 영내의 프로테스탄트 교회를 탄압했으며, 가톨릭계의 오스트리아와 바이에른 왕국은 자국 내의 프로테스탄트계 도시들로부터 모든 특권을 박탈했다. 이와 비슷한 현상은 독일 대부분을 차지한 프로테스탄트계 영방에서도 마찬가지였다. 그런데 종파적 대립 이상으로 독일 도시와 시민사회의 발전을 가로막은 것은 부유한 상인계층의 부재였다.

영국에 이어 프랑스에서도 시민사회란 부르주아지, 즉 부유한 상인인 비즈니스맨의 사회를 의미했다. 그러나 독일 시민사회의 주축을 이룬 것은 대체로 도시에서 태어났다는 뜻에서 시민이라고 불린 관료, 법조인, 대학교수를 비롯한 교사와 목사 등 전문직이었다. 그런데 중산층 출신이면서도 사회적·경제적으로 불안정한 이들 전문직은 대체로 국가기관에 예속되어 체제 지향적인 속성을 지녔다. 독일 시민이 '국가시민'(Staatsbürger)으로 불리는 이유이다.

이들 국가시민은 서유럽의 부르주아 시민사회를 '욕망의 체계'로 폄하하며 국가에 의해 극복되어야 할 존재로 여겼다. 그만큼 그들은 영국과 프랑스의 시민계급과는 딴판으로 시민이라는 자의식을 망각한, 정체성이 없는 비정치적이며 반역사적인 존재였다.

영국과 프랑스는 17세기에 들어서면서 이미 전국적 규모의 시민사회의 시대를 맞이했다. 군주권의 절대주의화와 국가의 중앙집권화 과정에서 이들 시민계급은 봉건귀족과 맞서 왕권과 이해관계를 공유하면서, 부르주아 출신의 법복귀족(法服貴族, noblesse de robe)에서 볼 수 있듯이 사회적·정치적 발전과 영향력을 굳힐 수 있었다. 그러나 독일의 경우 영방군주는 그들을 견제할 만한 상위 권력(제권) 및 이해관계를 공유할 부유한 시민계층의 부재로 인해 절대주의화 과정에서 자유도시가 지녔던 도시의 관세징수권과 화폐주조권을 빼앗고 도시의 입법 행위와 사법권을 흡수하는 등 시민계층과 맞섰다. 프로이센의 프리드리히 빌헬름 1세는 "나의 관심은 나에게 절대적으로 의존하는 시장을 두는 것이다"라고 언명했으며, 베를린 시장은 실질적으로 영방국가의 일개 관리에 지나지 않았다.

독일 도시의 자주성은 18세기에 들어서 더욱더 퇴화했다. 자유도시를 비롯한 모든 도시에서 도시행정과 국가행정 간의 구별이 불투명해졌으며, 도시는 결국 영방정부와 제권의 지배를 받게 되었다. 자유도시의 대표 격인 제국도시 프랑크푸르트의 경우에 1년마다 선출되는 2명의 시장과 함께 시 전체의 수장이라고 할 종신 선임의 집행관을 두었는데, 이 집행관은 제국백보다도 하급직인 제국 관리였다.

한편, 영방도시의 경우 중요한 문제는 모두 영방정부가 임명하는 관료에 의해 통제되고 시장이나 도시의 실질적 지배 기구인 시 참사원직 또한 영방군주에 의해 임명되거나 장관이 파견되기도 했다. 도시의 재정도 영방정부의 이해관계에 따라 관리되고 길드와 춘프트조차 그 통제 아래 놓이게 되었다. 지난날 도시가 누릴 수 있었던 '모든 신분의 자유'에 따른 관습법도 영방법으로 대치되었다. 도시에 대한 이와 같은 영방 권력의 절대주의적 지배는 아이러니하게도 관료를 비롯한 전문직, 즉 시민계급 출신의 지적 엘리트들에게 가장 전형적으로 나타났다.

칸트는 자주적 개인인 시민을 주체로 한 자유롭고 평등한 시민사회를 이상향으로 염원하면서, 시민사회의 속성으로 법적인 자유, 시민적인 평등 및 시민적인 독립을 내세웠다. 칸트의 이러한 바람은 바로 18세기 계몽주의 시대의 서유럽 시민계급이 받든 시대정신이었다. 그리고 인민주권의 세례를 받은 프랑스의 부르주아지는 공민＝시민(citoyen)의 자각을 갖고 자유롭고 평등한 시민사회를 실현하기 위해 1789년 혁명을 일으켰다.

한편 프랑스에 앞서 근대적 시민사회를 이룩한 영국은 1689년에 '인민의 권리와 자유를 선언하고 왕위 계승을 정한 법'인「권리장전」(權利章典, Bill of Right)을 통해 청교도혁명 이래 국왕과 국민의 대표인 성속 귀족 및 시민계층으로 이루어진 의회 간의 대립을 종식시키고 '신민의 권리 및 자유'를 선언했다. 헌법이나 다름없는「권리장전」은 사실상 국왕의 지위를 '의회 속의 국왕'으로 규정함으로써 전제군주의 지배에 종지부를 찍었다. 18세기 초에는 내각, 즉 행정부가 의회에 책임을 지는 내각책임제를 성립시킴으로써 오늘날 영국 의회정치의 초석을 마련했다.

　영국과 프랑스에서의 이상과 같은 빛나는 역사적 성취를 뒷받침한 것은 "자유를 길잡이별로 삼았던"(페르낭 브로델) 시민계급의 부강한 경제력이었다. 영국과 프랑스의 부르주아지 내지 시민계급이란 바로 상인을 비롯한 각종 기업가, 제조업자, 금융가를 의미한다. 그러나 부유한 경제집단으로서의 시민계층이 부재했던 독일에서 시민계층의 핵심은 ── 앞에서도 지적했듯이 ── 시민 출신의 관료, 법조인, 대학교수, 교사, 목사등 전문직을 의미했으며, 대체로 국가기관에 종사한 그들은 근대적 시민의식이 희박했다.

　독일의 시민은 중세 당시 그대로 성벽에 둘러싸인 소영방의 가산적(家産的)인 성시(城市) 내에 거주하며, 국가 신민의 길을 자의 반 타의 반으로 더듬었다. 프로이센 개혁을 주도한 카를 폰 슈타인(Karl von Stein)은 관방정치를 청산하고 도시조령(都市條令, 1808)을 통해 국민의 정치 참여를 실현하고자 했다. 그의 개혁 중 가장 진보적인 것으로 평가받는 도시자치법은 종래의 길드 제도에 입각한 도시행정을 직업 선택의 자유를 지닌 주민을 기초로 한 자치로 대체하고, 특히 시의회를 설치하는 등 독일에서의 근대적 자치의 태동을 예고하는 획기적인 것이었다. 그러나 그것을 주체적으로 추진할 번듯한 시민계급의 부재는 결국 모든 것을 퇴색시켰으며, 자랑스러웠던 한자 도시의 진취적·모험적 기상과는 아득히 먼 소시민적 미덕, 즉 정직과 근면과 성실이라는 토마스 만이 비판한 반사회적이며 반정치적인 향토적 소시민 근성을 배양했을 뿐이었다.

　　진정한 시민계급의 모습은 조심스럽고 경건하며 차분했다. 남녀 모두 가정을 사랑하고 직접 가꾸는 채소밭에 특히 신경을 썼다. 의식은 참으로 간소하고 살림살이는 검소했다. 신분이 높은 시 참사회원이나 부르주아만이 사치스러운 생활을 누렸다.

어느 외국 귀족이 묘사한 18세기 중엽 독일 일반 시민의 인상이다. 한편 19세기 프로이센의 역사가이자 작가였던 구스타프 프라이타크(Gustav Freytag)는 『독일 과거의 제 모습』(1859~67)에서 다음과 같이 자기 나라의 시민계급을 묘사했다.

　　그들은 존경할 만한 엄격한 도덕적 인간이 되었다. 그러나 현실의 큰 문제에 봉착했을 때 많은 동지들과의 협력을 통해 드러내야 할 남성적인 힘이 그들에게는 크게 결여되어 있었다. 고결한 인사들까지도 정치적·사회적 투쟁에서 용사가 되기보다 그 피해자로 자기 자신 속에 파묻히기를 감수할 위험을 품고 있었다. 이러한 특징은 문학작품에 나타난 인물들의 성격에서도 뚜렷이 드러났다.

근세 독일 도시와 시민사회의 역사는 어떤 의미에서 자치적 시민사회가 해체되고, 성벽 울타리 속 소시민의 사회가 뿌리를 내리고, 그러면서 국가 신민으로 퇴보하는 과정이라고 해도 좋을 것이다.

독일제국과 영방체제는 14, 15세기 이래의 경제구조의 변혁, 즉 봉건적·농촌적 지방 산업으로부터 보다 큰 규모의 춘프트적 공업경제로의 이행에서 촉발된 전환기적 사회모순과 그로 인한 16세기 초의 중대한 사회적 전환에 의해서도 별로 달라지지 않았다. 그 결과 17세기 이후에도 크고 작은 영방국가는 하나같이 군주를 정점으로 하는 사회계층의 피라미드적 구조를 유지했다. 그 상층에는 각양각색의 귀족계급이, 하층에는 대다수가 농민인 동질적인 민중이, 그리고 그 중간 부분에는 비교적 다양성을 지닌, 따라서 정체성과 일체감이 애매하고 결여된 시민계급이 존재하는 등 중세 봉건체제와 별로 다름없는 신분사회를 이루고 있었다. 선제후에서부터 일반 제후에 이르는 상급 귀족 및 그 밖의 하급 귀족은 하나로 뭉쳐 일관되게 도시 및 시민계급과 대립하고 그 대부분을 그들의 지배 아래 예속시키고 흡수했다.

18세기에 이르러서도 독일에서는 도시행정과 국가행정 간의 명백한 구분이 존재하지 않았다. 제국도시는 점차 제국의 지배 아래, 그리고 영방도시는 본질적으로 영방의 지배 아래 놓여 있었다. 이와 같은 독일만의 뒤처진 역사적 풍경은 영국이나 프랑스에서 도시의 랜드마크가 11, 12세기경부터 성당이나 성곽으로부터 시장으로 옮아가며 시민 공동체의 위상을 드러내기 시작한 사실과는 참으로 대조적이다.

독일의 도시는 전통적으로 그 기능에 따라 대체로 세 가지 유형으로 나누어졌다.

1) 군주의 궁성도시: 빈, 베를린, 드레스덴, 바이마르, 브라운슈바이크
2) 유서 깊은 상업도시: 아우크스부르크, 뉘른베르크, 프랑크푸르트, 쾰른, 라이프치히
3) 순수한 대학도시: 할레, 튀빙겐, 괴팅겐, 예나

출판 문화를 기준으로 볼 때 17세기 초 독일의 중요한 문화도시는 쾰른, 프랑크푸르트, 하이델베르크, 튀빙겐, 아우크스부르크, 라이프치히,

비텐베르크 등 제국의 자유도시와 상업도시, 대학도시였다. 18세기에 이르면 궁성도시와 함께 할레, 괴팅겐, 에어랑겐 등의 대학도시가 주요 문화도시로 부각되었다. 뛰어난 문필가들은 출판업자와 함께 궁성도시로 몰려들었다. 그 대표적인 예로 괴테, 실러, 헤르더가 머문 카를 아우구스트 대공 시절의 바이마르를 들 수 있다.

궁성도시와 상업도시와 대학도시, 이 세 유형의 도시는 저마다 독자적인 위상을 갖추었다. 이들 세 도시의 유형 사이에는 그럴듯한 네트워크도 존재하지 않았으며, 사회적·문화적·인적 교류도 희박했다. 그만큼 도시 일반이란 찾기 어려웠다. 이러한 사실은 독일 시민계층과 시민사회, 시민문화의 공통된 정체성과 일체성의 결핍, 국가와 사회 전반에 걸친 보편적인 이념 및 비전의 부재와 관련이 있다고 볼 수 있다.

독일의 도시 중 원래 번영을 누린 도시는 아우크스부르크, 쾰른, 뉘른베르크, 함부르크, 뤼베크 등 황제 직속의 제국 자유도시이자 상업도시였다. 그러나 17세기에 들어서면서 나타난 영방절대주의는 영방들의 수도를 급속히 발전시켰다. 빈의 인구는 5배로 늘고 베를린과 드레스덴도 각각 6배가 되었다. 이러한 사실은 제국의 자유도시이며 선진 상업도시였던 아우크스부르크의 인구가 4만 8천 명에서 2만 6천 명으로 격감한 사실과 참으로 대조적이었다. 어떻든 오스트리아 합스부르크가의 궁정도시 빈과 프로이센 호엔촐레른가의 궁정도시 베를린이 이제 독일 제국의 양대 도시로 타의 추종을 불허하게 되었다. 그러나 모든 것을 갖추고 거대도시로 발전한 런던이나 파리와 비교할 때, 빈과 베를린은 단지 궁정도시일 뿐이었다.

여러 세기에 걸쳐 크고 작은 영방으로 분열된 독일제국은 그 해체(1806)에 이르기까지 국가와 국민통합의 상징으로서의 수도를, 런던과 파리 같은 거대도시를 끝내 갖지 못했다. 빈은 오스트리아가 공국이 되면서 그 통치자의 거주지가 되었으며, 1452년 합스부르크가의 프리드리히 3세가 신성로마제국 황제가 되면서부터 제국의 수도가 되었다. 그러나 황제는 일찍이 제국에 대한 권력 행사를 단념하고 16세기 전반기에만도 레겐스부르크(1507), 보름스(1509), 뉘른베르크(1521), 에슬링겐(1524), 슈파이어(1527) 및 베츨러 등 여러 '수도'를 전전했다. 결국 빈은 실질적으로는 오스트리아 합스부르크가의 왕도(王都)에 지나지 않았다. 한편 강대한 영방으로 부상하고 새로운 독일의 미래로 기대된 프로이센의 수도 베를린 역시 궁정인과 관료, 특히 군인의 거리였으며 호엔촐레른가의 왕도에 지나지 않았다.

독일에 수도가 명실공히 정착된 것은 실로 1871년 비스마르크의 독일 통일 이후였다. 이러한 사실은 파리가 필리프 4세(재위 1285~1314) 치하에 이미 프랑스의 수도로 확정되고 런던이 헨리 3세(재위 1216~72) 치하에서 영국의 수도로 정착된 것과 큰 대조를 이룬다. 베르사유와 노트르담 대성당 및 파리 대학을 함께 갖추고 그에 더해 부르주아지의 대도시이기도 한 파리와 같은 거대도시를 독일은 끝내 한 번도 갖지 못했다. 정치, 경제, 사회, 문화의 중심으로서의 수도의 부재는 독일로 하여금 여러 신분과 계층의 차이를 극복하고 국민 전체의 일체감과 연대의식을 창출하는 '공공성'(公共性, Öffentlichkeit)과 단일한 국민적 문화 양식의 결여를 초래했다. 프로테스탄티즘과 가톨릭교회의 전통적인 이원주의가 그러한 분열을 더욱 조장했음은 말할 필요도 없다.

근대에 이르러서도 그칠 줄 모른 독일과 독일인의 특유한 분파성(당파성) 및 분열 현상을 스탈 부인(Madame de Staël)은 『독일론』(1813)에서 다음과 같이 지적했다.

독일 국민 전체에게 적용되는 주요한 특징은 약간 존재할 뿐이다. 이 나라의 극히 다양한 서로 다른 종교, 정치, 체제, 풍토, 민족을 어떻게 하면 동일한 관점에서 통합할 수 있을까. 그 방도를 찾을 길 없을 정도로

심하기 때문이다. 남부 독일은 많은 점에서 북부 독일과 전혀 별개의 것이고, 상업도시는 대학의 존재로 알려진 대학도시와는 유사성이 없으며, 작은 나라는 프로이센, 오스트리아의 2대 왕국과는 극히 이질적이다. 독일은 귀족의 연합국이다. 이 제국은 문화와 민중의식의 공통된 중심을 보유하지 못하고 있다. 독일 전체의 상류층이 모이는 수도가 존재하지 않는 까닭에 대다수의 작가, 문인, 사상가는 고독 속에서 일을 하든지 자기 자신이 다스리는 작은 단체를 주변에 소유하는 데에 불과하다.

마르크스는 『독일 이데올로기』(1845~46)에서 다음과 같이 기술하고 있다.

　　도시와 농촌의 대립은 야만에서부터 문명으로, 부족제에서 국가로, 지역에서부터 국가 전체로의 이행과 함께 시작되고 문명사의 도처에서 그 모습을 드러내면서 오늘에 이르렀다.

마르크스의 이와 같은 언명은 그가 자본주의와 동일시된 도시가 궁극적으로 국가와 결부되고 국가는 도시를 포용하면서도 도시가 형성한 제도와 시민의식을 계승했다고 한 현대 미국의 문명비평가 루이스 멈퍼드(Lewis Mumford)의 『도시의 문화』(1938)의 한 구절을 상기시킨다.

19세기 프랑스의 사회주의자 피에르 프루동(Pierre J. Proudhon)은 부르주아지에게 바친 저서 『19세기의 혁명 개념』(1851)에서 다음과 같이 시민계급을 찬양한 바 있다.

　　그대들은 어느 시대를 막론하고 대담하고 무적이었으며 가장 교묘한 혁명가였다. 그대들 없이, 그대들을 거역하여 이루어진 기도 중에 살아

남은 것이라곤 없다. 그대들이 마음먹은 것 중 실패로 끝난 것은 아무것
도 없었다.

마르크스와 동시대인인 이 사회주의자는 아나키즘적 국가론을 갖고
사회 문제의 해결을 상호부조에서 찾으면서, 『공산당 선언』(1848)이 출
간된 지 3년 뒤에 나온 저서에서 시민계급에게 바치는 찬가를 썼던 것이
다. 그만큼 봉건체제의 극복을 둘러싼 시민계급의 역사적 기여는 절대적
이었다.

17세기와 18세기에 이미 근대적 국민국가의 통합을 이룩한 영국과 프
랑스를 비롯한 서유럽 여러 나라와 달리, 19세기 후반에 이르도록 영방
분립 그대로 후진적 정치체제와 사회구조를 짊어져야 했던 독일은 필경
문화의 세계에서도 '특이한 길'을 더듬어야 했다. 그 실상을 우리는 정
치와 교양, 사회와 문화 및 파워 엘리트와 지적 엘리트의 이원적 분리와
대립을 역사적으로 규명함으로써 보다 구체적으로 밝힐 수 있을 것이다.

제2장

루터와 종교개혁 및 프로테스탄티즘

16세기 프랑스의 천재 국민시인 롱사르(Ronsard)는 종교개혁 직전에 이렇게 노래했다.

> 얼마만한 은혜를
> 유럽은 누리고 있을까.
> 그 안식이
> 아시아의 폭군에 의해 어지럽혀지지 않는다면.

그러나 유럽을 교란한 사람은 아시아의 이교도들, 즉 터키가 아니라 유럽, 그것도 그리스도교 교회에서 나타났다.

기나긴 1천 년을 면면히 이어온 하나의 가톨릭교회, 그리스도교 공동체는 해체되어 가톨릭교회와 루터파, 칼뱅파, 청교주의 등으로 갈라지고 더 이상 하나의 그리스도교 세계는 존재하지 않게 되었다. 이제 그리스도교 세계 대신 사람들은 '유럽'을 이야기하고 표방하게 되었다. 국민교회를 거느린 민족, 국민, 국가가 등장했다. 유럽을 지칭하면서 사람들은 그리스도교 유럽보다 유럽 문화와 유럽 문명을 떠올리게 된 것이다.

1517년 10월 마르틴 루터(Martin Luther)에 의해 막을 올린 종교개혁은 가톨릭적인 유럽의 보편성과 일체성에 종지부를 찍었다. 그것은 때마침 여러 나라에서 태동된 왕권 중심의 절대주의 체제와 연계되어 여러 나라에서 국교(國敎), 즉 국가종교의 성립을 초래했다. 이는 비단 유럽의 정신적·문화적 흐름뿐만 아니라 정치적·사회적 국면과도 광범위하게 얽혀 근대 세계를 향한 새로운 역사가 전개되었다.

1. 북방 르네상스와 종교개혁에 이르는 길

고대 그리스·로마 문화의 '재생'(Renascentia, rinascita)으로 일컬어지는 14세기 후반에서 16세기까지 범유럽적으로 전개된 르네상스 운동에 앞장선 것은 이탈리아의 휴머니스트와 인문주의자들이었다. 그러나 15세기 말 이래 연이은 국내의 전란으로 인해 이탈리아 인문주의자들은 점차 그 활동 기반을 상실했다. 아이러니하게도 이러한 사태는 이탈리아의 인문주의를 유럽 여러 나라에 전파하는 결과를 초래했다.

르네상스 이래 이탈리아는 '예술의 땅'과 '예술의 어머니'로서 전 유럽에 알려졌다. 15세기 중엽 이후 보수화되고 궁정화된 이탈리아 인문주의는 ― 16세기 전반 프랑스의 프랑수아 1세와 15세기 말경 영국의 샤를 8세의 궁정에서 보았듯이 ― 여러 나라의 궁정에 전해졌다.

독일에서 이탈리아 인문주의를 처음으로 받아들인 곳은 14세기 중엽 황제 카를 4세의 빈 궁정이었다. 젊어서 파리에 유학하고 교양을 반듯하게 갖춘 카를 4세는 프라하에 독일 최초의 대학을 세웠으며, 그의 궁정은 독일 초기 인문주의의 중심 무대가 되었다. 그러나 독일제국의 영방 분립과 황제 권력의 쇠퇴 및 성숙한 귀족 문화의 부재로 인해 왕후나 귀족은 이탈리아의 새로운 문화의 흐름에 별로 관심이 없었다. 그들은 외래의 선진 문화를 받아들일 만큼 사회적·문화적으로 성숙하지 못했던 것이다. 아우크스부르크, 뉘른베르크, 스트라스부르 같은 유서 깊은 도시에서도 이탈리아로부터 전래된 문화는 시민계층에 깊이 스며들지 못했다. 그 대신 르네상스 인문주의는 학식자, 즉 대학교수와 성직자들에 의해 '독일적 방식'으로 받아들여지고 가꾸어졌다. 그 결과 독일 인문주의를 특징지은 것은 부르크하르트가 강조한 바와 같이 일상적인 삶에 뿌리를 내린 새로운 인간과 세계의 발견이라는 이탈리아 르네상스의 본질과는 거리가 먼 수사학과 문헌학적 이식 내지 외래의 교양 문화에 지나지 않았다.

르네상스 인문주의는 원래 자유롭고 풍요로운 시민사회의 토대 위에서 전개되고 발전했다. 그러나 도시의 발전이 정체되고 성숙한 시민사회와 시민문화가 결여된 독일에서 인문주의는 삶의 새로운 양식을 창출하고 정치적·사회적 영역으로 확산되기는커녕, 현실 세계와 유리된 소수 학식자의 영역에 머무는 데 그쳤다.

중세 말 이래 서유럽에서는 성직자의 도덕적 타락으로 가톨릭교회의 권위가 크게 흔들리고 교회체제에 대한 비판이 날로 높아졌다. 그러나 독일의 경우 14, 15세기 시민계급이 태동하고 시민문화가 싹텄다고는 하지만, 16세기에 이르러서도 고딕 성당의 짙은 그림자가 도시를 뒤덮고 있었다. 놀랍게도 성당과 성직자의 수는 늘어만 가고 독일 국토의 3분의 1이 교회 재산이었다. 한자동맹에 가입하고 한때 북유럽의 중심 도시로 번영을 누린 쾰른의 경우에 16세기 초의 인구 4만 명 가운데 성직자 혹은 성직 관계자의 수는 5천 명을 헤아렸다. 그 밖의 여러 곳에서도 주민의 10분의 1이 성직자였다. 성직자가 다스리는 듯한 군소도시 성당의 화려함은 독일을 찾는 외국 여행자들을 놀라게 했다.

그러나 독일에서도 가톨릭교회에 대한 비판이 전혀 없었던 것은 아니었다. 이른바 우자문학(愚者文學)의 선구자인 시인이자 법학 교수이고 교회법 박사이기도 했던 제바스티안 브란트(Sebastian Brant)의 『바보배』 (1494)는 많은 바보천치들을 태운 배가 바보들의 나라로 항해하는 여정을 그린 110편의 시와 삽화로 이루어져 가톨릭교회의 관점에서 세상의 어리석은 악덕을 풍자하여 스테디셀러가 되었다.

신발 장인 출신이며 직업 음유시인(Meistersänger)으로서 건전하고 소박한 시민정신을 지니고 훗날 열렬한 루터 지지자가 되는 16세기의 민중시인이자 극작가인 한스 작스(Hans Sachs)의 작품을 비롯한 많은 저작이 성직자들의 악덕에 대한 풍자와 비난으로 가득 찼다. 그러나 독일에서는 성직자의 개인적 타락만 문제삼았을 뿐 교회 자체나 교황권의 유일 타당성을 문제시하는, 보다 본질적이며 구조적 비판은 찾아볼 수 없었다. 이러한 경향은 독일의 정치적·사회적 후진성에서 유래된 스콜라풍의 지적 풍토와 깊이 관련되었다.

알프스 이북, 특히 독일에서는 세속적 학문인 법학이 학식과 교양의 주류를 이룬 이탈리아와는 달리 스콜라학이 전통적으로 지배적이었다. 16세기 말과 17세기 초에 이르러서도 독일의 학식층은 대체로 신학적 테두리에 머물고 있었다. 성직자들은 중세 그대로 학계의 주류로서 각급 학교와 대학을 차지하고, 특히 신학부 교수들은 정치 엘리트로서도 17세기에 이르기까지 제국의회와 영방의회에서 상석(上席)을 차지하는 등 지도적 역할을 다했다. 서유럽에서는 볼 수 없는 독일 특유의 후진적 현상이었다.

르네상스 시대 독일에는 이탈리아의 프란체스코 페트라르카(Francesco Petrarca)나 보카치오(Boccaccio), 프랑스의 프랑수아 라블레(François Rabelais)나 몽테뉴에 비길 만한 후마니타스, 즉 삶 자체에 뿌리를 내린 유연하고 자유로운 인문주의자는 한 사람도 없었다. 당시 독일의 대표적 인문주의자로는 빈 대학의 시학(詩學)과 수사학 교수였던 콘라트 첼티스(Conard Celtis, 1459~1508)를 비롯하여 계관시인이기도 했던 울리히 폰 후텐, 역사가 빌리발트 피르크하이머(Willibald Pirckheimer), 고전학자 콘라트 포이팅거(Conrad Peutinger)와 요하네스 로이힐린(Johannes Reuchlin) 등을 들 수 있다.

첼티스는 라틴어 시인으로 독일 최초의 문학 서클을 꾸린 인물이다. 황제의 뒷받침을 받아 여러 인문주의적 동호회를 조직했다. 그중 대표적인 것은 하이델베르크의 라인 문학동호회와 빈의 도나우 문학동호회였다. 이들 동호회는 이탈리아풍의 일종의 아카데미였다. 당시 독일 인문주의자의 대다수는 그 동호회 회원이었다. 그러나 그것들은 대체로 대학 교수 및 성직자가 주축이 된, 귀족사회나 시민계층과는 유리된 대학과 성당 내의 동아리들이었다. 이들 문학 동호회는 첼티스가 사망한 뒤 소멸되고 말았다. 그만큼 독일 인문주의자는 사회적·문화적인 기반이 취약했다.

독일 인문주의는 그러면서도 15세기 중엽 대학 내에 뿌리를 내리면서 하나의 흐름으로 발전했다. 그런데 대학 인문주의의 최대 과제는 문헌학적인 고전 연구였다. 15세기 중엽에 빈, 하이델베르크, 에르푸르트 등 각 대학에서 비롯된 고전 연구는 여러 대학에 파급되었으며, 1520년경에 이르러 인문주의적 학풍은 대학의 일반적 경향이 되었다. 학생들도 새로운 사조를 앞다투어 받아들였으며, 스콜라학 강의실은 텅 비었다. 이와 같은 대학 인문주의의 정착은 아우크스부르크의 금융재벌인 푸거(Fugger) 가문이 상징하듯이, 경제적 발전과 시민의식의 각성, 요하네스 구텐베르크(Johannes Gutenberg)의 활판 인쇄술의 발명 등 사회적·경제적·문화적 발전이 크게 뒷받침했다. 이 대학 인문주의의 유력한 담당자는 바로 성직자 집단이었다. 독일 성직자들은 중세와 다름없이 대학 내외에서 학계의 주역으로 행세했다. 그 결과 이들 성직자에 의해 독일 인문주의는 스콜라적 전통 내지 학풍과 친밀하게 연결됨으로써 그리스도교적 휴머니즘으로 형성되었다. 이른바 '북방 르네상스'(The northern

Renaissance)이다.

북방 르네상스, 즉 그리스도교적인 독일 인문주의는 스콜라적 반대파에 맞서 이념적 원리를 둘러싼 진지한 논쟁을 별로 겪지 않고 그 기반을 자연스레 정립했다. 어쩌다 일어난 스콜라 학자와 인문주의자 간의 논쟁도 이념적 투쟁이라기보다 개인적인 감정싸움 비슷한 것이었다. 스콜라 학자건 인문주의자건 간에, 어느 편에도 공동전선은 존재하지 않았다. 독일 그리스학의 기초를 닦은 고전학자이자 인문학자인 로이힐린이 그리스도교 정통파와 격한 논쟁을 벌였다지만, 그의 본질은 인문주의자라기보다 고전학자였다. 대학 내 스콜라 학자와 인문학자들에게 이탈리아 르네상스에 대한 관심은 필경 딜레탕트적인 것이었으므로 스콜라주의자들에게도 위험한 것으로 생각되지 않았다. 이뿐만 아니라 고위 성직자들도 같은 수준에서 새로운 교양에 관심이 없지 않았다.

이상과 같은 독일 인문주의 내지 북방 르네상스를 둘러싼 현상은, 독일 대학의 스콜라적 전통이 취약했음(철저하게 스콜라적인 파리 대학의 학풍과 달리)에도 불구하고 독일 인문주의는 스콜라적·아카데미즘적 특성을 가진 것과 깊은 관련이 있다. 사실 독일 인문주의는 정신적·사회적인 뿌리가 깊으면 깊을수록 역설적으로 더 스콜라적이고 그리스도교적인 성격을 드러냈다. 신플라톤주의 철학자이자 신학자이며 교회정치가인 15세기의 니콜라우스 쿠자누스(Nicolaus Cusanus) 이래 독일의 저명한 인문주의자들은 대체로 고위 성직자였다. 하위징아는 르네상스 운동이 지닌 이중적 성격, 즉 반중세적이면서도 중세적인 속성에 관해 지적한바, 중세에 대한 친근성은 독일 인문주의와 북방 르네상스에서 각별하였다. 내가 독일 인문주의를 감히 종교개혁으로 이르는 또 하나의 주요한 핵심으로 인식하는 이유이다.

2. 루터와 프로테스탄티즘

"훌륭한 사업이 지식이나 견식으로부터 유래된 적은 별로 없다. 그것은 거의 무의식중에 일어나게 마련이다. 크게 과오를 저질러라. 그러나 더욱 강하게 믿어라."

― 루터

루터는 비텐베르크 대학의 신학부 교수였다. 그를 비롯해 존 위클리프 (John Wycliffe, 옥스퍼드 대학), 얀 후스(Jan Huss, 프라하 대학), 장 칼뱅(Jean Calvin, 제네바 대학) 등 종교개혁의 주동자들은 기묘하게도 대체로 대학 교수였다. 말하자면 종교개혁은 대학에서 발원했다. 이 점에서 대학 및 대학인과 무관하게 대체로 상층 시민사회에 뿌리를 두었던 이탈리아 및 프랑스의 르네상스와는 참으로 대조적이었다.

종교개혁의 도화선이 된 루터의 「95개 논제」(1517)도 '신학 정교수인 사제 마르틴 루터'라는 이름 아래 중세 이래 대학의 관례인 공개토론의 형식으로 대학 동료를 비롯해 많은 학식자에게 '속죄의 효력'에 관해 학문적 논의를 하고자 라틴어로 호소한 것이었다. 루터를 움직인 것은 신학 교수이자 대학인으로서의 소명의식이었지 종교개혁가로서의 그것이 아니었다. 루터는 평생 '종교개혁'이라는 표현을 쓰지 않았다.

루터는 아들의 출세를 바란 부친의 뜻에 따라 중부 독일의 인문학 중심인 에르푸르트 대학에서 법학을 공부했다. 그러나 벼락을 맞아 죽은 친구로 인해 수도사가 되기로 마음먹었다. 그러면서 아우구스티누스회 수도원에서 수도사 생활을 거쳐 사제(司祭)가 되었다. 루터 신앙의 또 다른 전기(轉機)는 그 무렵 그가 처음으로 라틴어 성서를 접하게 된 것이었다. 이후 성서를 신의 말씀으로 받들기로 결심했다. 루터는 학승(學僧)의 길을 선택하고 1512년에는 비텐베르크 대학의 교수가 되었다. 라틴어와 그리스어 등 고전어의 기초 위에서 순수 그리스도교를 지향한 루터의 성서적 인문주의와 명석한 강의는 학생들을 매료시켰다. 그의 이름은 점차 대학의 울타리를 넘어 널리 알려지게 되었다.

루터는 성서가 아니라 아리스토텔레스가 강의실을 차지한 대학의 현실에 깊은 우려를 나타냈다. 그는 대학 개혁의 의지를 주저인『독일 민족의 그리스도인 귀족에게 고함』(1520)에서도 분명히 밝혔다. 루터는 대학에서는 방종한 생활이 판을 치고 성서와 신앙에 관해 가르치고 있지 않다고 꼬집었다. 그러면서도 대학의 스콜라적 전통을 비판하고 교회법 폐지와 시민법 개혁을 주장했다. 특히 대학 내 루터의 최대의 적은 아리스토텔레스였다.

"전적으로 맹목적인 이교도인 아리스토텔레스가 그리스도까지 뒷전으로 내몰면서 날개를 휘두르고 있다."

신학을 종교와 동일시한 루터는 그간 아리스토텔레스 연구의 결실로 평가된 신학과 철학의 깊은 관련성을 아예 무시했던 것일까.

루터는 "이성은 신의 가장 두려운 적인 까닭에" 신학부에서 행하는 철학 연구를 못마땅하게 생각했다. '교회의 충실한 아들'임을 자처한 그에게는 성서 연구야말로 바로 대학의 지상 과제였다. "가장 성스러운 옛 교부(教父)들의 서적도 오직 성서로 인도하는 서적으로" 읽혀야 했다.

대학을 둘러싼 루터의 원칙은 뒤이어 최초의 프로테스탄트 대학인 마르부르크 대학(1527년 설립)과 비텐베르크 대학에 의해 구현되었다. 이러한 그의 입장을 대학의 인문주의자들도 이해하고 그에게 공명했다. 그러나 그들은 루터가 신학 연구의 본거지인 파리 대학의 신학부인 소르본과 교황에 의해 단죄되고 파문을 당하자(1521), 그에게 등을 돌렸다. 독일 인문주의자들은 신앙에 관한 한 전통주의자였던 것이다.

독일 종교개혁의 지적 측면과 당시 독일의 학문 및 교육을 대표한 인물은 인문주의자 필리프 멜란히톤(Philipp Melanchton)이다. 그리스어 교수였던 그는 루터에 끌려 신학을 연구하고 프로테스탄트 운동에서 루터의 맹우(盟友)가 되었다. 독일의 근대 교육제도, 특히 중·고등 교육제도의 기초를 닦아 '독일의 스승'(Praeceptor Germania)으로 받들어진 멜란히톤은 비텐베르크 대학의 교수 취임 연설에서 진정한 지식을 찾는 용기를 강조했다. 그는 스콜라 학풍을 배격하고 그리스어 학습을 강조하는 한편, 진정한 신학과 철학의 길을 루터와는 달리 성서와 아리스토텔레스의 결합에서 찾았다. 에라스무스(Erasmus)를 떠올리게 하는 이와 같은 멜란히톤의 그리스도교적 휴머니즘은 결국 그와 루터를 불편한 관계로 만들었다. 이제 '항의하는 인간'이자 '프로테스탄트'인 루터에 관해 생각해보자.

긴 하룻밤 뒤에 그 사나이가 우리에게 목표에 이르는 길을 가리켰다. 그 사나이를 우리는 이렇게 불러도 좋을 것이다. 그는 종교개혁 자체였다고.

현대 독일 프로테스탄트 계열의 교회사가이자 신학자인 아돌프 폰 하르나크(Adolf von Harnack)의 말이다. 1520년대 종교개혁은 독일 종교개혁이자 루터의 종교개혁이기도 했다.

루터는 1521년 1월 3일 로마 교황청에 의해 파문당하고, 4월 18일 보름스 제국의회에 소환되어 심문대에 섰다. 교황의 대리인인 심문관은 루터에게 저서를 파기하라는 명령을 내렸다. 그러나 루터는 항변했다.

나의 양심은 신의 말씀에 묶여 있다.

아무것도 취소할 수 없다.

여기에 나는 서 있다.

나는 그 외에는 아무것도 할 수 없다.

주여, 나를 도우소서.

루터는 파문당하기 1년 전, 교황에 의해 파문을 위협하는 대교서(大敎書)가 제기된 1520년에 그의 주저이자 3대 종교개혁 문서로 일컬어지는 『그리스도인의 자유에 대한 논설』,『독일 민족의 그리스도인 귀족들에게 고함』및 『교회의 바빌론 포로에 대한 마르틴 루터의 서주』를 출간했다. 이것들을 통해 루터는 "믿음이 있는 자는 저마다 사제이다"라는 '만인사제주의'와 자신의 복음주의의 근본 원리를 밝혔다.

> 그리스도 교도는 모든 것 위에 선 자유로운 주인이며 누구에게도 속하지 않는다. 그리스도 교도는 모든 것에 봉사하는 하인으로 누구에게도 종속된다.

루터는 자신의 믿음의 참뜻을 밝힌 데 이어 비텐베르크의 광장에서 교회 법규집, 도덕철학서 및 교황이 내린 파문 위협 대교서를 불살랐다. 내면적 고뇌에 시달린 '영혼의 교사'는 이제 항의하는 투사이자 광장에서 호령하는 프로테스탄트가 되었다. 그가 그리스 신화 속 모험과 위업의 신(神)인 헤라클레스로 불린 이유이다.

『교황의 역사』의 저자인 호르스트 푸어만(Horst Fuhrmann)에 따르면, "나는 경건한 수도자였다"(Ich bin ein frommer Monch gewesen)라고 말한 루터, '자유로운 군주'이자 '봉사하는 하인'인 "의로운 그리스도 교도는 오직 신앙으로서만 삶을 산다"(성聖바울로 「로마서」 제1장 17절)라고 선언한 초기의 루터를 가톨릭교회는 교회 개혁가로 받아들여야 했다. 그러나 「95개 논제」가 발표되기 직전에 "신께서 하사하신 교황권을 만끽하리라"라던 메디치가 출신의 교황 레오 10세는 "주님, 한 마리 멧돼지가 당신의 포도밭을 망치려고 달려들고 있습니다"라며 루터를 파문했다. 그러나 교황을 대신해 파문을 선고한 교황의 특사는 이미 겁먹고 있었다. 루터가 "여기 내가 서 있다"라고 선언하면서 종교재판 심문대를 박차고 떠났을 때, 많은 사람들이 환호하며 그를 따랐다. 그들은 루터와 함께 저항하는 자, 즉 프로테스탄트가 되고자 했다. 독일은 더 이상 과거의 가톨릭 국가가 아니었다.

> 여러분이 설교는 짧게, 그 뒤 성찬은 천천히 하기를 바라고 있음을 잘 압니다. 주여, 이 미사가 여러 사람에게 너무 길지 않도록 살펴주소서.

부활제 미사에서 궁정 사제인 로베르 드 소르본(Robert de Sorbon, 훗날 파리 대학의 전신인 소르본 칼리지 신학부를 창설)이 행한 설교의 한 구절이다. 하위징아는 중세 말의 종교에는 '오염된 감수성'이 따라붙었다고 지적한 바 있다. 중세 말의 믿음은 일상적인 삶의 한 부분이자 관행이고 풍속이었다. 미사도 일상적인 이벤트였다. 16세기 종교개혁 시대를 신앙을 갈구한 세기로 특징지은 뤼시앙 페브르(Lucien Febvre)에 따르면, 중세는 믿음이 아무리 치열했다 하더라도 믿고자 '욕구할' 필요가 없는 시대였다. 종교는 누구나 다 태어나면서부터 믿는 것, 자연스러운 것으로 여겨지고 달력에 따라 종교 행사나 의례에 참가하면 그뿐이었다. 그 위에 당시 교회는 대개가 상층 귀족의 '사유교회'(私有教會)였다. 그러므로 그 소유자는 교회를 자기의 소유물로 여겼으며, 법이 또한 그것을 뒷받침했다. 성직자들이 타락하고 면죄부를 거리낌 없이 판매하는 행태도 이러한 사실과 관련되었다.

마치 교회가 믿음과 무관한 존재가 된 듯한 13~14세기에 한편에서는 '새로운 경건'(Devotio modernam)을 강조하는 독일의 신비주의자 마이스터 에크하르트(Meister Eckhart)로 상징되는 양심의 구제를 추구하는 종교적 열정이 싹트고, 콘스탄츠 공의회(1414~18)는 교황을 파면하고 공의회의 지상제(至上制)를 확립했다.

　　우리 종교의 주이신 로마 교회에 가까울수록 그 사람의 종교성은 더욱 희박하고 미미하다.

　인문주의자이기도 한 니콜로 마키아벨리(Niccolò Machiavelli)가 『로마사론』에서 한 말이다. 이와 같은 상황과 행태가 필경 신앙의 인간 루터의 도래를, 그가 호령하는 종교개혁을 초래하게 되었다.

　　믿음만이 사람을 의롭게 한다.

　루터의 이 신앙지상주의는 신앙적 열정으로 전 유럽을 휩쓸고, 지난 천년 유럽을 꽁꽁 묶어놓은 교황권의 권위와 더불어 가톨릭교회의 보편성 원리를, 그리고 그리스도교 공동체의 붕괴를 예감케 했다. 이제 여러 종파의 시대가 태동했다.

　그러나 그러한 움직임은 루터의 진의가 아니었다. 「95개 논제」의 핵심도 바로 면죄부 판매의 과오를 고발하고 인간 구제는 '오직 신의 의지에 있음'을 밝히는 데 있었다. 신앙만을 내세운 루터는 가톨릭교회가 즐긴 의미 없는 순례, 무용지물인 의식, 어리석은 사육제, 시간을 훔치는 축제, 성인에 대한 우상숭배, 도움이 되지 않는 자선 활동 등 그러한 모든 것들을 수도원과 함께 파기하고자 했을 뿐이다. 그 모든 것이 반(反)성서적이라 생각했기 때문이다. 결코 중세 천년을 면면히 이어온 가톨릭교회를 뒤엎고자 한 것은 아니었다. 「95개 논제」가 종교개혁의 기폭제였다고는 하지만, 이 논제는 원래 마인츠 대주교에게 보낸 편지에 동봉한 것이었다. 그 최대의 논점도 면죄부의 부당성에 대한 고발이었다. 앞에서도 지적했듯이, 루터는 '종교개혁'이라는 용어를 쓰지 않았으며 그것은 17세기 말까지도 사용되지 않았다.

그러나 사람들은 앞을 다퉈 '루터'를 외치고 새 교회에 신앙고백을 하며 프로테스탄트임을 밝히기 위해 집집마다 문패에 루터를 따르겠다고 밝히는 등 반가톨릭 전선에 결집했다.

종교를 둘러싼 담론은 으레 많은 사람들을 흥분시킨다. 더욱이 유럽을 둘로 갈라놓은 종교개혁의 논의는 자칫하면 특정한 인물이나 종파에 얽매여 당파적 이데올로기에 빠지기 쉽다. 그런 함정으로부터 자유롭기 위해서도 비단 루터의 종교개혁뿐만 아니라 종교개혁을 종교적 관점을 넘어 폭넓은 정치적·사회적 관련 속에서, 그리고 지역과 국가와 국민에 따라 다양하게 전개되고 변모를 거듭한 긴 역사적 산물이라는 폭넓고 복합적인 인식이 절실하다고 할 것이다.

루터의 개혁 운동은 북유럽 여러 나라 및 스위스와 프랑스에도 전파되었다. 그러나 재세례파(再洗禮派, Anabaptists)와 츠빙글리파, 칼뱅파는 루터와는 다른 독자적 종파를 형성했다. 특히 프랑스어권 신교의 지도적 인물은 칼뱅이었다. 인문주의자인 그는 루터의 복음주의를 신봉하면서부터 박해를 받아 스위스에 망명하여 『그리스도교 강요』(1536)를 저술했다. 그 뒤 1541년 이래 제네바를 본거지 삼아 새로운 교회를 창시했다.

신의 절대주권과 '믿음만이 의롭다'라는 전제 아래 이룩된 칼뱅의 교리의 핵심은 삶의 원리로서의 신과 인간의 명석한 인식이었다.

신을 인식할 때 우리 인간은 저마다 스스로를 인식한다.

새로운 삶과 사회질서를 지향한 칼뱅의 실천적 이성은 사람에게는 저마다 정해진 'Beruf', 즉 '직업', '천직', '소명'이 있다는 말로써 신에 응답하고 신의 영광을 나타낸다. '소명'으로서의 칼뱅의 직업관은 베버가 강조했듯이, 근대 자본주의의 사회윤리의 명분과 핵심이 되고 칼뱅주의에 시민계층과 소귀족을 끌어들였다. 이뿐만 아니라 칼뱅주의는 근대 자유주의의 기초를 이룬 존 로크(John Locke)의 정치사상의 요람이 되기도 했다. 영국, 프랑스, 네덜란드의 자유주의자들은 거의 시민 출신의 칼뱅주의자였다. 특히 영국에서는 청교주의(淸敎主義, Puritanism)로서 치열하게 사회에 뿌리를 내렸다. 그리고 잉글랜드에서는 가톨릭교회로부터 분리되면서도 신구(新舊) 어느 종파로부터도 자유로운 '중간의 길'을 택한 국교회, 즉 영국국교회(Anglican church)가 성립되었다(1534). 이렇듯 종교개혁은 국민 내지 지역에 따라 교리나 실생활에서 각양각색의 다양성을 드러냈다. 이제 루터의 프로테스탄티즘의 사회적 기반에 관해 생각해 보자.

루터의 강렬한 신앙고백은 보름스나 비텐베르크의 영역을 넘어 정치적·사회적 배경과 깊이 관련됨과 아울러 프로테스탄티즘으로 이념화되고 운동으로 전개되었다. 그러면서 그 세력권은 독일 전역의 약 3분의 2를 차지했다. 루터에게 제일 먼저 주목한 사람들은 도시에 거주하는 문해자(文解者)들, 특히 인문주의 교육을 받은 대학 출신의 학식자와 전문직, 그리고 큰 영향력을 지녔던 도시 성직자였다. 이들 대다수가 개혁 운동의 메신저 역할을 다했음은 루터와 프로테스탄티즘에 큰 행운이었다. 루터의 지지 기반은 도시 가운데 특히 제국도시였으며, 그 핵심은 지식인층과 함께 상인과 수공업자들로 이루어진 중산 시민계층이었다. 소귀족과 부유한 상인들도 대체로 그에 동조했으나 도시의 실질적 지배자인 도시 귀족은 루터를 외면했다.

프로테스탄티즘은 도시에 이어 농촌 지대에 파급, 비로소 민중운동으로 전개된 것이다. 믿음을 향한 루터의 열정은 본질적으로 중세적·그리스도교적인 농민들에게 새로운 '복음'으로 가슴 깊이 새겨지고 농민전쟁(1524~26)으로까지 격화되었다. 복음주의적 농민 운동 과정 속에서 '신의 말씀'을 가장 잘 따르는 농민과 도시 평민이 한때 믿음의 아이콘으로 숭배되었다. 그 결과 일시적으로 대학 진학률이 줄어들기도 했다니 참으로 놀랍다. 루터의 메시지는 그렇듯 단시일 내에 농촌으로까지 확산되고 프로테스탄티즘 또한 범독일적 규모로 보급될 수 있었다. 이 배경에는 구텐베르크의 활판 인쇄술이 크게 이바지했다.

> 인쇄술은 신이 내린 궁극적인 하사품이며 가장 위대한 혜택입니다. 그 까닭은 신이 그 수단을 통해 진실한 그리스도교의 모습을 남김없이, 모든 곳에, 지상의 끝까지 알려주리라 생각하고 계시기 때문입니다.

루터의 『탁상담화』(*Tischgespräche*)의 한 구절이다. 『탁상담화』는 루터의 저작은 아니다. 사교가적 성품을 지니기도 한 루터는 자주 친지들을 집으로 초대하여 식사를 나누며 대화를 즐겼다. 거기에 참석한 여러 사람들이 화제에 오른 루터의 이야기를 기록한 것이 훗날 『탁상담화』로 간행되었는데, 루터의 사상과 성품을 이해하는 데 큰 도움이 되는 중요한 텍스트이다.

루터를 비롯한 모든 종교개혁가들은 구텐베르크의 활판 인쇄술을 '신에 의한' 발명으로 찬양했다. 루터는 "라틴어로 비적(秘籍)의 말씀을 우리에게 숨기고 그 뜻을 일반 신도에게 이해시켜서는 안 된다고 우리에게 가르친" 가톨릭교회를 비난했다. "서적과 인쇄 없이 종교개혁은 없다"라고 일컬어질 만큼 종교개혁의 선구자들은 인쇄술의 힘을 적극적으로 이용했다. 그런데 16세기 초에 글을 읽고 쓸 수 있는 사람 수는 독일 전체 인구 1,600만 명 중 40만 명에 지나지 않았다. 그러나 그들은 설교와 함께, 아니 설교 이상으로 복음의 메시지를 소책자를 통해 대중에게 전달하고 그들을 결집했다. 그런 소책자 중 절반 이상을 루터가 직접 쓰기도 했다.

루터의 저서는 1517~20년까지 4년간 약 30만 부가 발간되었다. 그의 독일어역 성서는 1534년에 간행된 뒤 그가 죽을 때까지 실로 400판 이상 인쇄되었다. 루터 추종자들은 모두 설교사이자 팸플릿 제작자였다. 종교개혁과 더불어 역사상 처음으로 범독일적·범유럽적인 대중매체의 네트워크가 형성되고 저널리즘이 태동하였다. 그 선두에 루터가 서 있었다.

루터는 3대 주저를 발간한 1520년 한 해만도 133종의 책자를 발표했다. 그것들은 모두 자유를 위한 '모반'(謀叛)을 부추기는 글이었다. 그러나 농민전쟁 이후 루터의 개혁은 하나의 전기를 맞이했다. 무엇이 이 신학 교수(루터는 종신직 신학 교수였으며, 1535년에는 신학부 학장으로 임명되기도 했다)를 그토록 정열적인 대중 선동가로 만들었을까. 루터가 바르트부르크 성(城)에서 성서 번역을 하다가 악마에게 잉크병을 던졌다는 이야기는 허구로 밝혀진 지 오래다. 그러면서도 그 이야기는 당시는 물론 오늘날에도 설득력 있는 진실로 들린다.

나의 양심은 신의 말씀에 붙잡혀 있다.

이 외침이 상징하듯이, 그는 세상의 종말이 임박했다는 강박관념 같은 절박한 위기의식에 사로잡혀 있었다.

"이 세상은 마치 술 취한 농민과도 같다. …… 이 세상은 필경 악마의 손아귀에 떨어져가고 있다"(「탁상담화」). 루터는 한평생 바야흐로 종말에 다다랐다는 위기감에 시달리고 소명이라는 자기 확신으로 그에 맞섰다. 이러한 위기의식과 강박관념으로부터 평생 자유롭지 못했던 루터는 ── 페브르에 의하면 ── 1505~15년의 최대의 문제는 교회의 개혁이 아니라 그 자신의 영혼, 그것의 구제였다. 투사로서의 루터의 면모는 1517년 이후의 이야기다. 이제 그의 성격에 관해 생각해보자.

루터는 「95개 논제」 이래 자신을 가장 신랄하게 비판하던 가톨릭 신학자이자 사제 요한 에크(Johann Eck)와 1519년에 공개 논쟁을 벌였다.

에크는 루터와 원래 친했으나 「95개 논제」 발표 이후에 가장 강력한 반 (反)개혁가가 되었다. 이 '라이프치히 논쟁'에서 루터를 지켜본 라이프 치히 대학총장은 루터의 밝은 사교적 성격에 호감을 나타냈다. 그러면서 도 그는 다음과 같이 지적했다.

> 모두가 루터의 유일한 결점을 비난한다. 그는 신학에 새 길을 열고자 하면서도 신의 학자로서 어울리지 않게 상대를 지나치게 질책하고 비 웃는다.

사실 루터는 사교적 인간이기도 했다. 1535년 재세례파의 폭동이 진 압된 직후에 교황 특사가 선제후의 빈객으로 비텐베르크 성에 머물렀다. 그때 특사의 초빙을 받자 루터는 크게 기뻐하며 이에 응했다. 이때 그의 나이 52세로, 그가 독일어역 성서를 완성한 다음 해였다. 하지만 프로테 스탄트 루터는 곧 자신의 사교성을 스스로 팽개쳤다. 괴테는 "종교개혁 이 우리에게 흥미를 일으키는 유일한 점은 루터의 성격이다"라고 말한 바 있다. 역사상 루터만큼 그 인물평이 극도로 갈라지는 경우도 없다. 그 만큼 그는 상반·모순된 이중인격을 드러냈다.

대담한 행동가인 루터는 꿈꾸는 신비주의자이기도 했다. 그는 꽃을 피 우는 산들바람에도 끌리고 사소한 일에도 마음을 뺏겼다. 류트와 플루 트를 연주하고 찬송가도 작곡했다. 음악을 '신학과 나란히 정신의 놀랍 고도 아름다운 선물'이라고 칭송했다. 그러나 조형예술에는 무관심했다. 이탈리아 르네상스 문화가 절정일 무렵인 1511년, 북부 이탈리아에서부 터 로마까지 여행하면서도 미술에 관해서는 한마디도 언급하지 않았다.

그는 조형예술과 함께 문학작품에도 무감각했다. 그러면서도 루터의 독일어 번역은 독일 문학사상 불멸의 업적으로 높이 평가받고 있다. 루 터 이전에 10여 종의 독일어 번역 성서가 간행되었으나, 로마 교회의 간섭과 난해한 문장으로 인해 보급되지 못했다. 루터는 라틴어 중역(重譯)이 아닌 그리스어와 히브리어로부터 직접 번역하면서 민중의 생생한 표현을 염두에 두고 '국민의 성전(聖典)' 편찬이라는 소명의식으로 혼신의 힘을 다했다. 하인리히 하이네(Heinrich Heine)는 "신은 성서의 번역자로서 루터를 선택했다"라고 했던가! "루터의 언어는 그 순수성과 강렬한 영향력 덕분에 근현대 독일의 문자언어를 말하는 신고(新高) 독일어 정착의 핵심이 되고 기초가 되었다." 게르만 어학의 기초를 다진 언어학자 야코프 그림(Jacob Grimm)의 말이다.

브로델이 강조했듯이, 루터는 독일인의 모든 장점과 결함을 한몸에 담은 인물이다. 그 핵심으로 우리는 그의 '소박하고 따뜻한 심성'(Gemütlichkeit)과 굳건한 '신념'으로 연동되는 '호담성'(豪膽性, Preidigkeit)을 들어도 좋을 것이다.

루터는 반듯한 설교자의 덕성의 하나로 "모든 사람들로부터 박해받고 조롱당하는 것"을 두려워 말라고 했다. 그만큼 그는 굽히지 않는 신념을 천생 과시했다. 그의 개인적 특성으로도 독특한 '호담성'이 지적된다. 루터는 『구약성서』를 늘 지니고 다녔다. 언젠가 "들어서 드십시오, 이것은 나의 몸이니" 하는 마지막 만찬에서의 성체(聖體) 제정의 이야기가 화제에 올랐을 때 울리히 츠빙글리(Ulrich Zwingli)가 말했다.

이 말씀은 일종의 비유이며 기호로 이해해야 합니다.

그러자 루터는 "나인, 나인(아니요, 아니요)!"(Nein, Nein!) 하고 소리 지르며 노발대발했다. 그는 당시 대두되어 크게 주목받던 새로운 천문학이 성서와 일치하지 않는다는 이유만으로 그것을 극구 부정했다. 근대적 이성이나 합리주의는 그와는 거리가 멀었다. 루터는 자신의 신념 그대로 직정경행(直情徑行), 곧 직주(直走)의 인간이었다. 그런 까닭에 그는 심중

94

에 조절이나 뉘앙스라는 인간적인 삶의 감각이 없는 듯한 인상을 주었다. 사고(思考)는 충동적이었으며 그를 움직인 것은 무의식의 힘이었다.

나의 양심은 신의 말씀에 붙잡혀 있다.

루터는 언제나 자기 자신이 진실이라는 확신을 갖고 행동했다. 이러한 신념과 소명감으로 인해 그는 타인의 말에 귀 기울이거나 다른 사람과 타협할 줄 몰랐다. 그만큼 그의 행동과 사업은 교조적·종파적으로 찬반 양론을 일으켰다.

독일의 종교개혁은 결국 루터의 종교개혁이었다. 그만큼 독일 종교개혁을 둘러싼 논의는 루터의 경우와 마찬가지로 찬반양론으로 나뉘어 유럽 여러 나라에서 나타난 '변경'(邊境)의 의식을, 이편이기도 하고 저편이기도 한 두 가지 성격의 공존을 허용치 않았다.

랑케는 루터의 성격 속에 타고난 농민의 고집, 게르만의 그윽한 신비성, 해박한 학식, 대단한 인고(忍苦)의 성정(性情)과 총명함을 보고서, 그 모두가 그의 신앙으로 체득되었음을 인식했다. 분열된 독일의 국가통합을 염원한 랑케에게 종교개혁은 면죄부를 판매한 교황권에 대한 루터의 저항과 그로부터 촉발된 교황권과 황제에 대한 독일 제후들의 투쟁으로 비쳤다. 『독일 종교개혁의 역사』(1839~40)를 저술한 랑케에게 종교개혁은 무엇보다도 로마 교황권으로부터 독일 해방의 위업으로 인식되었다. 이 체제 지향적 역사가에게 루터의 종교개혁은 루터가 반(反)성서적으로 여긴 로마의 교권체제와 가톨릭교회의 모든 형식적인 의례에 대한 저항으로 비쳤다. 랑케에 의하면, 루터는 한 번도 가톨릭교회를 뒤집으려 하지 않았다. 그 증거로 랑케는 루터가 농민 폭동에 아예 개입하지 않았던 사실을 지적한다.

한편 하이네의 루터관(觀)은 그가 랑케와 동시대인임에도 사뭇 달랐다. 그에게 루터는 바로 '종교혁명의 당통'이었다. 보름스 제국의회에서 제국 신분 모두가 자기의 기득권을 헤아릴 때 오직 신만을 생각한 루터, 루터의 그 순수한 소박함과 거친 총명, 고귀한 어리석음, 그리고 억제할 수 없는 데몬적인 천성에서 하이네는 신으로부터 루터에게 주어진 "근본적인 것, 이해할 수 없는 것, 기적적인 것"들을 보았다.

"루터는 찬탄을 받아야 한다. 이 고귀한 인물은 영원히 영원히 찬탄을 받아야 한다." 이렇게 극찬하면서도 하이네는 루터 속에 도사린 '데몬적인 것'들을 시인의 직관으로 감지한 것일까. 훗날 독일이 루터에게 '난폭한 판단'을 내리지 않을까 그는 걱정했다.

하이네의 불길한 예감은 적중했다. 아돌프 히틀러(Adolf Hitler)의 제3제국이 파탄 난 뒤 나타난 과거 독일과의 '결별'이라는 독일인의 자기 성찰과 자기 비판의 핵심에 루터가 소환된 것이다. 특히 토마스 만에 의해 루터는 혹독하게 비판을 받았다.

만은 1945년 5월 29일 워싱턴의 국회도서관 강당에서 '독일과 독일인'이라는 주제로 강연을 했다. 독일이 항복한 지 3주 뒤였다. 1933년 1월 히틀러가 총리가 된 직후 망명길에 오르고, 1938년 이래 미국에 이주하여 전투적 휴머니스트임을 자처하며 히틀러의 독일 제3제국 타도와 민주주의 승리를 위해 혼신의 힘을 다한 만은 벅찬 감회를 안고 그 강연에 임했다.

만은 괴테와 칸트, 베토벤과 모차르트의 나라로 고귀한 것과 아름다운 것을 세계에 그토록 베풀면서도 세계를 파국으로 몰고 간 독일의 숙명과도 같은 심연을 "독일적 심성과 데몬적인 것의 은밀한 결합"에서 찾았다. 그 검증대로 루터와 독일 낭만파 및 독일 음악에 마치 불길한 유전자처럼 잉태된 문제성을 고발하고 규탄했다.

만은 루터를 독일 국민성의 전형적 인물로 보았다. 그에 의하면, 루터는 아이들이나 농민과도 같이 지극히 순수한 천성으로 신을 받들어 그리스도교를 구제했다. 루터는 "각자 저마다 자기 자신의 사제(司祭)이다"라는 원칙을 세우면서 자유 이념을 뿌리내리게 했다. 독일 특유의 이상주의 철학, 양심의 경건주의 및 극도로 엄격한 도덕률과 진리애도 루터로부터 싹텄다. 그러나 농민 반란을 마치 종교 해방을 교란하는 것으로 증오하고 짓밟은 루터의 자유가 만에게는 반사회적·반정치적인 것으로 인식되었다. "루터는 진정 자유를 몰랐다"라고 만은 단언했다. 사회적·정치적 요소를 외면하고 교리에 매달린 루터의 사변 속에서 악마에게 몸을 맡긴 파우스트적 인간을 보았던 것이다. 루터에게서 만은 데몬의 영역에도 속한 것으로 인식한 독일적 음악성이 면면히 울려 퍼짐을 지적했다. 반조형적·반가톨릭적인 루터의 에토스는 프로테스탄티즘을 통해 순수 배양을 거듭하여 나치즘에 이르렀고, 결국 반라틴적·반유럽적인 독일의 '특이한 길'로, '독일의 해방 운동'으로, 그 연장선상에서 반정치적·반문명적인 정신지상주의로 둔갑했다는 것이다.

휴머니즘을 표방한 만은 자신이 평생 맞선 이와 같은 '독일의 제 문제'(Deutsche Problem), 그리고 히틀러의 제3제국 몰락과 더불어 독일 지식사회의 최대의 과제로 떠오른 독일 문제의 중심에 언제나 루터가 존재했다고 확언했다. 이와 같은 만의 루터관에 적극 공명하듯이, 많은 인사가 루터를 자유주의자가 아닌 '완고한 개인주의자', '완고한 이상주의자'로 그렸다. 루터는 그의 본심과는 관계없이 한 종파의 교조가 되어 '운명'에 놀아난 "1당 1파의 지도자가 된 자기 모습을 보게 된다. 그것은 필경 그의 패배였다."

3. 에라스무스와 루터 혹은 교양과 신앙

역사상 만인에게 신앙고백을 요구하는 시대가 있다. 16세기 종교개혁의 폭풍은 그리스도 교도로 태어난 자는 너 나 할 것 없이 가톨릭이냐 프로테스탄트냐 하는 신앙고백의 절대성 앞에 세워놓았다. 루터는 외쳤다.

나와 함께 있지 않는 자는 나의 적이다.

그는 또한 교황청에 비판적이면서도 자신에게 동참하기를 거부한 에라스무스를 '애매주의의 왕'이라고 비꼬았다. 가톨릭과 프로테스탄트 두 진영으로 나뉘었던 유럽의 이목은 당대 최고의 학식자인 에라스무스에게 집중되었다.

알브레히트 뒤러(Albrecht Dürer)와 더불어 16세기 독일 회화의 거장인 한스 홀바인(Hans Holbein)은 바젤에서 가까이 지내며 받든 에라스무스의 초상화를 그렸다. 야무진 입술, 오똑 선 코, 영롱한 눈매, 가운을 걸치고 두건을 쓴 채 무엇인가 쓰고 있는 결연한 모습은 약간은 아이러니한 표정이기도 하다. 그 고고한 풍모는 에라스무스가 지적인 사상의 인간임을 말해준다. 그러나 이 당대 최고의 고전학자는 단순한 서재의 거인이 아니었다. 그는 주저인『우신예찬』(1511)에서 볼 수 있듯이, 교회와 정치에 대해 대담한 비판을 서슴지 않았으며 또한 자기의 삶을 마음껏 누린 생활의 달인이자 사교적인 인간이기도 했다. 그의 문명비평가적 논고는 그렇듯 르네상스적 폭넓은 인간성에서 분출된 것이었다.

에라스무스는 영국의 인문주의자이자 정치가인 토머스 모어(Thomas More)를 비롯해 여러 나라 학식자들과 가까이 지내고 이탈리아 여행(1506)에서는 휴머니스트로서의 자신의 본질에 눈을 떴다. 에라스무스는 신학과 철학, 문예 등 모든 영역에서 박학다식한 뛰어난 학자이자 시인, 출판인일 뿐만 아니라 황제 카를 5세의 고문 그리고 몇몇 교황과 프랑스, 영국, 네덜란드, 스페인, 이탈리아, 독일, 폴란드, 헝가리 등 각국의 국왕, 고위 성직자, 귀족, 고급 관료, 부유한 상층시민과도 담론과 와인을 즐기며 친교를 나누었다. 페브르에 따르면, 유럽 역사상 에라스무스만큼 각계 최고의 인물과 다방면으로 가까이한 인물은 볼테르를 제외하곤 아무도 없었다.

에라스무스는 로테르담의 성직자 집안에서 태어나 19세 때 수도사가 되었다. 그러나 신학 연구를 위한 파리 유학(1495~99)에서 돌아온 뒤 수도원에 복귀하지 않고 학문의 길로 들어섰다. 『신약성서』의 문헌학적 연구와 성서해석학, 옛 그리스·로마의 고전 작가 및 교부문학의 교정과 주해, 그리스 희곡의 라틴어 번역에 정진하는 등 근대 문헌학의 선구자가 되었으며, 일찍부터 고대 그리스·로마 문화 연구에 주도적 역할을 다했다. 이 당대 최고의 석학은 또한 인문주의 사상가이자 문명비평가이기도 했다. 가톨릭교회의 퇴폐 현상을 고발한 그의 『우신예찬』은 풍자문학과 문명비평의 걸작이며, 그리스·로마의 명구(名句)를 자유로이 해석한 『격언집』(1508), 시학과 수사학의 교본 격인 『대화』(1518)와 더불어 그의 저서는 르네상스 시대는 물론 이후에도 유럽의 고전학자와 교양인의 필독서로 당대 최대의 베스트셀러가 되었다.

영혼이 눈을 뜬다. 산다는 것은 얼마나 즐거운가!
오, 지금 바로 새로운 길이 다가온다!

인문주의자이며 계관시인인 후텐이 예찬한 그 세기의 중심에 에라스무스와 루터가 군림하다시피 존재했다. 그러나 시대를 함께 이끌어온 두 거인은 서로 갈라섰다.

당대 최고의 인문학자인 에라스무스는 생애 내내 경건한 그리스도 교도였다. 그러나 그는 수도원적인 삶도 단지 하나의 생활양식에 지나지 않는다고 공언하고 일찍부터 신앙의 내면화를 역설하면서 가톨릭교회와 교권의 타락을 앞장서서 비판했다.

"그들은 성인의 헌 신짝에 입을 맞출 줄은 알면서 성인의 글을 읽어본 적은 없다." 롤런드 베인턴(Roland Bainton)에 의하면, 이러한 에라스무스에게 루터는 첫 편지를 보내며 "우리의 기쁨, 우리의 희망"이라고 찬탄하고 "누가 그로부터 배우지 않을까"라고 하였다. 그러면서 루터는 자기 이름을 그리스풍으로 바꾸려고까지 했다.

그리스도교 신앙의 진수는 바로 복음서에 깔려 있다는 에라스무스의 믿음과 사상은 성직자와 귀족, 학식자의 가슴에 교회 개혁의 불꽃을 지폈으며, 인문주의적 학식자인 그의 많은 숭배자들이 종교개혁가가 되었다.

그러나 루터가 비텐베르크 광장에서 1520년 교황의 파문 위협 대교서와 교회 법규집, 도덕철학서를 불태워버리자 온건한 교도들은 어리둥절했다. 에라스무스도 그중 한 사람이었다. 루터가 다음 해에 로마 교황청으로부터 파문을 당하고 교회와 제국에서 추방을 당하자, 에라스무스는 그 처분을 잔인하고 악하다고 여겼다. 그 뒤 루터가 암살당했다는 소문이 퍼졌다. 일찍부터 루터의 동조자였던 화가 뒤러는 자신의 일기에 다음과 같이 기록했다.

오. 하느님. 만약 루터가 죽었다면 누가 우리에게 복음을 그분처럼 명확하게 가르칠 수 있을까요. 오, 로테르담의 에라스무스여, 당신은 어디에 계십니까. 그리스도의 기사여, 말을 타고 우리 앞에 나타나시오, 진리를 수호하고 순교자의 관을 받으시오.

에라스무스는 그리스도의 기사로서 말을 탈 준비가 되어 있었다. 다만 그 자신의 방법으로 그러고자 했다. 루터처럼 타고 싶지는 않았다. 에라스무스는 말했다.

그리스도를 위해 순교자가 된다면 행복할 테지만 나는 루터를 위해
서는 순교자가 될 수 없다.

중세 말 가톨릭교회의 행태와 '교황에 의한 세계 지배권'을 두려워한
에라스무스는 그리스도의 기사가 될 수 있음을 분명히 했다. 그러나 로
마교회를 떠날 생각은 없었으며, 더욱이 그리스도의 반석을 흔들고 싶지
는 않았다. 그는 어느 당파에도 속하고 싶지 않았다. 에라스무스는 루터
를 종파적 인물로 이해했던 것이다.

인문주의적 그리스도교인 혹은 그리스도교적 인문주의자인 에라스무
스는 그의 시대의 지식사회를 좀먹은 세 가지 결함을 혐오했다. 그 첫째
는 학식자들이 범한 무지와 몽매, 즉 고대의 이교적(異敎的) 고전 연구나
탐구에 개방적이지 못한 어리석음이었다. 둘째는 고전에 집착한 나머지
그리스도교의 참다운 유산에 무관심한 적잖은 학식자들의 행태였다. 마
지막으로는 그가 유다이즘, 혹은 예수 시대의 형식주의적 유대교의 일파
인 바리새주의나 율법주의(律法主義)라고 비난한 음식, 옷차림, 철야 수행
따위의 외면적 규칙을 지나치게 엄격히 고집함으로써 구원을 보장받고
자 하는 어리석음이었다. 이 점과 관련하여 에라스무스는 규율에 얽매인
수도사들의 생활양식도 꼬집어 비판했다.

에라스무스는 어리석음과 무지의 화신인 치우신(癡愚神, stultitia)의 입
을 통해 중세 말 가톨릭교회가 다스린 세태를 날카롭게 비판하고 풍자
했다. 치우신의 타깃은 왕후와 귀족, 그들 주변의 학식자, 그리고 특히
'성스러운 싸움'을 호령하는 교황과 고위 성직자였다. 그 무렵 에라스무
스만큼 성속을 가리지 않고 지배계층의 실상에 관해 직접적으로 잘 알
고 있는 인물도 없었으며, 그것이 그를 최고의 문명비평가이자 위험한
사상가로 만들었다.

교황, 추기경, 주교 가운데는 왕후를 뺨치는 분도 있답니다. 그들 고위 성직자는 몸단장과 포식 이외에는 하는 일이라고는 없습니다. 어린 양떼를 보살피는 일은 그리스도에게 떠맡기고 막상 돈 버는 일이 생기면 눈빛이 달라집니다. 그러므로 나 치우신 덕택에 교황님만큼 즐거운 생활을 하는 분은 없습니다.

루터와 루터파의 추종자들은 『우신예찬』을 통해 일찍이 교황과 가톨릭교회를 고발한 에라스무스에게 도움을 청했다. 그러나 에라스무스는 프로테스탄트, 즉 교황에게 '항의하는 자'이기를 원치 않았다. 그러한 에라스무스에게 로마 교황청과 가톨릭교회는 거룩한 신학의 옹호자로서 많은 것을 기대하고 그를 추기경으로 서임하는 것마저 고려했다. 유럽 전체가 에라스무스를 주목했다. 그는 어떠한 태도를 취했던가.

에라스무스는 가톨릭과 프로테스탄트의 대립을 거리를 두고 조용히 지켜보았다. 어느 편에도 가담하지 않았다. 슈테판 츠바이크(Stefan Zweig)가 표현했듯이, '순수 관객'(spectateur pur)으로 남고자 마음먹었다. 에라스무스는 어느 주교에게 보낸 편지에서 자신의 심정을 다음과 같이 토로했다.

나는 진리를 위해 목숨을 버리는 것을 원하지 않습니다. 나에게는 순교자가 될 힘이 없습니다. 만약 위태로우면 나는 베드로에게 배우렵니다. 나는 비극 배우보다는 관객이 되고 싶습니다.

가톨릭교회의 타락과 지나친 형식주의를 비판하고 신앙의 내면성과 자율성을 염원한 에라스무스에게서 루터의 종교개혁은 결국 그리스도교 공동체를 둘로 갈라놓은 위험한 종파 싸움으로 비쳤다.

프랑스의 어느 역사가는 가톨릭교회에 대한 15, 16세기 휴머니스트들의 바람을, 아니 그들의 본심을 다음과 같이 표현했다.

> 그들은 교황들이 정치적이 아니기를, 고위 성직자들이 무관심하지
> 않기를, 수도사들이 더욱 규율에 따르고 덜 탐욕스럽고 덜 궤변적이기
> 를, 교구 성직자들이 더욱 교양 있고 더욱 헌신적이기를, 종교가 덜 성
> 직자만능주의적이기를, 덜 틀에 박히기를, 그리고 더욱더 그리스도의
> 가르침에 가까운 것이기를 바라 마지않았다.

신앙은 본질적으로 내면적이면서도 실천적이다. 루터의 종교개혁은
더욱더 강렬한 믿음의 내면화와 실천을 요구했다. 그러나 에라스무스의
휴머니즘은 그리스도교적이면서도 격렬한 신앙의 열정과는 구별되었
다. 토마스 만은 에라스무스를 회의적 인문주의자로 이해하며, 그를 이
른바 '독일적 내면성'과 거의 무관하다고 말했다. 네덜란드 태생으로 파
리에 유학하고 영국에서도 지냈던 에라스무스는 인문주의자들과 친교
를 맺고 이탈리아 여러 도시를 방문하기도 했으며, 만년에는 스위스 바
젤에서 지내다가 작고하였다. 에라스무스는 참으로 절도 있는 유럽인으
로, 그만큼 관조적 · 심미적이었다.

그 심성에서 천생 관조적 · 심미적인 인문주의자 에라스무스는 가톨릭
교회의 갖가지 전승이나 풍속 행태를 지나친 율법과 다름없는, 진정한
믿음과 무관한 것으로 외면했다. 그러면서도 그는 '의례'(civilite)를 가톨
릭교회의 본질로서 받들었다. 유럽 문화의 근간을 이룬 고대 로마의 라
틴적 의례는 그것을 받아들인 가톨릭교회에 의해 범유럽적으로 뿌리를
내렸다. 그 의례 속에 "인간 육체의 외면적 품위"를 전아(典雅)하게 가꾸
는 절도를 강조한 에라스무스는 『소년 예절론』(1530)을 쓰기도 했다.

이 저작은 각국 언어로 번역되어 18세기에 이르러서도 유럽 교양계층
의 베스트셀러가 되었다. '예절'을 뜻하는 영어의 'civility', 프랑스어의

'civilité', 이탈리아어의 'civilita'에서 볼 수 있듯이, 그것은 시민적·사회적 문화의 의미를 짙게 풍겼다. 그러나 독일은 예외였다. 그 배경으로 이른바 '독일적 내면성'의 심각한 문제성을 밝히고자 한 토마스 만과 같은 지식인은 루터의 교리와 프로테스탄티즘을 지적하고 싶어했다. 믿음만을 위한다는 루터의 정신주의는 사회적으로 조화로운 절도의 표현인 예절과 예절 문화에 자칫 무감각했다. 이와 같은 현상은 필경 사회질서와 예절을 정치적·사회적 강령으로 면면히 받든 고대 그리스·로마 이래의 서유럽 문화와 문명에 대한 독일의 저항, 즉 프로테스탄트로 연동되었다. 참으로 무서운 것은 앞뒤를 돌보지 않는 '신념', 그것을 하늘처럼 받드는 '신념의 인간'의 유아독존이다.

만은 인문주의자 에라스무스를 종교주의자 루터와 대비했다. 에라스무스는 젊은 시절의 수도원 생활 체험 탓에 생애 내내 수도원이 비록 신앙 공동체일지라도 공동생활을 강제한 것을 혐오했다. 당시 모든 사람들이 일상적인 것으로 받아들인 수도원 생활이 에라스무스에게는 그토록 혐오스러웠다. 그만큼 그는 '자기 자신'과 자기 내면성을 귀하게 여겼다. 그의 휴머니즘적 교양은 끝내 시대의 흐름이자 이념이기도 했던 루터의 프로테스탄티즘을 외면하고 그에 맞섰다. 그러나 에라스무스의 휴머니즘적 상상력은 프로테스탄티즘이 분출한 시대의 절박한 에토스, 즉 미래를 향한 비전과 영영 무관했을까.

1519년 루터는 개혁 운동의 동지인 멜란히톤의 권유를 받아들여 에라스무스에게 협조를 바라는 편지를 보냈다. 에라스무스는 답장을 써서 자신의 입장을 다음과 같이 밝혔다.

나는 귀하에 관해 별로 아는 바가 없을뿐더러 귀하의 저술을 읽은 적도 없습니다. 나는 당신의 견해를 긍정도 부정도 하지 않음을 만나는 사람에게마다 이야기해왔습니다. 나는 중립을 지킴으로써 오늘날 한창

번성한 학문과 예술에 더욱 이바지하고자 마음먹고 있습니다. 이 경우 격정에 휘둘리기보다는 현명한 조심스러움이 더 좋은 결과를 낳으리라고 믿습니다.

1524년 에라스무스는 루터를 비판한『자유의지론』을 통해 루터와 입장이 다름을 더 분명히 했다. 그는 인간은 원죄가 있으나 신의 은총으로 모든 것을 잃지 않으며, 우리는 그리스도의 도움과 자비를 믿어야 하고, 그리스도를 더 잘 알기 위해 자유로이 일하면서 그리스도를 찾도록 노력해야 한다고 주장했다. 그에 대해 루터는 다음 해에『노예의지론』을 발표하여 에라스무스를 반박했다.

> 인간의 의지는 그 자체로 자유롭지 않다. 신에게 지배되든 악마의 지배를 받든 간에 어느 한쪽이다.
>
> (…)
>
> 신과 인간 세계는 신과 사탄의 관계처럼 맞선다. 성서는 오직 믿음만의 정당성을 말한다. 믿음은 신이 주신 선물이다. 원죄를 지은 인간은 신과 사탄이 준 짐을 지닌 짐승과 같은 존재이다. 자유의지를 주장하면 사탄에게 복종하게 된다. 인간은 신을 부정하게 된다.
>
> (…)
>
> 신의 의로움은 (인간의) 행위에 의해서가 아니라 오직 신앙에 의해 은혜로 주어진다.

이 논쟁 뒤에 에라스무스와 루터는 완전히 갈라섰다.

루터는 1512년 4월 18일 보름스 제국의회에 불려가 자신의 저서를 파기하라는 명령을 받았다. 그러나 그는 단호하게 선언했다.

양심에 거슬러 행동하는 것은 확실치도 않고 정당하지도 않으므로 나는 아무것도 취소할 수 없고 취소하기를 원하지도 않습니다. 나는 여기에 서 있습니다.

나의 양심은 신의 말씀에 묶여 있습니다.

나는 달라질 수 없습니다!(Ich kann nicht anders!)

열렬한 종교개혁파 화가였던 루카스 크라나흐(Lucas Cranach)의 「마르틴 루터의 초상」(1520)은 언제나 확고부동하고 확신에 찬 실천적 인간 루터의 진면모를 잘 드러내고 있다. 루터는 교수 시절에 신학과 더불어 철학 강의도 했다. 그러나 그는 철학이나 철학적 담론에는 흥미를 느끼지 않았다. 이 행동적인 신앙인은 단언했다.

훌륭한 업적이 지식이나 견식으로부터 유래된 적은 별로 없다. 그것은 거의 무의식중에 일어나기 마련이다.

루터에게서 신앙은 모든 사상과 모든 행위의 유일한 원천이자 근거였다. 그러한 그에게 에라스무스는 우유부단한 '애매주의의 왕'으로 비칠 수밖에 없었다.

한편 에라스무스는 루터의 격한 성격 속에서 종교개혁의 불길한 징조를 일찍부터 예감했다.

루터는 많은 것을 적절하게 비난했다지만 좀 더 절도를 지켜야 했을 것을.

에라스무스의 인문주의적 교양은 루터의 치열한 신념에 도사린 편협하고 포악한 행동을, 그 행태 속의 광기를 발견하고 뒷걸음칠 수밖에 없었다. 그러면서 에라스무스는 자신의 심경을 다음과 같이 토로한다.

　반듯한 풍속이나 그리스도교적 경건뿐만 아니라 순화된 진정한 학문
과 예술을 함께 재생하고 새로이 창조하리라는 확실한 희망이 나의 가
슴에 샘솟습니다.

　에라스무스가 그토록 두려워했던 예감이 적중했다. 1524년 5월 참혹
한 농민전쟁이 발발한 것이다. 『그리스도교의 군주 교육』(1516)에서 군
주의 책무를 국민의 번영과 세계 평화의 유지에 있다고 역설한 에라스
무스는 전쟁이 발발하자 평화를 염원하면서 온갖 수단을 다해 그것을
막고자 하였다. 루터에게는 자중을 호소하는 한편, 교황에게도 친서를
보내 루터 문제를 평화적으로 해결해달라고 간청했다. 그 자신은 어느
편도 아님을 분명히 했다. 아무리 종교를 명분으로 내세운들 전쟁은 에
라스무스에게 선한 모든 것의 좌초를 의미했다.

　에라스무스의 정신적 상속자인 괴테가 지적했듯이, 독일 종교개혁의
역사는 루터 개인의 성격극의 인상이 짙고, 그만큼 그것은 끝장을 보아
야 한다는 루터의 호담성과 철저함(Gründlichkeit)을 드러냈다. 루터의 호
담성은 해방적 힘이면서도 반인간적인 힘, 결국 폭력이 되기도 했다.

　그리스도 교도는 모든 것 위에 솟은 자유로운 주인이며 누구에게도
종속되지 않는다.

　루터가 이룩하고자 한 그리스도 교도의 자유를 토마스 만은 개인의 자
유, 인격적·시민적 자유와는 무관한 것으로 두려워했다. 그것이 개인뿐
만 아니라 결국 시민 공동체와 국민 공동체에 이롭지 못한 반사회적·반
정치적인 방종이었다는 사실 때문이다. 뒤러의 판화 「기사, 죽음 및 악

마」가 떠올라 루터가 자꾸 죽음과 악마를 거느린 기사로만 비춰진다. 그러면서도 토머스 칼라일(Thomas Carlyle)의 루터상(像)을 또한 떠올리게 된다.

독실한 칼뱅주의자 집안 출신의 영국 역사가이자 문명비평가인 칼라일은 폭넓은 문필 활동 속에서 독일의 관념론 철학과 문학을 영국에 소개하고 『빌헬름 마이스터』를 번역하는 등 괴테와도 가까이 지냈다. 그는 또한 부패한 자유시장 경제체제와 민주정치에 실망하여 『영웅숭배론』(1841)을 써서, 사회 개혁을 위한 영웅적 지도자의 존재를 역설했다. 그러면서 그는 루터를 '성직자로 나타난 영웅'으로 높이 평가했다.

칼라일에 따르면, '거짓에 항거한 예언자'인 루터는 원래 겸손하고 조용한 사람이었다. 루터는 이 죄악의 세상에서 영혼을 구하는 일을 소명으로 생각했다. 그런데 그의 행로에 로마 교황청이 끼어들었다. 칼라일에 의하면, 루터를 프로테스탄트로 키운 것은 우매한 로마 교황청이며 시대의 강렬한 요망이었다. 칼라일은 다음과 같이 말한다.

종교개혁은 "인류의 근대사에서 가장 위대한 순간이었다." 잉글랜드의 청교주의와 의회, 남북 아메리카의 등장, 프랑스혁명 등 일련의 역사적 모든 위업은 이때에 싹텄다. 그러면서 칼라일은 반문했다.

> 종교개혁 이후 생겨난 큰 전쟁, 대립, 분열이, 그에 뒤따라 일어난 많은 시비와 비난이 루터와 무슨 상관이 있느냐. 이 모든 것의 책임을 종교개혁에 돌리는 것은 그릇된 논리이다.

이상과 같은 칼라일의 루터관(觀)에 이어 괴테의 루터관도 우리의 관심을 끈다. 교양과 문화 지상주의자인 괴테는 당연히 에라스무스의 후예였다. 그러면서도 그는 평생 루터를 외경해 마지않았으며, 그러한 심정을 자주 토로했다.

사상과 말, 대상과 행위, 그 일치를 지향하는 우리는 루터의 진정한 후계자이다.(『루터에 관한 편지』, 1816. 11. 14)

16세기에 그토록 찬란하게 빛을 발한 루터의 생애와 업적은 여러 번 나를 성서로, 또 종교적 감정 및 사고의 고찰로 이끌었다.(1826. 6. 17)

작고하기 며칠 전인 1832년 3월 11일, 괴테는 요한 페터 에커만 (Johann Peter Eckermann)과의 대화에서도 다음과 같이 말하고 있다.

우리는 루터와 종교개혁 전체로부터 얼마나 많은 혜택을 받고 있는 지 헤아릴 수 없다. 우리는 정신적인 편광(偏狂)으로부터 자유로워졌다. 우리의 문화는 발전하고 원천에 돌아가 그리스도교를 순수한 형태로 파악할 수 있게 되었다. 우리는 신이 창조한 대지에 굳게 두 다리를 펴 고 신으로부터 부여받은 인간의 본성을 자각하게 될 것이다.

괴테의 루터관은 필경 인문주의적임을 감히 말하고 싶다. 독일 종교개 혁을 바로 루터의 성격극으로 비유한 괴테는 분명히 루터의 불길한 데 몬을, 칼라일이 미처 보지 못한 광기를 통찰했던 것이다.
에라스무스는 "나는 어느 당파에도 속하지 않습니다"라고 독백하면 서 모든 싸움에 초연했다.

왜 사람들은 내가 이 비극의 단순한 방관자로 머무는 것을 허용하지 않을까.

바야흐로 신앙고백이 만인에게 요구된 시대, 적지 않은 사람들이 이 방관자의 지적인 청렴성과 강건한 절도, 그리고 그것이 마련한 중립지대를 이해하고 그에게 동조하기를 망설였다.

루터가 죽자 후텐이 "지금이야말로 싸울 때입니다"라고 에라스무스에게 결단을 촉구하자, 그는 태연히 이렇게 대답했다. "내가 할 일은 교양을 위하는 것이다." 후텐은 에라스무스에게 절교를 선언했다. 온 세상이 비난하자 에라스무스는 말했다.

> 만약 내가 스위스 용병이라면 나에 대한 비난은 정당하다. 그러나 나는 학자로서 저술을 위한 평화와 안정이 필요하다.

그 자신을 위한 평화와 안정이 필경 만인을 위한 것임을 다짐한 에라스무스는 프로테스탄티즘을 끝내 종파적 투쟁으로 인식했다. 좋은 인간은 좋은 시민이어야 한다. 『우신예찬』을 세상에 내놓은 에라스무스는 일찍이 그의 방식대로 어렵고 큰 싸움을 다한 훌륭한 시민이었다. 페브르가 에라스무스를 가리켜 "결정적일 때 교회에 근대적 방향을 제시한 위대한 인문학자, 위대한 그리스도 교도"라고 높이 평가한 이유이다.

> 나는 여기 서 있습니다. 나의 양심은 신의 말씀에 묶여 있습니다. 세계에 무서운 혼란이 일어나면 그때는 나 에라스무스가 그것을 예언했음을 상기해주십시오.

루터와 에라스무스, 같은 시대를 함께 산 두 거인에게서 우리는 신에 사로잡힌 신앙의 인간과 진실을 찾아 삶을 귀하게 여긴 휴머니스트를 본다. 영국의 철학자이자 정치가인 프랜시스 베이컨(Francis Bacon)에 의하면, 루터와 에라스무스 간에는 사실 큰 차이가 없었다. 루터는 단지 절제되지 않은 언어를 사용했을 뿐 비폭력적이었으며 종교전쟁도 사실은 그의 추종자들로부터 비롯되었다. 베이컨은 두 사람 모두에게 호감을 가졌다. 그러면서도 "나는 에라스무스를 더 좋아한다"라고 토로했다.

믿음이란 무엇이며 교양이란 무엇일까. 신앙에 파묻힌 '한 권의 책의 인간'의 인상을 품기는 루터의 인간상에서도 인간의 삶을 풍요롭게 하는 다채로운 풍경과 파노라마가 보인다. 그가 번역한 성서가 밝혀주듯이, 에라스무스의 휴머니즘적 상상력도 그러한 루터의 모습을 감지했을 것이다. 에라스무스와 루터, 그 두 거인을 둘러싼 드라마는 아마도 인간의 영원한 미완성을 그린 성격극의 장면일지도 모른다.

유럽연합(EU) 25개국은 교육과 문화의 긴밀한 유대를 위해 1987년부터 '에라스무스 프로젝트'를 추진했다. 그 구상에 따라 오늘날 유럽 학생들은 원하는 지역의 학교에서 수학할 수 있고 유럽인 내지 세계인으로서의 교양을 쌓는다. 그간 그 혜택을 누린 학생 수가 2002년까지 1백만 명을 넘었다고 한다. 에라스무스 프로젝트는 에라스무스와 같은 진정한 유럽인, 세계시민을 기르는 데 목적을 두고 있다.

한편 2017년은 종교개혁이 시작된 지 500돌이 된 해였다. 비텐베르크에서는 '루터 2017: 종교개혁 500주년' 기념행사가 성대하게 거행되었다. 종교개혁 당시 인구 2천 명의 마을이던 비텐베르크는 지금 '루터의 도시 비텐베르크'라 불리며, 인구가 5만 명에 이른다. 루터는 지금 그가 「95개 논제」를 내건 그곳 궁정 교회의 설교단 아래에 잠들어 있다.

제3장

담론의 숲, 프랑스의 계몽주의

1. 18세기, 사회 속의 연대

사람들은 태어나면서부터 이야기를 즐기며, 이야기는 담론으로 이어진다. 유럽은 18세기와 더불어 담론하는 문화가 뿌리를 내렸다. 담론 문화는 사물을 생각하고 비판하고 때로는 체제와 '적대적인' 거리를 둔 근대적 지식인(intellectuals)을 창출했다. 이 지식인은 오리엔트풍의 예언자나 성직자, 율법학자와 구별되고 동아시아 유교 문명권의 체제 지향적 사대부(士大夫) 내지 선비와도 다르다.

우리는 최초의 지식인으로 담론을 즐긴 고대 그리스의 소크라테스(Socrates)를 들 수 있을 것이다. 그는 특정한 교리를 위해서가 아니라 진실을 받들어 체제와 맞서 죽음을 택하였다. 이 최초의 지식인을 본받아 피에르 아벨라르(Pierre Abélard), 갈릴레오 갈릴레이(Galileo Galilei), 루소, 마르크스, 지그문트 프로이트(Sigmund Freud), 장-폴 사르트르(Jean-Paul Sartre) 등 많은 사상가들이 자신이 처한 현실과 역사적 세계를 하나의 텍스트로 삼아 나름대로 읽고 수정하며 때로는 그것을 뒤집어 인식했다.

세계를 텍스트로 새로이 읽는 순간, 현실은 해체되고 마침내 새로운 공론(公論)의 장이 꾸며진다. 지성이란 현실을 읽고 글을 쓰는 행위, 암중모색하여 무엇인가를 현실의 빛 속 세계로 끌어내는 것, 그리고 많은 사람들에 의해 담론될 언행을 꾸미는 모계(謀計)이다. 18세기 계몽의 시대는 그렇듯 바로 담론하는 지성을 앞세운 시민 공동체의 시대이다.

부르크하르트는 세계사를 루소의 『사회계약론』(1762)이 출간된 이전과 이후로 나눴던가. 특출한 개인이 역사의 흐름에 얼마만큼 영향을 줄 수 있는가의 문제는 매우 흥미로운 주제이다. 한 권의 서적이 불러일으킨 시대적·사회적 충격을 추적하는 일 또한 그만큼 흥미롭다.

"문체(文體)는 사람됨을 말한다"(Le style, c'est l'homme)라고 한다지만, 한 권의 특출한 책은 그 저자를 뛰어넘어 시대와 사회와 역사를 비추는 '거울'이자 비전임을, 마침내는 '공공성의 구조 전환'(위르겐 하버마스 Jürgen Habermas)을 일으킴을 우리는 잘 알고 있다.

18세기의 담론 공동체는 지난날 르네상스 인문주의의 교양 있는 문인과 미술가들로 이루어진 문예 공화국이나 르네 데카르트(René Descartes), 베네딕투스 데 스피노자(Benedictus de Spinoza), 고트프리트 빌헬름 라이프니츠(Gottfried Wilhelm Leibniz), 로크 등 17세기의 '체계적 지성'(esprit de système)이 둔감했던 역사적 현실과 맞서 새로이 묻고 고발함으로써 정치적·사회적 구조 혁신의 힘이 되었다. 특히 18세기 프랑스의 경우, 사상은 이제 관찰과 사유를 넘어 삶의 사회성을 형성하는 힘이 되면서 '인민'(peuple)이라고 불린 시민과 그들이 참가한 시민사회, 국민 공동체를 지향했다. 드니 디드로(Denis Diderot)와 달랑베르(D'Alenbert)가 펴낸 『백과전서』는 바로 18세기 담론하는 시민 공동체를 비춰주는 상징적인 지식과 기술 체계라고 할 것이다.

프랑스 역사상 '위대한 세기'로 불리는 루이 14세의 치세(1643~1715)는 프랑스가 갈망한 모든 것, 즉 군주권의 신장, 행정조직의 완비, 유럽에서의 프랑스 패권의 확립, 종교적 통일, 그리고 빛나는 고전 문화를 뿌리내리게 하고 꽃피웠다. 그러나 집대성과 성숙의 시기는 한 역사의 '가을'을 의미하기도 하여 태양왕의 죽음은 한 시대의 종말을, 그의 시대가 쌓아올린 궁정 귀족 문화와 그 정치, 경제, 사회체제의 조락을, 즉 구체제의 몰락과 타파를 예고하는 것이기도 했다.

구체제란 선거에 의한 대의제 없는 절대왕권의 통치체제이며, 성직자와 귀족이 특권을 누리는 신분사회적 봉건체제였다. 그것은 또한 종교적 질서를 의미했다. 구체제 아래의 유럽은 농업이 지배적이었으며, 농촌 인구가 압도적으로 많았다. 그러나 농노제는 16세기 이전에 사라지고, 18세기에 이르면 부르주아지에 의해 도시화가 크게 진전되었다.

루이 치하에서 프랑스 귀족사회가 쌓아올린 베르사유 궁정 문화의 바로크 양식은 가히 범유럽적 보편성을 획득했으며, 파리는 유럽의 메트로폴리스가 되었다. 프랑스어는 유럽의 귀족과 교양인의 언어가 되고 프랑스풍의 몸가짐, 패션과 요리, 식탁과 에티켓, 그리고 그 악덕까지도 모두가 흉내 내기에 바빴다. 그러나 이제 새로운 의식과 풍속, 새로운 지식과 관심에 대한 열망이 싹트기 시작했다.

1687년 '신구논쟁'(Querelle des Ancieno et des modernes)이 일어났다. 이 논쟁에서 문명의 진보에 대한 확신을 주장한 이른바 '근대파'의 등장과 그들의 우월성은 유럽 지성의 회춘(回春)을 밝히는 메시지였다. 당시 근대파의 선두에 선 시인이자 평론가인 샤를 페로(Charles Perrault)는 다음과 같이 말했다.

우리들은 이제 모든 세기 중에서 가장 박식하고 가장 세련된 세기에 살고 있다.

『유럽 의식의 위기』(1935)의 저자 폴 아자르(Paul Hazard)가 지적했듯이, 1789년 혁명까지도 예견했던 새로운 사상은 이미 1680년 전후부터 나타났다. '한 명의 왕, 하나의 법, 특정의 교황'을 받들고 이루어진 유럽 체제를 흔들어놓은 '의식의 위기', 즉 구조 전환의 시대를 알린 것은 프랑수아 페넬롱(François Fénelon), 장 드 라 브루이에르(Jean de la Bruyère), 브랭빌리에(Brinvilliers) 후작부인으로 대표되는 '자유사상가'(livertin)로 불린 일군의 지식인들이었다. 이들은 데카르트의 세례를 받고 종교적 도그마와 철학적 이성의 영역을 명확히 구분짓고자 했다. 신과 군주에 대한 의무에 뿌리를 둔 체제 대신에 개인 양심의 권리, 비판의 권리, 인간의 권리, 시민의 권리 같은 '권리'의 관념에 뿌리를 둔 새로운 체제를 지향했다. 18세기의 철학자들은 이 자유사상가들의 후예였다.

근대적 지성의 진정한 자각은 역사적 상황에 대한 비판적 인식에서 비롯되었다. 볼테르는 다음과 같이 자신이 처한 역사적 현실을 신랄하게 고발했다.

> 인간 세계의 절반쯤은 원시 상태에 가까운 비참한 상태 속에서 살고 있는 이족(二足) 동물이다. 그들은 먹는 것과 입는 것이라고는 거의 없으며, 말하는 능력도 거의 없다. 자신들의 비참한 상태를 알아차리지 못하면서 그저 죽어가고 있다.

지난날 르네상스 시대의 휴머니스트들이 고대의 이미지에 대비해 중세를 암흑시대로 여기고 막연히 목가적 이상향 아르카디아(Arcadia)를 꿈꾼 것과는 달리, 18세기는 '빛'(lumiére)을, 즉 정신을 비추는 등불인 계몽을 내세웠다. 그러면서 어둠을 헤치는 '빛'으로서의 지식이, 어떠한 역사적 세계로부터도 자유로운 명석한 '이성'(raison)이 시대의 표어가 되었다. 계몽주의 시대가 도래한 것이다.

계몽주의 시대인 18세기에 이르러 일반 시민들은 비로소 책을 가까이했다. 그러나 사람들은 얼마만큼 문맹 상태에서 해방되었을까. 18세기 중후반인 1762년에 이르러서도 초등교육을 받은 아동은 10퍼센트도 되지 못했다. 초등교육 교사는 대체로 하급 성직자였으며, 여교사의 경우 거의가 수녀였다. 가르치는 것도 대부분 종교 교육에 한정되었다. 제도권 교육은 중세와 다름없이 시대에 역행하고 있었던 것이다. 결혼할 때 자기 이름을 쓸 수 있었던 비율은 18세기 말에 이르러서도 남성의 경우에 47퍼센트, 여성의 경우에는 약 27퍼센트에 지나지 않았다. 파리의 하숙집 하녀 출신인 루소의 부인은 남편이 글쓰기를 가르쳐주었으나, 12개 월력(月曆)의 명칭도 돈 계산도 끝내 제대로 못했다. 이와 같이 암울한 상황 속에서 계몽주의자들은 우선 교육자로 자처할 수밖에 없었다.

18세기 계몽주의 시대의 상징적인 키워드는 데카르트의 모국에서는 '이성'이었다. 계몽주의자, 즉 철학자(philosophe)는 '이성'과 동의어가 되었다. 이 18세기의 철학자들을 이전의 철학자들과 구별짓는 특징은 무엇일까. 디드로는 『백과전서』에서 다음과 같이 서술했다.

[18세기 철학자들은] 편견, 전통, 낡은 것, 일반적 의견, 권위 등 한마디로 말하자면 일반인을 지배하고 있는 모든 것을 타파하고, 스스로 생각하고, 가장 명석한 일반 원리에까지 거슬러 올라가 그것을 검증하고 담론하며, 자기의 경험과 이성이 받아들인 것 이외에는 아무것도 받아들이지 않는 사람들이다.

철학자들이 신봉한 이성이 방사한 첫 번째 표적은 가톨릭교회의 도그마였다. 볼테르는 "비열한 것을 근절하라"라고 외쳤다. '비열한 것'이란 바로 얀센주의자(Jansenist)와 제수이트(Jesuit), 곧 종교를 의미했다. 철학이라는 말은 바로 반그리스도교적·반교회적이라는 의미로 쓰였다. 또한 철학자가 반그리스도교적이라고 할 때, 그것은 그들이 무신론자이거나 신앙심이 결여되어서가 아니라(적지 않은 철학자가 유물론자이기는 했으

나) 교회의 도그마를 반사회적인 것으로 인식하고 그것이 프랑스 사회의 부조리의 근간을 이루고 있다고 확신했기 때문이다.

이렇듯 철학자들은 모든 것을 사회적 관점에서 다루었다. 달랑베르는 1753년에 '실천과학'이라는 용어를 썼으며, "행동하기 위해 글을 쓴다"라고 말한 볼테르도 '실천하는 철학자'를 강조했다. 그러나 가장 실천적인 철학자이자 계몽사상가는 루소였다.

순수하게 시민적인 신앙고백이 존재한다. 그 본질을 정하는 것은 엄밀하게는 종교의 도그마가 아니라 사회적 의식이다. 만약 이 사회의식이 결여된다면 선량한 시민, 충실한 시민이 될 수 없다.

종교 문제까지도 사회적·정치적인 관점에서 생각하고 "오늘날 모든 담론은 필경 정치적인 것으로 귀결된다"라고 주장한 '인민주권'의 제창자 루소!

인간은 태어나면서부터 자유로우나 도처에서 쇠사슬에 묶여 있다. 어떤 자는 스스로가 타인의 주인인 양 믿고 있으나 사실은 그들 이상으로 노예이다.

『사회계약론』(1762)의 머리말에 나오는 유명한 구절이다. 이 저작을 통해 루소는 18세기의 어느 계몽주의자보다도 각별한 위상을 차지하게 되었다. 루소는 "자유로운 공화국 제네바의 시민으로, 주권자인 인민의 한 사람으로" 태어났음을 평생 자각했다. 어려서부터 고독과 공상을 즐기고 방랑 생활을 겪다가 19세 때에 12세 연상의 바랭 백작부인(Baronne de Warens)을 만나 연인 관계가 되어 그녀의 비호와 감화를 받으며 학문과 교양을 쌓아 올렸다. 30세에 이르러 새로운 삶을 찾아 파리로 이주하여 음악 비평과 오페라 창작에 종사하는 한편, 디드로와 친분을 맺고 사교계에도 출입했다. 루소의 문명(文名)을 일약 높인 것은 디종 아카데미의 현상 논문 공모에 응모한 『인간 불평등 기원론』(1755)이었다.

  인간 사회를 고찰하면 그것은 우선 강한 인간의 폭력과 약한 인간에 대한 압박만이 보이는 듯 여겨진다.

  행복한 자연 상태로부터 악의 근원인 불평등을 낳은 사회 상태로 타락한 현실, 자연 복귀를 통한 인간성의 회복이라는 『인간 불평등 기원론』의 논지는 이후 루소 사상의 핵심이 되었다. 진보를 모토로 내세운 계몽사상과 결을 달리하며 자연 숭배 및 인간 평등을 부르짖는 그의 인민주권 사상은 진보를 모토로 계몽사상을 내세운 부르주아 출신 철학자들과의 간극을 심화시켜 볼테르는 루소를 공공연히 혐오했다. 시민계급이라 하지만, 그것은 둘로 나누어졌다. 즉, 볼테르 등 대다수 지적 엘리트가 속해 있던 비교적 부유한 시민과 루소를 추종한 가난한 소시민이다. 전자는 역사의 진보를 확신하면서도 결코 혁명적이 아닌 부르주아지로서, 그들은 대체로 볼테르의 애독자였다. 18세기의 프랑스는 그들 부르주아지의 시대였다. 그러나 시대의 대세는 루소에 기울어져 1789년에 혁명이 일어났다. 그런데 볼테르와 함께 루소에도 귀 기울였던 적지 않은 귀족과 부르주아지가 혁명에 앞장을 섰다. 그러나 루소는 연이어 『신엘로이즈』(1761)와 『에밀』(1762) 및 『사회계약론』을 세상에 내놓았다.
  계몽주의 최대의 과제는 사회 속 인간의 발견, 합리적인 사회를 위한 인간 계몽, 교육의 문제였다. 계몽주의자들은 교육자로 자처하고 사회 속 '인간에 관한 지식'을 강조했다. 그러나 루소는 자신만의 방식대로 교육을 논했다.
  교양소설 양식의 교육론인 『에밀』의 주제는 사회적·종교적 편견에 맞서 자연인으로서의 삶을 누리는 인간 육성의 문제이다. 한편 서간체 장편소설인 『신엘로이즈』는 알프스의 산기슭을 배경으로 펼쳐진 귀족의 딸과 평민 출신 가정교사 간의 사랑 이야기이다. 프랑스 문학에 처음으로 자연 묘사를 도입한 이 소설과 적나라한 자기고백의 기록인 『고백』 (제1부 1782, 제2부 1789)을 통해 루소는 문학사상 낭만주의 문학과 근대적 고백문학의 선구자라는 영예를 획득한다. 그러나 루소를 진정 루소답게 빛낸 것은 『사회계약론』이다.

19세기 프랑스의 뛰어난 사상가이자 문학가인 이폴리트 텐(Hippolyte Taine)은 실증주의적 입장에서 '개인적 울림이 강한' 루소 사상의 '환상'을 준엄하게 비판했다. 그 치열한 정념으로서 루소는 천재적 유토피아주의자가 짊어지기 마련인 갖가지 악덕을, 충동적 역설과 안하무인격인 언행을 서슴지 않았다는 것이다. 루소는 생존 시 이미 수수께끼 같은 존재였다. 그러나 『사회계약론』에서 전개된 인민주권설은 1789년 혁명을 사상적으로 뒷받침했을 뿐만 아니라 오늘날에도 모든 정치적·사회적 혁신 내지 혁명의 단호한 근거라고 할 수 있다. 기술산업사회를 예견한 듯한 "자연으로 돌아가라"라는 그의 고독한 외침 또한 오늘날 우리에게도 신선한 울림이다.

17세기의 화두는 '아는 것이 힘'이었다. '지식의 집대성'이 시대적 과제가 되었다. 이러한 사실은 원전을 편집하고 비명(碑銘)이나 금석학(金石學), 화폐 등을 연구하여 역사를 재구성하는 기획이라든지, 사상가 피에르 베일(Pierre Bayle)의 『역사 비판 사전』(1697), 아카데미 프랑세즈의 『프랑스어 사전』(1694)을 비롯한 활발한 사전(dictionary) 편찬 사업에서도 잘 드러난다. 그러나 17세기는 지식의 단순한 집대성에 만족하지 않았으며, '사실적' 지식을 사상(思想)으로 재구성하고자 했다. 그 주요한 주제가 된 것이 바로 '문명'(civilization)이라는 새로운 근대적 개념이었다.

'문명'의 메시지를 처음으로 제시한 나라는 근대 시민사회와 자본주의가 최초로 뿌리내린 영국이었다. 영국은 프랑스 철학자들의 배움터였다. 천생 박학다식한 호사가인 계몽주의자들은 여행을 즐겼다. 몽테스키외는 독일, 스위스, 이탈리아, 네덜란드, 영국을 여행했으며, 볼테르도 영국, 독일, 스위스에 장기간 체류하고 네덜란드에도 다녀갔다. 스위스 태생인 루소는 이탈리아와 영국에 거주했으며, 디드로는 네덜란드, 독일, 러시아를 여행했다. 그런데 사실에 근거한 문명비평가임을 자부한 계몽주의자들과 철학자들이 즐겨 찾은 곳은 영국이었다. 영국 체험이 없었던들 몽테스키외가 『법의 정신』(1748)을 과연 쓸 수 있었을까?

　17세기 이전까지도 영국은 줄곧 유럽 문화의 변방이었다. 그러나 새로운 시대를 재촉하는 물결은 도버 해협 저편, 그 변방에서 밀려왔다. 문명이라고 불린 새롭고 거대한 근대성(modernity)을 유럽은 상공업과 시민계층의 나라 영국에서 배우고 받아들였다.

　영국에서는 17세기 후반에서 18세기 초에 걸쳐 로크, 데이비드 흄(David Hume), 에드워드 기번(Edward Gibbon), 섀프츠베리(Shaftesbury)의 철학 및 윌리엄 로버트슨(William Robertson)의 역사 서술을 통해 문명의 규칙적인 진보라는 사상이 널리 퍼졌다. 권력과 자유, 사회와 개인, 사유와 경험, 예술과 풍속이 조화로운 상관관계를 이룬 영국에서 프랑스 계몽주의자들은 역사의 진보, 즉 문명을 보았다. 그들은 대개가 문명의 나라 영국이라는 학교의 유학생들이자 제자였다. 이 학교의 첫 번째 스승은 로크였다.

　로크는 개인에 의한 사상의 자유를 주장하는 한편, 그리스도교의 합리성(이신론理神論)을 강조하여 이단 박해를 탄핵하는 등 정치적 자유주의와 의회민주주의 이론이 뿌리내린 영국 자유주의의 대부(代父)였다. 경험론자인 그는 또한 민권당인 휘그(Whig) 당원이었다. 볼테르는 이 '지혜로운 로크'를 선택하면서 데카르트를 멀리했다.

볼테르가 영국에서 크게 감동받은 것은 성숙한 정치성과 언론의 자유, 특히 상인의 높은 사회적 위상이었다. 영국에서는 17세기 말부터 상인을 미화(美化)하는 경향이 나타났다. 이상적 인간을 의미한 '젠틀맨'(gentleman)은 귀족에 앞서 부르주아지를, 상인을 지칭하게 되었다.

귀족의 나라 영국은 부르주아지의 나라였다. 17, 18세기 영국의 작가이자 저널리스트인 대니얼 디포(Daniel Defoe)는 '순수한 상인'의 특징으로 "사전 없이도 외국어를 이해하고, 지도 없이도 지리를 알며, 나라 안의 어떠한 직업에도 종사할 자격을 갖춘 세계적 학식자이다"라고 찬탄했다.

프랑스 지식인들을 매료시키고 그들의 영국 열풍을 더욱 부채질한 볼테르의 『철학 서한』(영어판 1733, 프랑스어판 1734)은 프랑스 귀족의 부패와 무능을 비판하며 영국의 상인과 시민적 덕성에 대한 찬사로 가득했다. 18세기 중엽에 이르면, 프랑스 지식사회에서도 상인을 군인, 귀족과 구별하면서도 높이 평가하는 풍조가 일반화되었다.

영국은 역사상 최초로 근대적 의회제도를 확립하고 자유주의와 자유로운 시민사회를 이룩한 나라이다. 영국 사람들은 본질적으로 보수적이다. 그 보수주의는 관념적인 사상 체계나 이데올로기와 무관한, 경험이 낳은 '관례'(custom)에 따른 현실주의의 소산이다. 영국에는 성문헌법이 없다. "왕은 어느 누구보다 위에 있지만, 신과 법의 아래에 있다"라고 법의 지배를 주장했지만, 의회주권은 불문율로서 '관례'에 따를 뿐이었다. 영국 국민과 그 정치 형태의 본질을 이루는 '균형의 감각'은 여기에서 유래된다. 그 '균형의 감각'이 '상식'을 낳고, 그 상식은 다시 '균형'을 떠받친다.

정치인들은 슬로건을 좋아하는 인간이다. 슬로건은 이데올로기의 소산이며, 이데올로기는 정치인과 정치적 당파에 따라 확대 재생산되어 정치의 세계를 급기야는 적과 동지의 싸움터로 몰고 간다. 그러나 영국의 정치가들은 슬로건을 모른다. 'democracy'(민주주의), 'liberty'(자유),

'equality'(평등), 'fraternity'(우애)라는 표현도 프랑스어에서 빌려온 것이다. 청교도혁명 당시 국왕 찰스 1세를 단두대로 보낸 1649년의 유혈 사태를 부끄럽게 생각하여 피를 흘리지 않고 제임스 2세를 추방한 혁명을 명예혁명으로 지칭한 영국은 두 번 다시 유혈혁명을 되풀이하지 않았다.

영국은 프랑스의 살롱을 본받아 많은 클럽(club)을 만들었다. 그중에는 정치 클럽도 적지 않아 정파별로 끼리끼리 모였다. 그 배경에 영국 자유주의를 관통하는 영국인의 개인주의적 성향이 있다. 모든 것에 앞서 개인과 자기 자신을 의식하는 개인주의자인 신사계층은 클럽에서도 가문 대대로 이어져온 귀족 칭호를 쉽게 버리지 못했다. 그만큼 가계와 신분에 연연한 영국은 귀족의 나라, 귀족주의적 국가이다. 이러한 상황은 'nobility'와 같은 세습 귀족과 당대에 한정된 'knight' 및 'gentleman'으로 구성된 그 다양성에서도 엿볼 수 있다. 그러면서도 그들은 세계 최초의 근대사회와 의회민주주의를 이룩했다. 이 이율배반의 진실을 우리는 어떻게 이해할 수 있을까?

영국의 지식인은 본질적으로 전통 지향적인 보수주의자이다. 의회가 1688년 이래 소집되었다고 하지만, 그것은 결코 '국민의 대표' 의회는 아니었다. 의원의 3분의 2는 임명되고 나머지는 약 16만 명의 제한선거에 따라 선출되었다. 그러나 그것은 절대왕권의 종말과 민주주의적 자유와 제 권리를 창출했다. 그러면서 영국은 재산 소유에 기초를 둔 상인 중심의 최초의 근대국가가 되었다. 이 보수주의는 그들의 자연관과 깊은 관련이 있다. 유럽에서 영국인들만큼 자연을 사랑하고 반듯하게 관찰하는 국민은 없다. 자연 관찰을 통해 영국인들은 자연의 법칙에 대한 신뢰를 갖게 되고, 그것은 그대로 현실 세계의 질서에 대한 신뢰로 확대되었다.

모든 영국인이 일상적으로 따르는, 로크에서부터 흄에 이르는 경험론은 관찰된 자연과 현실의 '경험'(experience)에서 이룩된 철학이었다. 이 철학은 개인의 자연권을 강조한 로크에게서 밝혀지듯이 의회민주주의 이론의 초석이 되었다.

프랑스인이 데카르트의 제자이듯이, 영국인은 로크라는 학교의 학생이다. 그들은 사물의 '진실'을 논리나 이론에 의해서가 아니라 스스로 겪고 관찰하고 실험한 사실 속에서 찾는다. 유럽 보수주의의 성서로 일컬어지는『프랑스혁명에 관한 성찰』(1790)의 저자 에드먼드 버크(Edmund Burke)가 결코 완고한 보수주의자가 아니었음은 그가 영국풍의 정치가 겸 저술가인 점과도 크게 관련된다. 추상적이며 관념적인 이론이 아닌, 경험한 사실 위에서 근대과학을 뿌리내린 아이작 뉴턴(Isaac Newton)이 영국인임은 필연적이었다고 할 것이다.

괴테는 지나친 철학적 사변 때문에 독일인이 추상적인 언어와 문체를 쓴다고 비판하며, 태어나면서부터 화술가(話術家)이며 일상 용어로 유창하게 글을 쓰는 영국인을 본받아야 한다고 강조했다.

영국인, 특히 신사계층의 신조는 '자유'와 '질서'이다. 그것은 질서를 향한 자유이며, 자유를 향한 질서였다. 이 점은 보수 진영이건 진보 진영이건 간에 마찬가지였다. 그 바람직한 전통은 이데올로기의 시대인 20세기까지 이어졌다.

혁신적인 휘그당의 후신인 사회주의적 노동당의 집행위원장은 한때 해럴드 래스키(Harold Laski)였다. 당 정책에 결정적인 영향을 끼친 이 정치학자는 마르크스주의자이다. 그러나 그의 본질은 개인적 자유주의였다. 1945년 노동당 내각의 수장이 된 클레멘트 애틀리(Clement Attlee) 역시 부유한 변호사 집안 출신의 사회주의자였다. 그는 제2차 세계대전 당시 보수당 정권 아래의 윈스턴 처칠(Winston Churchill) 내각에서 부총리를 역임했다. 일평생 사회주의자였던 애틀리는 1955년 퇴임 직후에 엘리자베스 2세 여왕으로부터 백작 칭호를 받았다. 그는 사회주의자이기에 앞서 어떠한 교리나 이데올로기로부터도 자유로운 영국인이었다. 프랑스의 국가 상징이 아카데미 프랑세즈이고, 프로이센과 독일의 상징이 참모본부로 일컬어진 데 비해, 근대 영국의 상징은 여야 정치의 토론의 장(場)인 의회의 하원이다.

한편 문명화된 사회의 도래를 알리는 18세기 출판 문화에서 주목할 현상으로 나는 특히 사전 편찬의 위업을 들고 싶다. 이 사전 편찬에 앞장 선 것도 영국인인 이프레임 체임버스(Ephraim Chambers)였다. 그가 편저 한 『백과사전 혹은 공예, 과학의 종합 사전』(1728)은 바로 '문명'을 알린 사전이며, 디드로의 『백과전서』의 모범이 되었다.

사전은 기원전 2500년에 문자를 제일 먼저 발명한 바빌로니아에 이미 존재했으며, 고대의 그리스와 로마, 중국에도 없지 않았다. 그러나 학문 적 체계를 갖춘 근대적 의미의 사전의 원형은 17세기 초 이래 영국에서 처음으로 선을 보였다. '사전 편찬자'라는 표현도 1658년 이래 영국에 서 처음으로 쓰였다. 영국에서는 18, 19세기까지도 사전이라고 하면 많 은 사람들이 새뮤얼 존슨(Samuel Johnson)의 『영어 사전』(전2권, 1755)과 『옥스퍼드 영어 사전』(OED)을 떠올린다. 그런데 이 두 기념비적 사전을 비롯하여 당시의 사전은 모두 학술적 언어 사전으로 일반인들과는 무관 했다.

존슨의 『영어 사전』은 훗날 윌리엄 셰익스피어(William Shakespeare)를 비롯하여 1세기에 걸친 영국의 52인의 시인과 작가를 분석·비평한 그 의 『시인전』(전10권, 1779~81)으로 이어졌다. 17세기 후반 이후, 담론 의 시대에 들어서면서 사전은 '사회적 제정자(制定者)'로서의 기능을 다 하게 되고 사전 편찬은 국민적 욕구가 되었다. 온갖 전문용어를 해설 한 백과사전과 '엔사이클로페디아'(encyclopedia)에 가까운 네이선 베일 (Nathan Bailey)의 『영어 사전』이 1730년에, 『브리태니커 백과사전』의 초 판이 1768년에, 그 전후에 프랑스의 『백과전서』(Encyclopedia, 1751~80)가 발간되었다.

2. 문명을 향한『백과전서』와 그 집필자들

영국의 사전 편찬의 성공에 자극을 받아 프랑스에서도 사전 간행의 움직임이 일어났다. 디드로는 사전 편찬의 도움을 달랑베르에게 요청했다. 달랑베르는 베를린 아카데미 의장직을 맡아달라는 프로이센 프리드리히 대왕의 여러 차례의 초빙을 거절했다. 이때 그는 '(개인적) 자유와 독립에 대한 지극한 사랑'과 더불어『백과전서』의 사업이 자기를 프랑스로부터 떠나지 못하게 한다고 말했다.

『백과전서』의 간행이 구상되면서 디드로와 달랑베르는 필자 및 저술항목의 선정, 원고의 자료, 참고 문헌, 도판 수집에 힘을 쏟았다. 디드로는『백과전서』의 편저에 부심하는 동안에도 익명으로『맹인에 관한 서한』(1749)을 출간하여 유물론 및 무신론의 경향을 드러내면서 종교와 정치를 비판했다. 그로 인해 1749년에는 투옥되기도 했다.

디드로는 정부에 복종을 서약하고 석방되었다. 이 석방에는 당시 프랑스 출판업계가 네덜란드와 경쟁 상태에 있어『백과전서』의 간행이 국가에 이익이 되리라는 정부의 계산도 작용했다.『백과전서』사업이 본격적인 궤도에 오르면서 간행 계획의 전모와 예약 조건을 인쇄한 취지서가 8천 부 배부되었다. 구독 예약자는 1751년 초에 약 1천 명, 예약 마감 무렵에는 4천 명에 이르렀다.

『백과전서』의 큰 장점은 많은 집필자로 이루어진 공동 작품인 점에 있다.『백과전서』는 프랑스를 대표한 지성이 총결집하여 만들어낸 범국민적 사업이었다. 그 집필진에 관해 달랑베르는 "그들은 모두 저명한 인사들이며, 혹은 그만한 가치가 있는 인사들이라고 장담할 수 있다"라고 자랑했다. 180명이 넘는 집필진(당시 프랑스에는 '철학자'로 자처하는 인물이 2천 명이나 있었다)에는 볼테르, 몽테스키외, 자크 튀르고(Jacques Turgot) 같은 대가를 비롯하여 아직 널리 알려지지 않았던 루소도 있었다. 철학자와 문인 작가 외에도 일군의 신학자, 박물학자, 의사, 기술자, 장인들과 돌바크(D'Holbach) 남작을 비롯한 여러 귀족, 샤를-장-프랑수아 에노 (Charles-Jean-François Hénault) 고등법원장을 비롯한 고위 공직자 및 외국의 문필가도 여럿 참여했다. 장인들은 대개 집필자가 쓴 본문에 "눈에 띄지 않게 그늘에서" 참여했다.

우리의 관심을 끄는 것은 동일한 항목을 여럿이 쓰도록 한 사실이다. 그 결과 생긴 모순, 즉 상반된 의견에 대해 편집 책임자인 디드로는 필자들이 자유롭게 쓰도록 내버려두었다. 그렇듯 모든 필자들이 "구속을 받지 않고" 자기주장을 밝힐 수 있었다.

중요한 점은 "상이한 신념들 간의 열정적 긴장감"이었다. "저마다 자신에게 적합한 사고 방식과 이야기 방식을 지니고 있었다." 그러면서도 모두가 또한 타인의 이야기에 귀를 기울였다. 이것이 담론의 세기를 적극적으로 인도한 디드로의 신념이었으며, 바로 『백과전서』가 성공을 거둔 큰 요인으로 평가되었다. 흥미로운 것은 당시 충분한 능력을 갖춘 여성 철학자와 여성 문인들이 존재함에도 불구하고, 그들의 이름을 『백과전서』에서 전혀 찾아볼 수 없다는 사실이다. 그 까닭은 그들이 집필할 경우 예견되는 교회 혹은 관헌에 의한 수난으로부터 그들을 보호해야 한다는 배려에서 찾을 수 있을 것이다.

집필자 선정에서 가장 어려웠던 부문은 가장 예민한 항목인 신학 부문이었다. 3개월이라는 원고 마감일을 제대로 지킨 것은 루소뿐이었다. 우여곡절 끝에 『백과전서 혹은 과학, 기술, 공예의 합리적 사전』은 1751년 6월 28일에 제1권 2,050부가 간행되었다. 그것은 2절판으로 본문 17권 (각각 900쪽 이상)과 도판 11권을 합쳐 총 28권에 이른다. 제1권이 햇빛을 본 이래 21년 만에 완결된 18세기 지성의 기념비적 집대성이자 '거대한 불멸의 책'(볼테르)에 대한 평판은 대단했다.

우리들이 시작한 이 저작은 두 가지 목적을 지닌다. 백과사전으로서는 인간 지식의 질서와 연관을 가능한 한 명백히 해야 한다. 그리고 과학, 기술, 공예에 관한 이론적 사전으로서 이 저작은 인문적이든 기술적이든 저마다의 학문과 기술에 관해 그 기초가 되는 일반적 원리와 그 실체이자 본질인 가장 중요한 세목(細目)을 포함해야 한다.

『백과전서』의 첫머리에 실린 달랑베르의 이 서문은 그 간행 목적을 잘 말해주고 있다.

(지식의) 체계를 동시대 사람들에게 제시하는 동시에 미래 사람들에게도 전달하는 것. 그럼으로써 지나간 시대의 업적이 다가오는 시대에 무용지물이 되지 않도록 하고 있다. 우리의 자손이 보다 많은 지식을 획득하는 동시에 유덕(有德)하고 행복하도록 하며, 또 우리들 자신이 인류에게 가르쳐야 할 일들을 가르친 뒤에 죽고자 한다.

『백과전서』는 디드로의 말대로 '지상에 흩어진 지식'을 집대성했다. 달랑베르가 적절히 지적했듯이, "세속 학자의 원리에서 종교적 계시의 근거에 이르기까지, 형이상학에서 취미에 이르기까지, 음악에서 도덕에 이르기까지, 신학자의 스콜라적 논의에서 교역의 물품에 이르기까지, 왕후의 권리에서 인민의 권리에 이르기까지, 자연법에서 국민의 시민적인 법에 이르기까지" 사회와 인간 생활의 총체인 '문명' 전반에 관한 모든 것이 세부적인 항목으로 다루어지고 논의되었다.

그렇듯 모든 영역과 모든 문제가 논의될 수 있었던 것은 집필자들이 단순한 전문 학자가 아니라 모든 것에 관심을 지닌 백과사전적 호사가이자 박식가이며 교양인이었기 때문이다. 볼테르, 달랑베르, 디드로, 루소처럼 이들 중 적지 않은 인사들이 시인이고 작가였다. 문학, 미술, 음악 전반에 걸친 비평가이자 이에 더해 수학자, 물리학자였고, 신문과 잡지의 편집자이기도 했다. 이들은 상식과 에스프리 공화국의 주민이며, 반듯한 시민이었다. 볼테르는 실로 43개 항목을 기고했으며, 그중에는 '우아함', '웅변', '정신', '환상', '호사', '오만', '간통', '프랑스어', '잡지', '문체 양식', '문인', '취미', '은총', '행복', '역사', '우상', '상상력' 등의 항목도 포함되었다. 특히 집필자 모두가 어떠한 교리나 이데올로기로부터도 자유로운 담론하는 인간이었다.

일상적이며 통속적인 사실에 대한 그들 백과전서파 프랑스 철학자들의, 그리고 범국민적인 폭넓은 관심과 취향은 이후 프랑스적 에스프리의 일관된 특징이 되었다. 이러한 현상을 동시대의 독일 관념론자들은 속되고 천박하다고 경멸했다. 여러 면에서 프랑스에 끌린 하인리히 하이네마저 기이하게도 "수다스러운 프랑스 사람들의 나라에는 철학이 육성될 땅은 없다"라고 했다. 시대에 앞섰던 하이네도 백과전서적 계몽주의 사상을 철학과 차별하여 가볍게 본 것일까?

'수다스러움'은 소크라테스로부터 싹튼 유럽의 이야기 문화, 담론 문화의 특징이었다. '독자와 시민사회 속의 백과전서'라는 모토를 내세운 『백과전서』는 언제나 독자를 의식했다. 그러면서 당연히 문체에도 신경을 썼다. 집필자들은 추상적이며 난해한 용어, 전문적인 용어를 애써 피했다. 달랑베르는 "『백과전서』의 문체는 회화와 비슷하게 간결하고 정확해야 한다"라고 강조했다. 백과전서파가 가장 중요시한 것은 지식과 문화, 문명의 영역을 시민의 일상적인 삶으로 끌어들이고 확대하는 것이었다.

『백과전서』는 결코 과격하거나 대담하지 않았다. 루소를 비롯하여 집필자 모두가 과격한 행동가는 아니었다. 종교 문제에 대해서는 이성의 이름 아래 명확한 태도를 취했으나, 정치의 영역에서는 이른바 반체제주의자가 아니었다. 백과전서파가 동지와 동조자들을 귀족사회에서도 적지 않게 얻을 수 있었던 이유이다. 이러한 사실은 『백과전서』의 항목들에, 문화 전반과 물질문명의 일람표와도 같은 그 항목들에서도 잘 나타난다. 피터 게이(Peter Gay)는 그의 저서 『계몽주의의 기원』(*The Enlightenment: An Interpretation*, 1966)에서 볼테르의 『철학 사전』이 저술된 1760년대를 유럽의 산업혁명기라고 지적한바, 계몽주의자는 담론하는 비판적 철학자인 동시에 바로 과학자를 의미했으며, 그들은 근대 최초의 테크노크라트이기도 했다.

오늘날 우리는 지식인을 특수한 '전문직'(professionals)에 종사하는 기술적 지식인과 보다 보편적인 지성을 지향하는 '지식인'(intellectuals)으로 나눈다. 전자가 대체로 체제 순응적인 도구적 지식인인 데 반해 후자를 비판적·실천적 지식인, 곧 '지성'(intelligence)이라고 한다. 18세기의 철학자들, 특히 백과전서파는 기술적인 전문 지식인인 동시에 비판적·실천적 지식인이라는 바람직한 양면성을 두루 갖췄다.

『백과전서』는 1752년 1월에 제2권이 나오자, 제수이트회의 책동으로 왕명에 의해 그 배포가 금지되었다. 『백과전서』가 왕권 타도와 자립 및 반항의 정신을 심어주고, 어렵고 애매한 말을 쓰며, 오류와 퇴폐, 무신론과 반(反)신앙의 뿌리를 내렸다는 것이다. 그러나 얼마 뒤에 파리 대학의 신학부 소속 3명의 교수가 모든 항목을 검열한다는 조건 아래 속간이 허용되었다.

한편 백과전서파는 귀족사회에서도 자기 편을 적지 않게 찾을 수 있었다. 디드로와 달랑베르는 사교적 자질을 유감없이 발휘하면서 살롱의 귀족, 특히 귀부인을 통해 『백과전서』에 대한 지배층의 후원과 이해를 얻고자 노력했다. 정부 내 실력자인 다르장송(D'Argenson) 후작, 출판감독관 기욤 드 말제르브(Guillaume de Malesherbes), 국왕 루이 15세의 애첩인 퐁파두르 후작부인(Marquise de Pompadour) 등의 후원을 얻을 수 있었다. 제1권은 육군 출신으로 연극과 아카데미 및 출판에 관한 총책임자인 다르장송에게 바쳐졌다.

흥미로운 것은『백과전서』의 원고 외 도판을 압수할 책임을 맡은 말제르브가 사전에 디드로에게 귀띔해주었다는 사실이다. 디드로가 즉각 모든 원고를 대법관인 말제르브 부친의 저택에 숨겨놓아 피해를 면할 수 있었다. 이 출판감독관은『백과전서』뿐만 아니라 루소의 주요 저작의 출간도 탄압하기보다는 장려해야 한다고 생각했으며, 그것을 자신의 의무로서 다짐했다. 그의 묵시적 허용 덕분에 볼테르와 몽테스키외의 저작을 비롯한 주요 저작이 독자에게 선보일 수 있었다.

프랑스에서는 출판에 관한 한 서면 허가, 암묵적 허가, 처벌만은 면한다는 구두 허가 등 세 가지 애매모호한 규칙이 있었다. 검열관의 수는 1741년에는 76명, 1789년에는 178명이었다. 펜에 대한 탄압은 정부 당국보다 가톨릭교회에 의해 주도적으로 이루어졌다. 이러한 현상은 중세 이래의 범유럽적인 공통된 관행이었다. 사상 문제는 교육 문제와 함께 교회의 소관이며, 왕후와 귀족 등 세속 권력은 오히려 전통적으로 학예의 보호와 장려에 이바지했다.

『백과전서』는 제1권이 간행된 지 21년 만에 완결되었다. 중간에 달랑베르는 공동 편집자의 자리에서 물러나 담당 항목의 집필에만 전념했다. 그러므로 디드로가 단독으로 편집 책임을 맡았다. 간행 초기에 33세의 무명이나 다름없었던 디드로는 완간 당시 59세가 되었고, 그 명성은 전 유럽에 빛났다.

유럽의 문화와 사회를 다른 문명권과 구별짓는 특징으로 특히 이야기 문화와 담론 문화를 강조하고 싶다. 그 전통은 고대 그리스의 아테네와 로마 시대로 거슬러 올라간다. 자유로운 시민 공동체인 폴리스의 상징은 아고라(agora)이다. 아고라는 또한 '집회'와 사교의 터전을 의미했다. 자유로운 시민이란 아고라에서, 즉 공공장소에서 자유롭게 이야기할 수 있는 사람을 일컬었다. 이야기와 담론은 타인과 사귀는 사교로 이어졌다.

말의 학문과 담론의 학문, 바꾸어 말해 사교의 학문인 수사학은 사유의 학문인 철학에 앞서 인간 교양의 핵심으로서 귀하게 여겨졌다. 이러한 전통은 근대에 이르러서도 계속 이어졌는데, 그 중심에 살롱이 존재했다.

근대 유럽 사교계(monde)와 사교 문화의 요람은 귀부인이 꾸린 파리의 살롱이다. 약 20~30명의 빈객은 대체로 귀족들로 채워졌다. 시민계급 출신의 유수한 문인과 철학자도 자리했다. 귀족적인 예절과 품위, 미래를 향한 시민의 지적 비전을 겸비한 프랑스 특유의 사교적 교양인 오네톰(honnéte homme)은 바로 살롱에서 태어나고 육성되었다. 프랑스 살롱의 영향을 받아 영국의 신사계층은 클럽을 꾸몄다. 그리고 19세기에 이르면 범유럽적으로 도시 속에 활짝 열린 사교의 터전인 카페가 생겨났다. 이 모든 것이 18세기 계몽주의 시대 파리에서, 그리고 프랑스 전역에서 싹트고 발전했다. 그러나 살롱과 살롱 문화의 최대의 공덕은 기쁨으로서의 담론 문화의 전개였다.

이탈리아 문화는 예술적이고 에스파냐 문화는 기사도적이며, 영국 문화는 개인주의적이고 독일 문화는 관념적이라고 한다. 이에 비해 프랑스 문화는 사회적이며 사교적(social, sociale)이다. 프랑스 문화의 사교성은 이야기를 즐기는 그들의 천성에서 유래된 것으로 말하고 싶다.

프랑스 사람들은 계속 말하지 않으면 견디지 못한다 …….

앞서 언급했던 '사전 편찬자'이기도 한 18세기 영국의 문인 새뮤얼 존슨의 말이다. 즐거움으로서 타인 혹은 자기 자신과의 이야기, 이것이 살롱 문화를 낳고 또 카페 문화를 꽃피웠다. 19세기 프랑스의 정치가이자 역사가인 프랑수아 기조는 『유럽 문명의 역사』(1828)에서 다음과 같이 토로했다.

프랑스 정신 속에는 사교적인, 사람들에게 공감을 일으키는 무엇인가가, 다른 어느 국민의 정신보다 더욱 보편적이며 대중에게 더 쉽고 효과적으로 확산되는 것이 있다. 명석함, 사교성, 공감은 프랑스와 프랑스 문명 특유의 성격으로, 이러한 자질 덕에 프랑스는 유럽 문명의 선두에 서기에 가장 적합하다.

그 프랑스적 사교성을 ── 독일에서의 문학·예술과 삶의 모순된 대립, 교양과 사회의 이질성을 평생 괴로워한 ── 토마스 만은 부러워했다. "사람의 수만큼 의견이 있다." "나에게는 무엇무엇의 권리가 있다"(J'ai le droit de ~). 우리를 둘러싼 현실 세계와 역사적 세계란 그만큼 갖가지 대립과 모순에 찬 부조리한 세계이다. "그런데 대부분의 경우 그 모순은 대화를 통해서만 진실에 가까이 갈 수 있다." 19세기의 가장 프랑스적인 사상가로 알려진 에르네스트 르낭(Ernest Renan)의 언명이다. 18세기 프랑스는 구체제의 부조리한 현실을 담론을 통해 타개하고자 했다. 프랑스 계몽주의자들은 모두가 담론가였다. 스탈 부인은 다음과 같이 지적했다.

1세기 이래 사상의 흐름은 전적으로 화술(話術)에 따라 좌우되었다.

디드로 또한 강조했다.

우리의 저술은 특정한 시민에게만 영향을 주지만, 우리의 담론은 모든 계층을 감화한다.

우리는 프랑스라고 하면 '자유, 평등, 박애'를 떠올린다. 그 실현을 위해 혁명을 치르기까지 했던 이 캐치프레이즈는 처음에는 문자와 책을 가까이할 수 있었던 일부 지식인들의 담론 문화의 소산이었다. 그러나 담론 문화의 번성과 더불어 하버마스가 지적한 바 담론 공동체는 프랑스 사람 모두의 요람이 되었다. 프랑스 사람들은 여러 세대에 걸친 담론 문화를 통해 자신들의 바람, 즉 자유, 평등, 박애를 실현했다.

부르크하르트는 교양을 전제로 국적과 종파와 신분을 불문하고 여성의 지위 향상을 사교적 삶의 조건으로 지적하면서, 18세기 세계시민주의적 담론의 세기를 거치며 프랑스 사람들은 그 어느 나라보다도 사교적 삶을 누리고 있다고 언명했다.

폴 발레리(Paul Valéry)도 말한 바 있다.

> 만약 운명의 여신이 누군가 자유인에게 다시 태어나고 싶은 세기를 선택하라고 하면, 나는 18세기 로코코 시대를 바랄 것이다.

우리는 프랑스에서 여성들이 공원에 유모차를 세워놓고 책을 읽는 광경을 적지 않게 본다. 그런데 그 경우 그들은 몽테뉴의 『에세』나 블레즈 파스칼(Blaise Pascal)의 『팡세』, 볼테르를 즐겨 읽는다고 한다. 그들에게 고전은 앙드레 지드(André Gide)나 스탕달(Stendhal)의 문학작품과도 똑같은 프랑스 사람 모두의 애독서이다. 이 또한 이야기 문화와 담론 문화의 귀중한 공덕이다. 모두가 즐긴 기쁨으로서의 담론, 참으로 부럽다.

볼테르는 1740년 다음과 같이 말했다.

> 내 주변에서 일어나고 있는 일들은 모두가 혁명의 싹을 잉태하고 있다. 혁명이 언제 일어날지 알 수 없다. 그러나 나는 그 목격자가 될 수 없을 것이다. …… 젊은이들은 행복하다. 그들은 앞으로 좋은 나날들을 맞이할 것이다.

『백과전서』에 참여한 철학자들은 결코 혁명적 지식인이 아니었다. 역사적 현실과 그들의 관계는 두 얼굴을 지녔다. 즉, 체제 비판적이면서도 체제 순응적이었던 것이다. 그만큼 그들의 에스프리와 비전은 유연하고 자연스러웠다. 18세기 철학자들이 1789년까지 살아 있었더라면 그 운명이 어떻게 되었을까? 자코뱅 당원들이 그들을 가만두었을까? 그들은 다행스럽게도 1789년의 피비린내 나는 대란(大亂) 이전에 —— 약속이라도 한듯이 —— 거의 모두가 이 세상에서 자취를 감추었다. '그 덕택으로!' 볼테르는 1791년 국민의회에 의해, 루소 또한 1794년 혁명정부에 의해 그 유해가 팡테옹(Panthéon)으로 이장되었다고 감히 생각해본다.

제4장

독일 계몽사상과 프리드리히 대왕

1. 독일 계몽사상의 맨얼굴

18, 19세기 스페인 출신의 화가 프란시스코 고야(Francisco Goya)는 한때 궁정화가였다. 그러면서도 그는 성직자를 비롯해 당시의 정치와 사회상을 신랄하게 풍자하는 작품을 다수 창작했다. "이성이 잠들면 괴물이 생겨난다"라고 말한 그는 계몽주의적 철학자임을 자처한 것일까? 고야는 1824년 이후에는 프랑스로 거처를 옮겨 여생을 보냈다. 이러한 사실은 계몽사상에 힘입은 '시민적 공공성'이 18세기 후반에 이르면 범유럽적으로 뿌리내렸음을 보여준다.

유럽 시민사회는 대체로 12, 13세기경부터 싹트기 시작했다. 17세기 후반에는 영국, 18세기에 이르면 프랑스에서 시민계급이 사회 전반의 공론과 여론의 주체가 되고 '시민적 공공성'이 사회적·정치적으로 확고하게 뿌리를 내렸다.

독일의 역사도 18세기를 계몽주의 시대로 기록한다. 독일 역사상 최초의 계몽주의자는 문학이론가인 요한 크리스토프 고트셰트(Johann Christoph Gottsched)이다. 그는 프로이센의 목사 집안 출신으로 고전학자인 크리스티안 볼프(Christian Wolff)의 영향을 받고 라이프치히 대학 교수로서 신학과 철학을 강의했다. 문화비평가나 사회비평가로서도 여러 주간지에 글을 쓰는 한편, 그 밖에도 편저와 번역 작업 등 폭넓은 계몽 활동에 나섰다. 그는 프랑스 고전주의를 본받은 연극의 개혁 운동과 독일어의 표준화에 이바지한 업적으로 한때 문단의 중심인물로 부각되었다. 그러나 프랑스 합리주의를 천박하게 모방했다는 그 형식주의로 인해 고트홀트 에프라임 레싱(Gotthold Ephraim Lessing) 및 새로운 세대의 비판 대상이 되고 시대에 뒤처진 인물로 간주되었다. 고트셰트의 쇠락은 그간에 독일 문학을 헷갈리게 한 프랑스풍의 고전주의 모방에 종지부를 찍었다.

뒤이어 프리드리히 고틀리프 클롭슈토크(Friedrich Gottlieb Klopstock)가 등장했다. 경건주의적 믿음이 강한 가정에서 태어나 웅대한 종교 서사시 『구세주』(Messias, 1748)를 읊으며 나타난 그는 새로운 문학과 정신의 도래를 알렸다. 자기 삶을 맘껏 누림과 동시에 참신하고 풍요로운 감성을 노래하면서 젊은 세대로 하여금 인간성에 눈뜨게 했다. 또한 프랑스 문화의 추종자인 프리드리히 대왕을 비판하는 한편, 프랑스혁명을 찬양한 근대적 지성인이기도 했다. 특히 조국과 우정, 신앙을 노래한『송가』(Oden, 1771)는 독일 문화에 일찍이 없었던 격조 높은 음악적 시어(詩語)를 구사하면서 그는 예언자적 풍모와 카리스마까지 갖추어, 이후 독일에 독특한 '시인'의 성스러운 이미지를 각인했다. 그를 '독일 근대시의 아버지'로 찬탄하는 이유이다. 사실 독일 최초의 이 근대적 시인은 그와 동시대의 계몽주의적인 프랑스 시인이나 작가와는 확연히 달랐다. 논문「독일 지식인 공화국」(1774)을 쓴 그가 1789년을 찬양했다고는 하지만, 그는 동시대 독일 문학가 대다수가 그랬듯이 본질적으로 비정치적·비사회적 시인이었다.

이제 독일 문학사상 가장 진정한 계몽주의자인 레싱을 찾아가보자. 극작가이자 비평가인 레싱은 동부 독일의 작센 지방에서 목사의 아들로 태어났다. 부친의 뒤를 잇기 위해 라이프치히 대학 신학부에 진학했다. 하지만 당시 '작은 파리'로 불린 라이프치히에서는 '전 세계의 축소판'이라는 평판대로 다방면에서 새로운 정신이 싹트고 있었다. 레싱은 극장에 드나들면서 스스로 무대에 오르기를 바라는 한편, 외국의 희곡을 번역하고 집필하는 등 일정한 직업 없이 여러 도시를 전전하는 어려운 생활 속에서도 '독일의 몰리에르'를 꿈꾸며 희곡과 문예비평, 신학 논문 등 활발한 저술 활동을 펼쳤다.

레싱의 저작 활동은 비평과 희곡으로 크게 나누어진다. 조형예술과 언어예술이 지닌 과제와 사명, 그리고 그 한계를 밝힌 문예비평 『라오콘』(1766)과 아리스토텔레스의 『시학』에 근거하여 셰익스피어를 찬탄하고 프랑스 고전극의 편견을 비판한 『함부르크 연극론』(1767~69)은 오늘날에도 고전으로 높이 평가받고 있다. 그러나 레싱은 희곡 작가이자 비평가이기에 앞서 진리를 향한 끝없는 탐구 정신의 소유자였다.

인간의 가치는 그 인간이 갖고 있는 혹은 소유하고 있다고 여겨지는 진리에 있는 것이 아니라 진리를 밝히기 위해 그 인간이 바친 성실한 노력에 있다. 만약 신이 오른손에 모든 진리를, 왼손에 진리를 향한 끝없는 충동을 지닌 채 어느 한쪽을 선택하라고 말씀하신다면, 나는 단호하게 신의 왼손 쪽에 엎드려 "주여, 주시옵소서, 순수한 진리는 오직 당신의 것이므로"라고 말하리라.

레싱은 운명처럼 자신을 평생 괴롭힌 고난 속에서도 — 하이네가 찬탄했듯이 — 진리 탐구만이 유일한 처방인 양 '진리를 향한 사랑'에 매달렸다. 레싱의 대표적인 희곡 작품을 통해 18세기 독일 최고의 지성인의 참모습과 진정한 계몽사상의 정신을 떠올려보자.

레싱은 일찍이 영국을 무대로 한 독일 시민극의 선구적 작품인『미스 사라 샘슨』(1755)을 통해 극작가로서의 지위를 굳혔다. 그러나 레싱의 계몽주의 정신을 밝힌 문제작은 독일 3대 희극의 하나로 평가받으면서 오늘날에도 자주 상연되는『미나 폰 바른헬름』(1767)이다.

프로이센 군대의 장교와 부유한 시민계급 출신 여인의 사랑을 주제로 한 이 작품은 주인공 바른헬름 소령이 고귀하고 성실한 인품을 지니면서도 불행한 삶을 이어가는 모습을 묘사했다. 그럼으로써 레싱은 당시 독일의 정치권력과 사회체제를 비판했다. 현실 세계의 부조리를 관념적이 아닌 생생한 현실로 드러내어 고발한 점에서『미나 폰 바른헬름』은 비단 독일뿐만 아니라 18세기 유럽 문학사에서 큰 의의를 지닌다. 이 시민극(Drama Bourgeois)의 상연은 프로이센 당국에 의해 금지 처분이 내려졌다. 그러나 독일의 정치 현실에 대한 레싱의 고발은 이탈리아 궁정을 무대로 한 비극『에밀리아 갈로티』(1722)에서 더욱 신랄하게 이어졌다.

영주의 욕정과 간계 탓에 약혼자를 잃게 된 여주인공은 순결을 지키기 위해 부친에게 애원하고 그 손에 죽는다. 부친 갈로티 대령은 자신의 딸을 찌른 단검을 영주에게 던지며 외친다.

> 나를 체포하여 재판하라. 그리고 당신은 우리 모두의 재판관 앞에 서야 한다!

레싱은 이 작품에서 군주의 잔악하고 파렴치한 행위에 대한 민중의 분노를 묘사했다. 그런데 흥미로운 점은 두 작품의 남자 주인공이 모두 무관(武官)이라는 사실이다. 두 작품이 쓰일 당시, 독일에는 관료와 교수를 비롯한 여러 전문직이 존재하고 있었다. 대개 고등교육을 받은 그들은 아마도 레싱의 최대 애독자였을 것이다. 그런데 두 주인공을 굳이 군의 장교 신분으로 설정한 까닭은 무엇일까? 레싱은 전문직 종사자들 대다수가 일반적인 독일 사람들과 마찬가지로 체제 지향적인 소시민적 근성을 버리지 못하고 있음을 잘 알고 있었다. 그가 바란 체제 저항적인 새로운 인간상을 오히려 국가체제의 핵심인 중견 장교로 설정함으로써 체제 변혁의 방도를 기대한 것일지도 모른다.

평생 진실을 밝혀온 레싱의 소명과도 같은 지상 과제는 양심의 자유와 인간성 회복, 특히 종교적 관용이었다. 종교적 관용을 위해 레싱은 독일을 지배하다시피 한 프로테스탄티즘과 맞서 세상을 떠들썩하게 한 일대 논쟁도 벌였다. 그의 유작인 시극 『현자 나탄』(1783)의 주제 또한 종교적 관용이었다. 그 집필에 앞서 레싱은 희곡 『인류의 교육』(1786)에서 신 앞에서는 정통도 이단도 없다는 자신의 신념을 강조했다.

『현자 나탄』의 주인공은 처자식을 모두 그리스도 교도들에게 살해당하면서도 자신의 신앙을 굽히지 않는 유대인 나탄이다. 그는 "유일하고 절대적인 종교는 무엇인가?"라며 묻는 이슬람 국가의 군주 술탄에게 최종적으로 진리를 차별하는 능력은 인간에게는 주어지지 않는다고 단호히 답변한다. 관용적이면서도 굽힐 줄 모르는 노(老)유대인의 진실한 풍모 속에 레싱은 강한 인간애를 묘사하면서 휴머니즘을 향한 독일 고전주의의 길을 앞질렀다.

레싱은 시민극 창작 외에도 주간 신문과 잡지의 편집 및 발행, 번역, 서평, 논쟁(그는 논쟁을 좋아했다) 등 다방면으로 일반 시민을 향한 계몽적 활동을 활발히 전개했다. 그는 빈과 베를린 등 독일의 여러 도시 및 이탈리아를 여행하기도 했으며, 이를 통해 계몽철학자인 프리드리히 니콜라이(Friedrich Nicolai)나 음악가 펠릭스 멘델스존(Felix Mendelssohn) 등과도 가까이 지내고 클롭슈토크, 헤르더(Herder), 하인리히 폰 클라이스트(Heinrich von Kleist)와도 친분을 쌓았다. 클라이스트의 알선으로 한때 프로이센군 사령관의 비서로도 일했으며, 브라운슈바이크 공국의 도서관장을 역임하기도 했다. 이렇듯 레싱은 고난의 나날 속에서도 프랑스풍의 백과전서적 지성을 지닌 인물로 '독일이 절실히 바란 자유인'이었다.

"그 이름을 떠올리기만 해도 독일인의 가슴을 설레게 했던"(하이네) 레싱은 인품 그대로 소박하고 논리적인 동시에 반듯하고 힘찬 문체와 시대를 향한 리얼한 비판, 그 일생이 바로 논쟁이었던 담론의 기질, 한결같이 진실을 따른 순교자적 시련과 고독으로 "독일 민중을 마음속 깊이 일깨운 해방자(Befreier)"였다.

하이네와 프란츠 메링(Franz Mehring)이 강조했듯이, 레싱과 다른 인물들이 질적으로 구별되는 핵심은 그의 모든 저술이 '사회적 의미'를 지녔으며, 그럼으로써 그가 독일 시민사회가 낳은 참으로 희귀한 혁명가였다는 사실이다. 레싱의 존재로 독일도 유럽의 18세기 계몽주의에서 그 독자적 지위를 확보할 수 있었다. 그럼에도 불구하고 분명 '뒤떨어진' 독일의 계몽사상, 그 각별한 특수성에 대해서는 생각해볼 여지가 많다.

> 계몽이란 인간이 미성년 상태로부터 벗어나는 것이다. …… 미성년이란 타인의 지도가 없으면 자기 자신의 이성을 사용하지 못하는 상태이다. …… 그러므로 "감히 현명하여라!" "자기 자신의 이성을 사용할 용기를 지녀라!" 이것이 바로 계몽의 표어이다.

칸트의 유명한 논문 「계몽이란 무엇인가」의 머리말이다. 이 논문을 칸트가 1784년 『베를린 월보』 12월호에 발표하기 3개월 전에 모제스 멘델스존(Moses Mendelssohn)도 같은 잡지에 「계몽이란 무엇인가라는 문제에 관해」를 발표했다. 당시 계몽사상과 계몽주의를 둘러싼 논의는 독일 지식인 사회에서도 최대의 이슈이자 과제였다. 영국과 프랑스에 뒤이어 독일도 18세기 중엽 이후에 계몽주의 시대로 접어들었던 것이다. 독일의 계몽주의자라고 할 때, 앞서 말했듯이 철학에서는 볼프, 멘델스존, 니콜라이를 들 수 있다. 그리고 그들에 앞서 독일 계몽주의 철학의 길을 닦은 인물로 독일 최초의 근대 철학자라고 할 수 있는 고틀리프 빌헬름 라이프니츠(Gottfried Wilhelm Leibniz)를 들어야 할 것이다.

명문가 출신으로 라이프치히 대학의 철학 교수 아들로 태어난 라이프니츠는 천재 소리를 들으며 자랐다. 그는 일찍이 유럽 고금의 철학과 새로운 근대과학에 능통했다. 대학에서는 법학과 철학, 역사를 배우고 교수직을 제의받기도 했지만 사양하고 마인츠 선제후를 섬기면서 그의 사절로 파리에 행차했다. 그 뒤 하노버 공을 섬겨 궁정 고문관과 도서관장을 역임하기도 했다. 그사이에 파리에 체재하는 한편으로 런던과 네덜란드, 이탈리아 등 유럽 각지를 방문했다. 그리고 가톨릭과 프로테스탄트 양 교회의 화합 및 프로테스탄트 내부 — 루터파와 칼뱅파 — 화해를 위해 평생 노력하였다. 철학자이면서도 궁정인으로 다방면에서 활동한 라이프니츠의 활동 중 특히 주목을 끄는 것은 베를린 아카데미의 창립에 참여하고 1700년에 그 초대 원장에 취임한 사실이다. 그에 앞서 라이프니츠는 일찍부터 베를린과 드레스덴, 빈에 아카데미를 설립할 것을 구상하면서 프랑스의 수학자이자 천문학자인 피에르 모페르튀이(Pierre Maupertuis)와 볼테르를 회원으로 생각했다. 러시아의 표트르 대제에게도 아카데미 설립을 권유했다. 그는 중국까지도 포함한 아카데미의 범세계적 네트워크를 꿈꿨다. 독일 최초의 이 근대 철학자는 참된 코스모폴리탄이었다.

라이프니츠는 18세기가 지향한 이상적인 인간이었다. 그의 독자적·형이상학적 개념인 단자론(單子論, Monadenlehre)은 개인의 존엄성을 강조하고 근대 개인주의의 세계관을 반영한 것으로 높이 평가받고 있다. 데카르트 이후 칸트에 이르기까지의 약 1세기 사이에 유럽 최고의 철학자로 평가받은 그는 철학, 수학, 자연과학, 법학, 신학, 언어학, 역사학까지 손대지 않은 곳이 없었던 백과사전적 학식자였다. 계산기를 발명한 기술자이자 과학자였고, 이에 더해 오랜 궁정 생활 동안 35명의 왕후들과 서신을 교환한 궁정인이자 세계 아카데미를 구상한 세계시민이었다. 그는 참으로 18세기가 지향한 이상적 인간으로 에라스무스와 볼테르, 괴테와도 비길 만한 전인적(全人的) 인간이었다. 그러나 레싱과 라이프니츠 같은 18세기적 거인의 존재에도 불구하고, 독일은 영국이나 프랑스와는 이질적인 특수 '독일적' 방식으로 계몽주의를 겪어야만 했다.

독일 계몽주의의 첫 과제는 기묘하게도 독일어의 정비와 통일이었다. 라이프니츠는 어려서 독일어로 말하고, 학생 시절에는 교양인 내지 궁정인이 되기 위해 프랑스어를 배우며, 학자로서는 라틴어에 능숙해야 했다. 그러면서 그는 독일어를 잊어버렸다고 실토한 바 있다. 이는 독일의 상류계층인 학식자와 교양인에게 공통된 기이한 현상이었다. 모국어인 "독일어를 잊었다"라는 것은 무슨 뜻일까?

17세기 중반 독일 출판계에서 라틴어 책은 독일어 책에 비해 두 배나 많이 간행되었다. 18세기 초만 하더라도 독일 출판 문화의 주종은 소수 엘리트층을 위한 라틴어와 프랑스어 서적이었다. 문자와 책이 국민의 지적 수준과 문화를 가늠하는 핵심임을 염두에 둔다면, 당시 독일 출판 문화의 실상은 절대다수의 일반인들이 책 문화와 문화 일반으로부터 소외되었음을 알 수 있다.

볼프는 대학에서 처음으로 라틴어가 아닌 독일어로 강의를 하고 독일어로 저술함으로써 학계를 놀라게 했다. 독일어＝'모국어와 국어'라는 관념이 18세기에도 존재하지 않았던 시절이다. 이러한 사실은 프랑스어의 경우와 좋은 대조를 이룬다. 프랑스에도 원래 지방어＝방언이 많았다. 그러다가 귀족 출신 시인인 조아생 뒤 벨레(Joachim du Bellay)가 쓴 『프랑스어의 옹호와 선양』(1549)의 발간을 통해 프랑스어가 시적 감성이나 심오한 사상 표현에 가장 적합한 언어임을 밝히면서 프랑스어는 차차 국어로 자리잡고 발전하게 되었다. 1635년 출범한 아카데미 프랑세즈의 최대 과제도 좋은 프랑스어의 육성과 발전임은 잘 알려진 사실이다. 프랑스어는 17, 18세기 유럽의 국제어와 교양인의 언어가 되기에 앞서 모국어로서 프랑스 국민 전체 속에 뿌리를 내리고 문화통합에 크게 이바지했던 것이다. 18세기 계몽사상이 프랑스에서 단시일 내에 범국민적으로 보급될 수 있었던 것도 그 덕택이었다.

영방 분립이라는 독일의 특수한 사회적·정치적 체제에서는 지방어인 방언이 지속적으로 유통되었으며, 통합된 국어로서 독일어의 미발달은 당연히 공통된 범국민적 문학과 문화의 부재를 초래하여 국민의 사회적·정치적 통합을 방해했다. 이와 같은 현상은 괴테가 지적했듯이, 독일 문학에서 '국민적 주제'의 결여로 나타났으며, 18세기 계몽주의 시대 속에서도 독일 문학은 국민의식이 아닌 향토애에 뿌리를 둔 전근대적 '향토문학'(Heimatdichtung)에 머물렀다.

이상과 같은 사실은 피에르 코르네유(Pierre Corneille)와 장-밥티스트 라신(Jean-Baptiste Racine) 및 몰리에르(Molière)의 이름과 결부된 프랑스 고전문학이 이미 17세기에 집대성되고, 셰익스피어를 거쳐 대니얼 디포, 새뮤얼 리처드슨(Samuel Richardson), 올리버 골드스미스(Oliver Goldsmith)에서 볼 수 있듯이 18세기 전반에 새로운 국민적 근대문학을 개척한 영국과도 참으로 대조적인, 독일에 특이한 후진적 현상이었다. 개인적·일상적 테두리를 벗어나지 못하고 폭넓은 사회성을 외면한 독일인 특유의 정념인 '게뮈트'(Gemüt)는 본질적으로 비사회적·비계몽주의적일 수밖에 없었다.

독일에서도 1790년대에는 217종의 신문이 발간되고 소설 작품도 창작과 번역을 합쳐 약 3백여 종이 출간되었다. 문필가의 수도 1789년경에는 6천여 명을 헤아렸다. 그러나 신문과 잡지, 문필가가 많았음에도 불구하고, 사회적·정치적 관심이 있는 독자들은 독일 신문을 외면하고 외국 신문을 구독했다. 독일의 많은 신문은 '무늬만 신문', 즉 상업광고

지였다. 더불어 신문과 잡지에 기고하는 문필가들도 동시대 영국의 시사 평론가인 저널리스트와는 달리, 대개 주제가 애매한 잡문을 쓰는 이른바 학식자(Gelehrte)들이었으며 독자층도 학식계층에 국한되었다. 그만큼 사회적 공공성, 즉 여론을 불러일으킬 담론 문화가 제구실을 못했던 것이다.

독일의 문필가들은 대학교수, 문필가 및 관료 집안 출신, 특히 프로테스탄트계 목사 집안 출신이 많았다. 레싱, 마르틴 빌란트(Martin Wieland), 마티아스 클라우디우스(Matthias Claudius), 하인리히 휠티(Heinrich Hölty), 마르틴 뮐러(Martin Müller), 하인리히 보이에(Heinrich Boie), 빌헬름 하인제(Wilhelm Heinse), 야코프 렌츠(Jacob Lenz), 크리스티안 F. 슈바르트(Christian F. Schubart) 등 18세기 독일 문학사에 기록된 인물들의 대다수는 목사의 자제였다.

이상과 같은 사실은 그들의 사회적 지위의 불안정성과 경제적 어려움을 또한 말해준다. 대체로 상층 시민계급 출신인 프랑스의 계몽주의 철학자나 작가들과는 달리, 독일 문필가들은 거의 대부분 경제적 어려움에 시달리면서 사회적으로 불안정한 위치에 놓여 있었다. 이들은 글을 쓰고 그 대가로 인세나 받는 행위를 인간의 품위를 해치는 것으로 인식했다. "지식은 신에게 속한다"라는 중세적 관념에서 자유롭지 못했던 것이다. 따라서 문필업은 오랫동안 하나의 반듯한 직업으로 자리잡지 못했으며, 생계를 위해서는 안정된 직업에 연연해야만 했다. 그리고 그들에게는 경제적 도움을 주는 후원자, 즉 패트런(patron)도 없었다. 이러한 사실은 영국의 경우에 철학자 로크, 작가 조너선 스위프트(Jonathan Swift), 시인 매튜 프라이어(Matthew Prior), 저널리스트 리처드 스틸(Richard Steel)과 조지프 애디슨(Joseph Addison), 과학자 뉴턴 등이 앤 여왕 치세에 패트런의 도움을 받아 영국 문학사상 아우구스투스 시대로 불리는 문화의 황금기를 누렸던 사실과 크게 대조를 이룬다.

독일에서 집필 활동이 반듯한 직업으로 간주되는 것은 18세기 후반에 이르러서였다. 최초의 전업 작가, 즉 글쓰기로 생계를 꾸릴 수 있었던 작가는 클롭슈토크였다. 그러나 '독일 근대시의 아버지'라 불린 그도 경제적 안정을 위해서는 덴마크 왕의 후원을 받아 20년간 코펜하겐에 머물러야만 했다. 반면에 영국 최초의 전업 작가인 시인 알렉산더 포프(Alexander Pope)는 클롭슈토크보다 60년 앞서 호메로스(Homeros)의 서사시 번역만으로 6천 명의 예약 독자를 획득했다.

> 오늘날 영국의 몇몇 시인들은 더 이상 생계를 위해 대공과 귀족에게 의존하지 않는다. 그들은 독자 이외에 후원자를 갖지 않는다. 독자란 대체로 바람직하고 관대한 주인이다.

골드스미스가 1760년에 한 말이다. 그 자신만 해도 1년에 약 1천 8백 파운드라는 막대한 원고료와 인세를 받았다. 한편 괴테는 1780년대 말에 출간한 전집(전8권)의 대가로 약 3백 파운드를 받았다. 그 무렵 영국에서는 희곡 한 권만으로도 약 150파운드까지 받을 수 있었다. 영국에서는 순수한 학술 연구 서적도 후한 대접을 받았다. 애덤 스미스(Adam Smith)는 『국부론』의 초판(1776)만으로 5백 파운드를 받았다. 베스트셀러 작가인 월터 스콧(Walter Scott)은 소설만으로 해마다 1만 파운드를 넘는 인세를 받았다. 대문호 괴테가 일생 동안 받은 총 인세는 고작 25,500파운드에 지나지 않았다. 참으로 믿어지지 않는 현상이었다.

영국의 일류 시인과 작가는 상당한 자산을 축적한 부르주아지였다. 이렇듯 18세기 영국 문학 황금기의 배경에는 책을 가까이할 수 있었던 광범위한 독자층이 존재했다. 경제적으로 부유하고 사회적으로 안정되었으면서도 지적으로 성숙한 일반 시민의 폭넓은 존재, 즉 근대적 시민사회의 확립이야말로 바람직한 모든 것의 핵심이었다.

괴테가 자서전 『시와 진실』에서 토로한 구절이 새삼 떠오른다.

독일의 시인들은 더 이상 길드 조합원이 아니고 자립했으나, 시민사
회에서 쥐꼬리만 한 수익도 얻지 못했다. 천부의 자질이 영예가 될지 치
욕이 될 것인지는 전적으로 우연에 달렸다.

2. 대학과 교수 중심의 계몽주의

독일 계몽사상의 주요 근거지는 대학, 특히 라이프치히와 할레 및 괴
팅겐의 대학이었다. 우리는 앞에서 독일의 종교개혁이 대학교수인 루터
에 의해 주동되고 프로테스탄티즘이 대학을 중심으로 교리로서 종파적
이데올로기가 되었음을 보았다. 그로부터 2세기가 지난 18세기 계몽주
의 시대에 이르러서도 같은 현상이 독일에서 일어났다. 굳건한 시민사
회의 부재로 인해 폭넓은 시민적 공공성 대신에 '학자 공화국'인 대학이
새로운 지적 흐름의 인도자 역할을 다했다. 이와 같이 독일 계몽사상은
일부 대학교수들에 의해 대학을 중심으로 싹트고 확산되었다.

1687년 라이프치히 대학 게시판에는 크리스티안 토마지우스(Christian
Thomasius)에 의해 1687/88년 겨울 학기 동안 독일어로 강의한다는 요강
이 나붙었다. 독일어로 강의를 하겠다는 토마지우스의 언명은 반스콜라
적·반교회적 도전을 시사했으며, 또한 계몽사상의 입장에 서 있음을 의
미했다.

무엇보다도 그대의 이성을 정화하자. 시작하자. 의심하자. 철학은 인
간의 세속적인 현실적 목표를 지향하고 그 결과를 사회의 이익을 위해
환원해야 한다.

볼테르나 백과전서파를 방불케 하는 토마지우스의 언명은 이성의 이름 아래 신학으로부터 철학의 자율과 사회적 참여를 요구한 계몽사상의 선언이었다. 또한 이 계몽사상가는 당시의 프랑스풍 범람에 대해서도 다음과 같이 비판했다.

> 프랑스의 복식, 프랑스식 식사, 프랑스풍 가구, 프랑스어, 프랑스 풍습, 프랑스식 범죄, 아니 프랑스병(매독)까지도 일관되게 유행하고 있다.

그러면서도 토마지우스는 그 해결 방도를 다른 사람들처럼 독일의 옛 도덕성에서 찾으려 하지 않고 프랑스 문화에서 그것을 배우면서 찾아야 한다고 강조했다. 그는 프랑스풍의 '사교성'을 "다른 사람들과 함께 살고자 하는 인간 본래의 욕구"로서 인간의 본성 내지 이성적인 것으로 이해했다. 그는 강의에서 프랑스 문화의 수용을 주제로 내걸고 프랑스 궁정 문화의 사교적 덕목으로 '예절', '학식', '양식'(bel esprit), '좋은 취미'를 들면서 그것을 독일 대학이 조화롭게 받아들이기를 바라 마지않았다. 그는 재기발랄하고 우아하게 강의하는 교수의 존재가 대학 개혁의 출발점임을 강조했다. 그러면서 독일 대학의 고질병인 '탁상 학문'을 스콜라 철학의 유산으로 비판하고 은둔자풍의 교수상을 혐오하면서 그것을 타파할 것을 역설했다.

토마지우스는 스콜라 철학과의 결별을 선언하는 한편, 프로테스탄트 정통파에 대한 비판과 저항도 서슴지 않았다. 그러자 라이프치히 대학은 1690년 집필 활동의 금지와 면직 처분으로 이 선구적 사상가에게 보복했다.

토마지우스는 1694년에 신설된 할레 대학으로 부임했다. 당시 할레 대학은 '철학하는 자유'(libertas philosophande)를 지도 이념으로 표방하면서 유럽 최초의 근대적 대학으로 부상했다. 그 중심에 토마지우스와 볼프가 있었다. 토마지우스와 더불어 독일 계몽사상을 대표한 볼프는 라이프니츠의 수제자였으며, 스승의 추천으로 할레 대학의 수학 및 자연과학 교수가 되고 뒤이어 철학 교수가 되었다. 할레 대학에는 또한 경건주의 신학자이자 계몽주의적 교육자인 헤르만 프랑케(Hermann Francke)도 자리를 잡았다.

할레 대학 개혁의 특징 중 하나는 법학부가 그간 전통적으로 대학의 중심 학부였던 신학부의 우월성을 타파하면서 대학 내에서 주요 학부의 지위를 차지한 점이었다. 법학부에는 독일 최초의 독창적 정치학자라고 할 수 있는 사무엘 폰 푸펜도르프가 재직하고 있었으며, 유럽 최초로 정치학과 경제학 강좌 및 행정학 교육도 할레 대학에서 이루어졌다.

할레 대학의 '철학하는 자유'의 이념은 자유롭고 실증적인 두 지성, 즉 학문 연구의 규범으로 이성을 내건 토마지우스와 볼프에 의해 뿌리를 내렸으며, 루터주의의 경직된 교리에 맞서 인격적인 경건주의(Pietismus)를 표방한 프랑케도 그것에 크게 이바지했다.

최초의 근대적 대학으로 명성을 누린 할레 대학에는 18세기 독일 철학을 대표한 거의 모든 인물들이 관련을 맺었으며, 프로이센 개혁을 이끈 관료의 대다수도 또한 이 대학 출신이었다.

라이프니츠를 계승하여 엄밀한 과학적 방법론 위에 철학의 체계를 구축하고자 한 볼프는 경건주의가 뿌리를 내린 할레에서는 일종의 이단자였다. 개념적 명석을 앞세워 철학을 신학으로부터 분리하고 진정한 그리스도교 신앙과 진리를 위해 "수학을 적절한 방법으로 습득하고자" 한 볼프와 신학자들 간에는 큰 논쟁이 벌어졌다. 논쟁의 초점은 볼프의 저서 『신세계, 인간의 영혼 및 모든 것 일반에 관한 이성적 사고』(1719)였다. 이 저서는 1752년까지 12판이 발간되고 18세기 내내 광범위하게 애독되었다. 또한 그는 1721년에 '중국인의 실천철학'(De Sinarum philosophia pratica)이라는 제목의 강연에서 중국의 미덕이 이성과 선(善)에 대한 지식에 기초하고 있다고 말했으며, 공자(孔子)를 찬양하기도 했다. 그리스도교의 절대성 관념에 맞선 볼프의 이성에 대한 이러한 강한 신념은 칸트의 찬사를 받았다. 그러나 그는 신학부로부터, 그리고 일부 종교계로부터 끝내 무신론자로 몰렸다. 그러자 프로이센 정부는 볼프에게 1723년 11월 8일 "48시간 이내에 프로이센 영토로부터 떠날 것"을 명하고 이를 어길 경우에는 교수형에 처할 것임을 공고했다. 그러나 이 선고는 볼프를 국제적 명사로 만들었다. 모든 대학도시에 그의 철학을 대변하고 따르려는 사람들이 속출했다. 하이네는 볼프의 업적 중에서도 그가 독일어로 강의한 최초의 교수였던 사실을 들면서, 그로부터 독일인이 모국어로 철학한 사실을 가장 큰 공적으로 간주했다. 볼프가 독일 계몽주의의 교부(敎父)로 일컬어지는 이유이다.

한편 물리학자이면서 저술가이기도 했던 게오르크 리히텐베르크 (Georg Lichtenberg)도 괴팅겐 대학의 학풍을 계몽주의적 방향으로 이끄는 데 크게 이바지했다. 그는 대중을 위한 자연과학과 통속철학적인 저술을 간행했는데, 특히 『잠언집』(전5권)은 니체가 독일 산문 중 희귀한 걸작으로 꼽은 역저이다. 이 저작은 두 번에 걸친 그의 영국 기행의 소산인 『잉글랜드로부터의 편지』(1775~78)와 함께 영국과 비교하여 독일 시민사회의 고질병을 신랄하게 비판했다.

> 독일인에게는 대도시에 거주할 만큼 신사로서의 마음의 능력을 펼칠 기회가 충분히 주어지지 않고 있다. 독일인은 대체로 한 가지 정신적 소양만 단련할 뿐, 쓸데없이 고뇌하는 담즙질로서 재치가 없고, 또 갖가지를 조화롭게 표현하고 아름답게 이야기하는 미덕을 겸비하는 일도 드물다.

리히텐베르크는 자신이 '좋은 사회'라고 부르는 대도시에서만 좋은 문체가 만들어질 수 있다고 믿었다. 그는 런던의 거리 풍경이나 현실의 다양성 속에서 독일인의 "천재 중독의, 견문이 결여된 두뇌"가 외면하고 미처 상상할 수 없었던 세계를 향한 '관찰의 정신'과 '자기 인식'을 발견 했다. 그의 계몽주의적 사고의 초점은 대학과 학문 중심의 독일 문화, 그리고 그 문화 위에 이룩된 독일 사회와 역사의 '특이한 길'에 대한 비판 이었다. 이 또한 적절한 지적이며 자기 고발이다.

1737년 하노버 선제후국에 의해 설립된 괴팅겐 대학은 할레 대학과 더불어 근대적 대학의 쌍벽을 이룬다. 할레 대학의 '철학하는 자유' 이념 은 괴팅겐 대학에 이어지고 학내외에 뿌리를 내렸다. 인구 4천 명의 '잡 초가 무성한 마을' 괴팅겐이 대학을 통해 범유럽적인 명성을 누리면서 독일 계몽사상의 근거지 중 하나가 되었다. 그리고 그 배경에는 하노버 가 영국 왕실에 속하고 대학이 유럽 최대의 도시인 런던의 영향 아래 놓 여 있었던 사실과도 깊이 관련되어 있다. 영국풍의 경험주의적 학풍, 잘 갖춰진 시설, 사교적 대학 문화 등 괴팅겐 대학을 '세계 속에 열린 대학' 으로 발전시킨 여러 특징을 우리는 그러한 영국풍의 감화에서 이해할 수 있다.

괴팅겐 대학의 설립자이자 관리자인 하노버 공국의 재상 뮌하우젠 (Münchausen) 남작은 "갖은 수단과 방법을 주도면밀하게 동원하여 빛나 는 명성이 넘친 풍요로운 대학"을 만들고자 했다. 그는 풍부한 자금을 동 원하여 대학에 뛰어난 교수를 초빙하고 그들에게 여러 특권과 자유를 약속하는 한편, 해부학 교실과 화학 실험실, 식물원 등 부속 연구 시설을 충실히 갖추었다. 또한 영국의 도서관을 본받아 방대한 학술 서적을 구 비하고 근대적 대출 방식을 채택한 도서관은 당시 유럽 최고의 연구 도 서관으로 일컬어지며 괴팅겐 대학의 큰 자랑이 되었다.

대학 내 교수의 특권으로 검열의 면제와 '가르치는 자유'(Lehrfreiheit) 및 갖가지 재정적 특권이 보장되었다. 그 결과 신학부에 의해 종래 관행처럼 실시되어왔던 다른 학부의 저작물에 대한 검열 및 이단자 고발이 금지되었다. 특히 괴팅겐 대학의 지도 이념인 '가르치는 자유'에 따라 교수는 어떠한 과목도 가르칠 수 있게 되었다. 더불어 요한 마티아스 게스너(Johann Matthias Gesner)가 지도한 언어학 세미나는 많은 인재를 배출함은 물론 대학 세미나 제도의 기원이 되었는데, 그의 후임자인 고전학자 크리스티안 고틀로프 하이네(Christian Gottlob Heyne) 역시 세미나 제도의 발전에 크게 기여했다. 단순한 지식의 전수나 전달이 아닌 담론 중심의 진리 탐구 학풍이 바야흐로 뿌리를 내린 것이다. 세미나의 개설은 충실한 연구 시설의 존재와 더불어 대학의 연구 기능을 더욱더 논증적 학풍의 방향으로 이끌었다.

철학부의 경우에 개념이나 가설 위주의 추상적·관념론적 방법을 배제하고 학문을 역사적 학문으로서 인식하는 학풍을 굳건히 했다. 역사학, 언어학, 지리학, 수학, 자연과학 등 근대적 학문이 중요시되었으며, 어학 교육도 비단 그리스어와 라틴어에 그치지 않고 프랑스어, 이탈리아어 및 영어 등 각국어가 교습되었다. 그 밖에도 인문주의를 학풍과 교육의 궁극적인 이념으로 내세웠다. 괴팅겐 대학의 경험적·역사적 학풍은 빌헬름 딜타이(Wilhelm Dilthey)도 지적했듯이, 영국과의 활발한 교류 및 영국 학풍의 강한 영향 아래 형성되었다.

영국의 영향은 또한 그간 독일 대학과 대학인이 몰랐던 영국풍의 젠틀맨 중심의 사교 문화를 대학 내에 도입했다. 특히 귀족과 부유한 집안 출신 학생이 많았던 괴팅겐 대학에서는 영국의 신사계층을 본받고자 사교 클럽과 더불어 승마 클럽, 무도장, 펜싱 경기장 등의 시설도 갖추었다. 학생들은 평일에는 영국풍의, 일요일이나 외출 시에는 프랑스풍의 복장을 즐겼다. 이렇듯 괴팅겐 대학은 범유럽적인 열린 대학을 지향했다.

그러나 괴팅겐 대학이 표방한 '가르치는 자유'에는 칙령에 따라 왕실 및 국가의 정치 문제에 대해서 언급해서는 안 된다는 전제가 따랐다. 대학의 실권자인 뮌하우젠 남작은 교수들이 주장하는, 교수에 의한 학원의 독점에 비판적이었다. 괴팅겐 시 당국 역시 대학의 운영과 관리, 교수 임명권에서 교수들을 할레에서와 다름없이 배제하였다. 교수는 단지 교육과 연구의 종사자로 이해되었다. 검열 면제 특권도 그 명분처럼 존중되지 않았으며, 강의 교본도 정부에 의해 지시받는 일이 자주 있었다. 이상과 같은 교권의 한계는 바로 독일 계몽사상 일반의 한계 내지 문제성과 깊이 관련되었다.

3. 라이프치히와 베를린, 도시 중심의 계몽주의

18세기 프랑스 및 영국의 계몽주의 사상은 대체로 16세기 르네상스와 17세기 종교개혁 이래 사회 주도 세력으로 상승한 부르주아지와 시민사회의 틀, 이데올로기적 성격이 강했다. 그것은 시민사회의 근거인 대도시에서 싹트고 발전했는데, 특히 파리와 런던이 그 중심이었다. 그러나 크고 작은 영방국가로 분열되고 정치적·사회적으로 안정된 시민계급이 존재하지 않은 독일은 파리나 런던 같은 메트로폴리스를 갖지 못해 계몽주의 사상이 보편성이나 일관된 통합성을 갖출 수 없었다. 앞서 밝힌 바와 같이, 몇몇 대학에서 대학인과 학식자가 중심이 되었을 뿐이다. 그러면서도 라이프치히, 함부르크, 베를린, 빈 등 비교적 큰 도시에서 계몽주의가 그런대로 전개되었음을 떠올리게 된다.

17세기 이후 독일 문화의 중심은 서남부로부터 동북부로 옮아갔다. 황제 직속의 제국 자유도시가 쇠퇴하고 그 대신 라이프치히와 할레, 하노버, 베를린, 드레스덴, 에르푸르트, 괴팅겐 등의 대학도시와 그 밖의 주요 영방도시가 문화도시로 부상했다. 그런데 비교적 큰 영방도시에서도 계몽사상은 시민계층이 아닌 학식자와 관료를 비롯한 전문직 집단에 국한되어 전개되었다. 아우구스트 바이글(August Weigl)이 독일 계몽주의의 거점으로 출판도시를 강조하고 그 시발점으로 독일 최대의 출판도시인 라이프치히를 지적한 사실 역시, 계몽주의의 동조자들이 일상적으로 책을 가까이하는 일부 학식자와 전문직에 종사했던 사람들이었음을 보여준다.

책의 도시 라이프치히는 바로 이웃의 할레 대학과 더불어 독일 초기 계몽사상의 중심 무대였다. 그러나 소도시 규모의 할레와는 달리 라이프치히는 활기찬 상업도시로서 풍요로운 시민계급에 의해 뒷받침되어 서적과 출판업을 통해 문학과 학문이 장려되고 음악과 연극 문화가 화려하게 꽃피었다. 독일에서는 드물게 궁정풍의 비전과 시민문화가 그런대로 조화를 이룬 라이프치히가 당시 독일의 아테네로 일컬어진 이유이다.

라이프치히는 레싱과 클롭슈토크에 이어 라이프치히 극단과 독일 희곡에 크게 이바지한 크리스티안 F. 바이세(Christian F. Weisse), 저명한 출판인 필리프 라이히(Philipp Reich)의 활동에 힘입어 18세기 전반 독일 문학의 중심지로 각인되었다. 특히 라이프치히를 범유럽적으로 빛낸 것은 해마다 2개월 동안 열린 여러 상품을 전시하여 선보이는 견본시(見本市)였다.

독일 내외로부터 많은 관객을 끌어들인 견본시의 중심은 단연 서적상과 출판상이었다. 서적의 연간 매출은 실로 수백만 부를 헤아렸다. 몇몇 고서점과 함께 46곳의 서적상, 서적상을 겸한 8곳의 인쇄소, 3백 명을 넘는 외국 서적상도 처마를 맞대었다. 독일 문학 전체의 후견인 역할을 한 최초의 계몽주의 작가 고트셰트는 라이프치히를 제2의 고향으로 여겼으며, 괴테 또한 최초의 시집을 라이프치히에서 펴냈다. 당시 라이프치히는 독일의 작가와 문필가, 학자에게 가장 매력적인 도시였다. 그들은 즐겨 그곳에서 잡지를 창간하고 문학회를 창립했으며 독서 클럽을 만드는 등 대학 아카데미즘의 테두리를 넘는 폭넓은 사회적 공공성을 형성했다. 그러나 그 노력도 충실한 결실을 맺지 못했다. 책을 읽고 글을 쓸 수 있는 식자층이 도시 인구의 10퍼센트에도 미치지 못했던 것이다. 당시 유럽 최대 출판도시의 계몽주의도 결국 학식자 공화국의 테두리를 크게 벗어나지 못한 것이다. 눈을 베를린에 돌려보자.

베를린은 원래 독일의 변경도시였다. 그러나 프로이센이 오스트리아와 맞선 강국으로 부상하자, 장엄한 왕궁과 더불어 오페라 극장, 왕립 과학문예 아카데미, 왕립 도서관 등 문화의 전당이 이목을 집중시켰다.

> 나는 베를린의 아름다움에 감동했다. 집집마다 아름다우며, 길은 넓고 길게 뻗어 있다.

1764년 어느 영국 작가의 베를린 여행기의 한 구절이다. 그런데 베를린의 모든 위용은 한 사람의 국왕, 곧 프리드리히 대왕의 작품이었다. 그 경관은 군주의 위세를 돋보이게 하기 위한 장치이기도 했다.

베를린은 18세기에 이르러 독일은 물론 유럽의 주요한 산업 중심지가 되었다. 4만 명이 넘는 주민이 산업에 종사하고 기업가들은 풍요로운 삶을 누렸다. 그러나 베를린은 시민의 도시도, 반듯한 의미에서 문화의 도시도 아니었다. 1740년대만 해도 극장이 하나도 없었으며, 대학이 생긴 것도 1810년에 이르러서였다. 비교적 오랜 기간 베를린에 체류했던 계몽주의자 문필가인 게오르크 포르스터(Georg Forster)는 1779년 어느 친지에게 다음과 같이 전한다.

> 베를린은 유럽에서 가장 아름다운 도시 중 하나입니다. 하지만 그 주민들은 무절제하고 흥청거리며 대부분의 여성들은 문란합니다.

이와 비슷한 증언은 수없이 많다. 베를린에서 가장 눈에 띄는 것은 시인구 16만 명의 3분의 1을 차지한 주둔 부대의 장병집단이었다.

베를린은 융커 출신의 장교단과 그들의 수장인 국왕의 거리였다. 보이에는 『베를린으로부터의 편지, 1769/70』에서 다음과 같이 전한다.

> (오페라 극장의) 1층 관람석에는 국왕이 왕자 및 장교들과 함께 앉아 있습니다. 그 뒤편 큰 홀에는 어림잡아 5, 6백 석이 되는 좌석을 모두 장병들이 차지하고 있습니다. …… 여기서 나는 처음으로 프리드리히 대왕을 보았습니다.

18세기 프로이센은 방대한 관료 조직과 온갖 전문직을 거느린 절대주의 국가였으며 관료를 비롯한 전문직 종사자들은 대부분 고등교육을 받은 시민계급 출신이었다. 그러나 그들은 시민 계몽주의 운동에 별로 긍정적 기능을 다하지 못했다. 독일 계몽사상이 잉태한 최대의 특수성으로서 우리는 필경 프리드리히 대왕의 계몽절대주의를 들어야 할 것이다.

4. 프리드리히 대왕의 계몽절대주의

> 군주는 결코 자신이 통치하는 민중의 전제적 주인이 아니라 단지 그들의 제일 공복일 뿐이다. 국내에 아름다운 학문과 예술이 뿌리를 내린다는 것은 현명하고 행복한 정치가 실현되고 있다는 가장 확실한 증거이다.

프로이센 프리드리히 2세, 즉 프리드리히 대왕에게 '계몽적' 군주의 명성을 안겨준 그의 유명한 말이다. 오늘날 이 언명은 진부하게 들리기도 하지만, 루이 14세가 1688년 왕세자를 위해 쓴 다음과 같은 말과 대조하면 그것이 얼마나 큰 뜻을 잉태했는지 새삼 감동을 금할 수 없다.

> 왕은 모든 힘과 권위를 손아귀에 쥐고 있다. 그러므로 왕국은 오직 그가 세운 원칙 이외에는 지닐 수 없다. 우리나라의 모든 것은 무엇이건 간에 모두 왕에게 똑같은 자격으로 속해 있다. 이 나라 시민으로 태어난 자는 누구나 왕에게 복종해야 함이 하느님의 뜻이다. 통치자가 자기 인민의 법을 받아들이도록 하는 상황이야말로 우리 같은 사람이 맞이하는 최악의 불행이다. 비록 군주가 다소 나쁜 사람이라 할지라도 백성의 반란은 언제나 범죄임을 명심해야 한다.

프리드리히는 학문과 예술을 사랑하는 태자(太子)로서 부왕인 프리드리히 빌헬름 1세와 격렬하게 맞섰다. 그는 영국으로의 망명을 기도했으나 실패하고 요새에 연금당하기도 했다. '군인왕'으로 일컬어진 부왕(父王) 프리드리히 빌헬름 1세는 동시대인들로부터 "미치광이이자 문화와 부(富)와 특권의 파괴자, 시민적 질서와 안정의 파괴자"로 인식되었다. 태자 프리드리히는 부왕과는 전혀 다른 영민한 군주가 되고자 일찍부터 마음먹었다. 프랑스 계몽사상에 매료되었으며, 특히 볼테르를 받들며 가까이 지냈다. 왕위에 오르기 1년 전에 쓴 「마키아벨리 반론」(1739)은 스스로가 프랑스 계몽사상의 세례로부터 얻은 하나의 결실이었다.

젊은 프리드리히가 제일 먼저 탐낸 것은 시인의 월계관이었다. 그러나 그는 자신에게 주어진 왕위의 고귀한 의미와 위상을 분명하고도 리얼하게 자각했다. 그러므로 왕위에 오르면서 그는 이중생활을, 즉 국가 권력자로서의 왕자(王者)와 학예 애호가 및 계몽주의자로서의 삶을 기꺼이 받아들이고자 했다. 이러한 프리드리히를 레싱은 유럽의 왕들 중 유일하게 "왕의 위엄이 영광스러운 고역(苦役)"임을 "행동으로 입증한" 인물로 보았다.

프리드리히는 즉위하면서 "모든 것을 부왕의 행적대로 유지하겠다"
라고 선언했다. 어제까지 제복을 '죄수복'이라고 저주한 그가 왕이 된 순
간 지나온 방식대로 다스려야만 프로이센을 지킬 수 있으리라고 판단한
것일까? 그의 진실은 무엇이었을까?

프로이센 국가의 발생지인 마르크 브란덴부르크(Mark Brandenburg)는
문자 그대로 변경영(營)이라는 뜻으로, 원래 군대의 주둔지였다. 따라서
모든 것이 전쟁에 대비하여 갖추어졌다. 그리고 브란덴부르크 프로이센
의 역대 군주 또한 초기 변경 시대 그대로 군국주의적 국가체제의 정비
에 부심했다. 30년전쟁(1618~48)을 통해 북부 독일에서 우뚝 솟아올랐
듯이, 프리드리히는 즉위하자 오스트리아와 두 차례에 걸친 슐레지엔 전
쟁(1740~42, 1744~45)을 감행하고 7년전쟁(1756~63)에서는 오스트리
아에 가세한 프랑스와 러시아 군대까지도 격파하여 슐레지엔 지역 전체
를 영유했으며, 이어서 프로이센 지역을 통합했다. 유럽 최대의 강대국
들을 상대로 한 7년전쟁의 승리는 프로이센을 유럽 강대국의 반열에 올
려놓았고, 프리드리히는 이제 독일 안팎에서 '프리드리히 대왕'(Friedrich
Der Grosse)으로 만인의 주목을 받게 되었다. 이러한 프로이센의 힘 있는
군주 프리드리히의 계몽절대주의의 실상은 어떠했는지 생각해보자.

프리드리히는 이전의 군주들이 "나는 국가이다"라는 자의식을 갖고
왕좌에 올랐던 것과는 달리, '국가 제일의 종복'이라는 의식을 품고 자신
의 치세를 시작했다. 7년전쟁 뒤 약 10년 동안의 평화 시대에 그는 계몽
절대군주로서 국내 행정 개혁을 추진했다. 농민에 대해서는 왕 직할지의
부역을 주당 3일로 제한하는 등 보호정책을 추진했으며, 공업 발전을 도
모한 중상주의 정책을 강화했다. 그러나 프로이센 국고 수입의 절반은
왕의 직할령과 관세 및 화폐 주조권 내지 광산 지배권에서 나왔으며, 다
른 영방국가와 마찬가지로 용병(傭兵) 파견도 그 수입원이 되었다. 반듯
한 시민계급이 없었던 프로이센에서 중상주의 정책이란 이름뿐이었다.

한편, 프리드리히는 자연법적 입장에서 『프로이센 일반 국법』을 편찬했다(공표하여 시행한 것은 프리드리히의 사후인 1794년에 이르러서였다). 이 법전은 유럽 최초의 체계적 법전으로 높이 평가되었으며, 19세기 말까지 그 효력이 미쳤다. 프리드리히는 프랑스의 유물론자인 라메트리(La Mettrie)가 무신론자라는 이유로 프랑스에서 박해를 당하자, 그를 초빙하여 측근으로 두었다. 프리드리히 계몽주의의 최대 업적은 관용을 앞세운 종교정책이었다. 그러나 그의 종교적 관용은 종교의 자유를 위해서라기보다 정치적·경제적 계산에 따른 것이었다. 이 계몽 절대군주는 자신의 수도 베를린과 많은 도시를 "사람들로 북적거리게" 만들어 세금을 거둬야 했다. 돈 많은 프랑스 이주민, 터키인, 유대인까지도 대환영이었으며, 그 전제로 그들에게 종교의 자유를 주어야만 했다. 프리드리히는 종교를, 특히 프로테스탄트 교회를 국민 전체를 순종케 하고 훈육하기 위해 이용했다. 중앙과 지방을 가릴 것 없이 모든 관료직은 신교도가 독차지하게 만들었다. 더욱이 목사직도 교직과 마찬가지로 행정 당국에 의해 임명된 전문직이 되었다.

프리드리히는 "신문은 간섭받지 않아야 한다"라고 강조한 것으로 알려졌다. 그러나 그의 '언론의 자유'에는 "상부의 허가 없이 어떤 것도 공개적으로 출간해서는 안 된다"라는 조건이 따랐다. 당시 베를린의 신문은 대체로 화재와 지진, 개인의 스캔들 등의 소식으로 가득 채워졌다. 그러면서도 검열의 명분으로 "종교와 미풍양속을 해치는 파렴치한 책과 글"을, 그리고 '자유의 남용'을 내세웠다. 이른바 자유를 남용한 자에 대한 형벌은 군복무였다.

프리드리히는 '국가의 제일 공복'이라는 말을 즐겨 사용했다. 이 그럴듯한 언명 또한 그의 군주관에서 나온 것이었다. 그에 따르면, 군주는 "민중 가운데 가장 미천한 자"인 동시에 "사회의 첫째가는 판사, 세무 관리, 대신"이었다. 이 계몽절대주의자는 국가의 구석구석까지 혼자 다스려야 했으며, 대신들을 7월의 '대신 접견'의 날 외에는 만나지 않았다. 그가 계몽사상에 매료되었다고 하지만, 그것은 그의 방식대로 프랑스 문화에 심취한 결과였을 뿐이다.

그는 평생 프랑스어로 말하고 프랑스어로 글을 썼다. 괴테는 『시와 진실』에서 "프리드리히 대왕 및 7년전쟁의 갖가지 행위에 따라 독일 문학 속에 비로소 진정 생생한 주제가 도입되었다"라고 서술했다. 그러나 프리드리히 자신은 독일어를 전혀 배우지 않았으며, 독일어 책을 한 권도 읽지 않았다고 태연스럽게 실토했다. 볼테르는 프리드리히의 빈객으로 포츠담 궁전에 체재할 때 쓴 편지에서 다음과 같이 토로했다.

여기는 프랑스입니다. 모두가 우리 프랑스어로만 이야기합니다. 독일어는 병사와 말을 위해 있을 뿐입니다.

프리드리히는 독일 내외의 주목을 받으며 태동하고 있던 클롭슈토크, 괴테, 실러의 문학과 칸트의 철학에 전혀 무관심했다. 베를린 과학 아카데미는 라이프니츠에 의해 원래 독일 국민의 명예를 드높이고자 독일어의 순화와 독일사 연구를 목적으로 구상되었다. 그러나 프리드리히 치하에서 아카데미 회원은 모두 프랑스인이었으며, 원장도 프랑스인이었다. 모제스 멘델스존, 니콜라이, 뮐러 및 요한 빙켈만(Johann Winckelmann)도 간곡한 추천을 받았으나 프리드리히는 독일 출신인 그들 모두를 거절했다. 만년에 이르러 프리드리히는 프랑스 문화의 결함에 눈을 뜨고 1780년에 「독일 문학에 관해 그 결함 및 개선의 방도」를 집필하기도 했다. 이 글에 대해 딜타이는 프리드리히가 독일의 정신적 미래에 관해 긍정적으로 인식했노라고 평가했다. 그러나 프랑스어로 쓴 그 글에서 프리드리히는 당시 범유럽적으로 신선한 충격을 안겨준 괴테의 작품인 『괴츠 폰 베를리힝겐』(1773)까지도 '셰익스피어의 혐오스러운 모방'이라고 폄하했다.

이 국가 '제일 공복'은 참으로 프로이센의 군주답게 잘 짜인 스케줄 속에서 나날을 보냈다. 그는 여름에는 4시, 겨울에는 5시에 기상하고 매일 10시간을 국사(國事)에 바쳤다. 그 밖에는 독서와 저술에 4시간을, 2시간은 사교와 음악을 즐겼다. 그는 자서전 격인 『나의 시대의 역사』를 저술하기도 했으며, 1750년에는 자작시와 산문을 모아 『상수시의 철학자의 저작집』을 발간했다. 프리드리히는 통치자와 철학자를 한몸에 구현한, 플라톤(Platon)이 생각한 이상적 군주로 자부했다. 그러나 실상인즉, 7년전쟁이 끝나자 그는 "전혀 다른 인간으로" 변했다. 국왕이라는 의무감에 사로잡힌 것이다. 그것도 철저하게 프로이센의 방식으로!

프로이센은 16세기 종교개혁 이래 견고한 프로테스탄티즘의 기반 위에 세워진 나라이다. 종교와 신앙의 이름 아래 교육을, 특히 민중을 위한 국민교육을 장려하고 유럽 최초로 의무교육 제도를 실시했다. 또한 교사 양성을 위한 사범학교도 설립했다. 그러나 『일반 국법』에서도 명문화되었듯이, "학교는 국가의 운영 아래 놓였다." 18세기 계몽사상은 본질적으로 '자유로운 인간'(homo liber)임을 자각한 시민이 국가와 맞서면서 생겨나고 발전했다. 그러나 "시민의 첫 번째 의무는 조국에 대한 봉사이다"라고 확신한 이 계몽절대주의자의 사전에는 '자유로운 인간'이라는 말이 있을 수 없었다. '강한 의무감과 국가의식'이 있을 뿐이었다.

> 잘 다듬어진 통치에는 철학 체계와도 같은 굳건한 체계가 존재해야 한다. …… 재정, 정치, 군대를 하나의 목표로, 즉 국가의 강화와 권력의 증대라는 목표로 집중해야 한다. 체계는 단 하나의 원천으로부터 생겨나며 그 원천이 다름 아닌 바로 군주이다.

이와 같은 확신 아래 프리드리히는 18만 8천 명이라는 방대한, 유럽

166

최정예의 상비군을 갖추었다.

　프리드리히 마이네케(Friedrich Meinecke)는 국가의 본질을 규명하는 데에 있어 정치와 윤리의 역학 관계에 착목한 최초의 유럽 사상가로서 마키아벨리를 꼽으면서, 통치자의 현실적 문제를 심각하게 고민한 인물로는 프리드리히 2세를 지적했다. 프리드리히의 계몽절대주의는 강대한 국가를 지향하는 그의 권력의지를 느슨하게 하는 데 과연 얼마나 기능했을까? 프리드리히가 즉위한 해(1740)에 220만 명이던 프로이센의 인구는 그가 작고할 당시(1786)에는 600만 명까지 늘어났다. 그 영토 또한 크게 확장되었다. 모두가 그 개인의 군국주의가 거두어들인 수확물이었다. 흥미로운 것은 그에게는 ‘측근’ 정치가, 심지어 장군도 전혀 없었다는 사실이다. 전통적 후계자인 레오폴트 폰 비스마르크(Leopold von Bismarck)를 기다리기 위해서였을까? 그만큼 프로이센은 이 한 사람의 국가였다. 그 군국(君國)에 대한 혐오와 고발이 이미 당시 독일 내외로부터 그치지 않았음은 앞서 지적한 바와 같다.

　이른바 계몽 절대군주인 프리드리히가 독일과 독일 국민에게 남긴 최대의 유산은 프로이센 군국주의였다. 제2차 세계대전이 끝난 후인 1947년에 연합국은 “예로부터 독일 군국주의와 반동의 담당자인 프로이센 국가는 현실로 존재하지 않는다”라고 선언했다. 지난날의 프로이센이 합병한 영토는 러시아와 폴란드로 나뉘어 양도되었으며, 오늘날 그 두 나라에 속해 있다.

제5장

헤르더와 훔볼트: 민족과 국민의 발견

1. 헤르더, 민족과 민족성

1) 젊은 헤르더, 민요와 민족의 발견

18세기 계몽사상의 영향을 깊이 받으면서도 그 극복을 시도한 클롭슈토크의 시 작품, 레싱의 문학과 비평은 새롭고 독자적인 독일 문학과 철학, 독일적 새로운 문화의 도래를 예견하고 그 예감은 슈투름 운트 드랑(Sturm und Drang, 질풍노도) 운동에 이르러 더욱 분명해졌다.

슈트름 운트 드랑 운동은 괴테의『괴츠 폰 베를리힝겐』(1773)과『젊은 베르테르의 슬픔』(1774) 및 실러의『도둑 떼』(1781)가 상징하듯이, 1770년대 무렵에 문자 그대로 질풍노도처럼 일어난 감성과 개성, 자아(自我)의 해방을 부르짖는 문학 운동이었다.

감성과 개성, 자아에 대한 강렬한 욕구는 이성의 보편성에 뒷받침된 프랑스풍 계몽주의 및 그간 독일 문학이 모방했던 프랑스 고전주의로부터의 탈출과 극복의 징조이자 그 표현이기도 했다. 그리고 이러한 시대적 흐름은 독일의 역사와 문화에 대한 새로운 발견으로 이어졌다. 그 중심에 요한 고트프리트 헤르더(Johann Gottfried Herder)가 선구적으로 자리잡고 있었다.

헤르더는 동프로이센의 시골 마을 교회당의 종지기로 아이들의 교사이기도 한 부친의 셋째 아들로 태어났다. 당시 독일 인구 약 2,500만 명 가운데 3분의 2가 농민이었으며, 농촌에는 전통에 뿌리박은 공동체적 일체감이 강하게 남아 있었다. 그리고 개인주의적 근대 문명에 대한 위화감과 비판의식이 곁들여져 농민의 옛 전통 그대로의 삶을 예찬하는 풍조가 슈트룸 운트 드랑의 세대를 기점으로 19세기 초 낭만파 시대까지 이어졌다.

이와 같은 흐름 속에서 도시의 시민들도 지난날 그들이 경멸했던 농사꾼들을 순수하고 소박한 시골 사람들(Landvolk)로서 의식하게 되었다. 그러나 헤르더에게는 그들 민중이야말로 위대한 민족-국민문학의 진정한 핵심이었다. 성서 시대와 호메로스의 영웅 시대를 민중의 시대로 예찬한 그에게 호메로스와 단테(Dante), 셰익스피어, 그리고 3~5세기경 고대 켈트족의 음유시인인 오시안(Ossian) 모두가 민중시인(Volkssänger)으로 이해되고 받들어졌다. 1777년 헤르더는 다음과 같이 말했다.

> 만약 우리들이 민중을 갖지 못한다면, 우리는 영구히 공중(公衆)도 갖지 못하고 우리의 것으로서 생생하게 누리는 언어도 문학도 지니지 못한다. 그리고 만약 모든 삶을 민중 속에서 발견하지 못한다면 우리는 단지 언제까지나 서재의 학식자나 따분한 비평가들을 위해 글을 쓰고 누구도 이해 못하고 원하지 않는, 아무도 감동하지 않는 소설과 찬가, 영웅시, 교회나 부엌의 노래를 만들 뿐이다.

이때 그는 민요를 떠올린 것이다. 민중의 투박한 심성의 표현인 민요에 대한 헤르더의 관심과 사랑은 평생토록 변하지 않았다.

헤르더에 의하면, 민족에게 가장 중요한 것은 민족에게 고유한 "태어나면서부터의 천부적 성격"이다. 그리고 민족의 성격은 민족 고유의 언어 속에 가장 순수하고도 창조적으로 구현된다. 그에 의하면 언어는 민족의 '정신'의 표현이며, "종족은 저마다 자신들이 생각하는 방식대로 말하며, 말하는 방식으로 생각한다. …… 언어 없이 우리들은 생각할 수조차 없다." 헤르더는 언어의 기원을 인간의 보편성에서 찾고 그 발전이 인류 전체의 공통된 발전에 근거해 있다는 지난날의 언어관에서 벗어나 민족 고유의 언어, 특히 그 정수인 민요(Volkslied, 이 표현은 그에 의해 처음 쓰였다)를 통한 민족 발전이라는 언어관과 역사철학을 품었다.

헤르더는 18세기의 계몽주의적 인도주의자 및 세계시민주의자로서 그의 삶과 사상의 행보를 내딛었다. 타고난 종교적 심성과 풍부한 감수성을 지닌 그는 어린 시절부터 라틴어 학교에서 라틴어와 그리스어, 히브리어를 배우고 민간 전승, 동화, 신화의 이야기 속에서 자랐다. 1762년 쾨니히스베르크 대학에서 신학을 배우고 칸트의 강의를 들었다. 그 뒤 몇 해 동안 주교좌성당 부속 학교의 교사가 되고 클롭슈토크, 레싱, 빙켈만의 저작들을 애독하는 한편, 그리스와 로마의 고전, 그에 더해 루소를 비롯한 프랑스 문학과 영국의 데이비드 흄, 섀프츠베리의 저작도 가까이 하는 등 폭넓은 학식과 교양을 쌓아 젊은 괴테를 비롯하여 슈투름 운트 드랑 운동에 깊은 영향을 주었다.

젊은 헤르더에게 가장 큰 영향을 준 인물은 '북방의 마술사'(Magus des Nordes)로 불린 요한 게오르크 하만(Johann Georg Hamann)이었다. 이때 그의 나이는 18세로, 그는 바야흐로 인생의 전기를 맞이했다. 계몽주의와 맞서 역사와 자연 풍토를 통한 삶 자체의 유기체적 자각, 시(詩)야말로 인류의 모어(母語)이며 경건한 감성과 진리 및 아름다움의 원천이라는 하만의 언어철학은 헤르더에게 문법이 되고 텍스트가 되었다. 그리고 하만을 통해 『햄릿』을 탐독했으며, 셰익스피어의 작품은 성서와 호메로스, 오시안과 더불어 헤르더 필생의 애독서가 되었다.

하만과의 만남은 헤르더에게 큰 축복이 되었고, 이를 계기로 그는 저작들을 연이어 발표했다.『신독일 문학 단상』(1766~67)을 통해 문예비평가로서의 지위를 확립하면서 그는 1769년 러시아의 리가에서 프랑스의 낭트로 향하는 항해 도상의 사색의 기록인『나의 여행 일기』(1769), 그에 이어『언어의 기원에 대하여』(1772),『독일의 특성과 예술』(1773) 및『민요』(1778~79),『인류사의 철학에 대한 이념』(1784~91) 등을 통해 새로운 문학 운동의 태동에 선구적 역할을 다했다. 그런데 그의 다방면에 걸친 방대한 저술의 일관된 주제는 인간과 인간성의 '역사적 근원'에 관한 규명이었다.

헤르더는 연이어 주저를 발간한 1770년대와 그 전후 당대 내로라하는 인사들과 친교를 맺는 한편, 여행도 즐기는 등 생애에서 가장 풍요로운 나날들을 보냈다. 그는 1769년 그간 머물렀던 리가를 떠나 약 3개월 반 동안 프랑스 낭트에 체류하였다. 뒤이어 1개월 동안 파리에 머무르면서 미술 감상을 즐기는 한편, 디드로 및 달랑베르와도 가까이 지냈다.『나의 여행 일기』에 담긴 그의 인간 교육과 인류사에 관한 깊은 관심, 조각에 대한 남다른 흥미는 그가 이 여정에서 퍼올린 또 하나의 수확이었다. 1770년에는 함부르크에서 레싱과 많은 이야기를 나누었으며, 1772년에는 고전학자이자 고고학자인 하인리히 하이네(Heinrich Heyne)와 친교를 맺었다. 그다음 해에는 서로 사랑하는 사이였던 카롤리네와 결혼했다. 그런데 1770년은 독일 문학사에 크게 기록될 해였다. 즉, 슈트라스부르크에서 헤르더와 괴테의 만남이 있었던 것이다.

헤르더는 당시 26세였으며, 학생이었던 괴테는 21세였다. 다섯 살 연하의 괴테는 헤르더와의 첫 만남의 감동을『시와 진실』(제2부 제10장)에서 다음과 같이 기록한다. "나에게 중대한 결과를 안겨다 준" "그 행운은 뜻밖에도 우연히 나에게 안겨졌다." 당시 헤르더는 문예에 뜻을 둔 젊은 이들의 아이콘이었으며, 특히 그에 대한 괴테의 존경은 각별했다. 괴테는 헤르더를 통해 호메로스, 오시안, 셰익스피어, 하만을 알게 되고 민요에도 눈을 떴다. 그리고 괴테의 여러 초기 작품은 헤르더의 깊은 영향 아래 쓰였다. 괴테는 스승 같은 헤르더를 훗날 바이마르 공국의 종교 총감독으로 초빙하여 그 은혜에 보답하기도 했다.

2) 민족과 민족정신을 받들어

가톨릭교회에 대한 비판으로 특징지어진 18세기 계몽주의는 성서에 기초한 인류 역사, 즉 '보편사'(histoire universelle, universal historie)에 대한 포기로 이어졌다. 보편사는 인간 중심의 역사를 기술한 '세계사'(Weltgeschichte)로 바뀌었다. 역사를 신의 창조와 종말에까지 이르는 그리스도교적 섭리의 전개 과정으로 인식한 구제사(救濟史)로서의 보편사는 해체되고 '세계'와 '세속'의 역사, 즉 인간의 세계사가 나타났다. 그러면서 프랑스 계몽주의는 이성의 원리에 따르는 바람직한 현실 세계의 구축을 염원하는 역사관을, 인류 전체의 새로운 보편사를 구상했다. 그러나 이성과 인류의 보편성을 표방한 계몽주의적 역사관에 이의를 제기하는 역사 인식이 영국과 특히 독일에서 일어났는데, 그에 앞장선 인물이 바로 헤르더였다.

헤르더는 인류의 고귀한 인간성인 후마니티에 대한 신뢰와 인간 교육을 강조한 점에서 세계시민적 18세기의 인간형이자 사상가였다. 그러면서도 그는 추상적·합리주의적인 볼테르의 '철학적' 문화사와 역사철학에 맞서 세계에서의 여러 시대의 개별성과 역사적 독자성, 내재적 의미를 발견하고 탐구하기를 일찍부터 마음먹고 획기적인 역저인 『인류사의 철학에 대한 이념』을 저술했다. 그는 19세기의 역사주의 시대를 앞당긴 역사가였다. 이와 같은 헤르더를 두고 『미메시스: 서구문학에 나타난 현실묘사』(1946)의 저자인 에리히 아우어바흐(Erich Auerbach)는 그를 역사 개념의 기초를 마련한 최초의 인물로 꼽으면서, 그 모든 것이 그의 생생한 감성의 변신론(辯神論)으로부터 분출되었음을 지적하였다.

다방면에 걸친 저작에서 나타나듯이, 헤르더는 풍요로운 감성을 지닌 인간이었다. 특히 자연에 대한 그의 깊은 사랑은 역사적 세계 속의 근원적인 것, 목가적인 것, 종족적인 것에 대한 지극한 외경과 사랑으로 이어졌다. 그리고 그것은 이성과 보편성 중심의 계몽주의적 사고와 맞서는 것이었다. 독자적 언어와 전통, 유전적 개체로서의 공동체에 깊은 관심을 나타낸 그는 역사성을 역설한 17, 18세기의 이탈리아 철학자 잠바티스타 비코(Giambattista Vico)와는 달리 반문명적 · 비정치적 성향을 숨기지 않았다.

헤르더의 역사적 사고는 문학예술의 독보적 비평, 특히 언어와 민요의 탐색 연구에 연동되었다. 그런데 이러한 그에게 공교롭게도 프랑스 계몽사상도 영향을 주었다. 즉, 몽테스키외는 『법의 정신』(1748)에서 '국민의 정신'(l'esprit de la nation)에 대해 언급하고 볼테르도 『제 국민의 풍속과 정신론』(1756)에서 국민의 정신에 대해 언급했다. 마이네케에 의하면 '민족정신'(Volksgeist, Geist des Volkes)이라는 표현은 18세기 말에 처음 사용된 것으로, 바로 프랑스어 'l'esprit de la nation'이 전용된 것이었다. 그러면 '민족'이란 무엇일까.

'민족'(ethnos)은 대체로 생물학적 개념에 속한 '종족'(race) 및 국가의 성원으로서 정치적 개념인 '국민'(nation)과는 구별되는 문화적 공동체로 일컬어진다. 그러면서도 그것은 종족적 · 국민적 측면과도 중복되며 그 속성을 공유한다.

민족의 종족적 특징은 우선 그 외모에서, 즉 피부색과 골격 등의 유전적 · 신체적 특징이라는 생물학적 차원에서 드러난다. 이러한 의미에서는 민족은 종족과 유사하며 그것과 교차되는 원초적인 기초집단이라고 할 것이다. 그런데 민족에 있어 신체적 특징은 단순히 생물적 차원에 그치지 않고 문화적 · 사회적 차원에도 접목되고 그것과 관련된다. 다시 말해 민족집단의 신체성은 그것과 교차되고 관련되는 '집단적 심성'(mentalité collective)과 더불어 그 '민족성'(ethnicity)과 민족문화의 형성에 깊이 관련된다. 이런 점에서 민족은 실천적 주체로서, 정치적 주체인 국민과 관련지어 이해할 필요가 있다. 근대 국민국가의 성립 이전에 '네이션'(nation)은 오히려 민족을 일컬었다. 민족을 민족답게 만드는 민족성이 '국민성'(nationality)과의 관련 속에서 이해되었듯이 말이다.

사실 민족 개념은 많은 점에서 국민의 그것과도 유사하며 서로 교차된다. 언어와 종교, 제례 등 문화적 집단 심성 및 정치적 운명의 공동 체험은 민족 개념의 불가결한 요소로서 일컬어지며, 그것은 또한 국민 공동체의 구성 요소이기도 하다. 그러므로 민족과 국민의 정체성의 근거는 대체로 유사한 것으로 이해된다. 그러면 국민과 민족의 이질성을 우리는 어디에서 찾을 것인가?

민족은 국민과는 달리 원초적 집단이다. 그리므로 민족을 특징짓는 민족성은 본질적으로 원초적이며, 생태적·본능적·비합리적인 것으로 이해된다. 미국의 인류학자인 클리퍼드 기어츠(Clifford Geertz)에 의하면, 민족성이 지닌 원초적 결합은 "그 결합 자체 속에 그리고 그 자체로서 무언의, 경우에 따라서는 압도적인 강제력"을 지닌다. 선천적이며 변화를 모르는 민족성의 특성에 대해 콜롬비아의 시인이자 소설가인 호르헤 이삭스(Jorge Isaacs)는 낭만주의 문학의 대표적 로망으로 불리는『마리아』(1867)에서 '기초적 집단 정체성'(basic group identity)이라는 개념에 의거해 강조한다.

이상과 같은 민족성의 정적(靜的) 인식과는 달리, 그것을 "극히 실천적이면서 상황에 유연하게 대응하며 가변적인 것"으로 이해하는 견해도 있다. 건축가이자 건축이론가인 장-니콜라-루이 뒤랑(Jean-Nicolas-Louis Duran)에 의하면, 민족성은 "사회적 압력에 대한 합리적인 집단 응답이며, 특히 그것을 대신하는 것이 없을 경우에는 집단 행위의 기초이다.” 이러한 입장은 필경 민족성을 합리적인 전략의 수단 내지 민족집단, 또한 이익집단으로 인식한다.

헤르더에 이르러 민족이 처음으로 사상사의, 역사적 세계의 주체가 되었다. 그에 앞서 루소가 국민주권의 주체로서 주장한 인민(peuple)은 ‘국민’을 의미하는 것은 아니었으며, 더욱이 민족은 아니었다. 그러나 헤르더에게서 ‘민족’(Volk)은 ‘민중’으로 이해되기도 했다. 그러므로 그는 민족을 국민과 동일시하기도 했다. 미국의 역사가 캘턴 헤이스(Carlton Hayes)에 의하면, 헤르더는 독일에서 ‘국민주의’(nationalismus)라는 용어를 처음으로 사용한 저술가이기도 했다. 그러나 헤르더는 민족에 관해 특정한 정의를 내리지 않았다.

> 민족은 독자적이며, 측정할 수 없고 가까이할 수 없는 것, 국민처럼 장구한 것, 참으로 놀랍고 불가사의한 민족의 생성과 정신. 민족이란 무엇일까? …… 그것은 국민과 더불어 오래된 것, 국민이 거주한 땅처럼 오래되었다.

“숲과 산, 바다와 사막, 강과 기후에 의해서뿐만 아니라 언어와 취향 및 성격에 따라 더욱더 개별적으로” 나누어진 역사의 각 시대에 고유한 의미를 부여하여 근대 역사철학의 기초를 이룬 역저 『인류사의 철학에 대한 이념』(1784~91)의 한 구절이다. 그러나 “자각하지 않고 꿈꾸지 않으며 보지 않는 까닭에 믿는 그들의 의의 있는 세계관, 힘, 충동 그리고 극히 맑고 밝으면서도 형태를 이루지 않는 심정으로 작동하는” 민족이라는 “가장 깊은 필연성”의 존재에 대한 그의 확신은 분명했다. 세계는 그에게서 많은 국민과 민족으로 나뉘었다. ‘민족의 개별성’이라는 헤르더의 기본적 사유는 이미 러시아의 리가(Liga)에서 피력된 바 있지만, 『인류사의 철학에 대한 이념』에서 더욱 뚜렷이 그 뿌리를 내렸다. 그는 또한 1774년에 『또 하나의 인류 교육을 위한 역사철학』을 간행할 당시 유행한 추상적·합리주의적 볼테르의 역사철학을 비판하면서 중세에 대한 긍정적 평가, 각 시대에 대한 상대적 평가, 역사의 유기적 발전, '신의 섭리' 등을 강조했다.

"모든 국민은 스스로 그들 자신의 완성된 표준이며, 다른 국민과는 어떠한 비교에서도 독립한다." 이집트에 관해서 그는 다음과 같이 말한다. "이집트 고유의 덕성을 그들이 소년 시절에 겪은 풍토, 시대정신과 분리해 다른 시대의 저울로써 헤아리는 것은 어리석다." "우리들이 이집트를 오직 그들 자신의 본래의 모습으로 관찰하는 것이야말로 최초의 의도여야 할 것이다." 그렇듯 헤르더는 '인간성'은 개체적으로 다양하게 행위하는 역사적 인간, 즉 민족에 의해 가장 순수하게 나타나는 것으로 확신했다. 이러한 확신에서 그는 성서와 호메로스까지도 히브리인과 그리스인의 민족성이 낳은 '토착의 시문학'(Lokaldichtung), 즉 민족문학으로 읽었다.

문화란 그에게서 단순한 개인의 창작이 아니라 개체적인 전체로서의 민족에 뿌리를 둔, 그럼으로써 필연적으로 민족적인, 민족문화이다. 창조적 힘이란 그에게서 '자연의 창조력'과 '내적 충동'으로서의 민족성이며, 그 뿌리는 바로 민족이다. 제 민족의 역사는 헤르더에게서 '성스러운 역사', 곧 섭리를 따르고 계시로 높여지는 역사로 생각되었다.

이상과 같은 헤르더의 민족관은 훗날 그 자신의 의도와는 상관없이 '민족의 사명'이라는 이념을 낳았다. 민족의 사명을 이데올로기적으로 부르짖는 19세기의 이른바 민족의 예언자들과는 달리, '민족정신'은 그에게서 인간 존중이라는 휴머니즘의 원리와 깊이 관련된 것으로 인식되었다. '세계시민' 헤르더가 젊은 시절부터 잉태한 스펙터클한 인류사의 진실에 대한 인식은 그를 19세기 이후의 독일 민족주의자들과는 물론 민족과 민족성을 인류나 인간성과 구별된 것으로 생각한 괴테나 실러

등 독일 인문주의자들과도 구별짓는 분기점이 되었다.

랑케 이후 역사주의의 기본 개념이 되는 '개체성'(Individualität)은 헤르더에 의해 민족의 원리로 일반화되면서 민족문화의 시대가 열렸다.

> 한 민족의 가장 탁월한 문화는 하루아침에 …… 아름다움의 정점에 도달하는 것이 아니다. …… 그것은 전적으로 국민의 독자적 기반 위에서만 번영한다.

> 세계와 인류 그리고 민족은 그들의 시대, 그들의 국민과 문화 이념에 의해 풍요로워진다.

민족이 종족과 엄연히 구별되면서도 관련이 없지 않다 함은 앞에서 지적한 바 있다. 헤르더의 민족관도 종족과 관련이 있다. 그러나 그는 종족이란 말을 극히 싫어했다. 그에 의하면, 민족적 개체성을 규정짓는 것은 종족이 아니라 자연 풍토이며, 전래의 혈통이 아니라 전승된 문화이다. 자연 풍토의 이질성과 다양한 역사적 발전을 통해 형성된 헤르더의 민족성은 결코 헤겔의 '정신'(Geist)과 같은 신비한 것도, 사회심리학자인 귀스타브 르봉(Gustave Le Bon)의 '국민정신'과 같은 형이상학적인 것도 아니었다.

헤르더가 중요시한 것은 개체로서의 민족, 그 내면성의 다원성과 역사적 발전이었다. 그가 한때 프리드리히 대왕에 심취하면서도 프로이센 국가를 혐오한 것은 프로이센이 어떠한 내면적 필연성과도 관계없는 '가장 강압적인 전제주의' 국가라는 사실이었다. 그리고 그가 민족의 필연성으로 생각한 것은 언어이지 결코 혈통이 아니었다. 민족은 그에게서 다언어(多言語)와 윤리적·문화적 주체로서 이해되었으며, 종족적 공동체로서 생각된 것은 아니었다. 근대 내셔널리즘 이후에 나타나는 종족이라든지 민족의 우월성의 이념을 내세우는 인종주의 혹은 인종적 민족주의는 그와 전혀 관계가 없다. 그의 생성적·유기체적 발전 사상과 개체성의 원리는 민족문화의 자율성과 더불어 민족 내지 국민의 정치적 자주성이라는 신념으로 이어졌다. 그러므로 그는 인간에 의한 인간의, 혹은 한 민족과 한 국민에 의한 다른 민족과 다른 국민에 대한 어떠한 종류의 지배나 박해도, 그리고 그것을 욕심내면서 타 민족 다른 지역을 식민지로 거느리는 근대적 제국주의의 존재를 고발하고 부정했다. 유아독존적인 민족적 우월성과도 관련된 그러한 식민주의에 대해 그는 "그러한 유의 이론은 곧 인류사의 파멸을 초래한다"라고 비판하고 질책했다. 이상과 같은 확신을 품고 헤르더는 자신의 『민요집』을 독일, 스코틀랜드, 스페인, 이탈리아, 프랑스의 민요와 더불어 모로코 등 18개국의 민요로 꾸몄다. 이제 그에 의해 민족과 민족정신의 정수로 인식된 민요에 관해 좀 더 생각해보자.

헤르더에게 신학, 철학, 역사의 국민적 전통은 원천적·심정적·조형적인 언어로써 구현된다. 그가 "언어는 민족의 호기심을 이끌고 상상력을 충족시키고 그 성향을 인도하며, 그 귀를 만족시킨다"라고 말할 때, 그는 바로 민요(Volkslieder)를 떠올렸다.

헤르더의 초기 관심사는 문예비평에 집중되었다. 그리고 당시 그의 최대 업적은 원시 민족의 민요에서부터 페트라르카의 소네트에 이르기까지 여러 민족의 노래를 수집한 『민요』 제1부(1778)였다. 그것을 통해 그는 민요의 새로운 개념, 그 내면성과 예술성을 밝힌 최초의 문인이 되었다. 그리고 그는 오시안과 『구약성서』, 호메로스를 가까이하는 한편, 어린이나 원시인과 더불어 민족이 "인류의 가장 고귀한 원형"임을 깨닫게 되었다. "원초적 인간의 정신이 낳은 최초의 사상은 최후의 인간, 정신이 낳은 최후의 사상과 관련된다." 그에게서 특징적인 생성적-유기체적인 (genetische-organisches) 발전 사상은, 역사에서의 궁극적인 것은 바로 자연적인 것과 원초적인 것이며 그것은 역사적 생성의 원형이라는 그의 개체성의 원리와 궤를 같이한다.

헤르더에 앞서 빙켈만은 예술의 근원을 풍토 및 민족성의 '가장 필연적인 씨앗'에서 찾았다. 그러나 『그리스 미술 모방론』의 저자에게 그리스 예술은 모든 예술의 모범이었다. 이러한 빙켈만의 관점은 레싱과 괴테, 실러의 독일 고전주의로 이어졌다. 그러나 헤르더에게서는 그리스인만이 진정한 인간이 아니듯이, 그리스 예술만이 유일한 예술일 수 없었다. "독일인은 레바논의 삼목, 그리스의 포도나무와 월계수를 찾을 것이 아니라 자기 나라의 성스러운 숲의 야생 사과를 맛보아야 한다"라고 그는 말한다. 이러한 헤르더의 말은 인간은 저마다 고유한 원형(Urform)을 지니며, 그 원형으로부터 사물은 저마다 자연발생성(Naturwüchsigkeit)을 갖고 있음을 의미했다. 이 개체성의 관념은 라이프니츠에게서는 사물의 "진정하고 리얼한 근원" 내지 행위의 '제1원인'으로 생각되었으며, 그것은 또한 독일 철학이 18세기 사상에 이바지한 주요한 개념이자 주제 중 하나였다. 헤르더에게서 옛것은 개체성의 '진실과 표현'이며, 아름다움은 "내면적 공감, 즉 인간적 자아의 모든 것"으로 인식되었다. 그러므로 예술의 모방은 그것이 비록 그리스의 고전이라 할지라도 그에게는 무의미했다. 이제 자신의 작품마다 '본래 있는 그대로의' 인간을 묘사함으로써 헤르더에게 근대문학 최고의 거장으로 생각된 셰익스피어에 대해 다시 생각해보자.

> 셰익스피어는 오직, 그리고 항시 인간적 자연성을 받드는 까닭에 최고의 거장이다.

프랑스 고전주의에 대한 회의와 결부되어 나타난, 독일 작가와 비평가들에 의한 셰익스피어에 대한 각별한 관심은 게르만의 동일한 뿌리라는 친화감에 힘입어 레싱과 빌란트 이래 높아졌으며, 특히 헤르더와 괴테는 셰익스피어를 통해 자기 자신과 자아에 눈을 떴다. "가능한 한 자아의 역사에 따라, 다시 말해 자기의 시대정신, 풍속, 의견, 언어, 국민적 주관과 전승, 취향에 의해 자기의 드라마를 생각하는" 셰익스피어의 작품들은 헤르더에게 바로 '역사적 사실'(Historie)을, 자연스러운 내면의 역사를 의미했으며, "북방인을 가르치고 움직이며 고무하는" '지역정신'(Lokalgeist)으로 이해되었다. 그의 「셰익스피어론」은 지방적이고 독일적인 슈투름 운트 드랑 운동의 선언으로 자각된 한편, 인간의 보편성의 원리 위에 구축된 고전주의와 계몽주의의 미의식과 윤리, 역사관과 문명의 개념에 대한 수정을 요구하는 새로운 시대정신의 주장이기도 했다.

헤르더는 '민중문학'(Volksliteratur), '민중시'(Volkspoesie), '민중의 문학 혹은 시'(Literatur oder Poesie des Volks)라는 표현을 즐겨 사용했다. 그리고 고전적이라 함은 그에게 자연적인 것과 동일시되었으며, 고전문학은 바로 민중문학을 의미했다. 왜냐하면 민중문학 속에서 구현된 집단개성이야말로 가장 바람직한 표현 형태로 인식되었기 때문이다. 그러나 그는 프랑스혁명을 계기로 인민주권의 담당자로서 새로운 정치 세력으로 등장한 민중과 인민에 대해서는 제대로 인식하지 못했다. "민중은 길거리의 천민을 의미하지 않는다. 천민은 결코 노래하거나 시를 쓰지 않으며 부르짖거나 파괴할 뿐이다." 헤르더의 민중은 민요를 노래하고 전하는 민중이지 결코 권력의지를 지닌 혁명하는 민중이 아니었다. 그리고 헤르더는 이른바 '대중문화'(massculture)에도 회의적이었다. 이러한 그의 민중관은 그가 새로이 체험하게 된 정치적 민중에 대한 혐오와 관련되었다.

이상과 같은 그의 민중관 및 민중문학관은 괴테와 아우구스트 뷔르거(August Bürger), 루트비히 글라임(Ludwig Gleim), 보이에 등 그의 친지 몇몇을 제외한 대다수 문인들로부터 반감을 일으켰다. 레싱도 그의 민중관을 떠올리며 그가 강조한 민요에 거부감을 드러냈다. 한편 헤르더는 당시의 교양계층이 품은 문학관과 문화관에 대해서도 심한 위화감을 숨기지 않았다.

괴테가 감탄한 바와 같이 "역사의 쓰레기들을 살아 있는 식물로 달리 보이게 하는" 헤르더의 비범한 역사가적 자질은 그가 부언한 대로 사물의 사실적·일회적·개별적 존재 속에 결코 단순한 사실이 아닌, 그 이상의 의미 있는 개체성을 발견케 하였다. "어떠한 체험 속에도 이미 전체가 나타나 있다. 어떠한 개체적인 것도 전체를 잉태하고 시사한다. 그러한 전체란 위대한 것임에 틀림없다." "민족을 초월하고 시대를 넘어서 지속되는 인간 문화의 고삐"인 인간성은 앞에서 밝혔듯이, 헤르더에게서 민족 속에서 구현되며 마침내 민족을 초월하는 "인류의 역사를 형성하는 보편적 실체" 바로 그 자체였다.

헤르더는 정치사상가는 아니었다. 18세기가 바야흐로 1789년을 준비하는 대변혁기였던 만큼, 유럽은 풍요로운 정치 이론과 많은 정치사상가를 배출했다. 그럼에도 불구하고 독일은 영방 분립으로 인한 후진성으로 말미암아 슈투름 운트 드랑 운동의 전환 시대와 그 후에도 새로운 정치 이론 내지 어떤 뛰어난 정치사상가도 배출하지 못했다. 정치와 문화, 권력과 교양의 영역이 이율배반적 분열을 드러내고 지적 엘리트가 거의 정치권력의 영역에서 배제된 독일의 현실에서 정치의 문제는 독립된 이슈로서가 아니라 문화의 시각에 머물렀다. 헤르더의 경우도 국가 및 사회를 둘러싼 자신의 정치사상(?)을 역사사상의 문제 내지 문화의 문제로서 살펴볼 수 있을 뿐이었다.

헤르더에게서 국가란 첫째로 국민국가여야 했다. "가장 자연적인 국가는 그 자신의 국민적 특성을 지닌 국가이다." 이때 그가 말하는 '자연적' 국가란 역사와 문화적 전통에 뿌리박고 있는, 그럼으로써 강력한 정치권력의 행사를 필요로 하지 않는 민족 공동체와 같은 국가를 의미했다. 그렇듯 그에게 민족과 국민은 동일시되었다. 그러므로 그의 국가는 사회계약을 본질로 하는 근대적 국민국가와는 판이한 역사적 전통 위에 이룩된 '게마인샤프트'(Gemeinschaft)였다. 근본적으로 헤르더는 사회계약을 본질로 하는 근대국가를 혐오했다. 그러한 그의 국가관은 그의 법사상에도 잘 드러났다. 헤르더에게서 법은 만들어지는 것이 아니라 역사적으로 전승되고 형성되는 민족적 습관과 풍속의 표현이어야 했다. 한편 그는 "국가는 밑으로부터 개혁되어야 한다"라고 주장했다. 그러면서 1789년 혁명을 일단 긍정적으로 받아들였다. 그러나 그는 혁명이 초래한 민중의 지배 속에 절대왕정에서와 같은 인간성에 대한 위협을 보았다. 혁명이 낳은 공화국도 그에게는 차차 민중이나 국민의 유기체적 발전과는 이질적인 권력 정치의 메커니즘으로 비쳤다.

헤르더에게서 바람직한 국가는 민중의 국가, 즉 공화국이 아니라 민족국가였다. 아울러 그 민족국가는 가능한 한 작은 나라여야 했다. 그런데 그의 소(小)국가는 윤리적 과정(흄)이나 직접민주주의의 실현(루소)이라는 견지에서, 혹은 법치주의(몽테스키외)의 입장에서 요청된 소국가와는 달리, 문화적 다양성에 대한 바람에서 부각된 것이었다. 그러므로 그는 독일의 영방체제를 바람직스럽게 여겼다.

이상과 같은 헤르더의 정치사상의 비정치적 특징은 그의 사회관에서도 잘 드러난다. 그에게서 인간은 자연적 존재인 동시에 사회적 존재로 이해되었다. 그런데 그의 사회는 가족에서 출발하고, 가족은 사회의 핵심으로 생각되었다. 헤르더는 가족 이외의 비가족적인 모든 조직을 인간과의 깊은 필연성과는 상관없는 정치적인 것으로 생각했다. 이러한 그의 사회관은 대체로 슈투름 운트 드랑 운동 세대에 공통된 것이기도 했다. 괴테의『젊은 베르테르의 슬픔』, 프리드리히 클링거(Friedrich Klinger)의 『고민하는 여자』, 실러의『도둑 떼』와『사랑의 간계』등 일련의 작품의 주인공들은 그 강한 자아에도 불구하고 한결같이 가족과 가정을 기점으로 하는 게마인샤프트적인 중세의 이상화를 꿈꾸었다.

슈투름 운트 드랑 운동 시대 및 독일 계몽사상의 체제 비판은 절대주의적 통치 형태나 권력 장치를 비판의 표적으로 삼은 것이 아니라 대개의 경우 폭군의 인간성이나 스캔들에 초점을 맞추었다. 헤르더의 『또 하나의 인류 교육을 위한 역사철학』은 루소의 초기 저술과 동일한 논조를 지닌 것으로 일컬어지고 있다. 사실 그에게 가장 큰 영향을 준 인물은 루소였다. 헤르더는 하만(Hamann)적인 의미에서 계몽사상에 맞서면서도 루소를 좇아 그것을 극복했다. 그의 전기 사상의 결정적 스승은 루소였다.

헤르더는 자신의 루소 체험을 "루소는 마치 황야에서와 같이 부르짖었다"라고 말했다. 그의 사상의 독자성은 루소의 세례를 받으면서 이룩된 것이었다. 그러나 헤르더도 동시대 대부분의 독일 지식인들과 다름없이 루소를 인권의 주창자이기보다 감성의 복권자로 보았다. 독일 지식-교양사회의 루소 유행은, 괴테가 지적했듯이, 많은 오해의 결과였다. 이러한 독일의 루소 체험을 특히 경계한 것은 칸트였다. 칸트에게서 루소는 무엇보다 『인간 불평등 기원론』과 『사회계약론』 및 『신엘로이즈』의 저자를, 다시 말해 새로운 체제와 시대를 향한 인권의 주창자를 의미했다. 그러므로 이성으로써 루소를 연구해야 한다고 강조한 칸트는 쾨니히스베르크에서 자신의 학생이었던 헤르더에게도 『사회계약론』을 읽기를 권고했다. 그러나 그것은 결국 허사였다.

헤르더는 독일에서 민족-국민의 독자성을 최초로 제창한 영예를 누리고 있었다. 그러면서도 그는 1775년 아메리카의 독립전쟁에 무관심했다. 그의 민족은 근대적 국민의 주체적인 정치 의지와는 끝내 연결되지 못한 채 훗날 보수주의적 이데올로기로 둔갑했다. 그는 평생 자신의 사회적 신분에 불만을 품고 독일적인 정통파로부터는 이단으로 몰리면서도 프로테스탄트적 기성 질서에 대항하는 글을 일절 쓰지 않으리라 다짐했다.

반듯한 근대화는 대체로 과거의 극복을 표방하는 새로운 국민적 주체성을 전제로 한다. 그러나 영방 분립주의는 범국민적인 공통의 문화 양식과 국민적 주체, 국민적 의지를 형성하는 데 커다란 장애물로 작용했다. 독일 문화 전반이 처한 이러한 상황에 관해 헤르더는 1777년에 다음과 같이 말했다.

> 우리들은, 국민이라는 줄기 위에 가지가 무성하듯이 우리들의 근대 문학이 그 위에 성장할 어떠한 생명력 있는 문학도 옛 시대로부터 물려받지 않았다. 우리와는 반대로 다른 국민은 세기와 더불어 전진하여 고유의 땅 위에, 국민적 산물 속에서, 민족의 신앙과 취미에 뿌리박은 옛 시대의 발자취 위에서 형성되어왔다. 그러므로 그들의 문학과 언어도 국민의 것이 되었다. 그런데 우리들 불쌍한 독일인의 운명은 한 번도 우리들의 것이 아니었다.

참으로 적절한 지적이다.

이상에서 보았듯이, 헤르더는 ── 근대적인 정치 비전의 결여에도 불구하고 ── 에라스무스나 괴테와 비길 만한 르네상스적·전인적 인간이었다. 독일의 작가 장 파울(Jean Paul)은 20세 연상의 헤르더를 "시인은 아니지만 신이 낳은 가장 순수한 인간, 1등성은 아니지만 별과 맺어진" 인물이라고 평가했다. '독일적 사고'와 '독일적 표현 방식'을 시종일관 견지한 헤르더의 비의적(秘儀的) 역사관은 아르놀트 하우저(Arnold Hauser)가 비판하였듯이, 보수적이면서 진보적인, 그러면서도 필경 반역사적인 반동성으로부터 자유롭지 못하다고 할 것이다. 그럼에도 불구하고 식민지 고위 관료 가문에서 태어나 노예제 폐지를 강조한 19세기 전기의 영국 정치가로 영국인의 역사관에 큰 영향을 준 역저 『영국사』(전4권, 1848~55)의 저자인 역사가 토머스 매컬리(Thomas Macaulay)는 헤르더의『인류사의 철학에 대한 이념』의 영역판이 간행되었을 때 그 책을 유럽 근대사상사에 일대 전환기를 깊게 새겨놓은 명저로 극찬했다.

2. 훔볼트, 문화와 국가

1) 내셔널리즘의 태동

인간성과 인류의 동질성 및 연대의식이라는 관념의 소산인 세계시민주의와는 달리, 민족 내지 국민의 의식은 처음에는 인종적·문화적 친근감에서 비롯되고 역사적 계기를 맞이하여 일체성을 잉태한 '민족'(Volk), '국민'(nation), '국민성'(nationality)의 관념으로까지 구현되고 높여졌다.

국민에 의한 국가 형성의 정치적 의지와 관련하여 국민적 전통, 국민적 이익, 국민적 사명을 주요한 구성 요소로 하는 내셔널리즘(nationalism)은 프랑스혁명 전후의 역사적 상황과 깊이 관련된 근대적 이데올로기이다. 내셔널리즘은 그것이 대체로 국민 혹은 민족의 시련과 고난, 앙양의 시기에 태동하고 창출된다. 이러한 사실은 그것이 인간성의 고귀한 면과 불가사의한 마력, 데몬적인 면을 함께 내포하고 있음을 시사한다. 그러므로 국민문화에 관한 논의에서도 보편타당한 문화 가치의 판단이라는 차원과 그것을 넘어서 문화적 민족주의의 의지가 적지 않게 작용한다. 사실 민족문화에 관한 논의가 대체로 문화적 계기에 의해서보다는 어떤 특정한 정치적 계기에 의해 촉발되고 전개되어왔음을 우리는 잘 알고 있다.

근대 내셔널리즘이 민족 혹은 국민까지도 이념화하면서부터 제 국민은 자신들의 독특한 민족적·국민적 이념을 지니게 되었으며, 또한 그 이념의 예언자 내지 포고자(布告者)를 지니게 되었다. 프랑스의 경우에 루소를, 영국에서는 버크를, 이탈리아에서는 주세페 마치니(Giuseppe

Mazzini)를, 미국에서는 토머스 제퍼슨(Thomas Jefferson)을, 그리고 독일에서는 나폴레옹 점령군 아래 베를린에서 연속 강의 「독일 국민에게 고함」(1807~08)을 행한 피히테를 생각할 수 있을 것이다.

한 민족 혹은 국민과 그들의 내셔널리즘의 관계를 생각할 때 주목을 끄는 것은, 대개 영국이나 프랑스, 이탈리아 등 국민국가의 통합을 일찍이 이룬 나라에서는 비교적 균형 있게 형성된 정치 문화의 기틀 위에서 그들의 내셔널리즘이 정치적 공동체인 국민국가를 중심으로 전개되었다. 그런데 그에 반해, 독일과 러시아 등 정치적 국민통합이 뒤늦은 국가에서는 미숙한 정치 문화로 인해 정치적 주체인 국민보다도 오히려 문화적 공동체인 민족이 대체로 논의의 대상이 되었다. 문화적 배경의 차이에서보다도 정치적·사회적 발전의 후진성에 보다 더 기인된 이러한 현상에 대해 언급하기에 앞서 우선 근대 내셔널리즘의 성립에 대해 살펴보자.

19세기를 거치며 처음에는 '원리'로, 다음에는 '운동'으로, 그리고 마지막에는 국가의 '정책'으로 나타나는 근대 내셔널리즘은 프랑스혁명 속에서 태동했다. 1789년 혁명의 과정에서 봉건적 낡은 사회와 국가를 타파하고 새로운 국민과 국가를 주장하면서 태동한 근대 내셔널리즘의 원리는 1789년의 이념과 깊이 관련되어 있다. 우리는 그 최초의 포교자로서 루소를 지적할 수 있을 것이다.

루소에게서 '국민'이란 이른바 '일반의지'(volonté générale)의 구현자를 의미했으며, 인민주권의 절대성의 표현인 '일반의지' 위에 이루어진 루소의 '국가'는 바로 '국민'의 동의어인 'nation'을 의미하였다. 루소에 의해 국민, 즉 인민 —— 특히 『인간 불평등 기원론』과 『사회계약론』에서 강조되듯이, 전체의 정치적 공동체로서 주장된 이 근대적 '국민국가'(nation state) —— 은 구체제의 타도라는 사회의 혁명적 변화와 대응하면서 탄생한 혁명적 실재였다.

‘국민’ 혹은 ‘민족’의 어원이 되는 natio는 원래 고대 로마에서 유래한 정치 개념이었으며, 중세 봉건제 아래에서는 ‘정치적 신분’이나 ‘시민사회’(societas civilis)의 구성원 자격을 갖춘 사람들만이 국가의 구성원, 즉 ‘네이션’이었다. 당시 국가는 봉건적 신분제 국가로서, ‘네이션’이란 국가 내에 거주하는 사람들의 총체가 아니라 스스로 ‘네이션’임을 정치적으로 자각하고 국가의 정치에 참여함으로써 국가와 결합한 정치적 신분을 의미했다. 이러한 현상은 독일에서도 마찬가지였다. ‘국민’(nation)이라는 표현은 독일에서도 오래전부터 쓰였다. 아마도 15세기의 국법 및 교회법에서 사용된 라틴어로부터의 전용(轉用)으로 짐작된다. 루터가 쓴 ‘독일 국민’(deutsche Nation)이라는 표현은 다양한 의미를 품고 있었다. 당시 ‘국민’은 종족적-언어적 통일체와 함께 독일 제국에 속한 전체를 나타내는, 즉 문화적-국가적 공동체를 의미했다. 그런데 ‘국민’은 일찍부터, 그리고 18세기 중엽 이래 프랑스(peuple), 영국(people), 이탈리아(popolo)에서와 마찬가지로 ‘민중’을 의미하는 ‘Volk’와 구별되었다. 즉, 근면하고 복종을 미덕으로 하는 ‘민중’에 대비해 ‘국민’은 국정에 참여하는 정신적 인격체로서 생각된 것이다. 이러한 흐름 속에서 18세기 독일의 정치학자이자 국제법학자인 요한 모저(Johann Moser)는 처음으로 ‘deutschen Nationalgeist’(독일 국민정신)이라는 표제의 소책자를 발간했다. 모저는 몽테스키외의 ‘국민의 정신’과 볼테르의 ‘제 국민의 정신’의 영향도 받았을 것이며, 특히 7년전쟁을 승리로 이끈 프리드리히 대왕에게 크게 고무되었을 것이다. 그는 「독일 국민정신」을 통해 독일인의 ‘정치적’ 국민감정에 호소했음이 분명하다. 그러나 그것은 프랑스와는 달리 문학적·사상적 소수 교양 지식인의 의식이었을 뿐이었다.

‘nation’의 개념이 획기적 의미를 지니게 되는 것은 프랑스혁명 진후에 이르러서였다. 즉, 몽테스키외나 볼테르의 이른바 ‘국민의 정신’(esprit de la nation, esprit des nations)에서 ‘네이션’은 국민 전체의 정치적 공동체의 의미로 사용되었다. 그러므로 '국민'에 의한 국가를 향한 관심과 더불어 국가에 대한 국민의 충성 문제가 대두되었으며, 국가의 국민 형성적 힘에 대한 국가권력의 이해를 넘어 몽테스키외와 볼테르가 미처 몰랐던 ─ 즉, 국가는 국민 개개인을 끌어들임으로써 강대해져야 한다는 ─ 인식이 프랑스혁명이 한창이던 1792년경부터 프랑스에서 대두되었다.

'네이션' 개념의 이러한 변화는 사회 개념의 변화와 관련이 있는데, 1789년의 혁명과 더불어 이루어진 낡은 신분사회로부터 모두가 참여하는 사회로의 확대는 바로 신분국가로부터 동일한 법의 지배 아래, 그리고 동일한 언어를 사용하는 모든 사람을 포함하는 국민국가의 형성을 가능하게 하였다.

정치혁명적·민주적 성격이 뚜렷했던 근대 내셔널리즘의 대두는 문화의 개념에도 큰 변화를 일으켰다. 즉, 지난날 구체제 아래에서 소수 귀족이나 성직자 및 일부 부르주아지의 독점물이었던 문화는 이제 광범위한 '국민문화'의 성격을 지니게 되었다.

스탈 부인은 「사회제도와의 관련에서 고찰한 문학론」(1800)에서 근대 내셔널리즘의 전개에 맞추어 문화의 국민적 특성 내지 국민문학의 필연성을 논하고 있다. 그녀는 오랫동안의 외국 생활을 통해 "언어의 차이, 자연의 경계, 공통의 역사 기억 등 이 모든 것이 사람들 사이에서 국민이라고 불리는 거대한 개별성을 창조하는 데 이바지했음"을 체험적으로 인식했으며, 모든 국민이 자신들의 국민적 개별성 위에 이룩된 문화 전통과 정치체제를 발전시키기를 강력히 요망하였다. 이러한 문화적 내셔널리즘, 즉 국민문화의 입장 위에서 스탈 부인은 당시 독일과 러시아의 상류계층이나 지식인들이 프랑스 문화를 모방하는 풍조를 비판 내지 경고했으며, 또한 유럽 전역에 대한 나폴레옹(Napoleon)의 획일적 지배에도 극구 반대했다. 그녀에 의하면, 국민성의 특질은 특히 문학과 철학에서 가장 명백히 표현되는 것으로 생각되었다.

하지만 이상과 같은 스탈 부인의 문화적 내셔널리즘은 자신의 모국인 프랑스에서는 이렇다 할 관심을 끌지 못했다. 프랑스 내셔널리즘의 혁명적 원리는 전적으로 정치적·사회적 과제에 치중되었던 것이다. 이 점에서 프랑스의 내셔널리즘은 국민의 독자적 문화유산의 앙양을 내세우는 민족주의적 입장과는 거리가 멀었다. 그뿐만 아니라 원래 코스모폴리탄적 계몽주의 정신에 의해 특징지어진 프랑스의 지적 풍토는 문화의 발전을 민족적 전통이나 방향에서보다는 인간 이성의 보편성 위에 구축하는 데 집중했다. 그리하여 스탈 부인이 주장한 내셔널리즘은 프랑스에서의 '국민혁명적, 국민 민주적'(슈이더Schieder), '민족주의의 국민화'(에드워드 H. 카)의 방향과는 달리, 민족문화적인 이념을 추구하면서 전개된 독일에서 더 많은 추종자를 얻었다.

프랑스에서 나타난 근대적 국민국가의 이념은 약 20년 늦게 라인 강 너머에 전해졌다. 내셔널리즘에 대한 독일 최초의 자각은 18세기 말 이래 일부 지식인들과 프로이센의 관료 엘리트들에 의해 일어났다. 프로이센은 많은 영방국가로 분열된 독일의 정치 지형도에서 18세기 후반 이래 민족적·국민적 정치 윤리를 지향하는 정치 지도자를 지닌 유일한 국가였다. 그러나 프로이센 국가 자체가 영방이 아닌 독일적 국가로 등장하는 것은 해방전쟁(1813~14) 이후였다. 앞에서도 지적하였듯이, 그때부터 독일의 지적 엘리트들이 프로이센에 주목하고 그것에 기대하게 되었다. 특히 관료 엘리트들에 의해 주도된 1807~10년의 슈타인-하르덴베르크 개혁은 프로이센을 독일 정치 무대에서 미래의 주역으로 자타가 공인하게 만들었다.

프로이센 개혁을 총리로서 주도한 카를 폰 슈타인은 그 목적을 다음과 같이 말했다. "공동의식 및 시민적 긍지의 재(再)각성과 인간에 대한 존중, 그릇 사용된 에너지와 사용되지 않았던 지식의 활용, 민족의 희망과 욕망 및 국가행정 당국의 그것들과의 조화, 애국심과 민족의 영예와 독립 욕구의 재현이다." 그 실현을 위해 슈타인을 비롯하여 개혁의 주창자들은 국민적 자유주의의 길을 택했다. 슈타인의 개혁은 '자코뱅주의'로부터 프로이센을 구출해야 한다는 보수 세력의 반대에 부딪혔다. 그러나 계몽주의 사상과 프랑스혁명의 세례를 받은 많은 프로이센의 관료 엘리트들은 프로이센을 통한 독일 국민국가에 대해 열정적으로 이야기했다. 더불어 독일 전체의 '윤리적 정복'이라는 말이 많은 함축성을 띠고 아우구스트 그나이제나우(August Gneisenau)나 헤르만 폰 보이엔(Hermann von Boyen)과 같은 장군들 사이에서도 논의되었다. "우리들은 독일 전체를 이겨내야 하며, 함께 휩쓸어야 한다. 만약 영방군주들이 따르기를 원치 않는다면 국민들이 따를 것이다." 오스트리아를 제외한 독일 통합이라는 '소독일'(Kleindeutsch)과 오스트리아를 포함한 독일 통합이라는 '대독일'(Grossdeutsch)의 논의는 1820년대까지도 아직 나타나지 않았다. 슈타인은 다음과 같이 천명했다.

나는 오직 하나의 조국을 갖고 있으며 그것은 독일이다. 독일의 어떤 부분이 아니라 독일 전체에 헌신하며 봉사한다. 이 역사적 순간에 나는 왕조의 운명에 대해서는 전혀 무관심하며, 나의 소망은 독일이 강대해지고 독일과 그 민족성을 회복하여 프랑스나 러시아로부터 그것을 보존하는 것이다.

한편 슈타인의 후임으로 개혁을 주도한 카를 아우구스트 하르덴베르크(Karl August Hardenberg) 또한 독일의 안정을 위한 프로이센의 사명을 확신했으며, 제1차 대불동맹 전쟁이 한창이던 1795년 프로이센-프랑스 간의 바젤 회의에서 그 목적을 단적으로 "독일을 프로이센 왕을 중심으로 단합하는 것"이라고 설명했다. 그는 이 목적을 위해 프로이센의 부강에 노력하는 한편, 프랑스의 유럽 지배에 대항하기 위해 오스트리아-프로이센의 이원주의 해소를 주장하였다.

그런데 앞에서도 짐작했듯이, 계몽주의적이었던 하르덴베르크를 포함하여 프로이센의 관료 엘리트의 관심은 '국민'이 아니라 '국가'였다. 그것도 어디까지나 자신들이 속한 프로이센이라는 영방국가의 기반 위에 이루어진 독일 국가였다. 하르덴베르크의 경우에 그 자신은 1789년의 이념에 가까이 섰다고 했지만, 그의 개혁도 프랑스혁명을 모범으로 삼은 것이 아니라 나폴레옹 체제의 모방이었다. 이렇듯 프로이센 개혁가들이 자유주의와 내셔널리즘의 입장에 입각했다고는 하지만, 그것은 어디까지나 국가정책적 입장에서 비롯한 것이었다. 자유주의와 내셔널리즘의 보다 순수한 입장은 관료 엘리트 집단에서보다는 마이네케의 이른바 '문화 국민'(Kulturnation)을 대변하는 교양계층에서 더욱 특징적이었으니, 그 대표적 인물로 우리는 빌헬름 폰 훔볼트를 들 수 있을 것이다.

2) 정치와 교양, 국민국가의 발견

세계시민적 휴머니스트인 훔볼트는 원래 독일 민족 및 국가에 대해 무관심했다. 그리고 자기 자신과 비슷한 이상을 품은 교양인들의 작은 고향을 모국처럼 여겼다. 1789년의 혁명 와중에 파리에 머물렀을 때, 그는 괴테에게 보낸 편지에서 "당신이 알다시피, 정치적인 것에 나는 신경을 쓰지 않습니다"라고 썼다. 그는 당시의 독일 교양인들과 정치적 무관심을 공유했다. 그러면서도 그는 수많은 군소 영방국가로 분열된 봉건 유제 그대로의 독일의 정치적 상황을 싫어하면서 교양적 소국가 이념을 품었다.

훔볼트의 이름과 결부되어 불리는 '교양의 시대'의 특징을 이루는 문화적 개인주의와 세계시민 사상의 반정치성을 잘 상징하는 명제로서, 그는 '권력과 교양'은 "영원히 반대편에 선다"라고 말한다. 훔볼트의 반국가관은 권력과 교양을 이율배반적인 것으로 확신한 순수 교양인이 다다를 당연한 귀결이었다. 훔볼트는 자신의 국가관을 밝힌 「국가 활동의 한계를 규정하기 위한 시도」(1791)에서 다음과 같이 말했다.

> 인간을 국가의 강제에서부터 해방하기 위해서는 자유가 제일의 불가결한 조건이다. 국가는 인간을 위해 존재하며, 인간이 국가를 위해 존재하는 것은 아니다. 국가가 행하는 시책은 그 자체가 목적이 아니며, 그것은 인간의 교양에 봉사하는 수단에 지나지 않는다. 국가가 행할 수 있는 가장 적극적인 일은 시민의 자발적 활동에 조금이라도 영향을 끼치는 것에서부터 손을 떼는 일이다. 그러므로 외부의 적에 대해서나 국내의 분쟁에 대해 안전을 보장하는 것이 국가의 유일한 과제이다.

훔볼트에게서 국가는 본질적으로 개인의 자유를 위해 가능한 한 영향력을 '제한해야' 할 존재, 문화를 위해 가능한 한 약소해야 할 존재였다. 이러한 '소국가 사상'(Kleinstaatsgedanke)은 훔볼트를 비롯한 당시의 독일 교양계층으로 하여금 나폴레옹의 보편국가에 대한 저항과 투쟁에 깊이 관련되게 만들었다.

그러나 훔볼트는 프로이센 왕의 시종 귀족 가문 출신으로 태어나 로마 교황청 주재 프로이센 공사, 빈 회의의 프로이센 대표, 그리고 영국 공사(1817~18)까지도 역임한 정치적 경륜가(Weltmann)이기도 했다. 그러면서 그는 인간적 교양에 바람직한 새로운 독일 국민국가의 탄생을 희망하게 되었다. 그만큼 그의 교양은 정치를 외면할 수 없었다.

훔볼트의 정치적 관심은 사실은 프랑스혁명에 의해 유발되었다. 그는 혁명의 도시 파리에 체류하는 동안 국민의회를 참관하고 루소의 묘소도 찾았다. 그리고 혁명 직후에 그는 두 편의 정치적 논고, 즉 「국가 활동의 한계」와 「새로운 프랑스 헌법이 계기가 된 헌법에 관한 견해」(1791)를 발표하기도 했다. 정치적 관심을 공공연히 드러낸 것이다.

지난날 세계시민주의적 계몽주의 사상에 친근했던 '18세기적 인간' 훔볼트는 혁명을 체험하면서 반계몽주의적이 되었다. 특히 그는 헤르더와 마찬가지로 이성의 원칙 위에 인위적으로 헌법을 만들고자 한 혁명 세력의 태도를 그릇된 실험으로 비판하면서 "이성의 단순한 원리에 의해 설계된 국가 헌법은 한 국민을 충분히 성숙시키지 못한다"라거나 "개별적 인간의 경우와 같이 국민 전체의 경우도 동일하다. 그들은 언제나 오직 하나의 진행 방법을 취한다. 그러므로 그들은 서로 이질적이며, 시대가 다르면 그들 자신도 달라진다"라고 말했다.

혁명이라는 일찍이 없었던 정치적 질풍노도 속에서, 특히 대불동맹 전쟁이 한창이던 1793년 이래 국가 혹은 독일 국민국가의 문제는 훔볼트에게 깊은 관심의 대상이 되었다. 그런데 이러한 그의 새로운 경향은 현실적·정치적 동기에서 출발했다기보다 개체성으로서의 국민 내지 국가에 관한 그의 역사주의적 사상의 귀결로 보아야 할 것이다. 이제 훔볼트는 다음과 같이 말하게 되었다.

독일이 하나의 단위를 구성한다는 의식은 독일인의 가슴속에서 사라질 수 없다. …… 독일에 살고 있는 사람들의 마음속에, 그리고 외국인의 눈앞에 독일은 항상 하나의 국민, 하나의 국가가 될 것이다.

지난날 국가를 반개인적·반문화적 실체로서 외면한 훔볼트가 국가를 요청하게 되었다. 우리는 그 배경을 ── 특히 나폴레옹에 의한 독일 침공이라는 사태에 대한 ── 훔볼트의 국민적 자각에서 찾아야 할 것이다.

1789년이 낳은 근대적 내셔널리즘은 국가의 이념화를 초래했다. 그러나 국가는 훔볼트에게서 국민 상호 간의 자유로운 결합체를 의미할 뿐, 결코 그 자체로 목적 지향적인 이념이 아니었다. 그는 국가의 헌법과 국

민적 결합을 구별하였다. 「국가 활동의 한계」에서 훔볼트는 국가의 기본
법인 헌법에 대한 국민적 결합을 강조하였다. 그러면서도 그는 다음과
같이 역설했다.

> 시민이 자발적으로 선택한 무한히 다양한, 때로는 변화하는 한계가
> 존재한다. …… 이 국민 상호 간의 자유로운 활동이야말로 실제로 모든
> 자산을 옹호하는 것이며, 이 자산에 대한 바람이 사람들을 하나의 사회
> 로 인도한다.

훔볼트에게서 국가는 법적 기관을 의미했다. 그러나 그에게서 진정한
국가는 바로 국민국가였다. 그리고 국민국가란 국가의 헌법과 국민적 결
합을 융합한 것으로서 지배의 체제에 기초를 둔 것이 아닌, 개인의 결합
체로서 역사적으로 형성된 국가였다. 왜냐하면 국가는 훔볼트에게서 지
도하거나 실현하거나 하는 단일한 생명체를 의미하기보다 오히려 많은
개인의 숨결의 합류에서 자연히 발전된 활력이자 역사적 존재이기 때문
이다.

그런데 훔볼트가 강조하는 '국민적 결합'은 현재 함께 생활하고 있는
많은 개인의 결합을 의미함으로써, 자연법 사상이나 프랑스혁명의 사회
계약 사상을 연상시킨다. 그러나 그는 계약론과 특히 그것에 근거한 루
소의 '일반의지'를 개인의 자유로운 의지를 압도할 우려가 있다는 이유
에서 거부했다. 왜냐하면 훔볼트에게서 개인은 모든 인간을 전체의 불가
분의 일부로서 하나로 묶는 "일반의지의 최고의 지도 아래 놓인" 존재가
아니었다. 개인의 자유로운 의지를 최고의 가치로 생각한 훔볼트는 전체
주의적 '일반의지'는 물론, 시민의 적극적 복지에 대한 계몽주의적 국가
의 세심한 배려까지도 해로운 것으로 거부했다. 한편 훔볼트는 개인의
자유에 대한 지극한 애착으로 프리드리히 2세와 요제프 2세의 계몽절대

주의 국가를 '경찰국가'로 규정했다. 훔볼트의 국가에서 가장 소중한 것은 개인의 자유로운 활동 내지 국민 상호 간의 자유로운 활동이었다. 훔볼트는 '국민'(Nation)이라는 말을 '국민정신'(Geist der Nation) 혹은 '국민성'(Charakter der Nation)이라는 표현과 함께 즐겨 사용하였다. 이때 그의 '국민'은 대체로 개인의 자유로운 발전의 소중한 전제로서 언급되었다. 그러면서도 정치가이기도 한 그는 국가 일반의 본질로서 권력 충동을 인식했다.

훔볼트는 1790년대에 이미 다음과 같이 말한 바 있다.

> 자연이 개인을 국민으로 통일하고 인류를 많은 국민으로 나누는 방법에는, 그 자체로는 보잘것없는 개인과 개인에게서만 효용을 낳는 종족을 조화시키는, 점진적이면서도 강력한 발전의 길 위에 유지하기 위한 극히 깊은 신비적 수단이 내포되어 있다.

그는 다시 말했다.

> 제 국민은 개인과 마찬가지로 어떠한 정치에 의해서도 변치 않는 자기의 방향을 지니고 있다.

자유로운 개인의 공동체를 의미한 그의 '국민' 개념은 단지 인간의 집합체로서 그 자신이 애매하게 생각한 '사회'와는 구별된 '역사적' 존재로 높여졌다.

헤르더의 '민족'과 마찬가지로 '국민' 속에서 무엇보다도 역사적인 것, 즉 자생적인 것과 과거의 유산이나 전통을 파악한 훔볼트의 '국민' 사상은 그의 역사주의적 개체성의 이념의 자연스러운 발로이자 귀결이었다. 훔볼트는 국민적 개성 속에서 독자성의 비밀을 고스란히 보았다.

"인류의 모든 세계사적 진전은 개성의 상호작용의 정도와 자유 및 특성에 뿌리를 내리고 있다." 그에 의하면, 인간이란 "특정한 시기와 특정한 상황에서 크게 무리를 이루는 방식으로(heerdenweise) 발전하기 때문이다. 그러므로 …… 민족적 흐름의 한복판에서 개성의 정신적 원리는 작용을 계속한다." 또한 국민은 개인과 마찬가지로 그 행위를 통해 인류에게 방향을 제시하고 정신적 개성의 제 형태를 남긴다. 그 전형적 모범으로서 그는 그리스를 들면서 그리스를 비할 바 없이 뛰어난 국민적 개성의 이념을 형성한 국민으로 찬탄했다.

> 고대 〔그리스〕 국가에서는 시민의 개인 생활과 관련된 거의 모든 제도가 온전하게 독자적인 의미에서 정치적이다. 왜냐하면 헌법이 그들에게서는 거의 힘을 발휘하지 않았던 까닭에 그리스 사람들은 특히 국민적 자유의지에 기초하며 다양하게 발전할 수 있었다. 공적인 강제력이 미약한 그만큼 바로 개인 생활의 자유가 진전되었다.

한편 훔볼트는 그리스인의 특성으로 "집단으로서의 인간 육성이 항시 개인의 육성에 선행되었다"라고 지적하는 것을 잊지 않았다. 훔볼트는 그리스인을 개인과 동시에 정치적 공동체의 구성원, 즉 폴리스적 인간으로서 강조했던 것이다.

훔볼트는 해방전쟁 당시 괴테나 실러가 학생 및 지식계층 자제들의 출전에 반대한 사실에 위화감을 나타냈다. 훔볼트는 국가가 국민을 대상으로 전쟁에 대비한 행위를 시행하는 데 회의적이면서도, 일단 유사시에 "조국을 위해 싸울 준비가 언제나 갖추어진 진정한 전사 혹은 고귀한 시민의 정신"을 국민에게 기대하고 전쟁 자체가 "국민 전체의 정신과 성격에" 유익한 영향을 끼치기를 희망했다. 그러므로 훔볼트는 반(反)나폴레옹 투쟁 속에서 저항하며 싸우는 국가 및 국민과 하나가 되었다. 국가 및 국민과의 그의 일체감은 그 자신이 속한 독일 민족의 해방이라는 애국심이나 정치적 차원을 넘어 '인간의 개별성과 특수성의 발전'을 궁극적인 것으로 지향한 역사주의적인 그의 사상의 귀결로 이해할 수 있을 것이다.

해방전쟁 이후, 훔볼트는 「역사가의 사명」 등 자신의 역사관을 밝히는 세 편의 논문을 발표하였다. 이 글들을 통해 그는 이성의 윤리 및 지식의 객관성과 상반된 입장을 더욱더 분명히 밝혔다. 그에게서 인간에 관한 지식의 원천은 바로 역사로 확신되었으며, 인간이 비합리적인 까닭에 역사 또한 본질적으로 비합리성을 가지는 것으로 생각했다. 이렇듯 훔볼트의 역사주의적 사고는 헤르더와 더불어 그를 랑케에서부터 마이네케에 이르는 독일 역사주의 사상의 선구자로 만들었다. 그런데 역사주의적인 입장은 훔볼트로 하여금 시종일관 자유의 전제로서 '상황의 다양성'을 필수 불가결한 것으로 바라게 했다. 그는 다음과 같이 주장했다.

아무리 자유롭고 자주적인 인간이라 할지라도 동일한 상태에 놓이게 되면 결코 자기 자신을 형성하지 못한다.

인간의 진정한 목적은 완전한 것에 대한, 자신의 개인적 특수성에서 솟아난 갖가지 힘의 가장 고도의 균형 잡힌 형식이다. 그러므로 자유와 함께 그것과 깊이 관련된 상황의 다양성이 요구된다.

훔볼트의 자유주의적 내셔널리즘은 자유로운 인간이라는 계몽주의의 인간상에 대한 "특수 독일적 기여"(샤프슈타인)가 시사하듯이, 계몽주의적 자유의 이념과 '상황의 다양성'이라는 19세기의 역사주의적 입장의 조화 위에 이루어진 것이었다.

'상황의 다양성'에 대한 지극한 관심으로 인해 훔볼트는 단일국가가 아닌 복수의 독일 국민국가를 요청했으며, 또한 국민문화의 인식이라는 특수 독일적 자기 인식에 도달하였다. 훔볼트는 1799년 3월 괴테에게 보낸 편지에서 다음과 같이 토로했다.

나의 천성이 한정된 것임을 알고 계신 당신은 독일 이외의 다른 곳에서 저를 둘러싸고 있는 모든 것은 저에게 필경 이질적임을 아실 것입니다. …… 철학이나 예술에 종사하고 있는 사람은 다른 사람들보다 한층 독특한 방법으로 모국에 속합니다. …… 철학이나 예술은 자기 자신의 말을 더 한층 많이 필요로 합니다.

그리고 그는 부언하여 "언어, 철학, 예술의 발전에 따라 그만큼 제 국민의 개성과 이질성이 더욱더 증대되고 국민의 다양성을 깊이 이해하는 것이 어려워지나, 그것을 추구하는 마음도 더 한층 증대될 것"이라고 하였다.

이상과 같이 훔볼트는 세계시민적 인문주의 세대 속에서 유별나게 역사주의적인 개체성과 국민국가의 이념을 강조했다. 그러면서도 그는 국민의 절대다수를 차지하는 민중(Volk)에게는 ── 그들이 비교양적인 까닭에 ── 무관심했다. 이러한 사실은 결국 그를 선구자로 한 자유주의적 내셔널리즘을 국민적 '운동'으로까지 결집시키지 못하는 한계를 초래했다.

프랑스의 역사가 기조는 앞에서도 지적했듯이, 국가나 권위를 떠올리게 하는 사회적 사실과 인간성, 위마니테 및 자유를 떠올리게 하는 개인적 사실이 갖가지 대립과 변천을 거듭하면서도 필경 상생하고 유대를 이루어 발전했음을 유럽 문화와 문명의 빛나는 특성으로서 강조한 바 있다. 그리고 그 특성을 ── 이른바 지식인과는 달리 ── 어떠한 도그마나 이데올로기로부터도 자유로운, 그 본질에서 리버럴리스트인 교양인의 특성으로 지적한 바 있다. 앞에서도 밝혀졌듯이, 그러한 의미에서 훔볼트는 참으로 독일에서는 귀한 리버럴한 교양인이었다.

훔볼트를 비롯하여 그와 입장을 같이한 동시대의 자유주의적 내셔널리스트들이 해방전쟁 당시처럼 민중적 내셔널리즘을 긍정적으로 평가할 수 있었다면, 그들은 시민계급을 하나로 묶어 나폴레옹의 패배 뒤에 대두한 보수와 반동에 맞설 수 있는 광범위한 국민전선을 형성할 수 있었을 것이다. 그러나 그러한 국민적 연합은 처음부터 기대할 수 없었다. 왜냐하면 자유주의적 국민국가 사상이 태동된 슈타인-하르덴베르크 개혁과 그 개혁기에조차 교양 시민계층의 자유주의적 내셔널리즘은 당시 프로이센의 상황에 비추어 보수주의와의 대립 내지 구별이 애매모호할 수밖에 없었기 때문이다.

독일의 경우 ── 프랑스와는 달리 ── 자유주의와 보수주의 양 진영 간에는 실천에서는 물론 이데올로기에서도 혁신적인 긴장이 존재하지 않았다. 그뿐만 아니라 자유주의적 내셔널리즘을 신봉한다는 계열에서조차 시민의식의 정체성 부재에 기인한 일체감이나 연대의식이 극히 희박했다. 그 위에 간과할 수 없는 특기할 현상은 훔볼트를 비롯하여 슈타인과 하르덴베르크 및 그나이제나우 등 일찍이 없었던 국민국가 이념을 대표한 인사들에게서조차 구체제를 떠받든 이념적·현실적인 갖가지 경향, 즉 보편적·절대주의적·영방적(領邦的) 경향이 새로운 국민적인 것과 함께 뿌리 깊이 존재했다는 사실이다. 그러므로 자유주의적 내셔널리스트들에게서는 보편적인 것이 어디에서 끝나고 국민적인 것이 어디에서 시작되는지가 불투명했으며, 보편적인 것이 국민적이 되고 국민적인 것이 보편적이 되기도 하는 등 상반된 두 성향이 혼재하여 기능했다. 이와 같은 이질적인 제 경향의 혼재 현상은 단지 이념 세계에서뿐만 아니라 현실정책 면에서도 되풀이되어 나타났다. 훔볼트는 물론 현실 정치가인 슈타인조차 자신이 독일 국민국가의 권력을 요구했을 때 그 국가가 보편적 원리에 의해 규제된 국민국가였듯이, 자유주의적 내셔널리스트들은 국가의 본질을 충분히 이해하지 못하는 오류를 범하였다.

독일 연방의회에 의한 카를스바트의 결의(1819)에 따라 자유주의적·국민주의적 운동이 탄압된 이래, 18세기 말과 19세기 초에 표방되었던 '통일과 자유'의 부르짖음은 하르덴베르크의 개혁에 맞서 귀족의 전통적 권리를 주장한 프로이센의 장군이자 정치가인 게오르크 폰 데어 마르비츠(Georg von der Marwitz)와 그의 후계자들에 의해 돌이킬 수 없이 퇴색했다. 이후 독일 내셔널리즘은 보수주의자들에 의해 좌지우지되었다.

독일 자유주의적 내셔널리스트들 대부분은 통일된 독일을 요구하면서도 국민국가의 건설에는 크게 관심을 두지 않았다. 해방전쟁을 계기로 민족의 동일성에 대한 자각이나 민족국가를 요구하는 소리는 분명히 광범위하게 확산되었다. 그러나 중산층 출신의 지식인 및 일반 민중도 대체로 자신들이 속한 영방의 주도에 따라 해방전쟁에 참가하였다. 나폴레옹에 대항한 독일 민족의 거족적 투쟁 혹은 범민족적인 봉기라는 해방전쟁에 얽힌 관념도 다분히 훗날 꾸며진 아름다운 전설에 지나지 않았다.

독일의 일반 대중이 역사의 영역에 등장하게 되는 것은 대체로 1810년 이후이며, 그 무렵부터 독일 내셔널리즘은 보수주의의 강한 영향 아래 지난날과는 다른 차원에서 민족의 일체성과 연대의식을 성취하게 된다. 그런데 이 민족의 일체성이 정치적·사회적 혁명을 통해 국민 공동체로서의 일체성을 창출한 프랑스의 경우와는 극히 대조적으로 문화적 민족의식이라는 정신의 내향성 위에 이룩되었음은 참으로 특수한 독일적 현상이라고 할 것이다.

제6장

교양과 교양계층

1. 교양의 이념과 교양계층의 성립

 '교양'의 동의어인 영어와 프랑스어의 'culture', 이탈리아어의 'cultura' 및 독일어의 'Bildung'은 모두 '경작'을 뜻하는 라틴어 'celere'로부터 유래하며, 그것으로 거슬러 올라간다. 고대 로마의 철학자이자 정치가인 키케로가 '정신의 양육'과 '인간의 자기 형성'을 강조하면서부터 교양은 휴머니즘적인 자아에 관한 이념으로 싹텄다. 그러면서 15, 16세기 이탈리아 르네상스에 이르러 인문주의자들 또한 자아의 순화를 지향하는 '쿨투라'(cultura), 즉 '교양'을 최대의 관심사 내지 이념으로 받들어 차차 교양계층도 성립했다.

 교양은 '일반 교양'(culture genérale)이라는 명분을 표방하며 삶 전체를 풍요롭고 조화롭게 지향하는 점에서 '지능'(intelligence)과 구별된다. 지능의 인간, 즉 지식인이 대체로 전문적 지식으로써 사회 지향적이고 체제 비판적인 데 비해, 교양인은 자기의 삶을 귀하게 여기고 예절과 취향으로써 관조적 삶을 누리며 사회에 대한 따뜻한 시선도 잊지 않는다. 그러나 이러한 구별 내지 차이는 1789년 전후에 태동하는 근대적 지식인의 출현에 이르러서야 나타났다.

　키케로에게서 교양은 인성과 개인에 대한 외경을 뜻했다. 하지만 키케로는 그것과 동시에 사회에 대한 헌신 또한 귀하게 여겼다. 키케로에 의해 처음 쓰인 후마니타스(humanitas), 즉 인문주의적 교양의 이념은 시민의 생활양식을 의미하는 시빌리타스(civilitas), 즉 문명과 불가분의 관계에 있었다. 그 뒤 르네상스 시대에 이르러 후마니타스와 시빌리타스는 동의어로 쓰였고 이어서 프랑스에서도 '정신의 문화'(culture de l'esprit), 즉 교양의 개념은 보다 더 사회적 의미를 지닌 '문화'(la culture)의 개념에 융합되었다. 영어의 'culture'라는 표현이 시사하듯이, 영국에서도 마찬가지였다.

　이상과 같이 라틴 문화의 깊은 영향 아래 서유럽 문명권에서의 교양은 전통적으로 개인적인 동시에 사회적·시민적 인간의 바람직한 존재 양식을 뜻했다.

　교양과 지능, 교양인과 지식인, 그 양자의 구별이나 차이는 원래 애매모호했다. 그들은 다 같이 고전을 받드는 독서인이며, 예절과 지성을 귀히 여긴 문화적·사회정치적 엘리트였다. 그러나 근대에 이르러 지식인이 전문성과 사회 지향적인 성격이 강한 데 비해, 교양인은 자기 중심의 폭넓은 지적 호사가(好事家), 아마추어로서 프랑스의 오네톰이나 영국의 신사계층에게서 볼 수 있듯이 사교적·인간적 취향이 두드러졌다. 그러므로 지식인의 터전이 대체로 학계나 저널리즘을 비롯한 전문적 학식을 요구하는 영역인 데 반해, 교양인의 터전은 미술, 음악, 극장 등 예술 감상이나 관조의 세계라고 할 수 있을 것이다. 그러나 19세기 중엽 이후, 특히 제1차 세계대전 이래 기술과 대중(mass)으로 특징지어진 현대 산업사회의 부상은 지난날 전통사회를 좌지우지한 교양계층의 해체 또는 몰락을 촉진하다시피 했다.

　인류 문화사를 재구성하고자 한 영국의 인류학자 에드워드 타일러

(Edward Tylor)는 문화 혹은 문명을 "지식, 신앙, 예술, 도덕, 법률, 습관 등 인간이 사회 구성원으로서 획득한 모든 능력과 습성의 복합적 전체"로 정의했다. 우리는 사회의 전반적인 구성체로서의 문화와 문명을 인간의 전반적 가치 체계로 이해한 그러한 입장이나 관념에 동의한다. 그런데 영국의 타일러가 문화와 문명을 구별하지 않았던 것에 비해, 독일의 알프레트 베버(Alfred Weber)나 미국의 로버트 M. 맥키버(Robert M. MacIver) 같은 사회학자는 문화와 문명을 구별했다.

그와 같은 경향은 특히 독일에서 뚜렷해서 문화가 규범적 · 인격적 · 정신적 가치 체계인 데 반해, 문명을 기계적 · 비인격적 · 물질적 기술 체계로서 구별짓고 차별화하면서 심지어 가볍게 여기기까지 한다. 이러한 관점은 기술산업 체계를 주요한 요소로 하는 사회구조에 대한 무관심과 표리를 이루는, 정신의 내면성에 대한 지나친 집착이라는 독일의 독특한 가치 체계의 편견과 편파성에서 기인한 —— 필경 독일의 교양 이념, 삶에 바람직스럽지 못한 —— 것임을 지적하고 싶다.

독일에서 교양이란 '한 인간의 영혼의 발전 과정'을 주제로 내건 독일 문학에 독특한, 이른바 교양소설(Bildungsroman)이 밝혀주듯이, 개인의 내면성의 순수 이념으로 이해되었다. 교양 개념의 이와 같은 독일적 경향은 독일의 독특한 인간관에서 나타났다.

독일어로 '인간성'을 의미하는 'Menschlichkeit'는 라틴어 계통의 'humanite'와는 달리, 18세기 이전까지만 해도 사회적 · 집단적 의미를 내포하지 않았고 어쩌다가 부차적 의미로서만 사회성을 표현했다. 인간은 독일에서는 원래 개인으로 이해된 것이었다. 라틴계나 앵글로색슨계의 여러 국민에서와는 이질적인 독일의 특수한 인간에 대한 인식은 어디에서 기인한 것일까? 우리는 그 원인을 루터의 프로테스탄티즘에서 찾을 수 있을 것이다.

고대 로마의 휴머니스트들과 마찬가지로 그리스 철학자들도 인간을 본질적으로 정치적 공동사회, 즉 폴리스의 구성원으로 생각했다. 플라톤의 『국가』는 선량한 개인이 아니라 바람직한 공동사회에 크게 관심을 기울였다. 알렉산드로스 대왕 이후에 정치적 자유의 상실과 더불어 비로소 개인주의가 발생했으며, 스토아 학파가 이를 대표했다. 스토아 철학에 의하면, 개체로서의 개인은 어떠한 사회적 상황에 놓이더라도 선한 생활을 할 수 있다. 이것은 국가에 개입하기 전 초기 그리스도교의 입장이기도 했다. 그러나 신비주의자를 제외하고 중세 가톨릭교회는 이론적으로나 실천적으로 인간의 보편성과 사회성을 강조했다. 그런데 그리스-라틴, 가톨릭적인 사회적 인간관은 루터의 프로테스탄티즘에 의해 중대한 기로에 놓였다. 진리를 결정하는 것이 사회적 사업이 아니라 개인의 과제가 된 것이다.

독일에서도 교양 이념은 원래 이탈리아 르네상스의 감화 아래 인문주의적 색채를 짙게 띠었다. 그러나 그것은 종교개혁의 격랑 속에서 루터의 맹우(盟友)이자 프로테스탄트 신학의 정초자인 멜란히톤의 지도 아래 종교적 색채가 훨씬 짙고 강해졌다. 교양의 종교적 성격은 중세 신비주의와 17, 18세기 독일 여러 사상의 저류에 흐르고 있던 경건주의에 의해 더욱 강화되었다. 북방 르네상스 및 그리스도교적 인문주의야말로 독일 교양의 원체험이었다. 그리고 헬무트 플레스너(Helmuth Plessner)가 독일 문화(Kultur)의 특징으로 지적한 '세속화된 경건성'(Weltfrömmigkeit)도 독일 교양의 종교성과 표리를 이룬 것으로 이해된다. 지식(철학), 웅변(수사학)과 더불어, 아니 그에 앞서 무엇보다 경건(pietas, 신앙)을 우선시했던 멜란히톤에 의해 뿌리를 내린 김나지움의 교육 이념과 마찬가지로 독일 교양의 이념도 믿음, 즉 종교를 앞세웠다.

이상과 같은 독일의 교양 이념의 특수성과 관련하여 특히 지적해야 할 것은 그것이 대학이라는 제도권 내의 학교 교육과 밀접히 연결되어 대학을 모태로 형성되다시피 했다는 사실이다. 이러한 현상은 이탈리아와 프랑스 및 영국에서 근대적 교양이 궁정의 귀족사회나 부르주아 시민사회 속에서 — 살롱이나 클럽, 극장 등 사교장을 터전으로 — 생성된 사실과는 참으로 대조적이다.

19세기 영국의 평론가이자 시인인 매튜 아널드(Matthew Arnold)는 '(인간의) 조화로운 완성'으로서의 교양을 위해 인간의 모든 측면과 함께 사회의 모든 부문의 발전을 '전체적인' 완성으로 요청하였다. 그러므로 교양=문화는 개인이 고립된 상태에서는 바랄 수 없다. 그는 강렬한 사회성을 또한 다음과 같이 주장하였다.

> 교양과 문화를 갖춘 자는 평등을 밝히는 진정한 사도이다. 그는 그 시대의 최고의 지식과 관념을 씨 뿌리고 힘차게 보급하여 사회 전반에 전하는 자를 가리킨다.

이 구절은 루소를 떠올리게 한다. 사실 루소의 프랑스에는 그의 후예들이 많았다. 사르트르는 선언했다. "지식인은 자기와 관련이 없는 것에 말참견을 하는 사람, 인간이나 사회라고 하는 잡다한 개념의 이름 아래 종전까지 전래된 진리나 그로부터 파생된 모든 행위에 이의를 제기하는 사람이다." 같은 맥락에서 팔레스타인의 그리스도 교도로 태어나 서유럽 중심의 오리엔탈리즘을 비판한 미국의 영문학자 에드워드 사이드(Edward Said) 또한 '탈경계성'과 '이탈성'에 따라서 정전(正典)과 권위, 전통 등의 전체성을 해체하여 탈구축과 '회의적 아이러니 의식, 자기 아이러니'를 강조함으로써 '지적 망명자'임을 자처한다. '전체적으로 관리된 사회'(테오도르 아도르노), '규율=훈육사회'(미셸 푸코)임이 분명한 현대사회에서 진정한 지식인과 지식인론은 그 어느 때보다도 절실하고 바람직스러움을 방증한다고 하겠다.

독일의 교양인 내지 교양계층이 지식인 지식계층과 다름없이 대학을 근거지로 한 학식자 아카데미 엘리트였다는 사실은 독일 교양 문화에 적지 않은 문제성을 안겨주었다. 독일의 비평가이자 프랑스 문학 연구자인 에른스트 쿠르티우스(Ernst Curtius)가 지적한 바와 같이, 근원적인 것이건 현실적인 이슈이건 간에 지적인 관심은 독일에서 모두가 학문의 영역에 돌려지고 그럼으로써 지식은 현실과의 연관성을 상실하다시피 하여 사회적 삶과 유리된, 관념과 추상의 세계로 몰입하게 되었다.

독일 지성의 사변적이며 현학적인 속성에 대해서는 스탈 부인이 프랑스와 대비하여 신랄하게 비판한 바 있다. 그녀에 의하면, 프랑스에서는 인간을 연구하고 독일에서는 책을 연구한다. 프랑스 근대 지성의 상징적 인물인 몽테뉴는 『에세』에서 인간에 대한 연구를 강조하는 한편, 사이비 학자뿐만 아니라 지나치게 학문에 몰두하는 학자, 인간의 인식 능력을 과신하는 자, 실생활과 유리된 철학자 및 '거짓 학문'을 비웃었다. 프랑스 문화의 최대 관심사는 몽테뉴와 프랑수아 라블레 이래 인간과 인간의 사회성(civilite)이었다. 인간과 사물을 역사적 현실을 배경으로 묘사하는 리얼리즘은 19세기 중엽 이래 프랑스의 문학과 예술의 일관된 요구였다. 철학의 경우에도 다름이 없었으니, 프랑스의 국민적 스승인 데카르트는 "인생에 도움이 되는" 것에 대한 "명석하고 판명한" 지식을 추구했으며, 파스칼 또한 인간성에 대한 탐구를 최대의 관심사로 내세웠다. 이상과 같은 인간 중심의 사상이 프랑스 문화의 또 다른 특징인 살롱과 살롱 문화를 꽃피웠다.

살롱이라고 하면 프랑스를 떠올리지만, 그 원형은 플라톤의 『향연』이 시사하듯이 고대 아테네로 거슬러 올라간다. 거기에서는 상류층 가문 출신의 교양인들이 포도주 잔을 기울이며 담론을 즐겼다. 그러한 심상과 정경은 15, 16세기 이탈리아 르네상스 시대의 살로네(salone)로 이어지고, 17, 18세기 프랑스에 이르러서는 귀부인 중심의 살롱 문화가 꽃을 피웠다. 살롱의 단골손님은 주로 귀족이었으며, 나중에는 서서히 시민 출신의 문인 철학자들도 나타났다. 살롱은 반듯한 몸가짐과 예절, 그에 더해 세련된 취미를 표방하였다.

몽테뉴는 교양인을 가리켜 '모든 것을 겸비한 사람'이라고 한바, 그 교양의 서클과 살롱에서는 출신 계층이나 신분에 크게 마음을 쓰지 않았다. 왕후와 공작이 시계공의 아들 루소와 담론하고 농담을 주고받았다. 프랑스적 교양인의 전형인 오네톰에서 밝혀지듯이, 프랑스적 교양은 살롱을 요람으로 하는 사교 생활 속에서 키워졌다. 어디 그뿐이었을까? 그 담론의 터전은 앞에서도 지적했듯이, 문예 살롱과 철학 살롱으로 발전하고 마침내는 인권선언과 인민주권을 싹틔운 공론의 터전이 되었다.

살롱에 이어 프랑스인의 교양과 문화에 크게 이바지한 것은 아카데미(academie)였다. 유럽의 17, 18세기 살롱의 시대는 또한 아카데미의 시대였다. 아카데미는 프랑스의 아카데미 프랑세즈(1635년 설립)와 영국의 로열 소사이어티(1662)가 밝혀주듯이, 스콜라주의적 대학의 학풍과는 달리 학문 연구의 기관이라기보다 갖가지 학예를 즐긴 사교와 담론의 터전이자 교양인 중의 교양인의 모임이었다. 아카데미 프랑세즈의 40인의 회원은 비단 철학자나 문인, 예술가에 국한되지 않고 성직자, 정치가, 기업인, 군인도 포함되었으며, 20세기에 들어서는 디자이너의 이름도 보인다. 그 직분이 무엇이건 간에 아카데미 회원들에게 요구된 것은 프랑스적 에스프리, 즉 보편적 교양과 시민적·계몽주의적 담론의 마음가짐이었다. 그들은 모두가 프랑스풍 모럴리스트(Moraliste), 즉 몽테뉴, 파스칼, 프랑수아 라 로슈푸코(François La Rochefoucauld)를 본받은 사교적 인간, 인간 습성의 따뜻한 관찰자들이었다.

그러나 독일에서 교양인이란 무엇보다 대학 교육을 받은 학식자를 일컫는다. 그들은 대체로 19세기 이래 행정 관료, 법조인, 대학교수, 김나지움 교사, 성직자 등 국가기관의 전문직과 변호사, 의사, 문필가, 저널리스트, 예술가 등 자유직업인으로 나누어진다. 그중에서도 특히 대학교수는 교양이 바로 학식을 뜻한 독일에서 교양 이념의 형성자이자 교양 이데올로기의 추진자로서 교양계층의 핵심을 이루었다.

교회가 몇 세기에 걸쳐 교육과 지식을 관리한 중세에 관료, 법조인, 교수와 교사, 의사 등 지적인 직업은 대체로 성직자들이 독점하다시피 했다. 그러나 왕권 중심의 중앙집권적 절대주의 체제는 전문 지식을 갖춘 전문직 계층을 요구하게 되었고, 그 공급원은 대개가 대학에서 전문 지식을 배운 시민계급의 아들들이었다. 지적 직업의 분화 및 전문직의 등장은 지식의 세속적 전통이 강했던 이탈리아에서는 15, 16세기 르네상스 전후에 일어났으며, 영국과 프랑스에 이어 독일에서도 18세기에 이르러 전문직 계층이 성립되었다. 그런데 학력이 바로 교양으로 둔갑한 독일의 특수한 경향은 전문직이 바로 교양 시민층이라는 데서 기인한다. 그리고 그 대다수를 이룬 것은 관료집단이었다. 그들은 학생 시절부터 신분상승을 꿈꾸고 영방국가나 제국도시의 관직을 지망했으며, 그 자리를 차지하면서부터는 "영방군주의 지식과 양심"으로 자처하고 국가를 짊어진 권력집단으로 행세하여 교양 시민층의 사회적 상승의 선두에 섰다.

베버는 근대국가의 특징으로 관료제를 지적한바, 특히 의회정치가 부재하다시피 한 프로이센적 독일은 전형적인 관료국가였다. 프로이센에서 관료제가 뿌리를 내린 것은 프리드리히 대왕 치하에서였다. 1791년 프로이센은 관료 신분의 보장과 더불어 문관(文官) 시험제도를 도입했으며, 다른 영방에서도 프로이센을 본받아 비슷한 조처를 취했다. 시험제도는 관료의 지위를 강화하는 데 크게 작용했다. 프로이센 왕은 국민의 군주이기에 앞서 관료의 우두머리나 다름없었으며, 관료에게 광범위한 권한을 허용함으로써 일종의 '관료절대주의'를 실현했다. 그러므로 관료는 군주의 단순한 하인이 아니라 귀족 출신의 고위직 관료와 더불어 권력집단을 이루었다.

그러나 독일의 관료들에게는 프랑스의 시민계층 출신의 '법복귀족'이 누렸던 신분적 특권은 물론, 프랑스 시민에게 깊이 뿌리내린 시민 특유의 공동체 정신도 결여되었다. 그러므로 그들은 신분과 지위의 안정과 보장을 왕권, 즉 기존 권력 편에 섬으로써 확보하고자 했다. 따라서 비교적 혁신적인 사고를 지닌 관료가 속한 관료집단은 끝내 정치적 세력으로 발전할 수 없었다. 이러한 독일 관료집단의 취약성은 특히 그들의 경제적 기반의 불안정과 깊이 관련된다. 프랑스의 관료가 대체로 부유한 시민계층 출신이거나 지주 출신인 데 반해 독일의 관료는 단순히 도시에 거주한다는 의미에서의 시민에 지나지 않았다. 이것이 관료, 즉 교양신분의 또 다른 적나라한 참모습이었다.

한편 교양계층에 속한 프로테스탄트 교회의 목사들은 그 지위의 고하를 막론하고 대부분 중산층 이하의 시민 혹은 농민 출신이었으며, 그들 또한 영방교회 체제 아래 국가에 의해 임명된 국가기관의 공무원 신분이었다. 그리고 대다수의 문필가들 역시 목사 집안 출신이었음은 앞서 언급한 바 있다. 이러한 사실들이 근대 독일의 교양과 교양계층이 프로테스탄티즘의 농밀한 그림자에 가려질 수밖에 없었던 이유이자 그 배경이다. 이상과 같은 실상은 대학이나 김나지움의 교사직에서도 마찬가지였다.

2. 베를린 대학과 '학문을 통한 교양'

프로이센은 대(對)나폴레옹 전쟁의 패배(1806)로 많은 영토를 상실해, 그 결과 할레 대학을 비롯한 여러 대학을 잃게 되었다. 그러므로 국가의 재생을 위한 바람 속에서 교육과 학술의 진흥에 대한 열망과 함께 새로운 고등교육기관을 세워야 한다는 움직임이 베를린을 중심으로 일어났다. 때마침 국왕 프리드리히 빌헬름 3세는 "국가는 물리적인 힘에서 상실한 것을 정신적인 힘으로써 보충해야 한다"라고 천명했다. 베를린 대학 창립 선언의 내용이다.

프리드리히 대왕을 떠올리는 베를린은 프로이센과 더불어 당시 뜻있
는 독일 정치가나 지식인에게 바야흐로 조국 독일의 앞날을 위한 기대
의 땅이 되었다. 그리고 독일 철학을 대표하는 피히테, 프리드리히 슐라
이어마허(Friedrich Schleiermacher), 프리드리히 셸링(Friedrich Schelling)을
비롯하여 훔볼트 및 슐레겔(Schlegel) 형제 등이 베를린으로 찾아들어 프
로이센 왕실의 격려 아래 저작과 공개 강의 등의 활동을 활발히 하고 있
었다. 더욱이 슈타인-하르덴베르크 개혁이 계기가 되면서 독일 전역에
서 많은 학자와 지식인들이 속속 '희망의 땅' 베를린에 모여들어 새로운
대학이 베를린에 창건될 기운이 날로 성숙했다.

베를린 대학의 설립에 주도적 역할을 다한 인물은 당시 문교대신 격으
로 교육행정을 관장한 내무부 산하 종무(宗務) 공교육 국장인 빌헬름 폰
훔볼트이다.

훔볼트는 신분 중심의 낡은 교육 이념인 직업적 유용성을 앞세우는 계
몽주의적 교육 사상을 배제하고 인문주의적 교양 이상(理想)을 금과옥
조로 받들었다. 훔볼트와 베를린 대학의 설립에 참여한 철학자들에 의
하면, 기존의 대학은 대학 본연의 학문 연구와 인간 교육에서 일탈한 지
오래다. 그러므로 이들은 학문의 진흥, 특히 교양으로 표현되는 전인적
인간의 형성을 새로운 대학의 지도 이념으로 표방하면서 그 실현의 길
을 학문과 교양의 일치에서 찾았다. 즉, '학문을 통한 교양'(Bildung durch
Wissenschaft)의 형성이 그것이었다.

교양은 가장 깊고 넓은 의미에서 학문과 학문 연구를 지적 · 도덕적인
교양을 위해 헌신하고자 마음먹을 때 성취된다.

베를린 대학 설립의 지도 이념을 밝힌 훔볼트의 유명한 선언이다.

베를린 대학은 '베를린 왕립 프리드리히 빌헬름 대학'이라는 정식 명칭(독일 대학의 관례에 따라 창립 당시의 국왕의 명칭이 붙여졌으며, 베를린이 제2차 세계대전 뒤 동서로 분할되면서 동독에 있는 옛 그대로의 베를린 대학은 '훔볼트 대학'으로, 서독에 새롭게 세워진 대학은 '베를린 자유대학'으로 이름이 바뀌게 된다)을 내걸고 1810년 10월 10일에 출범하였다. 당시 정교수 24명, 초빙교수 9명, 사강사 및 기타 25명, 그리고 학생 수는 256명이었다. 이러한 규모는 당시 다른 대학과 대동소이하면서도 약간 큰 규모였다. 초대 총장에는 피히테가 선출되었다.

베를린 대학은 당연히 그리스도교적 중세 대학 혹은 인문주의적 교양 교육을 지향한 이전의 대학과는 다른 위상을 지니게 마련이었다. 그것의 목표는 국가 부흥을 위한, 강력한 근대국가 프로이센을 위한 유능한 인재의 양성이었다. 이 과제에 걸맞게 베를린 대학은 전문직을 양성하는 근대적인 교육과 연구 시스템을 갖추었다. 이렇듯 학문 연구를 최대의 과제로 내세움으로써 유럽 대학 역사상 최초의 근대적 연구 대학이 되었다. 따라서 베를린 대학은 독일 학문을 세계 정상에 올려놓았을 뿐만 아니라 학문적 전문성이 강한 관료집단을 비롯한 각계 인사들을 배출, 그럼으로써 봉건적인 낡은 신분사회의 극복과 비스마르크 제국의 부강에까지 이르는 독일 근대화에 크게 이바지했다.

대체로 관료와 대학교수를 중심으로 법조인, 의사, 목사 및 중등 교사들로 이루어진 독일 전문직은 시험제도에 의해 그 '자격'이 부여되었다. 베를린 대학 출범 이후 프로이센 독일은 낡은 신분제 원리로부터 학력과 직업 자격이 표리를 이룬 전문직 중심의 자격 원리의 사회가 되었다. 그런데 주목할 점은 학력이나 자격 부여가 전적으로 국가에 의해 관장되었다는 사실이다. 이러한 현상은 전문직의 시험과 자격이 국가가 아닌 전문가 집단에 의해 관장된 영국과 달리, 독일의 전문직으로 하여금 체제 지향적이며 국가 의존적인 행태를 취하게 하였다. 이와 같은 현상은 독일 법률가 집단의 핵심이 '법정의 관리'였다는 사실에서도 잘 나타나며, 목사도 19세기에는 국가시험을 거쳐 '임명'하였다. 그리고 대학을 포함하여 각급 학교가 거의 국가에 의해 세워지고 관리되었다. 교사가 국가의 관리임은 말할 필요도 없다.

유용한 인재를 위한 전문적 교육이 학문을 통한 교양이라는 학풍으로 인해 교양 이념과 뒤엉켜 어긋났음은 자연스러운 결과였다. 이제 이상적 인간상의 변질이 나타났다. 19세기 중엽 이후 날로 근대화의 바람이 불어닥치면서 김나지움이나 대학의 진학률이 올라가고, 그 교육 내용도 교양이 아닌 '유능한' 인재를 위한 기능으로 기울어졌다. 이러한 현상은 교양지상주의자인 훔볼트가 그 직위에서 물러나면서 더욱 심화되었다. 독일적 교양의 이념과 교양 엘리트의 변질은 헤겔 좌파를 낳았다. 그 전형적 인물로 대학 강사를 지내기도 한 사회사상가이자 저널리스트 아르놀트 루게(Arnold Ruge)를 들 수 있을 것이다.

한때 파리에서 마르크스와 함께 『독불연감』을 발간한 그에게 '진정한 현실'이란 정치적 존재인 인간의 역사의식의 소산이다. 그러므로 그는 '교양의 정치화'를 역설했다. 한편 부르크하르트도 사회운동이 연이어 도래한 19세기의 역사적 상황 속에서 '교양 속물'(Bildungsphilister)의 배출을 염려하면서, 루게와는 전적으로 다른 의미에서 '교양의 시대'의 앞날을 두려워했다. 어떻든 교양의 시대는 분명 가을을 맞이했다.

이상과 같은 시대의 흐름 속에서 독일 학문을, 특히 의학과 과학을 급속히 세계 정상으로 끌어올린 베를린 대학은 독일로 하여금 '학문의 나라'라는 영예를 자랑하게 하여 유럽 여러 나라는 물론 미국의 교수와 학생, 학식자들까지도 끌어들였다. 그러나 '학문의 나라'라는 영광은 얼마나 비싼 대가를 치러야 했던가!

'학문을 통한 교양'과 더불어 베를린 대학이 내세운 또 하나의 지도 이념은 '학문의 자유'(Akademische Freiheit)이다. 이 이념은 학문과 교양의 일치라는 독일 이상주의 철학과 인문주의 학문관의 교양 이념에 근거한 것이다. 그것은 또한 훔볼트, 피히테, 슐라이어마허, 셸링 등 베를린 대학 설립에 깊이 관여한 철학자들의 대학관 내지 학문관의 신앙과도 같은 기본 원리이기도 했다.

슐라이어마허에 의하면, 대학은 '가르침(Unterricht)과 교양'의 기관이며, 대학에서는 지식의 모든 영역과 관련된 백과사전적인 안목과 철학적 통찰이 요구된다. 그러므로 "철학이 모든 학습의 근본이 된다. 철학부 중심의 대학에서 대학의 구성원은 어느 학부에 속하건 철학부에 뿌리를 내려야 한다." 대학의 본질이 철학과 철학부에 존재한다는 인식은 바로 학문의 자유와 대학의 당위성으로 이어졌다.

슐라이어마허는 국가의 필요성에 따라 개설된 신학, 법학, 의학의 학부와는 달리, 철학부는 순수 학문을 지향하는 학자들의 '내면적인 필요'에 의해 존재한다고 말한다. 그런데 철학적 정신은 "진정 자유로운 정신 속에서만" 열매를 맺는다. 그리고 자유로운 학문 연구에 이르는 길은 "(철학적) 인식에 의해서만" 가능한 것으로 생각되었다. 이렇듯 슐라이어마허에게 대학은 철학을 본질로 함으로써 이룩될 '자유의 왕국'을 의미했다.

셸링에게도 대학의 본질은 철학이었다. 대학 이념에 관한 최초의 포괄적인 저작으로 평가받는 『학문 연구의 방법론에 관한 강의』(1803)에서 이 낭만주의적 사상가는 철학적 이념의 반사회적 성격을 강조한다. 왜냐하면 시민사회란 그 본질에서 반철학적 실용성에 근거하기 때문이다. 그에 의하면 대학, 즉 학문의 세계에서는 개별적인 전문 지식이 아니라 학문 전체에 대한 유기적 인식이 요구된다. 왜냐하면 보편적인 것만이 학문의 생명인 이념의 원천이기 때문이다. 그런데 전체에 대한 유기적 인식은 보편적 학문인 철학에만 기대된다. 셸링이 대학을 '학문에만 몰두하는 곳'이라고 주장할 때, 그는 학문의 이름 아래 바로 철학을 지목했다. 그리고 이어 그는 철학의 반사회성을 강조한다.

우리는 셸링이나 슐라이어마허, 그리고 그들과 동시대의 독일 이상주의 철학자들이 선민의식의 소유자임을 알고 있다. 그 선민의식은 비교적 합리적인 사고를 지녔던 작가인 실러나 철학자 칸트에게서도 예외는 아니었다.

실러는 1789년 예나 대학 교수 취임 연설인 '세계사란 무엇인가, 또 무엇을 위해 세계사를 배우는가'에서 학식자를 '빵을 위한 연구'에 종사하는 학자와 '철학적 두뇌의 인물'로 구별했다. 전자에 대한 실러의 경멸 섞인 언사는 당시 대학사회와 교양계층으로부터 크게 공감을 얻었다. 칸트 또한 일찍이 논문 「학부들의 논쟁」(1798)에서 다음과 같이 역설했다.

> 정부의 도구이며 스스로 생각하고 행동하는 자유를 지니지 못한 신학부, 법학부, 의학부는 국가의 지배나 간섭 및 요구에 복종할 의무가 있다. 그에 반해 '학문적 관심에만 몰두하는' 철학부는 정부의 구속을 받아서는 안 되며 '학문적 관심'에 의해, 즉 '진리에의 관심에 의해 행동하는 자유'를 보장받아야 한다. 왜냐하면 '(철학적) 이성은 본질적으로 자유로운 것'이기 때문이다.

칸트는 진리를 추구하는 철학부의 자유를 강조했을 뿐만 아니라 철학부는 단지 유용할 뿐인 '실무자'들의 신학부, 의학부, 법학부 등 다른 모든 학부를 "통제해야 한다"라고 주장했다. 왜냐하면 철학은 인간 지식의 모든 영역에 확산되므로 철학부와 철학자는 당연한 권리로서 모든 학부, 모든 강의와 관련을 맺고 세 학부의 강의의 진실을 '검증할' 소명을 지니고 있기 때문이라는 것이다. 철학자와 실무자를 차별한 칸트는 또 학자(Gelehrte)와 문인-작가(Literat)를 차별했다. 독일에서 문인-작가는 학자에 비해 오랫동안 한 차원 낮은, 즉 멸시의 대접을 받기까지 했다.

한편 베를린 대학 초대 총장인 피히테는 예나 대학에서 신학부 교수들로부터 무신론자라는 낙인이 찍혀 추방되었던 까닭에 학문과 대학의 본질 및 자유에 남다른 관심을 지녔다. 피히테에게 대학은 '학문의 아카데미'이자 '학문의 기법 학교'인 동시에 직업적 교육기관과는 구별되는 오직 '선택받은 사람들'의 교양의 전당이다. 그에게도 대학의 본질은 철학이었다. "모든 고급 학문 교육은 철학에서 출발하며, 철학 강의는 대학 모든 학생에 의해 우선적으로 수강되어야 한다"라고 그는 말했다. 그는 한때 베를린 대학을 철학부만의 대학으로 구상했으며, 신학이 신비적 존재를 주장하는 한, 학문의 학교인 대학에서 배제되어야 한다고 생각했다. 피히테에게 학자는 시민과는 다른 고유의 생활양식을 지닌 존재였다. 피히테는 프랑스혁명의 열렬한 동조자이기도 했다. 그러면서도 그는 학문을 사람을 구별짓고 차별하는 징표로서 강조해 마지않았다.

피히테는 대학의 소재지로서 작은 도시를 손꼽았다. 왜냐하면 "대도시의 대학에서 학생은 언제나 시민사회의 일반 대중 속에 끼어들고 …… 학문은 본연의 삶이 아니라 하나의 직무가 되기" 때문이다. 그에 반해 "소도시에서는 학문적 분위기가 극히 쉽게 학생들 사이에 널리 생겨난다. 대도시의 대학에서는 그러한 일이 드물거나 혹은 전혀 불가능한 것으로 생각된다." 피히테가 소망한 그대로 다른 나라에서와 달리, (옥스브리지를 예외로) 독일에서 '대학도시'로 지칭된 하이델베르크, 괴팅겐, 할레, 예나 등은 모두 소도시이다.

대학으로부터 추방된 쓰라림을 경험한 피히테는 자유, 특히 사상과 학문의 자유에 대해 그 어느 철학자나 대학인들보다 예민했다. 그는 총장 취임 연설에서 "교수에게 자유로이 생각할 수 없는 대상이 지시되거나 특별히 지정되어서는 안 되며, 자유로운 사유의 성과를 …… 학생에게 제한 없이 전달하는 일이 금지되어서도 안 된다"라고 말했다. 피히테는 특히 '사상의 자유'와 함께 '가르치는 자유'를 강조했다. 그러면서도 그는 대학을 '국가의 시설'로 생각했다. 이러한 그의 견해는 프로이센의 교육정책과 맞아떨어졌다. 18세기 말 프로이센의『일반 국법』에서는 각급 학교 및 대학이 '국가의 시설'임을 천명했으며, 1816년의 칙령으로 제정된 베를린 대학의 학칙 제1조에서도 베를린 대학이 '일반 국법의 규정에 의해 국가의 시설임'을 밝힌 바 있다. 대학이 국가의 시설로 규정됨으로써 지난날 중세 대학이 누렸던 전통적인 자치 특권이 얼마만큼 유효하며, 대학과 그 구성원 그리고 학문의 자유가 과연 얼마나 보장될 것인지는 극히 의심스럽다.

프로이센 및 독일에 특징적인 '교육국가' 이념은 "그 땅의 종교는 통치자의 종교에 의해 결정된다"라는 루터의 프로테스탄티즘적 원칙이 정해진 아우크스부르크 종교화의(1555)에서 유래한 것으로, 그로부터 독일에서 국가는 종교와 결탁됨으로써 국민 전체를 교화하는 윤리적 존재가 되었다. 고대 그리스나 로마 시대 및 중세를 통해 유럽의 교육은 대체로 국가(권력)와 무관하게 '자치'를 내세웠다. 독일을 제외한 서유럽 여러 나라가 내세운 '공교육'이라는 관념은 바로 인간 교육의 사회성을 뜻했다.

베를린 대학은 예나 지금이나 '홈볼트 대학'으로 불린다. 그 까닭은 베를린 대학이 홈볼트의 주도 아래 설립되었으며, 그것과 더불어 '학문을 통한 교양'이라는 지도 이념이 홈볼트에 의해 뿌리를 내렸다는 사실에서 유래한다. 이제 홈볼트와 관련해 생각해보자.

순수 인식과 학문에 대한 헌신을 인간 형성과 교양의 길잡이로 확신한 홈볼트 또한 학문을 학문으로서 추구하는 것을 대학의 원리로 강조하였다. 교양과 하나가 되고 인간의 궁극적 목적으로서 추구되는 학문이 단순한 지식과 구별됨은 물론이다. 홈볼트는 "인간의 내면에서부터 생겨나고 내면에 뿌리를 내리는 학문만이 인격을 형성할 수 있으며, 중요한 것은 지식이나 말이 아니라 인격과 행위이다"라고 강조했다. 인간의 궁극적인 '소명'인 교양으로서의 학문관은 그리스의 소크라테스나 옛 중국 공자의 언행록을 상기시킨다.

물론 훔볼트는 학문의 자유를 강조했다. "교육은 국가를 필요로 하지 않는다. 교육은 국가행정의 테두리 밖에 놓여야 한다"라고 그는 말했다. 왜냐하면 국가에 의한 공교육은 인간을 다양성으로 육성하는 교육의 진정한 목적과 달리, 국가가 다스리고 지도하는 교육이며 국가는 일정한 유형의 인간을 바라기 때문이다. 일찍부터 국가의 '한계'를 엄격히 규정지은 그의 자유의 원리도 교양지상주의로부터 분출된 것이었다. 그 교양주의는 국가로부터의 자유를 전제로 했다.

교양을 위해서는 자유가 첫 번째 불가피한 조건이 된다. 그 자유는 인간적 힘의 발전을 요구할 뿐만 아니라 상황의 다양성과도 깊이 관련된다.

훔볼트도 동시대의 관념철학자들과 마찬가지로 대학과 국가 혹은 학문과 국가의 관계를 이분법적인 대립 구도로 생각했다. "국가는 인간을 위해 존재하며 인간이 국가를 위해 존재하는 것은 아니다. 국가가 행하는 시책은 그 자체가 목적이 아니다. 인간 교양에 봉사하는 수단에 지나지 않는다"라고 말함으로써 국가는 훔볼트에 의해 교양의 실현을 위한 장치, 즉 '도구'로 생각되었다. 그뿐만 아니라 국가권력과 교양은 그에게 "영원히 대립된 관계"로 인식되었다. 그러나 귀족 가문 출신의 경세가(經世家)이기도 했던 그는 대학과 교육을 둘러싼 국가의 역할을 가볍게 생각하지 않았다.

훔볼트에 의하면, 국가는 정신과 도덕의 문제에 중립적 거리를 지키고 그것을 '제도적으로' 보장해야 한다. 학문과 교양을 위한 자유는 학자 자신이나 대학 자체에 의해서보다 국가의 교육행정에 의해 보장되고 뒷받침되어야 한다. 그리고 그는 교수 지명과 인사권을 교육행정의 중요과제로 생각하였다.

그의 이러한 이율배반적 주장의 배경에는 당시 교수 인선을 둘러싸고 학벌과 족벌을 앞세우는 대학 내의 갖가지 그릇된 행태가 깔려 있었다. 훔볼트는 병든 대학 자치의 청산을 학식 있는 관료 엘리트에게 기대하였다. 훔볼트의 그러한 입장은 당시 대학 내외의 소수 진보적인 학식자와 지식인들의 공통된 인식이기도 했다. 역사가이자 정치가이기도 했던 훔볼트는 다른 관념론적 철학자들과 달리, 근대 대학의 시대적·사회적 위상에 대해 리얼한 인식을 지녔다. 그는 대학을 국가로부터 독립한 순수 학문적인 아카데미와 구별했던 것이다.

훔볼트에 의하면, 대학은 청소년의 지도라는 실제적인 책무를 지님으로써 "실생활과 밀접한 관계를, 그리고 국가의 필요성과 긴밀한 관계를 맺는다." 그러므로 교수의 인선도 국가에 의해 이루어져야 한다. 그러나 훔볼트는 교수 인선이 전적으로 국가에 의한 것으로는 생각하지 않았다. 그는 교수 인선이 국가의 지명과 더불어 학계의 추천 등 다양한 합의 위에 이루어져야 한다고 생각했다. 이를 통해 그는 문화'정책'의 주도자인 국가와 학문 교양을 위한 자율적 공동체인 대학 간에 일종의 '긴장 상태'와 더불어 '권한의 분립'이 바람직한 균형을 이루어야 한다고 생각했다.

현대 독일 사회학자이자 정치가인 랄프 다렌도르프(Ralf Dahrendorf)는 이상과 같은 베를린 대학 설립 당시 훔볼트와 독일 철학자들의 학문관을 상기하면서, 그에 대해 서유럽과 미국의 학문(science)의 본질을 논증적·실험적인 것으로 특징짓고 그것이 '회의적인' 지적 태도를 전제하는 것으로, 그럼으로써 갈등을 통한 지식사회적인 '분쟁'을 바람직한 동력으로 인식하였다. 또한 그는 독일의 '학문'(Wissenschaft)이 합리적·지적인 이해만이 아닌 교양이라는, 이른바 신성한 도덕적 요구를 강조함으로써 학문 자체가 권위주의적이 되었다고 비판하였다. 사실 훔볼트를 비롯한 철학자들이 가진 특수한 독일적 대학관과 학문관은 '정신의 귀족'(Geist Aristocrat) 내지 '학자 공화국'(Gelehrte Republik)이라는 유아독존적·권위주의적 계보를 독일에 뿌리내리게 하고 많은 교수와 학식자들이 "마치 자기가 최고자에 의해 소명된 것과 같은"(카를 야스퍼스) 그릇된 자의식에 사로잡히게 했다.

베를린 대학은 독일로 하여금 '학문의 나라'라는 영예를 자랑하게 하였다. 독일의 후기 낭만주의 시인으로 유명한 클레멘스 브렌타노(Clemens Brentano)는 베를린 대학 설립에 바친 송시(頌詩)인 「1810년 10월 15일에 바치는 칸타타」에서 "학문의 지혜와 지식의 자유가 전체와 총체성, 하나가 되어 / 보편적인 것으로 되기 위해"라고 읊었다.

다시 강조하지만 '학문의 나라' 독일이라는 지칭을 얻기 위해 얼마나 비싼 대가를 치러야 했던가? 헌법 문제로 대학 당국에 항의하여 파면된 '괴팅겐 7교수 추방 사건'(1837)에 독일의 대학과 대다수 교수들 및 지식 교양계층은 무관심했다. 그들은 비스마르크 제국을 찬미하고, 그 후예들은 프라이부르크 대학을 방문한 히틀러를 맞이하면서 그간 대학 본관 건물에 라틴어로 새겨졌던 '진리와 인류를 위해'를 지워버리고 독일어로 '민족과 국가를 위해'라고 바꾸어 새기게 했다. 히틀러 제3제국의 파탄에까지 이른 독일 근대사의 엄청난 문제성에 독일 대학과 대학인들이, 그리고 그들을 받든 전우(Kamerade) 교양주의자들이 눈을 뜨게 되는 것은 제2차 세계대전에서 패한 뒤였다. 이상과 같은 독일 교양계층과 지식사회의 반사회적 유전인자는 1789년 프랑스혁명으로부터 그들에 의한 역사상 유례가 없는 반혁명적 '전향'(轉向)에서 이미 상징적으로 드러났다.

3. 프랑스혁명과 교양계층

1) 1789년에 열광한 독일

프랑스혁명에 앞서 유럽에서는 영국의 명예혁명(1688)과 「권리장전」(1689)이 보여주듯이, 1680년대에 이미 정치 변혁이 논의되고 부각되었다. 프랑스 문학사가(文學史家) 아자르는 앞에서도 언급한 『유럽 의식의 위기』에서 다음과 같이 말했다.

> 이 얼마나 큰 변혁인가. 위계제, 규율, 권위가 보장하는 질서, 생활을 굳게 규제하는 도그마. 17세기의 사람들은 이러한 것들을 따랐다. 그러나 바로 그 뒤를 이은 18세기 사람들은 다름 아닌 이 속박과 권위와 도그마를 사갈(蛇蝎)처럼 혐오했다. 17세기 사람들은 그리스도 교도였으나 18세기 사람들은 반그리스도 교도였으며, 17세기 사람들은 신의 법을 믿고 있었으나 18세기 사람들은 오직 평등을 꿈꾸었다.

17세기는 단순히 16세기에 이어진 시대가 아니었다. 대부분의 사람들이 '신구논쟁'에서 고대파의 주류였던 신학자이며 사제인 자크-베니뉴 보쉬에(Jacques-Bénigne Bossuet)처럼 생각하다가도 밤이 지나고 새벽이 되면 갑자기 볼테르처럼 생각하게 되었다. 날이 갈수록 이러한 변화는 더욱더 확대되고 심화되었다. 전통적인 정치-국가론을 타파하고 자연법 사상에 뿌리박은 새로운 사회 이론을 개척한 것은 18세기 전후 영국의 일군의 자유사상가들이었다. 흄은 "모든 과학이 다소간 인간의 자연성에 관련된다는 것은 명백하다"라고 말했으며, '인간과학'(science of man)에서의 정치과학의 독립을 시사했다. 그와 더불어 많은 사람들이 특히 인간성을 정치적 현실과 관련지어 생각했다. 피터 게이는 17세기 영국에서의 인간과학의 대두 이래 18세기까지의 유럽의 지성사를 '자유의 과학'(science of freedom)으로 지칭했다. 특히 자유의 문제는 18세기 프랑스 계몽주의에 이르러 만인을 위한 근대사상의 최대의 이슈로 부각되었다. 달랑베르는 "철학자의 임무는 인간을 사회로 구성하고 그 안내역이 되는 것이다"라고 말했다. 철학은 인간의 사회적 형성의 과제로서 인식되었으며, 루소가 강조했듯이 궁극적으로 정치와 사회 문제로 귀결되었다.

아날 학파 제3세대에 속한 에마뉘엘 르루아 라뒤리(Emmanuel Le Roy Ladurie)는 지식사회가 1720년대를 고비로 교회를 최대의 목표물로 삼아 비판적인 민중을 창출하는 등 그 노력은 눈사태처럼 세상을 일신했다고 밝혔다. 이와 같은 움직임은 프랑스를 넘어 유럽의 지식사회와 시민계층을 '정복'하고 범유럽적인 혁명을 준비하는 결과를 낳았다.

1789년의 혁명은 유럽혁명이었다. 아메리카의 독립전쟁(1775)에서 프랑스혁명에까지 이르는 대서양 지역의 일련의 정치 동란을 '대서양혁명'(revolution atlantique) 혹은 '서구혁명'으로 인식하고자 하는 경향이 있듯이, 파리에서 분출된 프랑스혁명은 봉건제 폐지와 인민주권 및 국민국가의 통합이라는 이념을 범유럽적으로 확산하고 뿌리내린 유럽혁명이었다. 그리고 혁명의 다이너미즘이 지도 위의 국가적 경계를 지워버리고 유럽에 전통적으로 내재했던 일체성의 관념이 다시 되살아났다. 또한 1789년과 더불어 세계 역사상 일찍이 없었던 혁명의 시대가 개막되었다. 독일도 그 예외는 아니었다. 시인 실러는 다음과 같이 노래하였다.

세기는 폭풍 속을 지나고,
새로운 세기는 살인과 함께 열린다.

2) 프랑스혁명과 독일 교양계층

정치적 풍자시로 인해 10년 동안 구금당한 18세기 독일의 시인 슈바르트는 1787년에 "모든 징후로 미루어 판단할 때, 유럽의 정치조직은 이제 일대 변혁의 전야에 직면하고 있다"라고 말했다. 포르스터 또한 "유럽은 무서운 혁명에 직면하고 있다. 일반 민중의 불만은 심각하며 이를 구제하기 위해서는 오직 유혈만이 효과적이다"라고 말했다. 1789년 직전, 혁명은 독일에서도 필연적인 것으로 예감되었다. 그리고 피히테가 1799년에 "반듯한 이들에게 프랑스 공화국만이 자신의 진정한 나라로 생각된다는 점은 명백하다"라고 공언했듯이, 많은 독일의 교양 지식인이 혁명의 정당성을 확신했다. 일관되게 반혁명적 입장을 견지한 괴테도 1792년 9월 20일 발미(Valmy) 전투에서 프랑스 공화국 군대가 승리하자 "여기에서부터 그리고 이날부터 세계사의 새로운 한 시대가 시작된다"라고 말해 혁명의 역사적 필연성을 긍정한 듯한 인상을 주었다.

파리에서의 혁명의 움직임은 시시각각으로 신문과 책자를 통해 독일에 전해졌다. 혁명 뒤 최초의 몇 해 동안 독일에서도 거의 모든 신문이 파리의 봉기와 그 진전에 대해 대서특필했다. 신문의 논조는 혁명과 더불어 날로 과격해졌으며, 정치적 팸플릿도 쏟아져 나왔다. 그것은 지배계급이나 관청의 방해를 받지 않았으며, 오히려 반혁명적 신문이나 책자의 출판이 방해를 받았다. 그 시점에서 독일 대다수의 영방정부는 '중도주의'를 표방했다. 가톨릭의 나라인 오스트리아와 바이에른 정부만이 혁명에 대한 모든 저술을 금지했다. 혁명에 열광한 독일의 여론과 출판 경향은 나폴레옹의 대두 때까지 지속되었다. 고대사가이자 정치가인 게오르크 니부어(Georg Niebuhr)는 당시의 풍조를 "나는 1789년 가을 슈트랄준트에서 우리의 목사가 신문 강좌를 개최한 일을 기억하고 있다. 그도 다른 사람들과 마찬가지였다. 당시는 어리석은 자로 보이지 않으려면 누구나 '계몽'이니 '자유'니 하는 말을 써야 했다. 모든 강의실에서 '승권주의'(僧權主義), '이성교'(理性敎), '인권' 그리고 '타인에 양도할 수 없는 권리' 등에 대해 이야기하는 것을 들을 수 있었다"라고 전해준다.

혁명에 가장 열정적이었던 것은 당연히 지식층이었다. 독일 문단의 원로인 클롭슈토크는 "자유의 승리를 찬미하는 수백 명의 소리가 요구된다"라고 노래했다. 혁명은 이 노(老)시인에게 프리드리히의 피에 물든 월계관보다 더욱 고귀하게 비쳤다. 프랑스 시민이 되고 싶어한 그에게 프랑스 국민의회는 실러와 함께 프랑스 명예시민권을 수여하였다. 역사가 루트비히 폰 슐뢰처(Ludwig von Schlözer)는 천사들은 하늘에서 찬가를 노래하고 있으리라고 말했다. 보수주의자인 포르스터는 "철학이 인간의 가슴속에서 성숙해지고 국가에서 실현되는 것을 보는 것은 참으로 훌륭하다"라고 말했다. 칸트의 제자였던 프리드리히 폰 겐츠(Friedrich von Gentz) 또한 "인류는 오랜 잠에서 깨어났으며, 혁명은 철학의 최초의 현실적 승리"라고 하였다(하지만 그는 곧 혁명을 비판하기 시작했으며, 끝내는 프랑스혁명과 맞서 싸웠다). 빌란트, 슈바르트, 헤르더, 슈톨베르크(Stolberg) 형제, 횔덜린, 그리고 역사가 빌헬름 폰 아르헨홀츠(Wilhelm von Archenholz)와 니콜라이의 잡지도, 또한 18세기 베를린 문학가들의 본거지였으며 초기 낭만주의의 온상이 된 헨리에테 헤르츠(Henriette Herz) 부인의 살롱과 베를린에서의 괴테 숭배자들의 중심인물인 라헬 파른하겐(Rahel Varnhagen)의 살롱에서도, 함부르크의 거리에서도 지식인들은 혁명을 위해 시를 읊고 주연을 벌였다.

모든 학교와 대학에서 교사와 교수, 학생들이 열광했다. 당시 독일 인문주의의 전개에 크게 이바지한 괴팅겐 대학에서는 학생들이 '자유의 나무'를 심고 '마르세유'를 노래하며 밤을 새웠다. 할레 대학의 학생인 슐라이어마허는 부친에게 "나는 혁명을 사랑합니다"라고 편지를 썼다. 튀빙겐의 신학생인 헤겔과 셸링은 혁명이 발발하자 운집한 학생들 앞에서 1789년의 강령을 낭독했다. 헤겔은 뒤에 『역사철학』에서 프랑스혁명을 상기하며, "이것은 황홀한 태양의 빛깔이다. 모든 사색하는 사람은 이 사건을 찬양하였다. 숭고한 감정이 새 시대에 군림하였다. 세계는 마치

신이 세상과 화합한 양 정신적 열광으로 들끓게 되었다"라고 축언했다. 프로이센의 추밀참사관인 쾨르너(Körner)는 바스티유 파괴의 기념일에 자신의 가문의 귀족 특허장을 불살랐다. "왕위는 흔들리고 인간은 이제 노예가 아니다"라고 베를린의 목사인 예니슈(Jenisch)는 읊었다. 마인츠 시 교외에 세워진 혁명을 기리는 나무에는 "지나가는 이에게 이 땅은 자유롭다"라는 명문(銘文)과 함께 자코뱅의 상징인 그들의 모자가 얹혀지고 3색 리본이 펄럭거렸다. 이렇듯 독일 여러 지역에서 갖가지 혁명 축전이 열렸다. 그리고 그 축전을 통해 독일 지식인 사회는 날로 혁명적 정념에 고취되었다.

1781년에 출판한 『순수이성비판』을 통해 이미 '철학 사상의 혁명'을 선취한 칸트는 혁명이 일어나자 "인류사에서의 이와 같은 현상은 이제 잊혀질 수 없다. 왜냐하면 그것은 인간 본성 속에 잠재한 보다 더 좋은 것에의 성향과 능력을 밝혀 드러내기 때문이다"라고 말했다. 칸트에 의하면, '인류 최대의 문제'는 "보편적으로 법을 집행하는 시민사회에 도달하는 것"으로서 이 '시민사회', 즉 국가란 그에게서 "독립된 개인, 인격=시민을 주체로 하는 자유롭고 평등한 사회"를 의미했다. 그러므로 '자유롭고 평등한 사회'의 실현을 위한 프랑스혁명은 그 진전이 어떠하건 간에 칸트에게 역사적 필연이며, 또한 정당한 것으로 확신되었다. 시종일관 혁명의 편에 선 점에서 칸트는 사상적으로나 실천적으로 독일 자유주의의 진정한 선구자였다. "이성적 근거를 가지고서 이념에 타당한 것은 실천에서도 타당하다"라고 말한 칸트의 혁명 철학은 피히테와 헤겔에게 계승되었다.

피히테는 시대의 불안이 일찍부터 왕과 귀족의 착취로부터 유래함을 인식하고 혁명에 대한 공감을 1793년 두 편의 논문을 통해 명백히 했다. 그는 프랑스혁명의 목표를 긍정하고, 독일의 정치 개혁을 희망했다. 그러나 그는 프랑스에서의 공포정치의 진전을 계기로 혼란이 없는 변혁을 바라면서 그 실현을 민중봉기가 아닌 위로부터의 사상의 혁명에서 찾고자 그것을 자기 자신의 과제로서 확신했다. 피히테의 정치철학의 출발점은 이성의 현실적 현상으로서의 '자아'였다. 그러나 그의 자아는 앞에서 지적했듯이, 반사회적인 것이었다.

한편 헤겔에게서 혁명 당시의 독일은 봉건체제 아래에 있었던 까닭에 국가가 아니었다. 그에게 프랑스혁명은 인간 이상을 현실적으로 실현하고자 하는 기도로 이해되었다. 국가는 이제 그 존재를 국민 앞에 '철학적으로' 정당화해야 한다. 이상과 같이 칸트와 피히테, 헤겔 등 독일 철학의 거장들은 혁명의 횃불을 철학적으로 밝혔다.

프랑스혁명은 교양 있는 여성들에게도 크게 환영받았다. 철학자의 어머니이자 여성 작가였던 요한나 쇼펜하우어(Johanna Schopenhauer)의 경우에 혁명이 많은 피를 흘린 뒤에도 혁명에 대한 그녀의 긍정적 심정은 흔들리지 않았다.

나는 언제나 신문을 싫어했으나, 이제는 함부르크 신문을 애타게 기다리게 되었다. 어느 여름날, 나는 창가에 기대어 배달부가 신문을 갖다 주는 것을 기다리고 있으려니 남편이 마차를 몰고 왔다. …… 그는 자유의 최초의 승리, 바스티유 습격 뉴스를 알려주기 위해 일을 팽개치고 온 것이다. 이때부터 세계의 전면적 변화에 대한 일찍이 없었던 희망과 함께 나의 마음속에 하나의 생명이 눈을 떴다. 이 시대 사람들은, 모든 젊은이의 가슴에 불타고 있었던 자유에 대한 열렬한 사랑을 기억할 것이다. 바스티유 습격 및 그 뒤에 있었던 살인과 그 밖의 극단적 행위는 흥분 상태의 불가피한 사건으로 여겨졌다.

그녀도 혁명이 저지른 공포정치를 혐오했다. 하지만 나폴레옹 집정 시대에 다시 파리를 찾았을 때조차 '바스티유의 파괴'를 기뻐하는 마음에는 변화가 없었다.

근대적 시민사회를 어느 나라보다도 앞서 실현하면서도 본질적으로 보수주의적이었던 영국의 분위기는 대체로 반혁명적이었다. 그러나 시인 윌리엄 워즈워스(William Wordsworth)는 1791년 파리행에서 드높이 읊었다. 그리고 적지 않는 영국인도 워즈워스를 따라 합창했다.

저 여명에 살았음은 축복이어라.
그러나 젊어서 그것을 맞이했음은 지극한 행운이었으니.

3) 반사회적 혁명관으로의 '전향'

이상과 같이 혁명 초기에 그렇게도 열광했던 독일 지식 교양계층의 태도가 냉담해지기 시작했다. 그 계기가 된 것은 1793년의 루이 16세와 마리 앙투아네트(Marie Antoinette)의 처형이었다. 그 대표적 예로서 우리는 괴팅겐 대학의 저명한 역사학 교수였던 뮐러(J. Müller)를 들 수 있을 것이다. 혁명 속에 국민의 해방을 감지한 그는 기쁨으로써 1789년 7월 14일을 맞이했다. 그리고 형제들에게 다음과 같은 글을 썼다.

7월 14일은 로마 제국 멸망 이래 가장 좋은 날입니다. 우리의 세기는 프랑스의 경박함을 모방하였으나 다음 세기는 프랑스인으로부터 용기를 배울 것입니다. …… 나는 현재 두려움에 떨고 있는 부정한 재판관이나 도저히 참을 수 없는 폭군들의 몰락을 기원합니다. 국왕이나 그 고문관들이 자기들도 인간임을 알게 된 일은 참으로 바람직합니다. 그 인식은 충격요법으로써만 고쳐질 수 있습니다.

그러나 1개월 뒤 그의 태도는 돌변했다.

유감스럽게도 국민의회에서는 양식보다 웅변이 효력이 있다는 내 의견에 당신도 동의하리라고 믿습니다. 그리고 그들은 지나치게 자유를 원한 까닭에 오히려 조금도 자유롭지 못하리라는 것을 당신은 이해하리라고 믿습니다. …… 솔직히 말하여 프랑스에서 지금 일어나고 있는 일들은 우리가 모방할 것이 못됩니다. 그들은 지나치게 값비싼 대가를 지불하고 있습니다. 오늘날 폭력에 의해 이룩된 일들을, 그리고 1,400년에 걸친 기만을 뒤집어놓을 수 있는 것은 절대신뿐입니다.

1주일 뒤에 뮐러는 다시 자신의 심중을 다음과 같이 토로했다.

나는 혁명의 존속 여부에 회의적입니다. …… 그리고 어떠한 자유로운 민족도 도덕 없이는 존속할 수 없으며, 또 어떠한 도덕도 종교 없이는 존재할 수 없음을 경험으로부터 배웁니다. 그런데 국민의회는 종교를 어리석은 것으로 보고 있습니다.

뮐러는 프랑스혁명이 독일에 끼칠 영향을 크게 두려워했다.

프랑스의 선례가 이웃 나라를 눈뜨게 함은 지극히 당연하나 …… 우리 독일인이 잊었던 인간의 권리를 되찾는 데서 프랑스와 같은 잔인성을 되풀이할 위험은 없습니다.

뮐러는 과격파의 공포정치를 비난하면서도, 혁명 1주년을 축하의 심정으로 맞이하며 또한 다음과 같이 말하기도 했다.

오늘은 자유의 기념일이다. 이것은 영구히 지속되리라고 나는 생각한다. 이 사업 속에는 신의 의지가 포함되어 있는 듯 생각된다. 신은 새

질서를 바라고 있으시다. 이 개혁은 처음에는 자기를 지탱 못할 듯 생각되었다. 그러나 자유의 관념은 제 국민에게 널리 깊이 침투되고, 그들이 그에 따라 받는 이익도 또 너무나 명백하므로 그것을 버릴 수 없다. 이 정신은 영원히 남을 것이다.

그는 혁명이 독일에 파급되는 것을 크게 걱정하면서도 혁명의 의의를 '관념'적으로는 긍정했던 것이다.

1793년 1월, 국왕 부부의 처형은 절대다수의 독일인들을 반혁명으로 몰아넣었다. 그들은 혁명이 자신들에게도 피를 흘리기를 요구하자 겁을 먹고 등을 돌렸다. 그러면서 종교에 피신하고자 다음과 같이 실토했다. '프랑스의 미치광이와 괴물들'에 의해 "유럽의 모든 도시에서 사람들은 파리의 무신론자들에 반감을 품고 있다." 그러면서 『프랑스혁명에 관한 고찰』을 통해 전 유럽에 반혁명과 중세 찬미의 메시지를 전한 영국 사상가 버크의 동조자가 되었다. 아니 독일은 영국 이상으로 더욱더 그 책에 매달렸다.

프랑스 공화정의 성립과 그 정책은 날로 독일로 하여금 혁명에 등을 돌리게 했다. 세계 혁명사상 일찍이 없었던 독일 지성의 집단적 '전향'을 우리는 어떻게 이해할 것인가?

독일의 지식 교양사회는 원래 혁명을 정치적·사회적 구조의 변혁으로서 인식하지 못했다. 그들은 정치적 변혁의 본질과 그 변혁에 뒤따르게 마련인 갖가지 정치적·사회적 문제의 구조적 성격을 이해하지 못했던 것이다. 그러면서 그들은 혁명 속에서 '도덕적 소생'과 '종교적 바람'을 기대했다. 이러한 관점에서 정치권력 엘리트나 지배계층의 혁명관에 대해 다시 생각해보자.

영방군주나 그 측근들은 파리의 대사건에 발발 초기에는 냉담했다. 그러나 프랑스 절대주의의 몰락이 그들에게 이익이 되리라고 생각되자, 그들은 혁명을 우려하거나 반대할 이유를 찾지 못했다. 다른 나라의 일부 지배계급과 마찬가지로 혁명은 프랑스의 대참사일 뿐 자기들의 봉건적 특권이나 신분체제에 위협이 되리라고는 미처 생각하지 않았던 것이다. 프로이센의 외무부 장관인 그라프 폰 헤르츠베르크(Graf von Hertzberg) 나 오스트리아 제국의 재상 안톤 폰 카우니츠(Anton von Kaunitz) 같은 인물은 혁명이 유럽에서 프랑스 세력을 약화시키리라는 예상을 품고 만족을 감추지 않았다. 그 한편에서는 계몽사상의 세례를 받은 많은 귀족이 혁명에 동조했다. 그들 중에서 슐레스비히-홀슈타인의 귀족인 크리스티안은 자진하여 세습 귀족의 권리를 포기 — 루이 16세의 처형은 그의 심경에 변화를 가져오지만 — 하였다. 프로이센의 대신 슈트륀제는 1799년에 어느 프랑스 외교관에게 "프로이센 왕은 자기 방식 나름으로 민주주의자이다. …… 몇 해 안에 프로이센에는 더 이상 특권 계급은 존재하지 않게 될 것이다"라고 호언장담했다. 사실 독일에서 프로이센 이상으로 혁명을 환영한 곳은 없었다. 프리드리히 2세의 형제이기도 한 하인리히 공은 "나의 프랑스 찬미는 일평생 변치 않을 것"이라고 공언했을 정도이다. 프로이센의 많은 상류층 인사가 혁명의 메카 파리로 '순례 길'에 나섰다. 그중에서 슐라플렌도르프 백작, 고등법원장 모르겐베서, 명문가 집안 출신의 성직자 리엠 등은 자코뱅 클럽의 일원이 되었다.

베를린의 귀족과 고급 관료들이 혁명에 공명하게 된 배경에는, 그들이 프리드리히 대왕의 추종자로서 대왕의 근본정신은 1789년의 이념과 다름이 없다는 확신이 깔려 있었다. 사실 프리드리히의 만년에는 이미 베를린 사교계에 공화주의적 색채가 그런대로 만연하고 있었다. 또한 프로이센의『일반 국법』과 프랑스의 새로운 입법이 유사하다는 인식도 한몫했다. 그 밖에 많은 점에서 라이벌 관계였던 오스트리아에 대한 증오를 혁명 프랑스와 함께 나누게 되리라는 예상도 간과할 수 없다. 그러나 이상과 같은 프로이센의 친혁명적 견해가 혁명에 대한 자기 중심의 '전적인 오해'에서 유래한다는 점도 명백하다. 이러한 착각은 오스트리아도 마찬가지였다.

계몽주의적 군주 요제프 2세는 1789년 이전에 프로테스탄트와 그리스정교회의 자유를 인정하는 한편, 로마 교회의 봉건적 특권을 배제하고 농노제를 폐지하며, 학문의 자유에 힘을 다한 바 있다. 그의 진보적 개혁은 혁명 직후에 많은 귀족에게 영향을 주었으며, 19세기 내내 오스트리아의 자유주의자들을 고무하였다. 그 밖에도 바덴-브라운슈바이크, 작센 바이마르, 데사우의 군주들도 계몽사상과 함께 혁명을 긍정적으로 평가하고 그들 자신의 시정(施政)에도 반영하였다. 그러나 프랑스혁명에 대한 독일 군주들과 지배계층의 호응 또한 자기 중심적 '오해'에서 비롯되었다. 그들은 볼테르, 백과전서파, 루소, 볼프의 애독자였다. 그러나 계몽사상은 그들에게서 18세기의 지적 유행 이상의 것이 아니었다. 이러한 사실은 루이 16세의 처형을 기화로 순식간에 드러난 그들의 공포와 반혁명적 태도에서 잘 드러났다.

아우크스부르크와 에슬링겐 등 몇몇 도시에서는 시민 반란이 일어났으며, 민주적이면서도 혁명적인 농민 소요도 발생했다. 한편 1789년 가을에는 바덴과 팔츠, 중부 라인 강변에서도 귀족과 영방군주들에 대한 봉기가 속출했고, 프랑스군이 진주하면 그들과 손을 잡으리라고 공공연히 선언하였다. 그러나 그들의 항쟁도 '인민주권'이나 '인권' 등 혁명 이데올로기로부터 유발된 것은 아니었다. 그리고 잘 다스려진 군주나 영주의 지배 아래에서는 그러한 봉기나 소요 사태를 볼 수 없었다. 당시의 농민 폭동 중에서 가장 규모가 컸던 것은 1790년 작센에서의 봉기로, 그곳에서는 봉건적 통치가 일시적으로나마 마비되기도 했다. 피히테는 당시의 상황을 부인에게 "(진압의) 그 재앙은 기왕에 분출된 불꽃을 두 배의 힘으로도 지워버리지 못할 것입니다"라고 전했다.

작센에서의 민중반란은 루터 시대의 농민전쟁 이래 최대 규모의 민중

운동이었다. 농민들은 신문에 놀랄 만큼 큰 관심을 가졌다. 신문이 보급된 지역과 그렇지 못한 지역 간에는 농민을 비롯한 일반 민중의 의식이 큰 격차를 드러내고 있었다.

프랑스혁명이 기폭제가 된 민중운동은 독일 자코뱅파가 주도했다. 봉기의 중심지인 마인츠에서는 프랑스의 자코뱅 클럽을 모델로 '자유와 평화의 벗'이라는 모임이 만들어지고 그 회원은 약 5백 명이나 되었다. 많은 클럽이 독일 혁명 운동의 중심이 되었으며, 그 주역은 포르스터였다. 독일 자코뱅주의-민주주의의 선구자인 포르스터는 실천적 투사이면서도 유토피아주의자였다. 그에게 '자유'는 "도덕적으로나 시민적으로 인간을 성숙시키는 최고의 목표"였다. 그러나 자유에 이르는 길이 얼마나 험악한가를 그는 잘 알고 있었다. 포르스터는 프랑스혁명에 뒤따른 과격하고 당파적인 에고이즘의 독재 뒤에도 혁명을 "인류 전체를 윤리적으로 교화하는 최대의, 가장 주요한, 정당한 혁명"이라고 언명했다. 포르스터가 앞장서서 1793년 3월 17일에는 시민적·민주적 선거에 의한 라인 독일 국민의회가 탄생했다. 이 국민의회는 해방된 지역에서의 귀족과 성직자의 특권 소멸을 선언함으로써 독일 최초의 민주공화국이 탄생했다. 그러나 그 공화국의 존립은 프랑스의 뒷받침 없이는 불가능했기에, 마인츠 공화국은 같은 해 3월 21일 혁명 프랑스에의 합병을 선언했다.

그러나 반란이 유발된 지역 간에도 일체감이나 연대의식이 전혀 없었다. 그러므로 독일 내의 반란과 소요는 1794년 여름을 고비로 수그러졌다. 독일 자코뱅파에 의한 민중운동을 격란기 독일 역사의 일장춘몽으로만 보고 싶지는 않다. 그러나 절대다수의 국민이 무관했던 그 의거는 필경 좌절될 운명에 놓여 있었다. 그리고 독일 교양계층과 지식인의 반혁명적 '전향'도 그들의 유전자적 반사회성과 반정치성으로 인해 필연적일 수밖에 없었다.

비토리오 회슬레(Vittorio Hösle)는 『독일 철학사: 독일 정신은 존재하는가』에서 독일 철학의 발단을 13세기 신비주의 사상가인 에크하르트와 주교이자 추기경이기도 했던 신비적 신학자·철학자 쿠자누스에서 찾는다. 그리고 독일 철학의 발전을 주도한 인물로는 라이프니츠와 칸트, 헤겔을 들고 있다. 그런데 회슬레는 '독일 철학의 특수한 도정'을 '정신 개념'에 대한 지나친 성찰, 특히 '철학적 형식의 종교성'을 지적한다.

나는 앞에서 독일의 특이한 현상으로 종교적 북방 르네상스와 담론의 사회성을 외면한 계몽사상, 그리고 중세 지향적 낭만주의를 지적하면서 그 배경으로 하나의 이데올로기적 교리, 도그마화한 독일 정신의 반정치적·반사회적 내면성의 정념이 극심했음을 지적하고 비판한 바 있다. 서유럽과 다르게 정치와 교양, 문화와 문명이 상반된 도식을 이룬 독일적 교양 이념과 교양계층은 역사상 일찍이 없었던 1789년에 대해 공감대를 형성하지 못하고 거대한 '전향'을 하게 된 것은 필경 필연적이었다고 할 수 있다.

독일적 교양의 이념과 관련해 각별한 의미를 지니면서 연동되는 것으로 '천재'(天才, Genie)의, 위대한 인간 행위의 모습을 띠고 나타나는 신적 창조력으로서의 '천재'(Genius)를 강조하고 싶다. 슈투름 운트 드랑 운동에서 밝혀지듯이, 천재는 예감하는 자 내지는 새로운 미래를 향한 비전을 고지하는 자이다. 그 상징적 인물은 괴테와 실러에서 볼 수 있듯이 시인이다. 괴테는 "시인은 순수하고 완전하며" "동시에 교사이자 예언자, 신들과 인간의 벗"이며, "당신은 예술가의 자질로 태어났습니다. 그러므로 무지(無知)나 천진난만함은 언제까지나 지녀도 좋습니다"라고 『빌헬름 마이스터의 수업 시대』에서 말했다. "순수 낭만"이야말로 "(시라는) 운명의 바다 속에 잠긴" 독일 시인의 진면모이다. 프랑스에도 샤를 보들레르(Charles Baudelaire), 스테판 말라르메(Stéphane Mallarmé), 아르뛰르 랭보(Arthur Rimbaud) 등 대단한 시인이 많았다. 그러나 그들은 단지 시의 세계에 머물지 않고 예술비평가 내지 문명비평가로서 '이탈'을 서슴지 않았다. 독일의 전형적 시인으로서 우리는 순수 고고한 예언자적 시인 휠덜린과 슈테판 게오르게(Stefan George)를 비롯하여 프리드리히 뫼리케(Friedrich Mörike), 리하르트 데멜(Richard Dehmel), 라이너 마리아 릴케(Rainer Maria Rilke), 후고 폰 호프만슈탈(Hugo von Hofmannsthal) 등의 서정시인을 들 수 있으며, 그들을 통해 우리는 독일을 철학에 앞서 '시인의 나라'로서 드높인다.

제7장

괴테와 독일 인문주의

1. 괴테와 실러: 독일 고전문학과 인문주의의 성립

우리는 헤르더와 훔볼트를 중심으로 18세기 후기에서부터 19세기 초기에 걸쳐 독일에서 싹트고 확산된 민족적·국민적 각성을 살펴보았다. 그런데 그 시기는 또한 괴테와 실러에 의해 추동된 독일 신(新)인문주의의 태동과도 겹친다.

'신인문주의'(Neuhumanismus)라는 표현을 처음으로 쓴 인물은 독일 교육문화사가인 프리드리히 파울젠(Friedrich Paulsen)이다. 그는 18세기 후반에 이르러 주로 문학 서클을 중심으로 독일에서 대두된 인문주의적 흐름을 15, 16세기 이탈리아 르네상스 중심의 범유럽적 인문주의와 구별하여 '신인문주의'로 지칭했다. 신인문주의는 그리스-로마의 인문주의적 고전 문화를 모범으로 받들고 지향한 점에서는 이탈리아 르네상스와 크게 다름이 없었다. 그러나 전자가 궁정 귀족 및 상층 시민계급을 중심으로 중세 그리스도교의 교리를 표방한 로마 교황권에 맞서 인간성을 강조한 폭넓은 문화 운동인 데 반해, 신인문주의는 독일 고전주의 문학의 형성에 크게 이바지하였다. 이하 이 책에서는 신인문주의를 독일 인문주의로 지칭하여 서술하고자 한다.

독일 인문주의의 개막 내지 전(前) 단계를 이룬 것은 1770~80년간의 젊은 세대에 의한 슈투름 운트 드랑 운동이었다. '질풍노도'라는 호칭 그대로 단명으로 끝난 이 감정 해방 운동은 많은 점에서 독일 인문주의의 특성을 잉태했다. 루소를 본받은 자아의 해방과 자연 사상, 레싱의 자유로운 담론의 정신, 헤르더의 역사의식 등이 그것이다.

문학 중심의 독일 인문주의를 주도한 인물은 괴테와 실러, 그 가운데서도 특히 괴테였다. 젊은 괴테는 중세 말기에 고위 성직 귀족의 허위에 맞서 자유를 위해 투쟁한 독일 기사를 주인공으로 한 희곡 『괴츠 폰 베를리힝겐』(1773)과 삶 전체를 건 사랑 이야기의 로망 『젊은 베르테르의 슬픔』(1774), 그리고 많은 서정시를 발표하여 당시의 일상적 관행과 통념, 권위에 맞선 자유에 대한 의지, 사랑과 삶에 대한 찬가를 형상화하여 세상을 떠들썩하게 했다. 실러 또한 모든 사회적 속박으로부터 해방되기 위해 도둑 떼의 두목이 되어 민중으로부터 '숭고한 범죄자'로 불린 귀족 가문 출신을 주인공으로 한 『도둑 떼』(1781)를 발표하여 괴테에 뒤질세라 질풍노도 운동에 거센 바람을 일으켰다. 군의(軍醫) 집안 출신인 그는 영방군주의 지시에 따라 군학교에서 수학하고 군의관으로 임명되었으나, 도망하여 어려운 방랑 생활 속에서도 『피에스코의 반란』과 『기교와 연애』를 출간하고 상연해 자신이 반역하는 자유의 투사임을 밝혔다. 괴츠는 죽으면서 "바야흐로 허위의 시대가 도래한다"라고 외친바, 독일 고전문학과 신인문주의는 괴테와 실러의 깊은 우정 위에 진실을 위한 새로운 시대정신을 지향했다.

괴테와 실러가 처음 만난 것은 1788년 9월 바이마르에서였다. 이때 괴테는 이탈리아 여행을 마치고 바이마르에 갓 돌아왔으며, 실러는 작센 바이마르 공국에 속한 예나에 체류하고 있었다. 두 사람의 친분은 실러가 편집한 잡지 『호렌』(*Die Horen*)에 1794년 괴테를 동인(同人)으로 초빙함으로써 비롯되었다.

두 사람은 출신 환경을 비롯해 그 성격과 창작 방식에서 무척이나 대조적이었다. 괴테가 사물을 종합적·직관적으로 이해한 데 반해, 실러는 이념적·분석적이었다. 또한 괴테의 작품이 대체로 그 자신의 삶과 체험의 소산인 데 비해, 실러의 작품 세계는 그가 추구하는 이념의 소산이었다. 상징적으로 표현하면, 괴테가 보고 관찰하는 '눈의 인간'인 데 비해, 실러는 비전과 이념을 '생각하는 인간'이었다. 이와 같은 상반된 특징으로 괴테는 10세 연하의 실러를 처음에는 경원했지만, 그를 예나 대학 역사학 교수로 추천하여 바이마르로 거처를 옮기도록 했다. 그 뒤 1천 통이 넘는 『괴테·실러의 왕복 서한』(1829)이 밝혀주듯이, 두 시인의 우정은 1794년부터 실러가 작고할 때까지 지속되었으며, 그 우정 위에 독일 고전문학과 인문주의가 대성했다.

먼저 실러의 작품 세계를 보자. 저항하는 전사인 젊은 실러를 삶의 새로운 국면으로 인도한 것은 베토벤의 9번 교향곡 합창 텍스트였다. 이 텍스트에 감동한 그는 우정과 애정, 동포애를 통한 인간성을 찬탄하는 시 「기쁨에 바침」(An die Freude)을 썼다. 이어서 발표한 —— 주인공인 왕자가 부왕인 스페인 펠리페 2세의 압제에 맞선 정치 비극인 ——「돈 카를로스」(1787)에서 실러는 항의하고 투쟁하는 지난날로부터 해방되었다. 그는 이 작품에서 주인공의 전인적 인간상을 받들어 묘사함으로써, 그 자신의 성숙한 휴머니즘을 밝혀준 것이다. 또한 실러는 『시신연감』(詩神年鑑, 1797~1800)을 통해 낭만파와 '젊은 독일'(Junges Deutschland)파의 새로운 문학 흐름을 거부하는 한편, 역사 연구와 칸트 철학 연구에도 힘을 다해 『인간의 미적 교육에 대한 서한』(1795)을 비롯하여 고전적 인간성을 향한 그의 신앙고백이라고도 할 수 있는 여러 편의 미학론을 발표함으로써 독일 인문주의의 위상을 이념적으로 더욱더 굳혔다.

이제 괴테를 중심으로 독일 고전문학과 인문주의에 대해 생각해보자.

괴테의 인문주의적 교양은 독일의 미술사가이자 고대미술사 연구의 창시자인 빙켈만과의 만남에서부터 기약되었다.

빙켈만은 베를린 서쪽의 소도시 슈텐달에서 태어났다. 그는 할레 대학 신학부를 졸업한 뒤, 귀족의 도서관에 근무하면서 미술과 역사 연구에 착수했다. 이때 주목할 사실은 그가 라틴어가 아닌 그리스어 텍스트에 크게 의존했다는 점이다. 빙켈만은 이어 당시 독일의 파리로 불린 드레스덴에 머물면서 고전학을 연구하고 그리스 예술에 심취하면서 연구 주제를 그것에 집약했다. 그리고 독일에 인문주의 바람을 불러일으킨 기념비적인 저술 『회화 및 조각에서의 그리스 작품의 모방론』(이하 『그리스 미술 모방론』, 1755)을 발표했다. 이때 그의 나이 38세였다. 1755년에는 로마로 거처를 옮겨 그곳에 수집된 그리스와 로마의 작품을 연구하는 한편, 이탈리아 여러 지역의 유적들을 조사·연구했다. 학자로서 그는 '이교도'임을 공공연히 밝혔지만, 그럼에도 그는 미술 수집가인 추기경의 후원을 받게 되고 로마 지역 고미술보존위원장, 바티칸 서기관으로 임명되었다. 그만큼 그의 연구는 획기적인 것으로 높이 평가받았던 것이다. 그리고 1764년에는 대작 『고대예술사』를 출판하였다. 빙켈만은 『그리스 미술 모방론』을 통해 호메로스 이래 유럽 문학의 밑바닥에 면면히 흐르는 '미메시스'(mimesis)의 문제를 제기했다.

> 우리가 진실로 위대해질 수 있다면, 불멸의 존재가 되는 유일한 길은 고대를 모방하는 것이다.

또한 그는 "그리스 조각의 고귀한 단일성과 고유한 위대함"(edeln Einhheilt und stillen Grösse)은 그리스 문화가 최고의 시대에 이르렀음을 입증하는 진정한 표현이라고도 했다.

헤르더는 예술은 물론 문화 일반의 '모방'에도 부정적이었지만, 『그리

스 미술 모방론』을 "아마도 영혼을 매우 풍요롭게 하는 책"이라고 평가
했다. 당시 시대 전체가 빙켈만에 탄복했다. 그중에서도 빙켈만을 극찬
하고 최고의 경의를 바친 인물은 괴테였다. 괴테는 1805년에 쓴 기념 논
고의 제목을 「빙켈만과 그의 세기」라고 이름 붙였다. 괴테에게 18세기는
무엇보다 빙켈만의 세기였다.

> 빙켈만은 널리 흔들림 없는 세상의 존중을 누렸다. …… 모든 잡지는
> 하나가 되어 그를 찬탄하고, 뛰어난 여행자는 교훈을 얻고 기뻐하며 그
> 로부터 돌아갔다. 그가 발표하는 새로운 견해는 학술과 인생 전반에 걸
> 쳐 있었다.

빙켈만에 대한 괴테의 찬탄이다. 빙켈만은 『고대예술사』를 통해 그리
스 예술과 이상적 인간상인 그리스인이 그리스 전체의 조화로운 발전
속에서 이룩되었음을 밝혔다. 그럼으로써 빙켈만은 그리스를 발견했다.
이탈리아의 르네상스 인문주의자들의 이상은 공화정 시절의 '교양 있
는' 로마인이었다. 루이 14세 시대의 고대 부흥도 로마와 라틴 지향적이
었다. 빙켈만은 근대 최초의 그리스 심취자(Gräkomanier)이자 그리스 발
견자였던 것이다.

빙켈만의 저작에 촉발되어 레싱은 『라오콘』(1766)을, 헤르더는 『비판
의 숲』(1769)을 썼다. 그리고 훔볼트는 사료 편찬의 유용성을 "현실을 취
급하는 감각을 환기하는 데서" 찾았다. 빙켈만은 예술의 규범적 성격을
작품의 숲을 헤쳐 나가면서 하나하나 관찰하고 감지함으로써, 그 보편성
과 함께 자연성과 역사성을 밝혔다. 우리는 근대 인문사회 제 과학의 특
징으로서 그 역사적 성격을 지적할 수 있는바, 빙켈만은 바로 작품의 개
별적 관찰을 통해 근대적 학문으로서의 미술사학을 뿌리내리게 하였다.

현대 독일의 사회학자로서 제도화와 전문성이 강한 현대 과학과 인문

학에 대한 비판으로 이름 높은 볼프 레페니스(Wolf Lepenies)는 18세기 말을 과학적 사고방식의 태동과 그에 따른 지난날의 박물지적(博物誌的) 학식의 종말로 특징지었다. 자연의 관찰과 경험에 근거한 새로운 과학적 방법론은 지식의 개별화 내지 특수화를 도출하여 전문학으로서의 학문(science, Wissensehaft)을 성립시켰다. 이렇듯이 근대 학문의 성립은 지난날의 박식한 학식자와 문필가를 대신하여 전문성이 강한 학자(scholar, scientist)를 배출하였다. 레페니스는 그 선구적 인물로 박물학자인 카를 폰 린네(Carl von Linné)와 콩트 드 뷔퐁(Comte de Buffon), 박물학자인 포르스터와 함께 빙켈만을 들고 있다.

철학자 셸링은 빙켈만의 아카데미즘과 학술성을 다음과 같이 강조하였다.

> 그의 학설이 최초의 초석이 되어 후세의 사람들은 그것에 근거하여 고대를 인식하고 학문이라는 보편적 건조물을 올리기 시작했다. 예술 작품을 영원토록 변치 않는 자연의 작품의 존재 위상과 법칙에 따라 관찰하고자 한 생각은 그가 제일 먼저 생각해낸 것이다.

그러나 괴테의 관점은 달랐다. 괴테에게서 빙켈만은 콜럼버스가 아니었다. 괴테에 의하면, 빙켈만은 "오래전에 예감되고 해석되고 논의된 나라, 아니 오히려 벌써부터 알려진, 그러나 잊혀졌다고 할 나라를 발견한 것이었다." 괴테는 이탈리아 르네상스를 그리스 발견으로 떠올린 것이었을까.

괴테가 진정 빙켈만으로부터 물려받은 최대의 축복은 바로 반듯한 삶, 즉 '교양'이었다. 그렇게 괴테는 서슴없이 단언했다. 괴테는 빙켈만이 로마에서 지낸 나날들을 '고귀한 예술적 삶'으로 비유하며, 그 저작들을 또한 '인생 그 자체'로서 탄복했다. "우리는 본 것만 이야기할 수 있다"

라고 빙켈만은 말하였다. 그런데 빙켈만은 평생 그리스에 한 번도 가보지 못했다. 그러면서도 그는 그리스 미술을 밝힌 최초의 근대적 미학자이자 미술사가가 되었다. 그 불가사의한 행적이 어떻게 가능했을까.

빙켈만은 일찍부터 미개척 분야였던 고대 미술의 연구에 뜻을 두었다. "지금 누구 하나 예술의 본질에 다가가지 못했습니다." "그러므로 혼자서 생각하고 연구해야 합니다. 그밖에 방법이 없습니다"라고 말하면서도 그는 1758년에는 "완전한 저작을 제공하고 생각뿐만 아니라 사상과 문체의 아름다움을 최고 수준에까지 높이는 것"이 자신의 바람이라고 토로했다. 이 최초의 근대적 미술사가는 '소명'(召命)에 사로잡힌 무한한 비전으로부터 자유롭지 못했다. 그리고 그것이 괴테를 매혹했다.

빙켈만의 업적은 그가 작고한 뒤 독일에서 대학을 중심으로 고전문헌학 연구로 이어지고 발전하였다. 그에 앞장선 것은 괴팅겐 대학 교수로 고전학자이자 고고학자인 크리스티안 고틀로프 하이네였다. 그 자신의 최초의 논문을 빙켈만에게 바친 하이네는 고고학을 유물 및 유적을 둘러싼 학문으로 처음으로 자리매김했으며, 미술사를 고고학적 견지에서 연구하여 역작 『고고학의 학술적 강의와 고대 미술』(1821)을 간행했다.

하이네에 이어 그의 강의를 듣고 호메로스와 플라톤에 심취한 프리드리히 A. 볼프(Friedrich A. Wolf)는 할레 대학과 베를린 대학의 고전학 교수로서 호메로스와 플라톤의 새로운 텍스트를 작성했다. 그리고 그는 『호메로스 서설』(1795)과 『고대 학문의 서술』(1807)을 통해 고전을 확고한 근거 위에 역사적·비판적으로 다룸으로써 고전 연구의 새로운 지평을 활짝 열었다. 볼프는 고대학을 고대 그리스-로마 세계 혹은 고대의 국민적 작품, 철학-역사학적 지식의 총체로 인식했다. 독일의 초기 낭만주의 운동의 이론적 지도자인 프리드리히 슐레겔(Friedrich Schlegel)은 볼프를 칸트에 비기면서 볼프의 연구 원칙이 문학사 서술 전반에 적용되어야 한다고 주장했다. 이렇듯 볼프의 고전학은 낭만주의 운동과 게르만학, 역사법학파 등 독일적 근대사상의 태동에 깊은 영향을 주었다. 그 모두가 빙켈만에 뿌리를 둔 것으로서, 그만큼 독일 인문주의에 끼친 빙켈만의 영향은 대단했다. 이제 괴테에게로 돌아가자.

2. 바이마르 공국과 괴테

괴테는 1775년 11월 카를 아우구스트 대공의 초빙에 따라 바이마르에 왔다. 그의 나이 26세였다. 바야흐로 괴테의 공직 생활이 시작되었다. 당시 작센 바이마르 공국은 면적이 1,900제곱킬로미터에다가 인구는 겨우 10만 명 정도로, 그 무렵 독일 대부분의 소영방과 마찬가지로 이른바 가부장적인 신분제 국가였다. 괴테의 바이마르행에 많은 작가와 친척들이 반대했다. 그들 중에는『괴츠 폰 베를리힝겐』과『젊은 베르테르의 슬픔』을 통해 질풍노도 운동의 기수로서 독일 시민계급의 정치적 자유 운동에 불을 붙인 괴테의 '전신'(轉身)에 실망하고 분개한 사람들도 있었다. 괴테 자신도 자기의 자의식과 삶이 필경 속박당하리라고 예감하면서 선택한 바이마르행이었다.

그러나 괴테는 한편으로는 18세인 아우구스트 대공과의 두터운 우정과 신뢰 속에서 바이마르의 새로운 생활에 적잖은 흥미와 보람을 느꼈다. 그는 외무참사관을 시작으로 1779년에는 대신 격인 추밀고문관이 되어 군사와 토목, 문화 및 교육 부문을 담당했으며, 1782년에는 귀족의 칭호를 받고 재정 감독을 관장하는 최고의 내각주석(內閣主席)이 되었다. 이때 그의 나이 33세였다. 10년간에 걸친 제1차 바이마르 체류 시절, 괴테는 영민한 군주 밑에서 많은 치적을 거두는 한편으로 문학 창작과 지질학, 식물학 등의 연구에도 종사했다. 그와 아우구스트 대공 사이에서는 지난날 베를린 포츠담에서 프리드리히 2세와 볼테르 간에 있었던 불편한 사태는 일어나지 않았다.

괴테는 카를 아우구스트를 프리드리히 대왕과 더불어 독일 제후들 가운데 최고의 제후이며 '타고난 걸물'이라고 찬탄했다. 정치적으로나 종교적으로 공정했던 대공은 인재를 적재적소에 배치하고 진보적인 경제 정책을 취하는 한편, 헌법을 통해 정책을 구현하고자 했다. 그리고 그는 '건강한 자연아 같은 기상'으로 괴테가 하는 모든 일에 '마음 깊이 흥미'를 지녔다. 대공은 "왕후이기에 앞서 인간임을 바랐던" 인물이었다. 이상과 같은 폭넓은 사람됨으로 카를 아우구스트는 괴테를 비롯하여 빌란트, 실러, 헤르더를 등용함으로써 바이마르를 독일의 고전 문화 내지 인문주의의 새로운 메카로 발전시킬 수 있었다. 1776년 여름, 괴테는 현재의 상태는 꿈만 같이 행복하다고 말하였다.

대공과 함께 괴테에게 축복을 안겨준 또 한 사람은 카를 아우구스트 대공의 모친인 안나 아말리아(Anna Amalia, 1739~1807)였다. 그녀는 프리드리히 대왕의 질녀로서 남편이 작고하자 섭정이 되고 당시 독일 최고의 시인인 빌란트를 초빙하여 아들의 스승으로 삼았다. 프랑스 이탈리아풍의 교양을 지녔으면서도 독일 문학을 귀하게 여긴 그녀의 문예 취향은 시인뿐만 아니라 학자와 음악가도 초빙하고 극장 문화도 일으켜 바이마르 문화의 기반을 다지는 데 일조했다. 괴테가 바이마르에 왔을 때 그녀의 나이가 36세였는데, 괴테는 그녀를 "완전한 인간성을 갖춘 더 비할 바 없는 고귀한 인품"으로 찬탄했다. 그리고 그녀의 살롱은 독일 최초의 귀부인 중심의 살롱으로, 괴테를 기쁘게 한 몇몇 귀부인을 길러냈다. 그중에는 슈타인 부인도 있었다.

바이마르에서 괴테의 최고의 기쁨은 슈타인 부인(Charlotte von Stein, 1742~1827)과의 '쉼 없는 행복한' 만남이었다. 슈타인 부인은 괴테보다 일곱 살 연상으로 아말리아의 시녀로 일하고 있었는데, 이미 일곱 자녀를 둔 중년 부인이었으며, 남편은 대공의 중간 관리직 궁정인이었다.

괴테는 부인과의 첫 만남 4개월 뒤인 1776년 4월 25일에 "남쪽 언덕 저편에 태양이 나를 향해 떠올랐습니다. 부인이여! 희망과 성취와 약속에 찬 눈동자였습니다"라고 자신의 연정을 부인에게 털어놓았다. 이때 괴테는 27세의 독신으로 대공의 추밀고문관이었다. 슈타인 부인은 범속한 남편과의 행복하지 못한 나날 속에서도 괴테의 연정과 고백을 외면했다. 그녀는 귀족 칭호를 지닌 사교적 귀부인이었으나 빼어난 미모의 소유자는 아니었다. 그러나 괴테는 자신의 여성 편력에서 마주친 여러 여인들과는 달리, 12년 동안 부인에게 생애 최대의 사랑과 숭배의 정념을 바쳤다. 부인의 어디가 그토록 괴테를 매혹했을까.

당시 실러를 비롯한 독일의 일류 문인과 철학자들이 바이마르에 모여들자, 괴테의 작품을 주제로 한 문학 담론이 사교계 최대의 화제가 되었다. 괴테는 슈타인 부인에게서 자신이 바란 최고의 독자를 발견했다. 부인과 사귀고 나서 얼마 뒤에 괴테는 "내 가슴의 고동을 감지하고 / 마음속 깊은 소리를 알아차려 / 단숨에 나를 꿰뚫은 그대 / 이승의 님을 어디서 찾을까"라고 읊었다. 반듯한 독서인이란 명석한 두뇌와 풍요로운 감성을 함께 지닌 교양인이기 마련이다. 슈타인 부인은 교양과 함께 괴테가 귀족의 최대 미덕으로 여겼던 순수한 우아함과 고귀함을 천성처럼 두루 갖추었다.

> 그대는 내 마음의 온갖 것을 잘 아서.
> 끓어오르는 피를 절제시켜
> 거칠고 망설이는 걸음걸이를 바로잡아주시어.
>
> 그대는 이전 세상에서 바로 나의 여인, 나의 처.

슈타인 부인은 몇 해 뒤에 괴테의 작품에 끌려 그의 사랑을 받아들였다. 그러자 소도시의 사교계에서는 시비가 그치지 않았다. 그러나 두 연인은 사랑하는 사람에게 특권처럼 주어지는 사랑의 에고이즘을 마음껏 누렸다. 괴테는 집필한 원고를 슈타인 부인에게 먼저 보여주었다. 부인은 괴테의 모든 작품의 최초의 독자이자 최초의 교정자가 되었다. 슈타인부인과의 만남은 괴테의 예술과 사람됨, 교양에 참으로 크게 이바지했다.

> 영원히 여성적인 것이(Das Ewig-Weibliche)
> 우리를 끌어들인다(zieht uns hinan).

『파우스트』의 말미에 그렇게 읊었을 때, 괴테는 필시 슈타인 부인을 떠올렸으리라. 그러나 바이마르에서 보내는 밀월의 세월이 언제까지 지속될 수는 없었다. 괴테가 훗날 "어떤 사소한 일이라도 대공에게 그만두도록 충고하지 못하였다"라고 에커만에게 토로한 바와 같이, 작은 나라의 가산적(家産的) 체제의 벽은 독일의 아테네라고 불린 바이마르에서도 예외가 아니었다. 더불어 괴테를 더욱 괴롭힌 것은 귀족 작위가 없었던 까닭에 세습 귀족들에게 수모를 겪어야 했던 궁정의 사교 생활이었다. 대공이 괴테를 초빙한 이유였던 시인의 명성도 거기에서는 겉핥기에 지나지 않았다. 괴테는 궁정사회 속으로 들어가면 갈수록 바이마르에 대해 거리감과 혐오를 느끼게 되었다. 그는 바이마르에 도착해 몇 달 동안 겪었던 일들을 어느 친척에게 보낸 편지에서 다음과 같이 토로한 바 있다.

> 이제 나는 궁정과 정치의 모든 일에 휩쓸려서 다시는 발을 빼지 못할 것만 같습니다. 물론 이 속된 사회의 추악한 면을 인식하는 데 나는 지난날보다 더 좋은 위치에 있습니다. 나와 벗들의 생활 속에서 성숙되고 있는 아름다운 씨앗을 우리의 토양에 뿌리고, 저 거룩한 보옥(寶玉)을

우리 왕후들의 지상의 관(冠)에 씌워야 한다는 마음을 나는 완전히 단념했습니다.

이 편지를 받은 루트비히 폰 크네벨(Ludwig von Knebel)은 시인이자 번역가이기도 한 프로이센의 장교로 괴테를 아우구스트 대공에게 소개한 인물이었다. 바이마르에서의 공직 생활에 대해 괴테가 내린 결론은 다음과 같은 것이었다. "왕후가 아니면서 행정에 종사하는 것은 속된 인간, 악한이 아니면 어리석은 바보임에 틀림없다." 그러면서 괴테는 그리움의 땅 이탈리아를 떠올렸고, 마침내 1786년에 이탈리아행을 결행하게 된다. 그러나 아우구스트 대공에 대한 괴테의 경애심은 일생토록 변함이 없었다.

3. 괴테의 이탈리아 여행과 그의 변모

그대는 아는가 남쪽 나라를 레몬 꽃이 피고
그대는 아는가. 그 나라를
저편에, 저편으로
오! 사랑스러운 님이여
함께 가고파.

1786년 9월 3일, 괴테는 비서인 에커만에게만 행선지를 알리고 오직 혼자서 요양 차 체류 중이던 카를스바트를 남몰래 빠져나왔다. 그리고 상인으로 위장하여 이름도 '요한 필리프 멜러'라는 가명을 쓰면서 역마차를 갈아타고 이탈리아로 향했다.

"모든 것을 덮어두자. 내 마음속에서 이미 옛것이 되어버린 하나의 소원을 실행하기 위해." 이탈리아로 향한 괴테에게 태양이 빛나는 남쪽 나라인 그곳에 대한 동경은 어둡고 침침한 북방 독일인의 중세 이래부터의 숙명과도 같은 것이었다.

어린 시절부터 부친에게서 이탈리아 이야기를 듣고 이탈리아어를 배우며 자란 괴테에게 그곳은 어린 마음에도 낯설지 않는, 각별한 그리움의 나라였다. 바이마르에서 10년간 겪은 공직 생활과 그것에 대한 회의는 그간에 소홀히 했던 시작(詩作)에 대한 열정을 불러일으켰으며, 마침내 그로 하여금 이탈리아로의 도주를 마음먹게 했다.

괴테는 1786년 9월 14일에 카를스바트를 출발하여 11일 만에 이탈리아의 베로나에 도착했다. 그 감동을 괴테는 슈타인 부인을 떠올리며 "사랑하는 그대여, 마침내 이곳에 도달하였소. 이미 일찍이 왔어야 했을 곳에 왔소"라고 기록했다. 그는 이제 '가장 좋아하는' 이탈리아어로 말하고, 이탈리아 복식을 하며, 이탈리아인처럼 행세했다. 5일간 베로나에 머무는 동안 괴테는 고대 이탈리아의 투기장이나 박물관의 미술품, 그리고 근대회화에도 이끌렸다. 그러면서도 그곳의 유서 깊은 고딕 건축이나 성당은 무관심을 넘어 외면하기까지 했다. 한때 미술가가 되고자 했던 괴테는 이탈리아 여행 중에 일관되게 고대 및 르네상스의 건축, 조각, 회화에만 심취했다.

1786년 11월 1일, "그렇다. 나는 이제서야 세계의 수도에 다다랐다"라면서 괴테는 로마에 당도하였다. 그 감동을 그는 다음과 같이 기록한다.

최근 몇 해 동안은 참으로 병에라도 걸린 듯, 그것을 치유할 수 있는 것은 오직 내 눈으로 이 땅 로마를 바라보며 몸소 여기에 오는 것일 뿐이었다. 지금에야 고백하지만 마침내는 한 권의 라틴어 책도 한 점의 이탈리아 풍경화조차 아득히 마음에 차지 않았다. 바로 이 로마를 보고픈 욕망이 도를 넘었던 것이다. 나는 로마에 있을 때만 진정 인간답게 느꼈다. 그때처럼 높은 감정도 그만한 행복감도 그 뒤 다시는 맛보지 못했다.

그리고 11월 10일에는 다음과 같이 토로했다.

　　나는 로마에서 오래도록 느껴보지 못한 밝고 안정된 나날을 보내고
있다. 사물을 있는 그대로 보고 읽고자 하는 나의 배움, 눈빛을 맑게 하
고픈 나의 성실성, 모든 어리석은 오만에서 전적으로 해방되고자 하는
마음가짐. 이 모두가 또한 도움이 되어 남모를 행복을 느끼게 한다.

"밝고 마음 편한 나날"을 즐기며 "사물을 있는 그대로 보고 읽고자 한
배움", 그리고 "어리석은 오만에서 해방되고자 한 마음가짐"으로 약 2년
에 걸쳐 이탈리아를 체험한 괴테는 조화로운 인간으로 성숙해졌다. 그의
생애 최대의 '변모'(Metamorphose)는 인문주의자 괴테와 함께 독일의 고
전문학과 인문주의의 집대성을 기약하는 일대 전기이며 축복이기도 했다.
　괴테는 이탈리아로부터 귀국(1788년 6월)하기 직전인 3월 17일에 아
우구스트 대공에게 보낸 편지에서 "이 1년 반의 고독한 생활에서 나는
다시 나 자신을 발견했습니다. 그것은 무엇일까요? 예술가로서입니다.
내가 예술가밖에 될 수 없음을 대공께서 배려하여 제게 도움이 되도록
부탁드립니다"라고 토로했다. 괴테는 바이마르에 돌아가면 공직에서 물
러나 작품 창작과 학예에 전념하기로 마음먹었던 것이다. 그리고 그 바
람은 이루어졌다.
　괴테의 이탈리아 체험의 첫 번째 수확은 희곡 「이피게니」(1787)와 「타
소」(1789)로 결실을 맺었다. 이탈리아로 떠나기 전에 슈타인 부인을 떠
올리며 착수하고 여행 중에 완성한 「이피게니」는 신을 섬기면서 그리스
에 대한 사모의 감정을 말하는 처녀 이피게니의 화목한 미덕을 통해 고
귀한 후마니타스를 전아(典雅)한 고전적 양식으로 구현한 근대적 인간

자각의 최고의 작품이었다. 연이어 르네상스 시대 이탈리아의 시인 토르콰토 타소(Torquato Tasso, 1544~95)를 회상하며 쓴 「타소」는 시인의 본질 및 현실과의 갈등을 주제로 설정한, 괴테 자신이 바이마르 궁정 생활에서 겪은 상처와 고뇌를 표현한 작품이었다. 「이피게니」와 「타소」 두 작품은 똑같이 근대적 인간의 고뇌와 염원을 고전적 양식으로 전아하게 감싼 독일 고전문학의 본격적인 공덕(功德)을 밝히는 기념비적 의미를 지녔다.

바이마르에 돌아온 뒤, 괴테는 자신의 바람대로 일체의 정무(政務)에서 물러나고 슈타인 부인과도 멀어지는 등 고독한 나날을 보냈다. 그만큼 그는 창작에 몰두했다. 그러면서도 그는 바이마르 궁정 극장의 총감독으로서 연극 활동에 힘을 다했다. 그리고 프랑스혁명 전후의 대격랑을 외면한 듯 아름다운 사랑의 서사시 「헤르만과 도로테아」(1797)를 통해 자신이 염원하는 바람직한 삶을 표현하였다. 독일 소도시 시민의 삶과 정신을 주제로 한 이 작품은 괴테의 걸작으로 누구에게나 따뜻한 감동을 안겨줘, 괴테는 이 작품이 자신에게도 언제나 기쁨을 선사한다고 말했다.

이탈리아 여행의 최대 수확 가운데 하나는 장편소설 『빌헬름 마이스터』의 제1부 『수업 시대』(1795~96)와 제2부 『편력 시대』(1821~29)이다. 연애의 파탄이 계기가 되어 연극에 몰두하게 된 주인공 마이스터는 한 사람의 시민으로서 갖가지 체험을 거듭하며 동지들과 결사(結社)를 꾸민다. 이 교양소설은 그 뒤 독일 근대소설의 모범이 되었다. "그대는 아는가 저 나라를, 레몬의 꽃이 피고 황금의 오렌지 빛나는"이라고 마이스터를 이탈리아로 데리고 가는 집시의 딸 미뇬(Mignon)이 읊는 노래는 영원한 그리움의 땅 이탈리아를 향한 괴테의 찬가이다.

『수업 시대』의 속편으로 '체념의 사람들'이라는 부제목을 단 『편력 시대』는 논고와 편지, 단편소설 등으로 아로새겨져 일정한 줄거리가 없는 괴테의 마지막 장편소설이다. 『수업 시대』에 이은 이 교양소설에서 주인 공은 시민 출신의 외과의로 설정되었는데, 그는 '유용한' 직책을 맡고 적극적 활동을 다해 사회에 이바지함으로써 인간성의 활동을 기약하였다.

인간은 한 가지 일을 다른 사람들이 좀처럼 그럴 수 없을 만큼 근본적으로 이해하고 그 일에서 빼어나는 것이 소중하다. 한 가지 일에 능통하고 그 일을 행하는 것은 백 가지 일에 어중간한 것보다 높은 교양을 부여한다.

개인적 자아 중심이던 이전의 독일 교양 개념의 테두리를 훨씬 넘어선 '사회'의 발견과 더불어 공동체와 하나가 된 인간 형성을 지향하여 '교육주'(教育州)가 꾸며졌다. 그리고 그들은 굳건한 결합과 활동을 위해 신천지 미국으로 이주한다. 괴테의 메타모르포제의 본질을 밝힌, 이탈리아 기행이 이룩한 참으로 웅대한 기념비적 작품이라고 할 것이다.

괴테는 —— 교양지상주의자들이 대체로 개인주의자였듯이 —— 그 자신도 분명히 개인주의자였다. 그러나 『빌헬름 마이스터』에서는 개인과 사회, 사회와 자아가 훌륭히 조화를 이루었다. 괴테는 인간 최고의 덕목으로 천상과 지상, 그리고 개인적 운명과 고뇌에 대한 외경을 한평생 가슴에 새겨왔다. 그런데 『빌헬름 마이스터』에서는 이렇게 토로한다. "이 세가지 외경으로부터 최고의 외경이 생겨납니다. …… 즉, 자기 자신을 신과 자연이 낳은 최고의 것이라는 생각에 이를 수 있습니다." 어제의 이른바 '아름다운 가상'(der schön Schein)과 결별한 마이스터는 상인이며 예술가, 예술가이며 상인인 이상적 인간이었다. 참으로 중요한 의미를 지닌다. 괴테는 교양 있는 전문직 시대의 도래를 어느 누구보다 잘 감지했던 것일까. 토마스 만이 밝힌 것처럼 '시민 시대의 대표자' 괴테의 참모습이 생생하게 떠오른다. 이제 『파우스트』에 다가가보자.

『파우스트』의 주인공 파우스트는 15, 16세기경 독일에 실존했던, 연금술과 마술에 능통해 유럽 각지를 방랑한 전설적 인물이었다. 괴테는 어린 시절에 그 인형극을 보았으며, 또한「파우스트 박사의 이야기」를 읽고 크게 감동을 받았다. 그 뒤 작가로서 뜻을 굳힌 20세 무렵에는 이미 그 집필에 마음을 두고「초고(初稿) 파우스트」(1775)와「파우스트 단편」(1790)을 저술했다. 그리고 1808년에 이르러「파우스트」제1부를 썼으며, 제2부를 합쳐『파우스트』를 최종적으로 완성한 것은 세상을 떠나기 직전인 1831년이었다.『파우스트』는 괴테가 일생을 바친 작품이었던 셈이다.

노(老)파우스트는 오랜 지적 탐구에도 불구하고 정신적 안정을 누리지 못하고 고민 끝에 악마 메피스토펠레스와 영혼을 건 계약을 맺는다. 그리고 "삶을 깊숙한 곳까지 다스리겠다는" 염원을 품고 인생 편력의 길에 나선다. 악마와 동행한 그 편력의 길에서 파우스트는 순진무구한 소녀 마르가레테(그레첸)와 만나 사랑을 나누고 그녀를 가련하면서도 욕된 죽음으로 몰고 간다. 모두가 삶에 대한 파우스트의 지나친 욕망의 결과였다. 제2부에서 파우스트는 그레첸에 대한 회한에 찬 절망을 안고 갱생의 길을 찾아 현실 세계 속으로 파고든다. "인간은 노력하는 한 헤매기 마련이다"와 "선한 인간이란 가령 어두운 충동에 흔들려도 반듯한 길을 자각하기 마련이다" 같은 신의 말씀을 받들듯이, 파우스트는 메피스토펠레스의 갖가지 유혹을 뿌리치고 마침내 구제된다. 참회를 통해 정화된 그레첸이, 승화된 여성의 존재가 행동적인 남성을 마침내 구제한 것이다.

영원히 여성적인 것이 우리를 끌어들인다.

그러면서 파우스트는 또 염원하며 외친다.

자유로운 땅에 자유로운 백성과 함께 살고 싶다.

4. 괴테와 베토벤

여기서 괴테의 또 다른 진면모를 살펴보기 위해 괴테와 베토벤의 관계에 대해 생각해보자. 1812년 7월 19일 괴테와 베토벤은 카를스바트에서 만났다. 처음 만나는 것이었으나 두 거인은 이미 서로에 대해 알고 있었다. 그들 중 상대에 대해 훨씬 잘 알고 있었던 것은 베토벤이었다. 그는 어릴 때부터 대문호에게 외경의 마음을 품고 있었으며, 괴테의 비극 「에그몬트」를 음악화하기도 했다. 1808년 이후에는 『파우스트』의 작곡까지도 계획하였다.

> 저는 오랫동안 존함을 잘 알고 있습니다. 그 오랜 세월에 대해 새삼 감사를 드립니다. …… 그것은 당신과 같은 위대한 분에게는 참으로 사소한 일에 지나지 않습니다만.

베토벤이 괴테에게 보낸 1811년 4월 12일자 편지의 한 구절이다. 그러나 괴테는 냉담했다. 한때 괴테를 사모하고 그의 총애를 받은 여성 시인 베티나(Bettina)를 통해 베토벤은 작곡한 괴테의 시 3편의 작품을 바쳤으나, 그것에 대해서도 괴테는 한마디 인사말도 없었다. 그러나 베토벤은 베티나를 통해 괴테에게 방문하고 싶다는 바람을 전했다. 괴테도 그 뜻을 받아들이지 않을 수 없었다. 당대 최고의 시인과 최고의 음악가의 만남이 실현된 것이다.

1812년 7월 19일, 괴테는 바이마르 공의 초빙을 받아 카를스바트에 체재하게 되었다. 거기에는 베토벤도 1주일 전부터 머물고 있었다. 괴테의 소식을 접하자, 베토벤은 춤출 듯이 기뻐했다. 뜻밖에도 괴테가 베토벤을 찾아왔다. 바로 그날, 괴테는 아내에게 "나는 이제까지 그처럼 강한 집중력을 품고 그처럼 정렬적이며 또한 그처럼 내면적인 예술가를 본 적이 없습니다"라고 편지에 썼다. 다음 날에 두 사람은 함께 산책을 했으며, 21일과 23일(이날 베토벤은 괴테를 위해 피아노를 연주했다)에도 괴테는 베토벤을 찾아왔다. 그만큼 괴테는 베토벤에게 매료되었던 것일까. 그러나 그 뒤로 두 사람은 다시는 만나지 않았다. 그 사이에 무슨 일이 있었던 것일까.

괴테와 베토벤은 산책 길에 산책 중인 다른 귀족들과 마주쳤다. 그런데 그때마다 정중히 인사하는 괴테를 보고 베토벤은 초조해했다. 또한 괴테는 왕후나 궁정이 화제에 오를 때마다 "참으로 존경스럽게" 이야기하였다. 때마침 두 사람은 왕비와 귀족, 정신(廷臣)들 여럿을 함께 오는 길에 마주쳤다. 베토벤은 괴테에게 말했다. "저분들이 우리에게 길을 비켜야 합니다. 단연코 우리가 아닙니다." 그러나 괴테는 모자를 한 손에 들고는 길가에 멈췄다. 베토벤은 양팔을 건들거리며 똑바로 귀족들 사이에 끼어들어 지나갔다. 모자에 잠깐 가볍게 손을 대고는! 귀족들 모두는 걸음을 멈추며 베토벤에게 정중하게 인사하였다. 마에스트로 베토벤임을 알아차린 것이다. 베토벤은 허리를 굽혀 인사를 올리는 괴테에게 다가가 말했다. "나는 이렇게 당신을 기다렸습니다. 존경하는 분인 까닭입니다. 그런데 당신은 저분들에게 지나치게 경의를 표했습니다." 베토벤은 자신의 분노를 숨기지 않았던 것이다. 예로부터 잘 알려진 이 에피소드는 괴테와 베토벤의 사람됨을 잘 드러내는 한편, 로맹 롤랑(Romain Rolland)이 지적한 바와 같이 두 거인의 '위대함과 함께 비열함'을 또한 시사한다. 그 산책 이후 베토벤에게 괴테는 예절과 격식을 존중하는 추밀고문관, 언제나 조심스럽고 진정성이 없는 아니꼬운 사교적 인간으로 비쳤다.

자기 자신을 음악의 여신의 적자(嫡子)로 여기며 감히 천상을 넘보아 천벌처럼 가혹한 운명을 겪어야 했던 베토벤은 안하무인격으로 세상과 맞서 살아왔다. 한편 괴테 또한 만인으로부터 아폴론의 총아로 여겨지며 스스로도 그렇게 의식해왔다. 그런데 괴테는 삶의 달인으로 일컬어지면서도 좀처럼 사람들에게 따뜻한 손을 내밀지 않았다.

「마탄의 사수」(1820)를 통해 범유럽적인 명성을 누린 작곡가이자 지휘자인 카를 마리아 폰 베버(Carl Maria von Weber)가 만년인 1825년에 괴테를 방문하여 하인에게 자신의 이름을 댔다. 이 대음악가가 대기실에서 한참을 기다리는 동안 하인은 두 번씩이나 그의 이름을 묻곤 했다. 「마탄의 사수」는 1822년에 바이마르에서 성황리에 연주되었으며, 1824년에 다시 연주될 때는 괴테도 참석한 바 있었다. 한참이 지나서야 방에 들어설 수 있었던 베버를 대한 괴테는 '돌처럼 굳은' 표정으로 시치미를 떼고 음악 이야기는 한마디도 꺼내지 않았다. 베버는 괴로움에 몸부림치다가 바이마르를 떠났다. 괴테는 베토벤이 자기를 위해 피아노를 연주하자 "유쾌하다"라고 단 한마디 하는 데 그쳤다. '눈의 인간'인 괴테는 음악에는 별로 관심이 없고 또한 음악을 이해하지 못했던 것일까. 천만에!

괴테의 '음악 생활'에 대해 연구한 롤랑에 의하면, 괴테는 베토벤과 결별한 뒤에도 자주 자기 집에서 또는 음악회에서 베토벤이 작곡한 3중주곡과 5중주곡, 교향곡 등을 들었다고 한다. 괴테는 한번은 베토벤을 거명하지 않고 "지금 또 새로이 음의 선풍에 휩싸였다. 마법 사자(使者)가 나 자신에게 이 새로운 세계, 내가 이제까지 거부해온 이 근대음악의 문을 열어주었다"라고 토로한 바 있다.

롤랑에 의하면, 괴테가 애호한 음악은 ── 민중적 가요로부터 16세기 이탈리아 출신의 로마 가톨릭교회 예배음악 작곡가 팔레스트리나(Palestrina), 그리고 바흐에 이르기까지 ── 다방면에 걸쳐 있었다. 그리고 괴테는 모차르트의 「돈조반니」와 조아키노 로시니(Gioacchino Rossini)의

「세비야의 이발사」를 좋아했으며, 헨델의 작품도 바흐의 「평균율 피아노곡집」과 더불어 극찬했다. 롤랑은 시인으로서 괴테만큼 음악에 능통한 인물은 좀처럼 없었다고 언급한다. 괴테는 "음악이야말로 지식의 보다 높은 세계, 인간을 감싸고 그 위에 인간이 파악할 수 없는 이 세계에 들어갈 단 하나의 형태 없는 입구이다"라고 말한 바 있다. 롤랑은 괴테가 음악의 세계에서 견디지 못한 것으로서 도(度)가 지나친 ─ 이른바 낭만적 우수(憂愁) ─ 것, 그리고 특히 체질적으로 혐오해 마지않던 것으로서 '시끄러운 소음'을 들었다. 아마도 베토벤이 그 상징적 인물로서 괴테에게 여겨진 것이었을까.

괴테로 말하면, 당시 독일의 정신적·문화적 상황 속에 도사린 극단으로 내딛는 위험한 불균형을 최대의 재난으로 두려워했다. 그리고 그 중심에 음악이, 베토벤이 존재함을 감지했다. 괴테에게 베토벤은 우선 그 분방한 의지를 예술에서나 생활에서도 제어할 수 없는 도취의 주신(酒神) 디오니소스로 비쳤다. 조화로운 질서를 무엇보다도 받든 괴테는 심연(深淵) 앞에서는 현기증에 시달렸다. 괴테에게 베토벤은 바로 심연 그 자체였다. 괴테는 베토벤의 작품을 연주한 어느 연주자에게 "참, 자네는 아직 모르는가, 잘 보세! 짜증을 억제할 수 없는 하등품이야. 아름다우면서도 광기가 날뛴다고!"라고 말한 바 있다. 또한 그는 1812년 9월 2일(베토벤과 산책을 함께하고 영영 결별한 직후)의 편지에서 "나는 베토벤을 알게 되었다. 그의 재능에는 참으로 경탄했다. 단지 불행하게도 그는 완전히 자유분방한 위인이다. 그가 세상을 증오의 대상으로 여긴 것이 꼭 그릇된 것만은 아니었다. 그러나 그렇게만 여긴다면 이 세상을 그 자신을 위해서도 타인을 위해서도 더욱더 즐길 수 없다"라고도 썼다. 베토벤에 대한 이 괴테의 언명 속에서 우리는 괴테 자신의 숨겨진 성격의 일면을 엿볼 수 있다.

괴테가 좋아하고 아낀 귀족 출신의 시인이자 소설가 아힘 폰 아르님

(Achim von Arnim)은 베티나의 남편이기도 하여 괴테를 잘 알고 있었다. 그는 언어학자 야코프 그림(Jacob Grimm)에게 보낸 편지에서 다음과 같이 말한 바 있다.

괴테가 얼마나 형편없는 무리들에게 둘러싸이고 그 밖에도 그 부인(夫人)으로 인해 사회로부터 완전히 격리되어 살고 있다는 사실을 당신은 상상할 수 없으리라!

이 말은 무엇을 뜻하는 것일까. 그러나 아르님은 괴테의 부인에게 크게 잘못을 저질렀다. 조화공(造花工) 출신인 괴테의 아내 크리스티아네 불피우스(Christiane Vulpius)는 상류사회나 교양사회 출신은 아니었지만, 건강하고 누구에게나 호감을 주는 여성이었다. 괴테는 이탈리아로부터 바이마르에 귀국한 뒤 그녀와 동거에 들어갔으며, 1789년에는 아들 아우구스트를 낳았다. 정식 결혼은 1806년에 이루어졌다. 괴테와 더불어 괴테의 어머니도 그녀를 좋아하였다. 괴테의 시 「로마 비가(悲歌)」는 그녀와의 사랑을 노래한 것이며, 또 다른 시인 「작은 꽃」은 은혼식 때 그녀에게 바친 것으로, 모두가 크리스티아네의 사람됨을 짐작게 한다.

그런데 괴테가 가까이 지낸 친지들은 — 실러나 훔볼트를 제외하면 — 아르님이 지적한 바와 같이 대개가 2류급 인사들이었다. 그 까닭은? 1류 인사들이란 대문호 괴테 앞에서도 때로는 이의를 제기하고 자기 나름의 비전도 주장한다. 괴테는 이러한 상황을 견디지 못했다. 아르님은 또 극단적으로 괴테를 비난했다. 괴테는 예술의 세계에서 새로운 것들을 "무질서한 것으로 얼마나 두려워하는지!"

아르님의 지적에 롤랑은 괴테를 변호하듯이 언급한다. 자기 자신의 입장과 다른 것에 대한 괴테의 본능적인 감정 억제는 서정적으로 비약되고 예술과 사상의 작품 구성에 이바지했다는 것이다. 아울러 고뇌와 사랑, 두려움 모두가 작품 창작의 자양분이 되었으며, 그 상징적 결정이 『파우스트』라는 것이다. 또한 롤랑은 주저하지 않고 말을 잇는다. 한편으로 그의 감정 억제는 마음의 불안을 숨기는 방어 본능이라는 것이다. 괴테는 60세 때 한 측근에게 "자기의 감수성에 몸을 맡긴 자만이 누구보다도 무자비해지고 누구보다도 냉혹해질 수 있습니다. 격한 접촉으로부터 몸을 보호하기 위해서는 견고한 갑옷으로 몸을 단단히 해야 합니다. 그런데 그 갑옷이 때때로 무겁게만 느껴지니!"라고 실토했으며, 1826년에 훔볼트에게 보낸 편지에서는 "나는 결코 인도의 사상에 반대하지 않습니다. 그러나 인도의 사상이 무섭습니다. 그것은 인도가 나의 상상력을 형태 없는 것, 구부러진 형태로 끌어들이기 때문입니다. 나는 지금 이상으로 그러한 것으로부터 나 자신을 지켜야 합니다"라고 말했다. 독일 낭만파와 하이네를 떠올리는 '젊은 독일'파가 잉태한 비고전주의적·반고전주의적 디오니소스적인 새로운 근대적 흐름에 대한, 그리고 베토벤 및 근대음악에 대한 괴테의 뒷걸음치는 망설임이 이해되는 듯하다. 롤랑에 의하면, 괴테는 전혀 싸우지 않고 논쟁하지 않는다. 사랑하는 적과 멸시하는 적에 대해서도 결코 맞서지 않는다. 그 대신에 그가 본능적으로 선택하는 것은 외면하고 피신하는 것이다. 하이네는 그러한 괴테를 시대를 거부한 천재라고 비꼬았지만, 순진무구하면서도 오만한 태도로 언제나 싸움박질한 베토벤과는 참으로 대조적이었다.

5. 독일의 문필가는 독일의 순교자

『괴테와의 대화』에서 에커만은 1830년 8월 2일을 다음과 같이 기록하고 있다.

7월혁명이 일어났다는 뉴스가 오늘 바이마르에 전해지자 온통 흥분에 휩싸였다. 나는 오후에 괴테를 방문했다. 그는 나를 보자 부르짖었다. 참, 당신은 이 위대한 사건을 어떻게 생각하는가. 화산은 폭발했다. 모든 것은 불덩어리에 싸였다. 그리고 이제는 밀실의 논의가 아니다. 무서운 이야기입니다. 그러나 지금까지의 사태로 미루어 내각에서는 왕실을 축출하는 것 이외의 해결을 바라지 못할 것입니다. 나는 그의 이야기에 맞장구를 쳤다. 여보게! 우리의 이야기는 엇갈리고 있는 것 같아. 나는 결코 그들의 이야기를 하고 있는 게 아닐세. 내가 말하고 있는 것은 전혀 별개의 문제일세. 학사원에서 퀴비에와 생틸레르 간에 극히 중대한 과학 논쟁이 공공연하게 일어난 것을 말하고 있네. 괴테의 이 말은 나에게 정말 뜻밖이어서 무엇이라고 해야 좋을지 어리둥절하여 잠시 동안 내 생각은 아주 멈춘 듯했다.

역사적 현실에 대한 괴테의 태도가 화제가 될 때마다 자주 인용되어온 이 에피소드는 현실의 어떠한 정치적 사건에도 냉담했던 노(老)시인의 태연자약한 모습을 우리에게 비춰준다.

괴테의 바이마르 체험은 독일에 대한 회의로 이어졌다. 괴테는 한때 독일의 고딕 건축양식이나 자연 풍경, 지난날의 기사도 정신에 심취했다. 그러나 그의 나이 25세 때부터는 막연하게, 30대 중반부터는 독일의 북방적 풍토와 역사, 분열된 나라의 정치 현실, 그리고 그것들이 낳은 독일과 독일 문화의 본질 및 후진성을 혐오하고 비판하고 괴로워했다.

괴테는 독일의 현실, 특히 문화의 상황을 자주 영국이나 프랑스의 그것과 비교했다. 그는 만년에 영국의 어떤 문예지를 언급하면서 다음과 같이 토로했다.

저 사람들은 날로 위대해지고 훌륭해진다. 그 위에 모두가 같은 정신으로 일관되어 있다. 그것은 우리가 꿈도 꿀 수 없는 일이다. 독일에서 그러한 잡지는 절대 나올 수 없다. 우리는 모두 고립되어 있다. 하나가 된다는 것은 상상조차 못할 일이다. 저마다 자기 지역에 할거(割據)하고 마을마다 나누어진다. 그 위에 저마다 자아를 고집하여 의견을 달리한다. 우리가 (영국 같은) 그러한 공통된 교양을 완성하는 데에는 아직도 많은 세월이 필요할 것이다.(『괴테와의 대화』, 1828년 10월 3일)

괴테는 같은 무렵의 독일 현실을 프랑스와도 대비했다.

　파리 같은 도시를 생각해보자. 거기에서는 국가의 위대한 1급 두뇌들이 오직 한곳에 모여 있다. 그리고 매일 서로 만나 맞서고 경합하며 서로 가르침을 받고 상생 성장한다. 전 세계에 걸친 자연과 예술의 모든 영역에서 가장 좋은 것을 매일 접할 수 있도록 허용되어 있다. 파리는 세계적 도시다. 1백 년도 채 못 되어 몰리에르나 볼테르, 디드로 등의 인사들을 통해 그처럼 풍요로운 정신을 내뿜고 있다.

　독일에서는 작가가 한데 모여 하나의 방식을 몸에 익히고 한마음으로 모두가 저마다의 분야에서 자신을 육성할 수 있을 만한 사회적 생활 형성의 중심축이 어디에도 존재하지 않는다.

　우리는 독일 문학을 '영국 작품들의 추한 모작(模作)'으로 깔보며 혐오한 프리드리히 대왕의 이야기를 알고 있다. 괴테가 개탄했듯이, 많은 영방국가로 분열된 독일에는 영국이나 프랑스와 달리 국민을 하나로 묶는 정체성도 생활양식도, 그리고 독자적인 문학이나 문화 양식도 존재하지 않았다. 그러나 독일도 괴테의 세대보다 한 발짝 앞서 빌란트와 레싱에 의해 바야흐로 계몽의 도상에 올랐으며, 클롭슈토크, 괴테와 실러에 의해 국민적 문학 양식의 성취를 기약할 수 있게 되었다.

괴테를 반현실적이며 비역사적이라고 한다. 그러나 유럽 고전 문화의 황금의 요람인 그리스와 로마, 셰익스피어를 낳은 영국과 영국 국민, 볼테르의 세계적 메트로폴리탄 파리, 그리고 평생 동경한 남쪽 나라 이탈리아를 괴테만큼이나 흠모하면서 통찰하여 독일의 '왜소한' 현실을 마치 자기 자신의 일처럼 괴로워하고 그러면서도 그 점을 자주 지적한 인물도 없다. "나 자신은 언제나 독일인만을 염두에 두었다"라거나 "독일의 문필가는 독일의 순교자이다!"(Ein deutscher Schriftsteller ― ein deutscher Martyrer!)라는 함축적인 언명에서 당시 독일의, 그를 둘러싼 현실에 대한 괴테의 고뇌의 깊이를 짐작할 수 있다고 할 것이다. 괴테는 스스로 후진 독일의 순교자임을 다짐했다. 마이네케는 일찍부터 괴테 속에 뛰어난 역사가의 소질이 있음을 간파한바, 괴테는 결코 비역사적 인간이 아닐뿐더러 그만큼 독일의 현실에 깊이 맞선 인물도 찾기 어렵다고 할 것이다.

> 1749년 8월 28일 정오를 알리는 종과 함께 나는 마인 강변 프랑크푸르트에서 이 세상에 태어났다.

자서전인 『시와 진실』 제1장 첫머리의 이 구절은 괴테가 시민의 아들로 태어났음을 자랑스럽게 알리고 있다. 그의 외조부는 당시 유서 깊은 자유도시 프랑크푸르트의 시장이었다. 괴테는 평생을 시민적 자의식으로써 생각하고 살았다. 이것이 괴테를 스승으로 여긴 토마스 만이 괴테를 '시민 시대의 대표자'로 떠받든 이유이다. 이제 만의 논고 「시민 시대의 대표자인 괴테」(1932)를 중심으로 그의 삶의 참모습을 그려보자.

만에 의하면, 괴테를 단지 독일의 고전적·인간적 교양 시대를 대성한 사람으로만 생각한다면 그것은 참으로 속 좁은 견해이다. 만은 괴테를

"시민 시대라고 부르는, 15세기부터 19세기의 전환기까지 이르는 5백 년간의 대표자로" 이해해야 한다고 말한다. 그를 가리켜 '신의 은총을 누린' 천재, 대문호, 그리고 '반신'(半神)이라고도 한다. 그러나 그에 앞서 괴테는 참으로 부지런한 인간이었다. 그는 손자를 위해 다음과 같은 가르침을 기록했다.

> 한 시간에는 60분이 있다.
> 하루는 1천 분도 넘는다.
> 아이야, 잘 기억하여라.
> 사람은 무엇이든 할 수 있단다.

괴테가 성서에서 가장 자주 인용한 구절은 "이와 같은 노고를 신은 주시었다"였다. "왜냐하면 나는 인간이기 때문이다. 그리고 인간임은 싸우는 자란 것이다." 싸우는 자란 바로 부지런한 인간을 뜻하였다. "나는 고생하여 위대함을 배워야만 했다." 괴테의 70세 때 이야기였다. 당시 근면은 귀족이나 농민과는 다른 시민의, 시민만의 최고의 미덕이었다.

괴테가 83세의 죽음에 이르기까지 프랑스와 영국의 문예지를 애독하며 그 글들에 대해 메모하고 논평했음은 잘 알려진 사실이다. 또한 그는 평생 동안 바이마르의 도서관으로부터 빌려 읽은 도서 목록을 두꺼운 한 권의 책으로 편찬했다고도 한다. 괴테는 세상이 자기를 천재라고 하지만, 자신의 타고난 재능은 단 10퍼센트인 데 반해 자기를 만든 것은 "뒷걸음칠 수 없다"는 노력과 부지런한 인내였다고 말한 바 있다. 하우저가 괴테에 대한 논의에서, 특히 그가 시민의 노동윤리(Arbeitsethos)를 강조하여 문학 창작의 수공업적 성격을 밝혔음은 잘 알려진 사실이다. 바이마르(Weimar)판 『괴테 전집』(1887~1920)은 143권으로 이루어져 있다. 아마도 괴테만큼 다방면으로 많은 저작을 남긴 인물도 동서고금에 없다고 할 것이다.

일생 동안 부지런했던 괴테는 또한 지극히 겸손했다. 괴테를 가까이에서 지켜본 어느 인사는 괴테에 대해 "재능 있는 사람에게서 자주 볼 수 있는, 상식을 벗어난 행실에 의해 특징지어진 점은 조금도 없었다. 그의 인품은 예의 바르고 소박했다"라고 말하였다.

괴테는 냉철한 시민의식으로써 귀족과 귀족사회에 대한 비판을, 바이마르의 공직 시절을 포함하여 평생 서슴치 않았다. 그는 로코코풍의 빌란트의 작품 『황금의 거울』(1772)에 대한 비평에서 다음과 같이 말하였다.

> 그 패거리들이 테이블에 놓은 대리석으로 만든 요정, 꽃병, 화려한 색으로 수놓인 클로스, 그것들은 참으로 고도의 세련미를 나타내고 있다. 그처럼 많은 향락이 존재하는 곳에는 또 얼마나 많은 신분의 불평등이, 얼마나 많은 결함이 깔려 있을까. 그처럼 풍요한 소유물이 있는 곳에는 또 얼마나 심각한 빈곤이 있을까.

빈부의 양극화 현상으로 특징지어진 앙시앵 레짐과 귀족사회를 향한 시민 괴테의 신랄한 비판이다.

1782년 11월 21일, 괴테는 바이마르의 크네벨에게 보낸 편지에서 "나나 벗들의 생활 속에서 성숙되고 있는 아름다운 종자를 우리들의 토양에 뿌려 저 성스러운 보옥을 우리 왕후들의 지상의 관(冠)에 새겨놓으리라는 생각을 나는 완전히 버렸습니다. 그리고 지금 젊은 시절의 행복이 소생하고 있음을 나는 여기서 느끼고 있습니다"라고 토로했다.

괴테는 실러에 대해서는 다음과 같이 말했다.

> 무엇을 생각하든 지나치게 이념에서부터 출발하기 마련인 사람들이 많은데 실러도 그랬다. 또 그는 이제 이것으로 됐다고 여기지 못하고 언

제까지나 한이 없었다. …… 나로 말하면 안정된 태도를 취해 마음껏 노력하였다.(『괴테와의 대화』)

자연과학도 정치적 담론으로부터의 일종의 피난처였다. 실러는 그러한 사실을 감지하고 1787년에 어느 친지에게 다음과 같은 편지를 썼다.

괴테의 마음은, 모든 사유나 탐구에 대한 자랑스러운 철학적 경멸과 같은 느낌으로 …… 공허한 논증에 매달리기보다 약초를 찾거나 광물에 정들이는 편이 좋다는 것입니다. 그러한 생각도 실로 건전하고 좋을는지 모르지만 참으로 지나칩니다.

괴테는 신은 "나를 자연학으로써 축복했다"라고 말했다. 그는 자연 속에서, 자연에 대한 관찰과 연구 속에서 일상적 삶을 즐긴 것이다.

어느 날 괴테는 에커만과 대화를 나누면서 그가 몹시도 좋아하고 높이 평가한 조지 바이런(George Byron)이 귀족 출신인 까닭에 겪어야 했던 갖가지 어려움을 언급한 뒤에 "사실 위대한 예술가나 시인은 모두 중류 시민계층에서 나왔다"라고 말하였다.

그런데 괴테를 비롯하여 당시의 독일 지식 교양계층은 대도시를 몰랐다. 독일에는 큰 도시가 없었다. 그들은 파리도 런던도 가본 일이 없었다. 괴테도 마찬가지였다. 파리와 런던의 인구가 각각 50만 명을 넘었던 데 반해, 독일 최대의 도시 베를린의 인구는 12만 6천 명에 지나지 않았다. 그러나 대다수 독일인과 달리, 괴테는 근대의 문학과 사상을 비롯한 근대 문화 전반이 자유로이 담론하는 시민계급에 의해 바로 대도시를 요람으로 창출되고 발전되었음을 잘 알고 있었다. 그리고 그는 독일의 문화적·사회적 후진성이 대도시의 부재와 깊이 관련되어 있음도 절감했다. 이 시민의 아들은 또한 1789년의 혁명이 미래를 약속하는 세계사적 필연성임을 감지했다.

괴테는 1790년 7월부터 10월까지 아우구스트 대공을 따라 종군하는 도중 마인츠의 전쟁터에서 프랑스혁명의 첫 소식을 듣자, "위대한 세계사의 숨결을 느낀다"라고 토로하였다. 그는 혁명이 '거대한 필연성의 결과'임을 인식하였다. 그러나 괴테는 얼마 안 가서 혁명의 추이에 깊은 두려움과 혐오를 나타냈다. 훗날 괴테는 다음과 같이 1789년 혁명을 향한 그의 입장을 밝힌다.

내가 프랑스혁명의 편이 전혀 될 수 없었다는 것은 사실이다. 왜냐하면 혁명의 만행이 너무도 가까이에서 일어나고 매일 나를 노(怒)하게 하였으니 말이다. 그것은 프랑스에서는 불가피한 극한 상황으로서 일어났을 것이다. 그러나 같은 장면을 '작위적으로' 독일에 끌어들이고자 부심한 사람들이 있어서 무관심할 수 없었다.

괴테는 말하였다. 거대한 목적을 이룩하기 위해서는 두 가지 길, 즉 '폭력'과 '지속'이 있을 뿐이다. 또한 그는 "나는 우리에게 조금이라도 미래를 약속하는 듯한 모든 개혁을 매우 기뻐한다. 그러나 폭력이나 비약은 다 나의 마음과는 반대되는 것들이다. 그것은 자연을 배반하는 일이다"라고 말하면서, 또한 다음과 같이 단언하였다.

그러한 작위적 변혁은 결실을 맺지 못한다. 그것에는 신이 존재하지 않는다. 신은 그러한 잡스러운 것에 도움을 주지 않는다.

마이네케의 지적을 다시 떠올릴 필요도 없이, 괴테의 방대한 저작을 통해 새삼 느끼는 놀라움 중 하나는 사물에 대한 그의 관찰이나 인식 내지 서술에서의 심오한 역사적 통찰 및 그 비범한 견식(見識)이다. 그는 혁명의 첫 소식을 접하는 순간 "위대한 세계사의 숨결을 느낀다"라고 토로했다. 그리고 외쳤다. "모든 사람들의 자유 속에 자유가 눈뜬다. 우리들 힘을 다해 항의하세." 그러면서도 그는 1789년에 맞섰다. 그 까닭은 분명했다. 그것이 폭력으로 분출되었기 때문이다. 발터 벤야민(Walter Benjamin)에 의하면, 모든 사물의 조형에 남달리 부심하던 괴테는, 자유의 깃발을 선구적으로 드높여 많은 작품의 주제로 삼으면서도 정치 문제에 관해서는 확고한 소신을 의식적으로 피했다. 즉, 천생 괴테는 "정치적 결함에는 신중했다."

6. 괴테의 삶의 원리, 그 자연관과 역사관

괴테는 한평생 자연에 경외심을 지녔다. 그에게 자연은 있는 그대로의 유기적 생명체였다.

자연에는 털끝만큼의 장난도 없다. 언제나 진실하며 진지하고 준엄하다. 자연은 언제나 반듯하다. 실수나 혼란은 언제나 인간들의 것이다.

만약 우리가 자연에서 무엇인가를 얻고자 한다면 서서히 천천히 나아가야 한다.

괴테에게 자연이란 질서였으며, 완만한 지속과 자연스러움은 질서와 지속을 의미하였다. 그는 자신이 자연과학에 열중하지 않았던들 인간의 실상을 알지 못했을 것이라고 말하기도 하였다. 그의 역사관과 세계관, 그리고 삶의 원리는 바로 질서의 원리로서의 자연관에 뿌리를 두었으며 인간의 역사를 자연사로서 이해했다.

태양은 옛 그대로의 가락을 이루어

겨레의 별 무리들과 노래의 음(音)을 겨루어

천둥 걸음으로써

자신의 정해진 여로를 완수한다

자연은 스스로 즐겨

광기 어린 천지이변을

필요로 하지 않는다

비할 바 없는 이 신들은

차례차례 이루고 나아간다

　　　　　　　　　―『파우스트』

『파우스트』는 자연과 그 질서에 대한 괴테의 신뢰와 경의로 점철되어 있다. "바로 이 대지에서 나의 기쁨은 솟아오른다. 바로 이 태양이 나의 고뇌를 비춘다." "자연이여, 내가 한 사람의 사나이로서 그대 앞에 설 수 있다면 그야말로 인간으로서 살 만할 터인데."

괴테는『시와 진실』에서 인생의 안락은 모두 외적인 사물의 '규칙적인 되풀이', 즉 낮과 밤, 계절, 개화와 결실, 그 밖에도 계절마다 우리가 부딪히는 변화와 교체라고 말한 바 있다. 토마스 만에 따르면, 이것은 시민적 질서에 대한 괴테의 각별한 취향이다.

괴테의 자연관은 그대로 그의 삶의 원리, 그리고 역사관으로 확대되었다. 그에게는 인간의 역사도 자연처럼, 자연의 질서처럼 비쳤다. 그에게는 자연이 우리가 순응하고 관조하는 대상이듯이, 역사 또한 우리 모두가 순응하고 관망하는 대상으로 생각되었다. 그에게 현실은 지나간 과거의 거울에 비춰서 받아들이는 것으로 각인되었다.

나의 가슴속에는 강렬하게 부풀어 오르면서도 명백히 표현할 수 없는 하나의 감정이 존재하였다. 그것은 과거와 현재가 하나가 되어 있다는 느낌이다.(『시와 진실』)

괴테의 회고적인 역사관은 그로 하여금 과거와 현재를 자연처럼 받아들이게 하였으며, 이것은 또한 자연스럽게 계층적·가부장적 사회에 대한 긍정으로 이어졌다.

그대의 삶에 존재하는 모든 것을 있는 그대로 받아들이려 노력하라.

가까운 장래에 무엇이 일어날지 전혀 예측할 수 없다. 어떤 경우에도 가장 현명한 것은 저마다 지니고 태어난, 습득한 일에 열성을 다하고 타인의 일에 말참견하지 않는 것이다. 신발장이는 신발과, 농부는 가래, 호미와 떨어져서는 안 되며, 왕후는 통치술을 잘 알면 된다.(『괴테와의 대화』, 1824년 2월 25일)

괴테의 보수적 삶의 원리는 그가 '눈의 인간'인 것과도 깊이 관련되어 있다고 말하고 싶다. '눈의 인간'은 이념 지향적인 '생각하는 인간'과 달리, 사물을 있는 그대로 관찰하고 관망하는 데서 즐거움을 누린다. 세상을 떠나기 1년 전인 1831년 5월, 괴테는 다음과 같이 읊었다.

보기 위해 태어나서
바라보는 과제를 짊어지어
나에게 이 세상은 재미있노라
행복스러운 눈동자여
그대들이 보아온 것은

모든 것 모두가 훌륭히 아름다웠다!

　마주치는 일상적인 모든 것을 받아들이고 찬탄한 괴테의 시 세계가 고귀한 아름다움을 드높이 읊은 고고(孤高)한 시인 횔덜린이나 『밤의 찬가』의 낭만파 시인 노발리스, 그리고 자유분방한 상상력의 시인 클라이스트 등의 그것들과 구별되는 이유이다.

　　친구여, 이론은 잿빛이며
　　푸르름은 삶의 황금의 나무뿐.

　천수를 누리며 이른바 '근대적' 시인이나 작가, 평론가들이 충동적으로 표방하는 갖가지 이념이나 이론에 누구보다도 식상해한 괴테는 참으로 그들이 엿볼 수 없는 일상적 삶 속에서 고귀한 아름다움을 밝히기 시작하였던 것이다. "예술가여 형성하라! 입씨름 말아라!"(Bilde Künstler! Sache nicht!)

　괴테의 역사관, 아니 삶의 원리에서 또 하나의 특징적인 것은 개체성에 대한 각별한 외경심이다. "개체는 표현할 수 없다"라고 괴테는 생각하였다. 식물의 '변모'를 관찰하며 발전의 원리와 개체성에 대한 외경의 감정을 체득한 괴테에게서 마이네케는 뛰어난 역사가의 자질을 보았다. 그런데 괴테의 개체 사상은 그의 관조적·범신론적 성격과 아울러 위대한 역사적 인물의 창조성이라는 일종의 개인숭배 사상에 접목되었다. 역사를 창조하는 위대한 개인, 즉 그 '표현할 수 없는 개체'는 괴테에게 데몬적인 존재였으니 바로 나폴레옹은 그 전형적 인물이었다.

　괴테는 1808년 10월 2일에 바이마르에서 나폴레옹을 만났다. 그때 괴테는 59세였으며, 나폴레옹은 그보다 20세 연하였다. 지극한 독서인이었던 나폴레옹은 『젊은 베르테르의 슬픔』을 일곱 번이나 읽을 정도로 괴테의 애독자였다. 나폴레옹의 인상을 괴테는 에커만에게 "그 인물에 세계는 응축되어 있다. 한눈에 그렇게 보였다. 그의 모습 외에는 아무것도 보이지 않았다"라고 말했다. 한편 나폴레옹은 괴테를 유심히 살펴본 뒤 첫마디로 "당신은 바로 인간입니다"라고 말하였다. 그리고 괴테가 물러간 뒤 나폴레옹은 그 자리에 있던 장군들에게 되풀이하여 말하였다. "그는 진정 바로 인간이다!" 정신의 왕국의 제왕과 현실의 왕국의 제왕이 첫눈에 서로가 지기임을 깨달았던 것이다. 헤겔 또한 나폴레옹을 '백마를 탄 세계정신(Weltgeist)'으로 표현하였음은 잘 알려진 사실이다.

위대한 개인을, 개체성을 역사의 궁극적인 근거이자 본질로 생각하면서도 괴테는 '인간적인 분수'를 극진히 여겼다. 19세기 프랑스의 시인이며 비평가인 생트 뵈브(Saint Beuve)는 "괴테 이상으로 정신과 천분(天分)을, 또 교양과 인간적 한계를 헤아리는 데 통달한 사람도 없다. 그는 '자기 분수'를 알고 있었다"라고 말하였다. 토마스 만 또한 그의 논고 「작가로서의 괴테의 생애」(1933)에서 괴테의 '자기 분수'에 대해 우리에게 말해준다.

글을 쓴다는 것은 불치(不治)의 병과도 같습니다.

그러므로 누구나 말없이 글을 쓰는 운명에 따르겠지요.

늙은 괴테가 1820년에 한 말이다. 그는 이어서 말한다.

사람은 모두 자기가 할 수 있는 일들에서 자기 인격을 통해 세상 사람들에게 이바지합니다. 그런데 버젓한 일을 이루기 위해서는 버젓한 인간이 되어야 합니다.

말하자면 괴테는 18세기 유럽 시민의 세기가 귀히 여긴 절제의 미덕을 갖춘 전형적인 시민이었다. 그의 시민적인 '자기 억제', 즉 절제와 중용의 모럴은 자아의 감옥에 묶인 많은 시인이나 사상가들과는 딴판인 그의 삶의 방법론이 되었다. 그 배경에는 그의 자연관과 역사관의 기본 원리에 더해 그의 풍요한 감수성이 작용했음을 또한 강조하고 싶다.

1789년의 혁명 당시, 대부분의 독일 교양층 지식인들은 프랑스에서 일어난 사건에 갈채를 보냈다. 그러나 루이 16세의 처형을 전해 듣고 나서 그들의 태도는 돌변했다. 원래 혁명을 관념적으로 받아들인 그들은 혁명의 진행이 유혈 사태를 낳고 날로 과격해지자 공포마저 느껴 혁명에 등을 돌렸던 것이다. 관념적으로는 대담하면서 행동은 소심했던 독일의 교양층 지식인들은 혁명이 그들에게 실천적 과제를 요구하기에 이르자 혁명을 외면하거나 반혁명적이 되었다. 그러나 괴테는 랑케와 더불어 극히 예외적으로 처음부터 일관되게 혁명을 외면하고 등을 돌렸다. 많은 점에서 역사관을 괴테와 공유한 랑케는 괴테 중심의 새로운 독일 문학에 대해 "우리들의 통일의 가장 본질적인 계기 중 하나가 되고 있다. …… 독일 문학이 지금 형성한 분위기, 그 속에서 우리들의 어린 아이와도 같은 순진무구함이 눈을 뜨고 우리의 젊음이 소생하며, 이 분위기야말로 우리들의 존재의 모든 핏줄에 독자적 생기를 불어넣는다. 독일 문학이 없었던들 어느 독일인도 스스로 현존할 수 없음은 명백하다"라고 찬탄했다.

괴테는 만년에 이르러 "프랑스 기질은 이 혼란의 나날에 지난날 루터의 기질처럼 조용한 교양을 몰아낸다"라고 자신이 지내온 혁명의 시대를 회고하며 토로하였다.

나는 무엇을 행하든 시종 왕당주의(王黨主義)로 일관했다.

모든 위대한 것, 총명한 것은 소수(小數) 속에 존재한다.

평민도 귀족과 마찬가지로 자유롭다. 태어난 계급에 따라서 신이 주
신 자신의 견해를 지키면 된다. 귀족은 왕후처럼 자유롭다. 자유롭다 함
은 우리 위에 있는 이를 인정치 않고자 하는 것이 아니라 우리의 윗사
람을 존경하는 것이다. 우리가 그를 존경할 때 우리는 그곳에까지 높여
진다.

괴테에게 귀족은 존경의 대상이다. 그에게 귀족이란 바로 교양과 문화
를 뜻하였기 때문이다. 그는 "독일에서 문화의 발원지는 왕후의 소재지
이며, 왕후야말로 문화의 지지자이며 배양자이다"라고 말하였다. 즉, 교
양주의자 괴테는 보수주의적 귀족주의자였다. 그의 귀족주의는 단연코
앙시앵 레짐을 옹호하는 반역사적인 것일 수 없었다. "괴테는 만사에 보
수적이었지 반동적인 정신의 흔적은 전혀 없다"라고 말한 토마스 만의
지적을 빌릴 것도 없이, 괴테의 보수주의는 수구반동과 무관하였다. "모
든 사람의 가슴에 자유가 눈을 뜬다 / 우리 모두 함께 분발하여 항의하
세"라고 읊었던 괴테!
괴테의 귀족주의는 인간과 개인의 자유를 평생 변함없이 부르짖었던
반듯한 시민 괴테의 바람과 결코 상반된 것이 아니었다.

이 시대에 태어난 것은 내게 대단히 유익하였다. 매일 획기적인 세계
사적 사건이 일어났다. 7년전쟁, 영국으로부터의 아메리카 독립, 프랑
스혁명에서부터 나폴레옹 전성시대를 거쳐 이 영웅이 몰락하기까지 그
리고 그 뒤에 일어난 사건, 나는 그것들에 대한 산증인이 되었다.

괴테는 자신의 시대의 세계사적 의미를 잘 이해하였다. "거대한 목적

에 도달하기 위해서는 두 가지 길만 있다. 폭력과 지속이다"라고 말한 것처럼 괴테는 폭력적 혁명의 역사적 필연성을 통찰하였다. 그러나 괴테는 그 길이 자기의 길이 아님을 명심했다.

제도를 바꾸는 데에 열중하는 것은 결코 나의 방식이 아니었다. 그것은 나에게는 언제나 불손한 것으로 여겨졌다.

규명할 수 있는 것을 송두리째 밝히고 규명할 수 없는 것은 두려워하며 조용히 받아들이라.

나는 강탈과 학살, 오직 이기적인 목적에만 급급해하는 혁명가연한 천민들의 편도 아니며 폭군 루이 16세의 편도 아니다. 어떤 경우에도 나는 모든 폭력적인 혁명을 증오한다.

1794년에 어떤 귀족이 보수적인 독일 제후동맹을 위해 독일의 지식인 계급, 특히 괴테에게 펜을 통한 지원을 호소하였다. 그때 괴테는 정중히 거절하면서 왕후와 작가가 하나가 되어 공동의 일을 위해 활동하는 것은 불가능하다고 말하였다.

역사가 랑케는 자신이 놓인 시대의 상황을 군주권의 정통성과 인민주권을 내세우는 세력의 대립과 갈등으로 보았다. 그리고 그 대립은 결국 자신이 바라는 군주권의 승리로 귀착하리라고 진단했다. 괴테도 시대의 흐름을, 즉 인민 대중에 의한 교양적 귀족사회에 대한 위협을 진단하였다. 그러나 그는 랑케처럼 낙천적일 수 없었다.

중대사(重大事)는 오직 문화냐 야만이냐일 뿐이다.

괴테는 나폴레옹에게 항거하는 독일 국민의 애국 운동인 내셔널리즘
에도 냉담했다. 그 자신이 반민족적이라는 여론의 비난에 그는 다음과
같이 답변했다.

방에 들어앉아 군가(軍歌)를 짓는 것이 내가 할 일인가? 나는 태생적
으로 전혀 전투적이지 않다. 나는 나의 시작(詩作)에서 한 번도 거짓이
없었다. 내가 체험한 것, 그리고 간절히 고민한 것이 아니면 나는 시도
쓰지 않고 말하지도 않았다. 그런데 증오 없이 어떻게 증오의 노래를 쓸
수 있을까? 나에게 중대사는 오직 문화냐 야만이냐일 뿐이다.

대체로 국민적 증오라는 것은 특수한 것이다. 그것은 문화의 가장 저
급한 단계에서 강하게 나타난다. 국민적인 것을 초월하고 이웃 나라의
행복이나 불행을 자신의 일처럼 염려하는 경지가 있다. 그러한 문화 차
원이 나에게는 어울린다. 나는 70세가 되기 전부터 오랫동안 그 경지에
서 흔들림이 없었다.(『괴테와의 대화』)

나폴레옹은 비극의 본질에 대해 괴테와 이야기를 나누었을 때, 고대의
숙명 대신 정치가 바로 근대의 운명으로서 오늘날 개인 위에 군림한다
고 말하였다. 괴테도 자신이 놓인 시대의 정치 지향적 움직임 속에서 심
상치 않은 미래를 떠올렸다. 어쩌면 자기 자신이 근거한 교양 세계를 송
두리째 허물어버릴지도 모를 정치의 데몬을 말이다.

괴테는 에라스무스나 몽테뉴와 더불어 정치적인 고찰은 철학적 명상
이 될 수 없다고 생각하였다. 어쩌다 그가 정치에 대해 언급한다고 하더
라도 그것은 으레 정치의 '비윤리성'에 대한 비판이었다. 정치란 괴테에
게 바로 교양 세계와 대극을 이루는 것, 즉 반문화적·반개인적·대중적
인 것을 의미하였다.

괴테에 따르면, 가장 순수한 문화의 담지자는 시인이다. 그는 시인과 정치의 문제에 대해 다음과 같이 말한다.

어떤 시인이 정치 활동을 하고자 하면 그는 어느 당파에 몸을 맡겨야 한다. 그렇게 되면 시인으로서의 독자성을 상실할 것이다. 그는 자율적 정신과 보편타당한 식견을 버리고 그 대신 편견과 맹목적인 증오감에 귀 기울이게 될 것이다.

시인도 인간으로서 시민으로서 자신의 조국을 사랑할 것이다. 그러나 그의 시적 창조성과 활동의 조국은 선과 고귀함이며 아름다움이다. 결코 특수한 나라에 국한되지 않는다.

괴테가 1830년 프랑스 7월혁명의 세례를 강하게 받으며 문학을 정치나 사회의 현실과 결부시키고자 한, 하이네를 앞장세운 작가들로 이루어진 '젊은 독일'파를 염두에 두고 말한 것으로 짐작된다. "정치가가 된다는 것은 시인을 망치는 일이다"라거나 "도대체 조국애란 무엇인가. 애국 활동이란 무엇인가. 어떤 시인이 평생 동안 저주스러운 편견과 싸우고 갖가지 편협함을 극복하고 국민의 지능을 계발하고 취미를 정화, 지향하고 사교의 길을 높였다면 그 이상 무엇을 바랄 것인가"라는 괴테의 언급은 또한 낭만파의 실책과 그것에 대한 비판이기도 하다. 끝으로 괴테의 '세계문학'(Weltliteratur)에 대해 살펴보자.

인류의 진보라든가, 인간사 모두가 날로 넓은 전망을 지니게 되었다는 사실을 도처에서 듣기도 하고 읽기도 한다.
확신하건대 이제 보편적인 세계문학이 형성되고 있으며 우리 독일인들에게도 명예로운 역할이 남겨져 있다.(『예술과 고대』)

일찍부터 독일의 현실과 문화가 짊어지고 있는 문제성을 깊이 통찰하면서 셰익스피어와 볼테르의 위대성에 감동한 괴테가 내셔널리즘의 격랑 속에서 만년에 '세계문학'에 크게 관심을 갖게 됨은 자연스러운 귀결이었다('Weltliteratur'라는 지칭은 괴테가 처음으로 쓰기 시작했다). 괴테는 "그대들 독일인이 국민이 되고자 원하여도 소용이 없다. 그 대신에 그대들이 할 수 있는 것은 보다 더 자유로운 인간으로 자기를 키우는 일이다"라거나 "우리들이 우리들 자신을 교육하는 곳, 그곳이 우리들의 조국이다"라고 말하였다. 더불어 그는 『빌헬름 마이스터의 편력 시대』에서 "내가 행복한 곳, 그곳이 나의 조국이다. …… 내가 유용한 곳, 그곳이 나의 조국이다"라고도 말하였다. 괴테에게서 그 자신이 가장 순수한 독일적 정신 운동으로 여겼던 종교개혁 역시 독일의 국민적 운동이 아닌 '가장 순수한 인간성의 축제'를 의미했다.

괴테의 '세계문학'론은 바야흐로 태동한 내셔널리즘의 장래에 대해 18세기 계몽주의가 일군 시민적 세계주의자로서의 불길한 예감, 아니 적극적인 고발과도 깊이 관련된다. 그러나 인간을 사랑하고 인간성에 대한 신뢰로 일관한 인문주의자답게 괴테는 필경 낙관주의자였다. "새로운 것은 아직 태어나지 않고 있다. 그러나 몇 해 사이에는 즐거운 것이 될지도 모르는 많은 것이 태동하고 있다." "낡은 것은 지나가버렸다."

> 부(富)와 쾌속(快速), 이것이야말로 세상 사람들이 찬미하고 누구나 찾는 것입니다. 교양 있는 사람들이 철도, 급행 우편, 증기선, 그리고 전달을 간편하게 하는 모든 수단에 욕심을 냅니다.

이것은 1825년 6월 6일에 다름 아닌 바로 괴테 자신이 쓴 편지의 한 구절이다. 그리고 그는 토마스 만이 강조했듯이, 파나마 운하의 공사와도 관련된 유토피아적인 웅대한 기술에도 남달리 감동했다. 그러나 괴테는 앞의 편지의 구절에 바로 뒤이어 "그러므로 교양인들은 평균적 평범함에 빠져듭니다. 중용의 문화가 비속해지는 것은 필경 일반 대중화의 결과입니다. …… 우리는 이제까지 지켜온 신조를 될 수 있는 한 지켜 나갑시다. 우리는 다시 소생할 수 없는 시대의 마지막 사람들입니다"라고 언급했다.

괴테는 대중 기술산업사회의 도래를 역사적 필연성으로 받아들이면서도 시민 시대의 대표자답게 "자기 자신 속에 자기를 국한하지 않고 독일인은 세계를 자기 속에 받아들이고 세계에 기능해야 한다"라고 말하였다. 또한 언젠가 "자기의 삶의 종말을 그 시초와 결합할 수 있는 자가 가장 축복받은 인간이다"라고도 했다.

괴테를 평생 마에스트로로 섬기고 유작으로『나의 파우스트』(1945)를 쓴 프랑스의 발레리는 그 한몸에 "갖가지 대비의 거의 완벽한 한 체계"와 "비할 바 없는 풍요로운 결합"을 이룬 괴테 속에서 앞과 뒤 양면의 얼굴을 지닌 역사를 상징하는 신 야누스를 보았다. 시인이자 고전주의자이면서 일찍부터 해부학과 식물학 연구에도 몰두하여『식물의 변모』(1780)를 간행한 과학자, 세상을 떠나기 직전까지도 국내외 여러 문예지를 손에서 떼지 않았던 지적 관심, 일상적인 시민적 삶을 귀히 여긴 생활인이자 사교가, 보수주의자이면서도 시대의 선구적 양상을 포착한 혜안, 귀족주의자임을 자임하면서도 '자유로운 백성과 함께' 살기를 최고의 축복으로 바랐던 괴테! 그러한 괴테를 니체는 "기쁜 신뢰에 가득 찬 운명에 순응"하고 "스스로를 전체로 형성한", 그럼으로써 "전체 속에서 모든 것은 구제된다"라고 믿은 인물로 통찰했다. 그리고『반시대적 고찰』에서는 '붕괴'로 특징지어진 19세기에 세 인간의 모습이 인간성의 존재양식을 밝히고 있다고 언명하였다. 혁명을 지향하는 루소와 삶의 유기적 질서를 더듬는 괴테, 그리고 '영웅적 인생'을 산 쇼펜하우어를 말이다. 한편 발레리는 모든 모순이 자연과도 같이 슬기롭게 조화를 이룬 괴테를 아폴론의 아들, 즉 '반신'(半神)으로까지 높여 "유럽의 완벽한 상태를 향수한 마지막 인물"로서 찬탄했다.

발레리가 괴테를 받든 찬가를 따라 우리도 괴테에게 레퀴엠을 바치자. 하나의 자연과 하나의 우주, 그리고 불가사의한 데몬적 페르소나 (persona)! 다시 나타나기를 바랄 수 없는 인간 중의 인간!

제8장

낭만파와 낭만주의, 중세의 찬미

1. 낭만주의와 낭만파의 태동

담론의 세기였던 18세기가 그 장막을 거두어들이는 세기말 이래부터 19세기 초에 걸쳐 유럽에서는 문학을 비롯하여 예술과 사상 전반에 새로운 경향이 나타났다. 이른바 낭만주의(Romanticism)이다. 그런데 이 새로운 근대적 흐름은 시초부터 다양하고 복잡미묘한 문제성을 잉태했다. 중세 라틴어 'romanice'로써 쓰인 '중세의 이야기'(romances)의 내용과 특징, 의미를 함께 짊어졌기 때문이다. 낭만주의는 이성과 합리주의에 갇힌 계몽주의와는 물론 조화로운 형태와 이상을 받든 고전주의와도 맞서 그 극복을 시도하여 새로운 근대적 자아를 지향하였다. 그런데 그 자아를 위한 다채로운 상상력으로 샘솟는 무한에의 동경은 중세로부터 자유롭지 못했으며, 그러한 경향은 독일에서 특히 각별했다.

독일 낭만파(Romantik)의 발상지는 예나(Jena)이다. 그 대표적 인물은 슐레겔 형제와 빌헬름 바켄로더(Wilhelm Wackenroder), 루트비히 티크(Ludwig Tieck), 그리고 노발리스이며, 그들에 앞서 클롭슈토크와 헤르더 및 젊은 괴테도 그 선구적 역할을 다했다. 예언자적 서정시인이었던 횔덜린, 대담한 상상력과 고뇌의 삶을 산 클라이스트 및 근대적 아이러니에 채색된 장 파울은 낭만파에 속하지는 않으나 그 심화 내지 확산에 적지 않게 이바지했다.

독일 낭만파의 이론가이자 지도자 격 인물은 프리드리히 슐레겔이었다(이하 그를 단지 슐레겔로 지칭한다). 그는 형 아우구스트 슐레겔과 함께 '우리 자신들의 잡지' 『아테네움』(*Athenaeum*)을 창간(1789)하면서 '새로운 시대'의 도래를 선언하고, 그 전제로서 1789년의 혁명과 자아의 근원성을 강조한 피히테의 지식학(知識學) 및 인간의 사회성을 강조한 괴테의 『빌헬름 마이스터』를 열거했다. 그러면서 고대 신화에 비길 새로운 신화의 창조를 '낭만주의 문학'에서 찾고자 했다.

슐레겔이 그리스 고전을 찬미하고 객관성과 조화로운 아름다움을 문학의 하나의 척도로서 인식하였듯이, 독일 낭만파는 앞선 세대의 이상주의적 관념론 철학과 함께 괴테의 고전주의 문학을 또한 자양분으로 섭취하는 것을 게을리하지 않았다. 이 점에서 고전주의와 명백히 맞선 프랑스의 낭만주의와는 무척 대조적이었다.

그러나 『아테네움』의 창간 이후에 슐레겔은 자신들의 근대문학의 특색과 본질로서 이전의 문학과 구별하여 특징적인 것, 개성적인 것, 흥미로운 것의 전체적 우월을, 새로운 것, 아슬아슬하고 매력적인 것, 이목을 끄는 것, 즉 낭만적인 것에 대한 벅차고 충만할 수 없는 동경을 강조하였다.

어디 그뿐이었을까. 자아를, 그 낭만적 주관을 모든 행위의 근거로서 받든 슐레겔은 필경 사회적 통념을 외면했다. 그는 사랑을 주제로 한 소설 『루친데』(1799)의 여주인공 모델로 당시 자신과 연인 사이였던 유부녀를 등장시킴으로써 스캔들에 휘말렸다. 그러나 그는 태연하였으며 동료 낭만주의자들 또한 박수갈채를 보냈다. '낭만적'이라는 명분 아래 그들은 데카당적 시대, 즉 도덕의 무정부적 상태를 앞당겼던 것이다.

슐레겔의 『루친데』나 티크의 작품 등에서 낭만주의적 로망을 높이 평가한 낭만주의자들은 괴테의 『빌헬름 마이스터』를 속된 가정소설로 비하했다. 슐라이어마허와 노발리스도 이에 동조하였다. 노발리스는 괴테의 독일 최고의 그 교양소설에 대해 다음과 같이 말했다.

그것은 전적으로 산문적이며 근대적이다. 낭만적인 것이 거기서는 소멸된다. 자연시나 놀랄 만한 것도 없다. 괴테는 거기서 평범한 인간적인 사물에 대해서만 이야기하고 자연관, 신비적인 것은 완전히 망각되고 있다. 그것은 부르주아적 가정의 이야기이다.

슐레겔의 '로만틱'이란 반현실적인 정념과 환상적인 정취를 뜻하며, 그는 "로만틱 문예는 미래를 지향하는 전인적 문예이다"라고 주장하였다. 하이네에 따르면, 괴테와 더불어 독일 문학사상 '예술의 시대'가 종말을 고하고 새로운 시대가 시작되었다.

죄르지 루카치(Georg Lukács)의 독일 문학사에서 다루어지듯이, 독일 문학사는 즐겨 괴테의 죽음과 더불어 문학과 예술의 시대의 종말을 논한다. 그런데 '괴테의 예술 시대'(Goetheschen Kunstperiode)라는 표현을 처음 쓴(1828) 인물은 하이네였으며, 괴테의 죽음과 더불어 예술 시대의 종말을 예언한 것도 하이네였다.

괴테의 작품은 그의 '개인적' 삶과 비전의 결실이자 표현이었다. 이러한 사실에 집착하여 괴테의 비평가들은 괴테를 실러와 달리 자기 세계에만 머물렀던 인물로 간주하며 그에게 반감을 품었다. 그러나 하이네가 지적하였듯이, 낭만주의자들은 꽃이 피어나는 숲, 은빛 강, 장엄한 산맥을 보지 못했다. 연이은 산맥의 주봉과도 같이 자연과 인간 세계를 굽어본 괴테의 위대함을 미처 생각하지 못했다.

그러나 낭만주의자들도 괴테를 찬미하는 것을 잊지 않았다. 슐레겔 형제는 바이마르로 자주 가서 괴테를 찾았다. 괴테는 미소를 지으며 그들의 이야기를 들었다. 그들은 실러도 찾아갔지만, 실러는 그들 '어린 광대'를 상대하지 않았다. 그런데 괴테가 저작 『예술과 고대』에 「기독교적-애국적 신독일 예술에 대해」를 발표하여 낭만파를 공개적으로 비판하자, 그 후 낭만파의 괴테 찬미는 없었던 것이 되었다. 하이네의 지적대로 슐레겔 형제는 괴테를 진심으로 대한 것이 아니었다. 그들은 대문호 괴테를 자기 편에 끌어들여야 했을 뿐이었던 것이다.

괴테의 문학과 삶의 세계는 낭만파와 낭만주의가 요동치는 새로운 세대 속에서도 흔들림 없이 옛 그대로 고전적 조화와 형태, 온화한 위상, 말하자면 완벽한 예술성을 누렸다. 그러나 괴테의 예술 시대는 정치 시대의 도래와 더불어, 그 도래를 상징하는 낭만주의의 출범과 더불어 결별을 고했다.

괴테가 낭만주의를 '건강한' 고전주의에 대해 '병적인 것'으로 일찍부터 고발했음은 잘 알려진 사실이다. 그런데 낭만파의 문제의 심각성은 그들의 '병'이 문학비평에 그치지 않고 역사적 현실과 역사적 세계 전반에 걸쳐 옮아간 사실에 있었다.

이제 낭만주의와 낭만파의 본질을 규명하는 데서 그 최대의 멘토인 루소에 대해 생각해보자. 루소는 "동시대 사람들로부터 자기를 따로 떼어버리는 하나의 특색을 가지고 있으며, 그들과 메울 수 없을 만큼 동떨어졌다. 그는 근대적이었다. 그는 다른 세계에 속했다." 프랑스 문학에 능통한 영국의 전기작가 리튼 스트래치(Lytton Strachey)의 말이다. 이성이 다스린 18세기 계몽주의에 반기를 든 낭만주의 시대는 루소로부터 참으로 많은 것을 물려받았다. 이미 18세기 후반에 이르면, 신비주의에 대한 관심이 태동하고 유사 신비적인 서클이 유행하며 연금술과 점성술이 번성하였다. 그러한 경향은 루소와는 무관하지만 낭만주의자들에게는 미덕으로 작용했다.

루소의 삶과 언행, 반(反)진보적인 자연 사상, 『신엘로이즈』(1761)와

『에밀』(1762), 『고백』(1782~89), 『고독한 산책자의 몽상』(1782) 등은 낭만주의 문학의 텍스트였다. 루소는 낭만주의자들에게는 물론이거니와 괴테와 바이런, 톨스토이에게도 그리고 기술 산업시대를 사는 오늘날의 우리들에게도 신선한 관심의 대상이 아닐 수 없다. 낭만주의자들은, 특히 독일의 낭만주의자들은 루소를 본받아 현실의 세계를 외면하고 뛰어 넘어 별개의 세계를 꿈꾸었다. 이 점에서 그들은 바로 낭만적·시적 인간이었다.

그러나 이 시인은 더 이상 현실을 노래하지 않고 환상 속의 자연과 사랑을 읊는다. 그는 명성이 아무리 세상에 널리 알려졌어도 현실 세계에 등을 돌린 방랑자이자 유배자임을 스스로 의식한다. 시인이 버젓한 '공인'(公人)으로서 창작과 일상적인 삶을 균형 있게 누린 호메로스와 베르길리우스(Vergilius)를 비롯하여 단테, 미겔 데 세르반테스(Miguel de Cervantes), 셰익스피어, 괴테의 시대는 괴테와 함께 종말을 고했다. 그러나 별종의 이방인으로 자처한 낭만주의적 시인들 대다수는 환상에 끌려 허튼소리를 토하는 과대망상증으로부터 자유롭지 못했다. 그만큼 한몸으로 낭만주의를 구현하면서도 시대와 세계를 정신의 상상의 세계로 반듯하게 끌어들이고자 한 노발리스 같은 인물은 귀한 존재였다. 이제 노발리스를 찾아가보자.

2. 노발리스, 낭만적인 참으로 낭만적인

노발리스, 즉 프리드리히 폰 하르덴베르크(Friedrich von Hardenberg)는 독일 중부 지역 하르츠 산지의 주봉 동쪽 기슭에 있는 만스헤르트 백작 성관(城館)의 극히 로맨틱한 환경에서 태어났다. 시인의 부친인 하르덴베르크 남작은 그 백작 가문의 분가(分家)였다. 일가는 가장이 작센 선제후령의 제염소(製鹽所) 감독관으로 임명되면서 인구 4천 명도 안 되는 작은 마을로 이사했다. 소년 하르덴베르크는 부친의 서재에서 페트라르카, 루도비코 아리오스토(Ludovico Ariosto), 타소 등 이탈리아 르네상스 시대의 시 작품을 원문으로 탐독하는 한편, 당시 태동한 독일 작가인 클롭슈토크, 빌란트, 레싱, 괴테, 실러 등의 작품들도 애독했다. 허약한 체질의 소년은 조숙한 독서가였다. 그러면서 그는 우화(寓話)나 희곡, 소설들을 습작기도 했으며, 1790년에는 루터가 태어난 곳의 루터 김나지움에 잠시 통학했다. 그러나 그는 루터에게는 별로 관심이 없었다. 오히려 그는 호메로스와 크세노폰(Xenophon), 핀다로스(Pindaros)를 그리스어로 읽거나 로마의 베르길리우스와 호라티우스(Horatius)의 라틴어 번역을 가까이했다. 그리고 1790년 10월 예나 대학에 입학했는데, 이때 그의 나이 18세였다. 전공은 당시 상류계급 출신의 관례에 따라 법학이었으나, 그는 역사학을 강의한 실러에 심취하였다. 특히 시인 실러의 강한 도덕성에 '뜨거운 감동'을 받아 자신도 시인이 되겠다는 바람을 품고 그 뜻을 비친 편지를 실러에게 보내기도 했다. 그는 훗날 자신의 저작 도처에서 스승과도 같은 실러에 대한 존경의 마음을 토로하였다. 다음 해인 1791년 10월에는 독일의 아테네로 불린 라이프치히 대학으로 전학하여 거기서 평생 맹우(盟友)가 되는 슐레겔과 만나게 되었다. 같은 해에 태어난 두 사람은 그 우정 속에서 '인식의 나무의 열매'를 맛보며 독일 낭만주의를 꽃피우는 길에 오른다.

하르덴베르크, 즉 노발리스의 첫인상을 슐레겔은 형 아우구스트 슐레겔에게 다음과 같이 전한다.

형! 운명의 여신이 나에게 무엇을 부여하신지 아십니까? 모든 가능성을 잉태한 한 젊은이입니다. …… 호리호리하고 반듯한 몸가짐, 검은 눈동자의 고상한 얼굴. 그러나 정열적으로 아름다움을 이야기할 때의

표정은 멋집니다. …… 철학을 배우고 있어 철학적 이론 구성에도 뛰어
납니다.

훗날 노발리스와 만난 그 형은 노발리스의 인상을 괴테에게 "단련된
정신과 열정이 서로 팽팽한, 참으로 흥미로운 인물"이라고 토로하였다.
노발리스는 대학에서 철학과 법학을 공부했으며, 1796년에는 작센 정
부 제염소의 회계감사관으로 임명되었다. 그리고 1794년 11월 17일 출
장을 가던 길에 조피 폰 퀸(Sophie von Kühn)과의 운명적인 만남을 갖는다.
이때 조피는 노발리스보다 열 살 연하인 12세, 두 사람은 다음 해 3월에
약혼을 하였다. 그는 조피 안에서 이상적 인간상을 감지하고 시 작품「첫
사랑」에서 "언젠가 인류는 지금의 조피처럼/완벽하고 유기적인 우아함
이 되리라"라고 읊었으나, 그녀는 1797년에 결핵으로 세상을 떠났다. 노
발리스는 한동안 매일같이 묘를 찾았다. 죽은 연인에 대한 묘변환상(墓
邊幻想)은 노발리스로 하여금 그녀에게 보내는 일기를 쓰게 했으며, 마침
내 독일 낭만파 최고의 시 작품이자 세계 문학사상 희귀한 서정시로 이
름 높은『밤의 찬가』(1800)를 탄생시켰다.
독일 낭만주의자들 속에 맥박 치고 훗날의 바그너 가극에서 절정에 달
하는 '죽음의 찬미'(Liebestod)는 노발리스에게서 조피와 하나가 되는 동
경의 길인 동시에 자기 정화의 길이자 바로 전인격적인 체험이었다.
꿈꾸는 시적 로맨티스트 노발리스는 앞에서 보았듯이, 현업에 종사하
는 직업인이면서도 참으로 지식욕이 왕성한 백과전서적 인물이었다. 그
는 예나로 피히테를 찾아가 그에 대한 방대한 연구 노트도 남겼다. 그리
고 횔덜린도 만났다. 어디 그뿐이었을까. 괴테의『빌헬름 마이스터』, 셸
링의 논문, 슐레겔의 그리스론을 애독하였으며, 한편으로는 광물학과 수
학, 화학, 물리학, 연금술 등 자연과학 전반을 평생 동안 공부했다. "학문
은 마약과도 비슷하게 고통을 마비시킨다"라며 학문에 열중한 노발리

스는 ── 그 성실했던 직장 생활에서도 짐작되듯이 ── 괴테를 본받은 듯 시인이면서도 동시에 삶을 누린 반듯한 시민적 생활인이었다. "한없이 몽롱한 것으로 여겨진 이 (낭만주의 시대) 반세기에 걸친 비판을 거두고 과학적 방법으로 노발리스를 연구하면 하나의 결실을 거두리라"라고 언명한 딜타이의 말이 새삼스럽게 귀하게 느껴진다.

노발리스는 슐레겔 형제가 펴낸 『아테네움』 창간호에 원고를 보내면서 처음으로 'Novalis'로 서명을 했다. '새로운 땅의 개척자'를 뜻하는 'Novalis'는 먼 조상의 이름을 답습한 것으로서 그 명칭이 자신에게 "전혀 어울리지 않는 것은 아니다"라고 아우구스트 슐레겔에게 보낸 편지에서 부언하였다. 그만큼 그는 자신의 꿈은 물론 상상력을 담은 동경과 비전에 전인적인 자기 확신과 긍지를 지녔던 것일까.

노발리스는 1796년 이래 부친이 소장으로 있는 제염소에 근무하던 중 귀족 출신의 율리에 폰 카르펜티어(Julie von Charpentier)와 약혼했다 (1798). 그는 죽음이 가까움을 예감하면서도 시민적 가정 생활을 누리고자 결혼을 마음먹었다. 율리에 속에서 노발리스는 조피의 모습을 발견했다. 그는 두 연인이 현실의 세계에서는 각각 다르나 진정한 성취의 저 세상에서는 동일한 인물로 나타나리라고 확신했다. 이제 우리는 노발리스의 주저이며 독일 낭만주의 문학의 정수로 평가받는 서정시 『밤의 찬가』와, 『푸른 꽃』으로 불리는 미완의 소설로서 중세의 시인 오프터딩겐의 전설을 견준 『하인리히 폰 오프터딩겐』(1802)을 중심으로 노발리스 낭만주의의 본질과 그 환상의 세계, 그리움의 천국에 가까이 다가가보자.

3. 노발리스와 낭만파의 중세 찬미

『밤의 찬가』의 시인은 낮에 등을 돌리고 '무한에의 눈'을 열어주는 동경의 세계, 즉 '밤'을 노래한다. '밤'으로의 노발리스의 귀의는 빛과 낮을 지향하는 레싱에서부터 괴테에 이르는 앞선 세대 계몽주의의 이성의 빛, 고전주의적인 규범이나 형태의 파괴를 뜻하는 것으로서, 그것은 때마침 낭만주의 세대에 팽배했던 경건주의 사상과도 깊이 관련된다.

30년전쟁(1618~48) 전후의 혼란과 위기의식 속에서 독일 중세의 신비주의 전통을 이어받으며 부활한 경건주의는 슈트름 운트 드랑 운동에 의해 다시 부각되었으며, 독일 고전주의 문학과 이상주의 철학 속에서도 생생하게 고동쳤다. 또한 그것은 종교의 본질을 형이상학이나 도덕이 아닌 무한자(無限者)를 향한 지극한 감성으로 특징지어진 슐라이어마허의 철학 사상에 힘입어 낭만주의 사상의 주조음을 이루었다. 조피의 죽음으로 더욱 심화된 노발리스의 경건주의적 정념은 해를 거듭하면서 날로 그의 세계 체험으로 심화되고 확대되었다.

우리는 모든 곳을 향해 여행하기를 이러저러하게 꿈꾼다. 그러나 만사는 오직 우리의 내부에 있지 않을까. 우리의 마음, 그 깊이는 알 수 없을 만큼 한이 없다. …… 그 내부에 신비에 찬 길이 통해 있다. 영원의 세계와 그 문학의 넓이, 과거와 미래는 우리 내부에 있는 것으로서 어디 다른 곳에 있지 않다.

베아트리체에 대한 단테의 추모를 떠올리게 하는, 조피에 대한 노발리스의 무한한 동경은 경건한 마음과 융합하여 만사는 신비적·마술적 연관을 지니는 것으로,『밤의 찬가』,『하인리히 폰 오프터딩겐』에 이어「그리스도교계 혹은 유럽」(1826) 및『단장(斷章)과 연구』(이하『단장』으로 지칭)(1929)의 집필로 이어졌다.

자아의 절대성을 둘러싼 낭만주의적 확신은 개별적인 것과 특수한 것은 물론이거니와 시간과 공간에 대한, 즉 역사적인 것에 대한 지극한 관심과 취향을 분출케 했다. 에른스트 카시러(Ernst Cassirer)는 낭만주의를 그것에 앞선 다른 사상과 구별짓는 특징으로 신화에 대한 새로운 개념과 평가, 그리고 특히 '역사에 대한 새로운 관심'을 지적한 바 있는데, 낭만주의자들은 저마다 역사적인 것 중에서도 독일의 문학과 예술의 전통 그리고 옛 독일 전반에 대한 벅찬 감흥에 설레었다.

중세 독일의 문학과 예술에 대한 깊은 관심과 사랑을 처음으로 표명한 인물은 단명으로 삶을 마치면서도 『예술을 사랑하는 어느 수도승의 진정한 피력』(1797)과 『예술에 대한 환상』(1799)을 남긴 바켄로더였다. 하만과 헤르더의 제자였던 이 '낭만적 정념의 인간'은 스승들을 본받아 개체의 아름다움을, 특히 민족적 개성을 예술 속에서 감득하는 비상한 능력을 갖고 있었다. 그는 1793년에 티크와 협력하여 중세 독일 연구에 착수했으며, 이때 그들의 외경의 첫 대상은 알브레히트 뒤러였다. 그들에 의해 독일 르네상스를 대표하는 이 화가는 '독일 예술의 유일한 거장'으로 불리었다. 바켄로더는 "뒤러가 화필을 쥐고 있을 당시 유럽 민족 무대에서 독일인은 아직도 확고하고 탁월한 독자적 개성이었다. …… 뒤러의 초상화에는 독일적 특성인 진지함과 솔직함, 그리고 힘찬 본질이 뚜렷하게 각인되어 있다"라고 말했다. 이제 낭만주의자들은 자신들이 '독일적인 것'(Deutschtum)으로 확신하는 특성을 찾고자 가깝고도 먼 길에 올랐다.

슐레겔은 "우리의 유일한 소원은 우리 민족의 가장 내적인 본질로부터 모든 것을 이어받는 것이다"라고 말하면서 독일의 위대한 인물로 프리드리히 대왕과 괴테, 클롭슈토크, 빙켈만 및 칸트를 들고 있다.

인류의 어느 종족에도 그들과 겨룰 만한 인물은 거의 없다. 그들은 어느 민족도 예감할 수 없는 특성을 지니고 있다. …… 나는 독일 민족의 모든 업적에서, 특히 문화적 업적에서 앞으로 다가올 위대한 시대의 설계를 본다. …… 끊임없는 활동, 사물의 내면성에 대한 통찰력, 도덕과 자유에 대한 훌륭한 자질을 나는 우리 민족 속에서 발견한다.

  낭만주의자들은 '독일적인 것'을 — 타키투스의 『게르마니아』를 떠올리며 — 경박한 '믿음이 없는 외국풍'과 대비하면서 그들 자신도 조상을 따라 "근원적인 순수함, 오직 자기 자신에게만 근사한 종족"으로 남기를 소원했다. 그렇듯 독일 낭만파는 '내면성'(Innerlichkeit)이라고 하는 독일적 특성의 상징적인 구현자로 자처하였다. 그러면서 '독일적' 예술과 사상을 부르짖는 민족의식이 역사의 무대에 크게 자리를 차지했다. 카시러는 낭만주의의 두드러진 특징으로 과거를 향한 사랑과 과거의 이상화를 지적한바, 그것은 필경 독일 낭만파 내지 독일 낭만주의에 두드러진 독특한 현상이었다. 그런데 세계를 자아, 즉 절대정신의 발전 과정으로 생각하는 그들의 지나친 주관성은 역사 인식에서 필경 과대망상을 면치 못했다. 미화된 민족의 과거가 이제 낭만주의자들을 따라 현재와 미래를 다루는 척도가 되었다. 그리하여 루카치가 비판적으로 지적한 것처럼 근대 부르주아적 인간성과 맞선 프로이센적 문무관(文武觀)의 '전체주의적 염결성(廉潔性)'이 이상적 인간상으로 둔갑하였다.
  낭만파 가운데 중세에 대한 최초의 찬미는 중세의 독일 예술에 대해 열정을 지녔던 티크에서부터 비롯되었다. 극도로 몽상적이었던 그는 독일 중세 문학에 심취하여 중세 민화에서 취재한 이야기와 동화 등을 토대로 낭만주의적 작품을 발표했다. 티크에게서 중세는 "기사(騎士) 정신이 유럽의 제 국민을 결합한 시대, 동서양의 신비한 관련이 이루어지고 전설이 흘러나오는 화려한 궁전, 시 문학을 이해하는 제후와 황제 및 영웅들을 받든 승리에 빛나는 교회, 이 모든 것이 아름답고 자유로우며, 독립된 귀족과 부유한 시민들이 삶을 즐긴 그리고 동경이 눈을 뜨고 마음대로 시와 결혼한 시대"였다.

한편 루터파 목사의 아들로 태어났으면서도 가톨릭에 남다른 친화감을 품었던 슐레겔은 낭만적 정신을 바로 '기사 정신'으로 정의했다. 그리고 그는 "과거의 어느 역사에서도 기대할 수 없었던 '기사 정신'의 환희에 넘친 심정"을 "북방적 독일의 견실한 용감성과 그리스도교의 결합" 속에서 보았다. 그의 형 아우구스트 슐레겔도 기사 정신을 순수한 낭만적 정서로 정의하고 북방적 성격과 그리스도교적 성격의 결합 속에서 기사적 낭만주의를 찾았다. 그러나 중세에 대한 시적 찬미와 귀의의 정념은 노발리스에게서 가장 상징적으로 표현되었다. 종교와 이상국가의 이념을 제시한 그의 대표적 저술 「그리스도교 세계 혹은 유럽」의 머리말을 들여다보자.

유럽이 '하나의' 그리스도교 국가였으며, '하나의' 그리스도교 세계가 인간적으로 형성된 아름답고 빛난 시대가 있었다. 그때 위대하고 공통된 똑같은 관심이 그 넓은 종교적 국가의 변경 구석구석까지도 결합하였다. 평화는 그들로부터 유래되고 그들은 또한 신성한 힘을 갖추고 있었으니, 두려운 공포로부터 신도들을 언제나 구원하는 놀랄 만큼 아름다운 성모마리아에 대한 사랑만이 강조되었다.

『아테네움』에 실릴 예정이었지만 괴테의 충고에 따라 발표가 보류된 이 글을 두고 루카치는 낭만주의적 반동의 역사철학적 강령이라고 혹평했다. 노발리스에 의해 중세는 인간의 역사적 현실 세계가 아니라 직관적으로 이상화된 신화 시대로서 그의 믿음의 대상이 되었다. 이상과 같은 복고(復古) 현상은 영국이나 프랑스의 낭만주의와는 전혀 다른 독일만의 특수 현상이었다.

이제 영국과 프랑스의 낭만주의에 대해 생각해보자.

영국의 경우에 낭만주의는 1780년대에 이르러 농민 시인 로버트 번스

(Robert Burns)가 순수소박한 민중과 민족의 심성을 노래했으며, 이어서 고딕 예술의 아름다움에 매료된 판화가이자 탁월한 시인이기도 했던 윌리엄 블레이크(William Blake)가 자연과 개인의 감정, 우수, 중세의 취미를 읊었다. 특히 대도시 런던이 드러낸 산업사회를 비판하고 고발한 블레이크의 산문집 『천국과 지옥의 결혼』은 영국 낭만파의 출범을 알리는 상징성을 지녔다.

영국 낭만주의는 어린 시절을 호숫가에서 지내 자연에 대한 사랑이 남달랐던 시인 워즈워스와 예민한 감수성 및 분방한 창조력이 낳은 「노(老)뱃사공의 노래」와 『문학자전』(1817)을 남긴 시인이자 비평가 테일러 콜리지(Taylor Coleridge)가 서로 두터운 우정으로 함께 쓴 기념비적 작품 『서정가요집』(1801)을 계기로 본궤도에 올랐다. 이어서 주저인 장편시 『돈 주안』(1821~24)과 그 주인공 그대로 낭만적 자아를 마음껏 누린 바이런, 서정시인 메리 셸리(Mary Shelly), 존 키츠(John Keats) 등이 중심인물로 활동하고 스콧 또한 역사소설을 통해 그 확산에 이바지했다.

그러나 1820년대 이후에는 철학 사상과 경제학을 중심으로 공리주의가 유행하여 그에 맞서 빛나는 역사 속에서 인간성의 진실을 찾고자 한 칼라일의 노력에도 불구하고, '어두운 악마적 공장'인 기술산업사회의 발전은 필경 낭만주의를 무색게 하였다. 아니 영국의 낭만주의자도 그 본질에서는 영국적 의미의 개인주의자였다. 그만큼 상식적이었던 것이다. 그러므로 독일적 의미에서의 낭만주의 운동은 영국에서는 일어나지 않았다. 오직 낭만적 창작에 "표류했던 것이다"(존 프리스틀리).

한편 프랑스에서는 1820년대 초에 이르러서야 '낭만파적'(romantique)이라는 용어가 나타났다. 그만큼 계몽주의적이며 고전주의적인 이 나라에서는 문학과 예술, 문화 전반에 걸쳐 하모니와 규범, 합리주의가 기본원리로서 지배적이었다. 그러나 그리스도교를 시적·미학적·인간적 자유의 종교로 찬미한 『그리스도교의 정수』(1802)를 통해 그리스도교와 중세의 아름다움에 새삼 눈뜨게 한 귀족 출신의 작가이자 반혁명적 정치가이기도 한 샤토브리앙(Chateaubriand)과 자신의 독일 체험의 귀중한 결실을 『독일론』(1813)을 통해 발표한 스탈 부인은 프랑스 낭만주의의 개화에 크게 이바지하였다.

그러나 프랑스 낭만주의의 본격적인 출범은 시인이자 귀족 출신 정치가 알퐁스 드 라마르틴(Alphonse de Lamartine)으로부터 각인된다. 호수와 고독, 골짜기, 가을을 읊은 그의 서정시집 『명상시집』(1802)은 프랑스 최초의 낭만적 시집으로 일컬어지는데, 그는 평생 자연과 사랑, 죽음, 신을 노래했다. 그 뒤 낭만파의 통솔자 격이었던 빅토르 위고(Victor Hugo), 고독과 염세관을 시정(詩情)에 담은 시인이자 소설가 알프레드 드 비니(Alfred de Vigny), 그리고 고전적 이상미에 대해 근대적인 심미안의 예술관을 강조한 스탕달, 이상주의로 일관된 정열적 삶을 누린 한편으로 새로운 양식의 전원소설을 남긴 여성 작가 조르주 상드(George Sand), 국민 역사가로 불린 역사가 쥘 미슐레(Jules Michelet) 또한 프랑스 낭만주의를 빛냈다. 그런데 프랑스 낭만주의의 상징적 거인은 역시 『신엘로이즈』와 『고독한 산책자의 몽상』, 『고백』 등을 통해 낭만적 서정을 꽃피운 루소였다. 루소의 본질은 자연과 자아의 예찬이며, 그 자아는 또한 인민주권 사상과 연동된 사회혁신의 의지이기도 했다. 그러나 고딕 양식의 성당을 낳은 독일의 숲이나 영국풍의 박명(薄明)의 안개를 찾아볼 수 없는, 햇빛이 눈부신 지중해와 연동된 고전주의의 나라이자 담론하는 계몽주의적 지성의 나라 프랑스에서의 낭만주의는 절도와 이성을 받드는 프랑스 문화 전반에 대한 역설과 반역의 뜻을 지녔기에 극소수의 근대적 자아숭배 운동에 머물렀다.

이상에서 살펴본 것처럼 프랑스와 영국의 낭만주의는 게르만 르네상스에 귀착된 독일 낭만주의와 달리, 궁극적으로 새로운 시민사회를 향한 근대적 자아의 발로의 성격이 강하였다. 이러한 사실은 프랑스 낭만주의 운동의 중심인물이자 그 통솔자 격인 위고에게서 잘 밝혀진다. 시인을 '인민의 목자(牧者)'로 여겼던 그는 2월혁명(1848) 당시에 공화정치를 염원하여 나폴레옹 3세의 쿠데타를 탄핵했으나 오히려 망명 길에 오르기도 했다. 즉, 그는 자유와 평등, 휴머니즘을 부르짖으며 실천한 올곧은 국민 작가였다. 이제 독일의 낭만주의 예술에 대해 살펴보자.

낭만주의적 정념은 음악의 나라 독일에서 더욱 두드러졌는데, 바로 베토벤으로부터 비롯되어 바그너에 이르러 절정에 달했다. 19세기 낭만파 음악은 우선 카를 마리아 폰 베버로부터 비롯되었다. 그는 독일 중세의 전통으로부터 주제를 가져오는 동시에 독일 민요의 선율을 풍요롭게 받아들여 기념비적 작품 「마탄의 사수」를 통해 독일 가극, 즉 낭만파의 가극을 완성했다. 독일의 내면성을 완벽하게 표현한 독일적 형식의 가극 '징슈필'(Singspiel)은 때마침 나폴레옹과 맞선 독일의 민족적 고양에 힘입어 독일 국민의 마음을 사로잡았다. 한편으로 낭만적인 아름다운 선율과 다이내믹한 리듬의 「미완성 교향곡」과 「겨울 나그네」를 비롯한 서정적 리트(Lied)에서 드러나듯이, 프란츠 슈베르트(Franz Schubert) 또한 우리를 독일적 심성인 전원적 풍아(風雅)와 낭만의 세계로 끌어들인다. 그러나 낭만파 음악의 가장 전형적인 거인은 바그너이다. 바그너에 대해서는 뒤에서 상세히 언급하기로 하고 이제 미술의 영역에 눈을 돌려보자.

낭만주의 미술은 강렬한 감정 표현과 농밀한 빛깔, 그리고 지난날 돌보지 않았던 주제들을 즐겨 선택했다. 그 대표적 화가로는, 근현대 회화 발전에도 크게 이바지한 프랑스의 외젠 들라크루아(Eugène Delacroix)와 빛의 화가로 알려진 영국의 풍경화가 윌리엄 터너(William Turner)가 두드러졌다. 독일에서는 그 중심적 인물로 카스파르 다비트 프리드리히(Caspar David Friedrich)와 필리프 오토 룽게(Philipp Otto Runge)를 들 수 있다.

북독일 출신의 프리드리히는 코펜하겐의 미술 아카데미에서 배운 뒤에 당시 작은 파리로 불린 드레스덴으로 가서 활동했는데, 즐겨 새벽 박명과 달밤의 풍경, 안개와 눈, 폐허를 그렸다. 특히 그림에 십자가 및 수도사를 끌어들여 종교적·상징적 깊이와 의미를 담았다. 그의 대표작은 「테첸 제단화」(1807)인데, 프리드리히에 대해서는 괴테도 적지 않은 관심을 나타냈다. 괴테가 처음 프리드리히에 대해 언급한 것은 1805년 바이마르 미술전에서 그 전시의 관리자로서 프리드리히가 출품한 두 점의 풍경화에 대해 수상 취지를 언급한 것이었다. 그 뒤 괴테는 일기에서도 그의 작품에 대해 언급했으며, 드레스덴을 여행했을 때는 그의 화실을 직접 방문하기도 했다. "그 뛰어난 풍경화, 안개의 묘지, 넓고 넓은 바다"와 "섬세한, 아니 경건한" 화가의 심정에 괴테는 많은 공감을 나타냈다.

독일 낭만주의 미술의 신비적 상징성을 대표하는 룽게는 독일 사상에 큰 영향을 준 야코프 뵈메(Jakob Böhme)의 신비적 범신론을 받들어 우주의 생성을 상징하는 동판화 「네 시각」(아침, 낮, 저녁, 밤)의 4부작(1805)을 합창을 수반한 종합예술로 구상하여 독특한 풍경화를 지향했다.

낭만파 시인들은 프리드리히와 룽게에 크게 감동하였으며, 요제프 폰 괴레스(Joseph von Görres)는 룽게의 낭만적 신비성을 '예술의 상형문자'로 극찬했다. 룽게는 낭만파 시인 티크와 낭만파 시인들이 친근감을 나타낸 서정시인 마티아스 클라우디우스 및 괴테와도 친교를 맺었다. 1803년 그는 바이마르에 살고 있던 괴테를 방문하여 색채론에 대해 이야기를 나누고 뒤이어 「네 시각」의 원화 스케치를 선물로 보내기도 했는데, 괴테는 그 인상을 일기에 "사상이 풍부하다"라고 메모했다. '참신하고 불가사의한' 룽게는 프리드리히 이상으로 괴테를 매료하였다. 그리하여 괴테는 『예술과 고대』에 실은 논문(1817)에서 그를 "미적 및 역사적 가치가 있는" 화가로 높이 평가하기도 했는데, 룽게가 작고한 뒤에는 그를 추도하는 화집과 전기의 출판을 직접 호소하기도 했다. 그것은 룽게가 요절한 7년 뒤였다. 그러나 괴테의 인문주의는 결국 낭만주의적 화가와는 미묘하게 갈라졌다. 낭만파 시인들에 대한 그의 태도가 그랬듯이.

4. 민족 공동체를 지향하여

이제 독일 낭만주의의 핵심을 이루면서도 갖가지 문제성을 불러일으킨 민족 공동체의 지향에 대해 생각해보자.

노발리스는 인간의 동지적 결합 속에서 '인간의 독자적 존재', 즉 '독자성'을 찾기를 강조했다. 그에 의하면 사회의 협동체와 복합성은 바로 인간의 내적 본질로서, "진정한 대중성은 인간의 지상 목표이며" "단체 정신으로부터의 도피"란 인간의 죽음을 뜻하였다. 그의 작품 『하인리히 폰 오프터딩겐』에는 인간 유대의 윤리성과 이상주의가 도도히 맥박 치고 있다.

사실 독일 낭만주의자들은 두터운 우정으로 맺어졌다. 공동체적 연대와 상생을 각별히 중요시한 그들과 함께 우정을 연애나 결혼처럼 찬미하는 신도들의 단체 및 장인들의 조합이 동지적·혈연적 결연인 양 결성되었다. '동맹'(Bund)과 '공존'(Mit-Sein), '공동철학'(Mit-Philosophie) 등의 새 낱말이 그들에 의해 만들어지고 시대어로서 부각되었다. 그러나 그 동지적 결속은 널리 사회를 향한 열린 사회적인 것은 아니었다. 그것은 '동포의 이해'를 전제한 '민족 관념'으로 전화하고 매몰되었다.

노발리스는 앞선 세대, 즉 인문주의자들의 국가에 대한 무관심을 언급하면서 "우리 국민의 큰 결함은 국가에 대한 관심이 지나치게 결여된 점에 있다. 그러나 도처에서 국가의 존재는 명백히 나타난다. …… 국가의 존재를 가볍게 본다는 것은, 인간의 본질에 대한 무지를 의미한다"라거나 "국가는 우리나라에서는 너무도 알려져 있지 않다. 국가에 관한 고지자(告知者), 애국심의 포교자가 있어야 한다"라고 말했다. 노발리스에 의하면, 국가는 바로 보편적인 인류와 개별적인 개인을 매개하는 독자적 사명을 지닌 '거인'(Makroanthropos)을 의미했다.

> 모든 문화는 국가에 대한 인간적 제 관련에서부터 형성된다.

그러므로

> 우리는 인간이 되기 위해서는 언제나 국가를 필요로 한다. …… 국가 없는 인간이란 바로 야만인이다. …… 높은 교양인일수록 그만큼 훌륭한 조직을 이룬 국가의 성원이 된다.

노발리스의 국가란 민족국가를 뜻하였다. 노발리스를 비롯하여 낭만주의자들의 국가사상의 핵심을 뒷받침한 것은 유기체 사상이었다. 그에 의하면, 국가란 정신적인 유기체이자 역사적으로 발전된 하나의 인격이다. 그러므로 국가는 계몽주의자들이 주장하듯이, 그것을 구성하는 개인의 의지의 총화에 의해 만들어지는 것이 아니라 국가의 독자적인 생명법칙에 따라 발생하고 뒷받침되고 발전하는 존재이다. 이와 같은 유기체적 국가관은 인간의 삶을 역사적인 발전 속에서 인식하고자 하는 낭만파 세계관의 당연한 귀결이었다. 낭만파의 유기체적 역사주의는 국가를 자기 목적을 잉태한 인격 공동체로 인식했으며, 결과적으로 국가는 이념화되었다. 그런데 이념으로까지 높여진 국가는 개인을 주체로 하는 근대적인 국민국가와는 상반된, 향토와 전통 위에 자연발생적으로 구축된 국가였다.

이제 독일 낭만파에 의해 문화와 정치체제의 핵심으로 강조된 왕정(王政)에 대해 생각해보자. 민족과 민족정신은 독일 낭만파에 의해 특히 왕정과 연결되었다. 국가를 인격적인 개체로서 밝히고 역사적 삶의 핵심으로 생각한 노발리스에게 국가 제일의 문제는 국가를 상징하는 인격인 국왕의 존재였다. 노발리스에 의하면 국왕이란 행성계의 태양과도 같은 존재로서 국가 유일의 생활 원리이며, 그 원리의 주변에서 국가 활동의 빛이 소생한다.

국왕은 노발리스에게서 종교적 권위를 지닌 우상이기도 하였다. 그에 의하면, 진정한 국왕이란 '군주로서 은총받은 선택된 인간'이다.

국가의 모든 기관은 왕위로부터 비롯되어야 한다. 진정한 군주는 예술가 중의 예술가이다. 왜냐하면 그 자신만이 형태를 이룩할 수 있으며 많은 힘과 관념의 결합 속에서 표현하고 실천할 수 있기 때문이다.

진정한 국왕은 면면히 이어진 왕통에서 비로소 잉태된다. 그러나 오늘날 고귀한 혈통이 얼마나 희귀한가.

국왕 찬미에 이어 노발리스는 또한 귀족 신분에 대해서도 경의를 밝혔다. 그에 따르면, 국왕이 '국가 유일의 의지'인 데 대해 귀족은 바로 '국가의 도덕적 능력'으로 생각되었다. 노발리스는 귀족 신분에 대해 귀족 송덕표(頌德表)를 작성하였다. 귀족은 바로 "공민적 질서의 우아한 장식 및 순화된 사회의 아름다운 기둥머리"이며, 고귀한 문화 형성자로 이해되었다. 귀족, 즉 고귀한 혈통과 계보에 대한 독일적 이상화가 낭만파에 이르러 더욱더 낭만적으로 꾸며졌다.

노발리스를 비롯하여 낭만파는 문화적 가능성을 군주와 귀족계급 중심의 신분국가의 '분업'체제에서 찾았다. 그러므로 그들은 가부장적 질서에 대한 선호를 프로이센의 융커 귀족들과 함께 나누었으며, 정치적 행위는 정치적 신분이라는 일정한 '중개(仲介)기관'에 의해 이루어져야 한다고 확신하였다. 이 '중개자의 이념'(Mittleridee)은 20세기에 이르러서도 베버 등 독일의 정치사상에 면면히 이어진 관념으로서, 시대와 상황에 따라 군주 혹은 융커와 같은 특정 신분, 민족이나 '지도자'(Führer) 및 특정 정당이 '중개자'로 내세워지고 부각되었다. 신과 인간의 중개기관으로서 교회와 성직자 신분을 주장한 정치적 루터주의를 상기시키는이 '중개' 관념이 인간 사회의 간접적 연관을 소중히 여기는 봉건적 관념의 하나의 유형임은 물론이다.

중개자의 이념 및 그와 관련된 낭만파의 이른바 '전체성' 관념에 대해 또한 생각해보자. 슐레겔은 '특수한 것, 개성적인 것'과 함께 '전체적인 것의 우월성'에 대해 역설하였다. 낭만파에 속한 철학자 셸링 또한 "모든 사람이 국가 속에서, 자기 자신이 전체에서 차지하는 위치를 합목적적으로 이해하고 자기에게 할당된 영역의 형성에 성실하게 노력하며, …… 신분의 테두리를 넘어 서로 간의 조화를 파괴해서는 안 된다"라고 말하였다. '전체적인 것'의 우월성은 노발리스도 강조하였으며, 그에게 그것은 특히 민족 공동체에 대한 헌신과 결부되었다.

낭만파는 이른바 '게르만적 민주주의', 즉 민족 공동체와 민족 전체에서의 자유를 주장하였다. 그리고 그 이론적 근거가 된 것은 유기체적 '전체성'의 이념이었다. "전체 속에서 특수한 것은 부분으로서 지양된다." '전체성'의 이념은 이른바 '게르만적 민주주의'에 의해 더 한층 긍정적으로 체계화되었다. 그리고 그것은 랑케를 선구자로 하여 요한 구스타프 드로이젠(Johann Gustav Droysen)과 프리드리히 달만(Friedrich Dahlmann), 하인리히 트라이치케(Heinrich Treitschke), 하인리히 폰 지벨(Heinrich von Sybel), 테오도르 몸젠(Theodor Mommsen) 등 19세기 독일의 역사가들에 의해 정치사학의 이데올로기적 강령이 되었다. 다시 강조하는바 노발리스를 비롯하여 낭만파에게서 가장 바람직한 국가는 민족국가, 특히 독일의 민족국가였다. 노발리스에게서 독일 민족이란 '문화 국민'을 의미하였다. 그러나 그 문화 국민은 인문주의적 세계시민 사상과는 무관한 독일 민족의 세계사적 사명을 내세웠다.

노발리스는 주장하였다.

독일은 유럽의 어느 국가보다도 색다른 독자적인 길을 걸어왔다. 다른 국가들이 전쟁과 투기, 당파심에 병들고 있을 때 독일 민족은 문화의 보다 높은 시대의 벗으로서 자기 자신을 형성하는 데 힘을 다했다. 이러한 진보는 독일 민족에게 세월이 흐를수록 다른 민족보다 위대한 우월성을 부여할 것이다.

슐레겔도 1791년에 다음과 같이 말하고 있다.

우리 민족은 위대한 독자성을 지닌다. 예술과 학문에 정열을 바치고 그것을 신을 숭상하듯이 숭상하는 것은 독일 민족만의 특성이다. ……독일 국민의 민족적인 신은 예술과 학문이다.

노발리스는 또 다음과 같이 말한다.

아담한 공원은 영국 국민의 손으로 이루어졌다. 그러나 마음과 정신을 충족시킬 수 있는 국가는 우리 독일인들이 창조할 것이다.

공원보다 더 왕자에게 적합한 예술품인 국가를 노발리스는 1798년에 왕위를 계승한 젊은 프리드리히 빌헬름 3세와 그의 아름다운 왕비 루이제에게 기대하며 그들에게 「신앙과 사랑 혹은 왕과 왕비」를 바쳤다.

노발리스는 영방국가 프로이센의 군주주의를 이상화했다. 그 배경에는 혁명이 낳은 근대적 개인주의와는 대치되는 프로이센의 전제주의적 왕권에 대한 신뢰가 깔려 있었던 것일까. 그러나 한편으로 노발리스는 대검(帶劍) 귀족국가 프로이센의 반형이상학적인, 명령과 복종의 체계에 대한 혐오를 숨기지 않았다. 그는 "아마도 어떠한 국가도 프리드리히 빌헬름 1세 이래의 프로이센보다 더 공장처럼 경영된 국가는 없을 것이다. 그와 같은 기계적 행정은 국가의 형이하학적 건강과 강력함, 능률을 위해서는 필요할는지 몰라도 국가가 그렇게 다스려진다면 그것은 본질적으로 파멸하게 마련이다"라고 말하였다. 국왕 한 사람에 의해 다스려지는 프로이센에 대해 노발리스는 또한 "왜 한 사람의 절대적 가장만이 존재하는 것인가. 독재 아래에서 사람들이 위협받고 있다고 말하지 않을 수 없다"라고 성토하였다. 노발리스는 혁명이 드러낸 정치적 혼란을 비난하는 한편, 프로이센적인 질서도 혐오했던 것이다.

우리는 노발리스도 독일의 다른 낭만주의자들과 마찬가지로 원래 프랑스혁명에 열광했음을 떠올리게 된다. 17세 때 '역사의 새로운 아침'을 맞이한 노발리스는 새 공화국이 지닌 자유의 매력에 벅찬 감격을 표시했다. 그는 당시의 감동을 훗날 『단장』에서 "자유와 평등이 결합되어 있음은 공화국의 특징이다"라고 표현하였다. 그러나 그것이 계몽사상이 표방한 이성과 합리주의, 인민주권의 결실임을 인식하자 그는 혁명에 등을 돌렸다. 다른 낭만주의자들이 그랬던 것처럼.

노발리스가 국가에 가장 바랐던 것은 실러가 표방한 '도덕적 가능성'이었다. 그가 국왕을 우상화한 것도 바로 군주를 '도덕적 가능성'의 진정한 구현자로 생각했기 때문이었는데, 1789년을 반기면서도 혁명에 부정적이었음은 혁명 속에서 도덕성의 결여를 보았기 때문이다. 노발리스는 자신의 시대에 유행한 정치적 논의에는 무관심했다. 그의 중요한 관심사는 필경 정신적 문제와 도덕성의 문제였다. 우리는 앞에서 노발리스가 시민적 삶을 소중히 하였음을 밝힌 바 있다. 『단장』의 여러 구절이 밝혀주듯이, 그는 많은 점에서 괴테와 비슷한 반듯한 시민성을 간직하였다.

이 점에서 노발리스는 많은 독일 낭만주의자들과는 구별되어야 한다.

　노발리스는 민족을 내세우는 한편으로 개별적인 국가를 초월한 보편적 세계국가를 생각하였다. 그리고 그 모범으로서 가톨릭적 중세 국가를 내세웠다. 노발리스에 의하면, "모든 국가는 자신의 목적을 달성하는 길이 오직 보편적 방법에 의해서만이 가능하다는 것을 인식해야 한다. 보편적 방법이란 동맹 조직, 세계적 군주국가를 가리킨다." 그런데 그에 따르면 '보편적 국제주의'는 어느 민족보다 독일 민족에게 바람직스러운 모습으로 나타난다. 왜냐하면 "독일 정신이란 가장 강력한 개성을 지닌 국제주의"인 까닭이다.

　　　독일 민족은 어느 곳에도 존재하고 있다. 게르만의 민족성은 결코 그리스적 성격이나 영국적 성격처럼 하나의 특수한 국가에 한정된 것이 아니라 보편적인 인간성이다. 독일 민족은 순수한 민족이므로 독일적 특성은 바로 하나의 이상이다.

　　　힘찬 세계성에서 어느 민족도 우리들과 겨룰 수 없다.

　이상과 같이 노발리스가 독일 민족의 세계성에 대한 확신을 나타냈을 때, 그는 '분할될 수 없는 하나의 교회'인 로마 가톨릭교회와 더불어 유럽 공동체의 이념을 구현하는 것으로서 그에 의해 확신된 독일 신성로마제국을 머리에 떠올렸던 것일까.

　민족주의의 앙양에는 낭만주의적 정념이 뒤따르게 마련이다. 그러나 영국과 프랑스의 낭만주의가 근대적 개인의식을 진작하면서 정치적·사회적 자유와 국민국가를 지향한 것과는 대조적으로, 독일 낭만파는 봉건적 유제(遺制)와 손을 잡고 과거의 '고귀한 것'의 부활을 지향하여 중세를 이상화하였다. 그럼으로써 그들은 독일이 처한 정치적·사회적 후진성을 합리화하는 동시에 시민사회의 모순을 보다 높은 차원에서 극복한다는 허구의, 즉 거짓 역사관을 꾸몄다. 그렇다고 해서 독일 낭만주의자들이 처음부터 의식적으로 반근대적인 기치를 드높인 것은 아니었다. 프랑스혁명과 나폴레옹의 침략 아래 전개된 그들의 '게르만적 르네상스' 운동은 이중적 성격을 띠었다. 즉, 근대적 자아에 눈을 뜬 점에서 그들은 역시 신흥 시민계급의 동조자였다. 그들의 '무한에의 동경'도 '낭만적 아이러니'와 더불어 근대적인 자아의 일종의 표현이었다. 대다수 낭만주의자들은 시민계급 출신으로 그들의 강한 자의식은 대(對)나폴레옹 전쟁에서 민족을 결합하는 데 크게 이바지했다. 이와 같은 점에 주목하여 리카르다 후흐(Ricarda Huch)는 저서 『낭만주의의 개화기』(1899)와 『낭만주의의 보급과 쇠퇴』(1902)에서 독일 낭만파를 긍정적으로 재발견했으며, 딜타이와 루카치 또한 몇몇 낭만주의자들을 긍정적으로 높이 평가했다.

그러나 다른 한편으로 민족해방을 위한 투쟁에서 그들이 내세운 '게르만적 르네상스'는 나폴레옹의 프랑스와 더불어 1789년의 이념과 그 근대적 성과, 그에 더해 서구적 시민사회와 근대적 문명 전체를 집요하게 거부하였다. 해방전쟁은 '반동과 연계된 재생'(마르크스)이었다. 괴테가 적절하게 지적했듯이, 당시 절실했던 것은 "외국인(Fremde)으로부터의 해방이 아니라 …… 바람직스럽지 못한 독일적 현실 및 과거로부터의 해방"이어야 했다.

루카치에 의하면, 독일 낭만파는 16세기 농민 반란 이후 민중을 고무하는 최초의 움직임에서 나타났다. 클레멘스 브렌타노와 아힘 폰 아르님의 『소년의 마법 피리』(전3권, 1806)가 그것이다. 약 6백 편의 가요를 수집한 이 민요집은 민중 생활과 민중예술의 참된 모습을 담아 모든 계층에 서민 사랑의 심성을 북돋았다. 민중 사이에서 전해진 동화를 수집한 그림(Grimm) 형제의 『아이와 가정을 위한 동화』(전2권, 1812/15)도 널리

아이들과 어른들의 애독서가 되었다. 그림 형제는 게르만 문헌학을 확립한 학자로, '괴팅겐 7교수 추방 사건'으로 추방된 진보적 교수이기도 했다.

자유주의적 낭만주의 문학의 최고봉은 당시 독일 최고의 시인으로 찬탄을 받은 루트비히 울란트(Ludwig Uhland)였다. 즐겨 민요풍의 시와 민화 역사를 주제로 한 발라드, 이야기풍의 시를 발표한 이 민중시인은 또한 자유주의적·민주주의적인 정치가이기도 했다. 그는 뷔르템베르크 주의원을 거쳐 1848년 혁명 뒤에는 프랑크푸르트 국민의회에서 활동한 정치가였다. 또한 판사로서 독일적 후진성과 반동적 성격, 속물적 소시민 근성에 민주주의적으로 맞서면서 탐미적 환상의 걸작을 남긴 E. T. A. 호프만(E. T. A. Hoffmann)도 빼놓을 수 없다. 하이네도 그를 높이 평가했으며, 루카치는 그를 괴테와 하이네의 중간에 존재한 독일에 희귀한 국제적 작가로서 찬탄했다.

이상과 같이 반듯한 낭만주의자들도 적지 않았다. 그러나 많은 낭만주의자들은, 카를 슈미트(Carl Schmitt)가 지적하였듯이, 기회주의자(occasionalist)였다. 일관된 주체성 내지 그 본질을 헤아리기 어려운 독일 낭만주의의 애매모호한 성격은 그것이 이른바 기회주의자들에 의해 꾸며졌다는 사실과도 깊이 관련된다.

그 전형적 인물로서 정치철학자로 오스트리아 총영사까지 지낸 낭만주의자 아담 뮐러(Adam Müller)를 들 수 있다. 그는 영국풍의 괴팅겐에서는 영국풍에, 프로이센의 베를린에서는 극단적으로 봉건적이 되었으며, 빈에서는 광신적으로 가톨릭적이 되었다. 또한 독일 낭만주의와 낭만파의 주역 격인 슐레겔은 프랑스혁명을 찬탄하여 일종의 인민민주주의를 표방하는가 하면, 정치 행위를 비천한 것으로 여기면서도 빈에 이주하면서는 메테르니히(Metternich)의 비호 아래 궁정 비서관이 되었다.

독일 낭만파와 낭만주의의 참모습과 진실은 무엇일까. 어떻든 독일 낭만파와 낭만주의는 루터의 프로테스탄티즘에 비길 만한 중대한 문제성을, 그러므로 큰 과제를 이후 독일 역사에 남겼다. 문제의 심각성은 독일 국민 대다수가 프로테스탄트인 만큼 '독일적' 낭만주의자라는 사실에 있다. 그 회답과 시비를 하이네의 『낭만파』(1833)를 중심으로 생각해보자.

하이네는 『낭만파』에서 독일 낭만주의와 낭만파를 두고 시비하기에 앞서 괴테에 대해 먼저 언명한다. 하이네에 의하면, 세상은 괴테 속에서 극소수 특출한 인사들에게 요구되는 인격과 게니우스(Genius), 수호신, 창조력의 완벽한 조화를 발견한다. 하이네에게 괴테의 외모는 그의 글처럼 의미로 가득 찼고, 그래서 고대 조각을 통해서처럼 그의 외모에 따라 그리스 예술을 연구할 수 있음 직했다. 하이네는 바이마르로 괴테를 찾아갔을 때, 하마터면 그리스어로 말을 걸 뻔했다고 한다. 괴테가 바로 아폴론으로 비쳤던 것이다. "신들은 사라졌다"(Les dieux s'en vont). 괴테와 함께 예술의 시대 또한 사라졌다. 낭만주의 시대의 시작이다.

하이네에게도 독일 낭만주의는 중세의 르네상스를 비롯하여 중세의 예술과 삶, 문학과 역사를 관통한 포에지(Poesie)의 세계, 즉 시적 세계를 뜻했다. 그리고 그 아름다움과 존엄성의 상징은 그리스도의 수난(Passionsblume)으로 여겨졌다. 그러므로 슬픔과 우수, 고통이 바람직한 매력 내지 쾌락이 되었다. 이러한 사실은 그들 낭만주의자의 시선이 현재나 미래가 아닌 사랑하는 과거에 집중된 데서도 잘 드러난다. 그리고 낭만적 동경과 상상력은 '비유적인 것'(das Parabolische)에 과도하게 호소함으로써, 결국은 '과도하게 광적'이 되었다고 하이네는 염려했다. 이와 같은 전제 아래 하이네는 『낭만파』의 제2장과 제3장을 통해 독일 낭만파에 속하는 시인과 작가, 사상가에 대해 여러 차례 언급한다. 그들 대다수는 자신을 추종한 이른바 '낭만파 패거리'였지만 말이다. 그런 낭만주의자들 가운데 하이네가 가장 높이 평가한 것은 브렌타노와 아르님이었다. 후에 낭만파를 대표하는 두 시인은 『소년의 마법 피리』를 통해 후세의 시인과 작곡가에게 커다란 영향을 주고 헤르더와 더불어 독일 민요의 역사에 위대한 공적을 남겼다. 그런데 독일 일반 국민은 그들을 망각하게 되었다. 그 까닭은 무엇이었을까.

바야흐로 자기 삶에 눈을 뜨기 시작한 일반 민중이 찾는 것은 현재의 삶이었다. 민중은 "작가와 시대의 정열을 함께 느끼고 작가가 그들 자신의 가슴속 느낌을 고취하거나 상처 입히기를 원한다." 그러나 독창적이면서도 낭만적인 상상력이 비상했던 브렌타노와 아르님은 그러한 바람을 충족시킬 수 없었다. 하이네에 의하면, 그들은 삶의 작가가 아니었다. 그들의 작품은 다른 낭만주의자들과 같이 "우리는 죽었다"(Wir sind tot)라고 속삭인다. 하이네는 독일 낭만파의 주요한 결함 내지 함정의 하나로 뵈메에 대한 끊임없는 찬가와 귀의(歸依)를 든다. 16, 17세기의 그 연금술적 신비주의자는 낭만파에 의해 소생했다. 낭만주의자들은 죽음을 찬미함으로써 그의 신도임을 드러냈다.

하이네에 의하면, 중세의 모든 것은 피와 혈통에 대한 믿음에 토대를 두었다. 그에 반해 오늘날은 돈에 대한 믿음, 즉 경제적 빈부가 토대를 이루고 있다. 전자가 미신의 시대였다면, 근대는 에고이즘의 시대이다. 중세를 파괴한 것이 이성이었다면, 이기주의는 감성(Gefühl)에 의해, 반듯한 감성에 따라 버려질 것이다. 낭만파에 속한 몇몇 진실한 작가들마저 중세 르네상스를 바랐던 동기도 물질적 이기주의에 대한 저항이었으리라고 하이네는 지적한다. 시인과 작가에게 하이네가 진정 바랐던 것은 잡동사니가 아니라 바로 '삶의 실재적 형상(形象)'이었다. 민요풍의 시, 민화와 역사를 주제로 한 발라드로써 비더마이어(Biedermeier) 시대 독일 최고의 시인으로 일컬어진 한편 진정한 의미에서 시민적 민주주의적 정치가였던 울란트가 그 인간성을 통해 그리고 괴테가 교양소설『빌헬름 마이스터』에서 모범을 보여준, 인간 모두의 삶을 풍족하게 하는 '사회적 내용'이야말로 하이네에게는 작품의 독창성과 함께, 아니 그 이상으로 평가의 척도였다.

인간에게 언제나 따뜻한 시선을 기울인 하이네는 분명 낙천주의자였다. 그는 낭만주의의 퇴출로 인해 독일에도 새로운 시대가 밝아옴을 감지하였다. 그러면서도 하이네는 두려움을 금치 못한다.

독일의 중세는 썩어 문드러진 채 무덤 속에 있지 않고 가끔 악령에 의해 살아나 밝은 대낮에 우리 한가운데로 와서 우리 가슴에서 붉은 생명을 빨아먹는다. ……

제9장

뒤러와 바그너. 독일 미술과 음악의 행방

1. 뒤러, 독일의 발견과 그 극복

미술사가 밝혀주듯이, 10세기 말부터 12세기까지 범유럽적 양식으로 널리 통용된 로마네스크 미술(Romanesque art)은 '로마풍'이라는 프랑스어에서 유래하였다. 그 뒤 15세기부터 16세기 전반의 이탈리아 미술을 지칭하는 개념인 르네상스(Renaissance, 원래 이탈리아어 'rinascita'에서 유래) 미술과 17세기 바로크 미술(Baroque art)은 이탈리아에서, 18세기 로코코 미술(Rococo art) 양식은 프랑스에서 각각 유래했으며, 근대미술의 탄생에는 스페인과 네덜란드가 크게 이바지했다. 그렇다면 독일은?

13, 14세기 중세의 미술 양식인 고딕 미술(Gothic art)은 독일과 독일적인 것이 아니었던가? 그만큼 고딕 양식과 그 정수인 고딕 사원 건축이라고 하면 우리는 독일을 떠올린다. 그러나 사실은 '고트족의 기술'이라고 하여 그렇게 불린 고딕 양식도 12세기 말 프랑스에서 싹트고 생성되었다. 스위스 미술사가 하인리히 뵐플린(Heinrich Wölfflin)이 언명하였듯이, 조형예술의 한 무리의 공통된 특색을 지칭하는 '양식'(Style)은 미술사의 기초 개념이며 양식의 발생과 변혁 내지 발전이 미술사의 흐름을 좌우

해왔다. 그런데 백화요란(百花燎亂)하게 갖가지 양식으로 짙게 채색된 유럽 미술사에서 유독 독일에서 발생한 양식만이 보이지 않는 듯하다.

이상과 같은 사실은 독일인들에게 필경 조형예술에 대한 자기비하 의식과 열등감을 싹틔웠으며, 조형예술의 본고장인 남쪽 나라 이탈리아에 대한 각별한 동경을 불러일으켰다. 또한 그 한편에서는 '독일 미술'이라는 과장된 자의식을 낳았다.

부르크하르트로부터 문화사를 배우고 범유럽적 조형 양식을 강조한 뵐플린은 민족과 시대에 따라 저마다 고유한 독자적 시각 형태(視覺 形態, Sehform)가 존재함을 주장하였다. 그런데 '독일 미술'은 낭만주의자들의 '민족 신화'(Mythos der Volk)에 고무되어 그 독자성을 과도하게 포장하였다. 특히 중세 후기의 독일 미술을 연구하여 양식의 시대를 다차원적·공간적으로 고찰한 미술사가 빌헬름 핀더(Wilhelm Pinder)는 독일의 그 '병든 자의식'을 경고하였다. 그러나 자기비하나 열등감의 심리와 표리를 이루는 그 그릇된 자의식은, 독일 미술사가 한스 벨팅(Hans Belting)이 밝혔듯이, 두고두고 오래도록 오늘날까지 지속되었다.

2. 고딕 양식과의 만남

뵐플린이 지적한 것처럼 민족 내지 국민의 독자적 조형 양식이라는 미술사적 개념은 대체로 18세기경 국민의식의 발생 및 그와 관련되어 여러 나라에서 문학을 중심으로 태동한 19세기 초기의 전통 지향적 낭만파, 낭만주의 운동이 주요 계기가 되어 부각되었다.

그 전까지 고대 그리스·로마의 고전 미술은 15, 16세기 이탈리아 르네상스를 기화로 화려하게 부활했으며, 이상(理想)으로 정화된 인체 표현, 조화로운 구도, 온화한 색채를 특징으로 하는 아름다움은 근대를 통해 바로 서양미술 일반의 영구불변의 가치 기준처럼 자연스럽게 받아들여졌다.

그러나 오스트리아의 미술사가 알로이스 리글(Alois Riegl)은 고전주의적 사실성(事實性)에 반(反)한 '예술 의지'(Kunstwillen) 개념을 가지고 각 시대와 지역에 특유한 양식을 낳는 '내적 요인'과 '자율적 발전'으로서의 세계 미술사의 기초를 쌓아 올렸다. 그를 이어 독일 미술사가 빌헬름 보링거(Wilhelm Worringer)는 '추상'(Abstraktion) 및 '추상 충동'(Abstraktionsdrang)의 개념에 따라 고전미에 대해 오리엔트 원시 미술, 중세 고딕 미술의 독자적 아름다움과 심오함을 추구하였다. 이제 그들을 따라 고딕 미술의 특성을 생각해보자.

독일 고딕 미술의 독자성에 대한 발견 내지 찬탄은 일찍이 젊은 괴테에게서도 나타났다. 괴테는 1772년 슈트라스부르크 대성당을 처음으로 본 감동을 "전 세계를 향해 이것이야말로 독일 건축이라고, 우리의 건축예술이라고 선언할 수 있다"라고 말하였다. 그러면서 그는 독일 건축을 '고딕으로' 비하하며 독일인을 '야만스러운 민족'으로 불러왔던 이탈리아와 프랑스 사람들에게 "그대들이 경멸하는 것은 그럴 수 있다지만, 그대들은 무엇을 이루었는가"라고 분노했다.

독일의 교양계층을 몇 세기에 걸쳐 괴롭힌 독일의 '야만스러운' 고딕 미술이라는 관념은 16세기 르네상스 시대 이탈리아의 화가이자 건축가, 전기작가인 조르조 바사리(Giorgio Vasari)까지 거슬러 올라간다. 바사리는 『예술가 열전』(1550)에서 13, 14세기의 비고전적인 중세 미술을 '고딕'이라고 표현하면서 "그들이 속한 야만스러운 민족으로부터 오늘날 우리가 독일적이라고 부르는 건축양식을 초래했다. 그들은 우리의 오늘날의 판단에 비추어 우스꽝스러운 것들을 세웠다"라고 말하였다. 고딕적인 것, 즉 독일적인 것이라는 표현은 바사리로부터 철저한 경멸의 의미로 쓰였다.

독일 낭만파의 중심적 인물인 빌헬름 폰 슐레겔은 당연히 고딕 양식을 독일적인 것으로 찬탄했다. 그는 『고딕 건축의 개요』에서 "고트인과 더불어 시각적 예술에서 …… 바로 게르만 민족과 독일적 기질의 영향이 비롯되고 우세해졌다"면서 "이 새로운 건축양식"에서는 "독일적 자연감정"과 융합한 "비할 바 없이 대담한 상상력"이 핵심을 이루었으며, 그것이 "고딕풍으로 불리는 것은 극히 당연하다"라고 말하였다.

슐레겔은 1804년 파리 여행에서 돌아오는 길에 옛 독일과 네덜란드의 그림을 감상하게 되고 옛 독일 회화 수집을 열망하게 되었다. 그는 "옛 독일인들도 회화예술에서 위대하고 창의적이었으나 단지 우리가 무지했던 까닭에 그 사실을 모를 뿐이다"라고 토로했다. 그리고 독일인의 위대한 창의성은 특히 인물상(人物像)의 특징에서 잘 인식할 수 있다고 말하였다. 낭만파에 의해 발견되다시피 한 독일 예술의 민족적 특성이라는 관념은 날로 더욱더 민족주의적으로 확대되고 강조되었다.

젊은 시절에 열광했던 프랑스혁명에 실망하고 점차 낭만주의로 기운 작가이자 정치가인 괴레스는 1814년 건설 중인 쾰른 대성당에 감동하여 "우리 독일이 건국을 원하는 새로운 제국의 상징"으로 기대하였다. 그런데 쾰른 대성당이 프랑스의 아미앵 대성당을 본딴 것이라는 사실이 드러나면서 고딕 양식의 원천에 대한 논쟁이 제국의회까지도 시끄럽게 했다. 사실인즉 ― 고딕 미술은 앞에서도 지적하였듯이 ― 12세기 말에 독일이 아닌 프랑스에서 싹텄다. 그러나 독일의 미술사가이자 건축사의 권위자인 빌헬름 뤼프케(Wilhelm Lübke)가 1873년에 말한 바와 같이, 독일인은 '독일 르네상스'라는 패러독스에 중독되었다. 뵐플린마저도 1914년 제1차 세계대전이 일어날 당시 과학 아카데미의 모임에서 "1870년의 전쟁을 체험하고 독일 국민이 새로운 제국에서 삶을 쌓아올리기 시작했을 때, 16세기의 독일 건축에서 …… 바로 시대가 요청하는 것이 이미 포함된 미술을 발견했다. 독일 미술은 독일 르네상스와 같은 것이었다"라고 말하였다.

독일 민족성과 독일 미술을 둘러싼 담론은 1918년의 패전으로 더욱 격렬해졌다. 사람들은 스스로 주장할 수 없는 것들을 14, 15세기의 독일 조각예술을 주제로 한 핀더를 통해 '양식'의 문제를 양식=형식 이상의 것, 즉 '공동체적 신앙'으로 밝히고자 했다. 모두가 핀더를 따라서 입을 맞추었다. '예술적 기념비' 속에 '민족 영혼'의 빛을 발견하고 그 '비밀'을 밝히는 힘을 엿본 핀더는 독일 역사와 함께 독일 미술에 대한 자부심을 고취하기 위해 '양식을 잉태한' 새로운 중세를 환기했다. 이때 그는 독일의 건축사와 정신사의 혈연 아래에서 12, 13세기, 그리고 15세기에서 독일 미술의 황금기를 본 미술사가 게오르크 데히오(Georg Dehio)에게 동조한 것이다. 데히오에 따르면 독일 미술의 결정적 파국은 16세기에 일어난 고전 시대와의 두 번째 접촉, 즉 르네상스의 침입이었다.

독일 미술의 특성을 강조하는 논의는 독일 내에서 나타난 국제적인 근대미술의 위험성에 대한 비난과 더불어 더욱 격화되었다. 핀더는 "근대성은 결코 예술의 개념이 아니다"라고 말하면서 그것은 오히려 '기술, 유행'에 속한다고 하였다. 외국 —— 특히 프랑스 —— 으로부터의, 그리고 예술은 언제나 새로운 창조라는 전위예술은 더욱더 독일적 특성을 위협하는 것으로 여겨졌다.

독일의 근대미술 논쟁은 인상파를 계기로 태동했으며, 그것에 불을 붙인 것은 1861년 근대미술관으로 창설된 베를린 국립미술관이었다. 스위스 출신의 미술사가인 관장 길크 추디(Gilg Tschudi)는 근대미술의 옹호자로서 근대 작품전을 개최했다. 그러나 그 프리즈(frieze)에 '독일 예술 1871'(Der Deutschen Kunst MDCCCLXXI)이라고 명문(銘文)을 새겨놓은 국립미술관은 1908년에 추디를 해임했다.

이러한 경향은 많은 '애국자'를 낳은 빌헬름 2세 치하에서 절정에 달했다. 저술가인 율리우스 랑벤(Julius Langbehn)은 『교육자로서의 렘브란트』(1890)를 발표하여 렘브란트를 독일적 이념을 위한 교육자로 강조했다. 이 책의 부제는 '어느 독일인에 대해'였다. 렘브란트가 독일인으로 둔갑한 것이다. 근대와 맞선 독일의 '정신적 상승'의 대열에는 황제 자신도 적극적으로 끼어들었다. 근대예술은 "불행을 실제 이상으로 비참하게 표현할 뿐이다." 그러므로 "독일 국민에게 죄를 짓고 있다." "우리 독일 국민에게는 다른 민족이 상실한 이상(理想)이 영원한 재산이 되고 있다." 바야흐로 근대는 비독일적인 것과 동의어가 되었다.

> 근대란 도시 문화, 비형이상학적 문명, 종말이며 모국(母國)이 아닌 코스모폴리타니즘(cosmopolitanism)이며, 민족이 아니라 대중이며, 전통이 아니라 단순한 계약이다.

오스발트 슈펭글러(Oswald Spengler)의 『서구의 몰락』(1918~22)의 한 구절이다. 독일주의자들 대다수는 유럽의 그리스도교 문화의 종말을 예언하고 민주주의와 의회주의에 부정적이었던 슈펭글러의 신봉자였다.

1937년 뮌헨에서 상반된 두 전람회가 열렸다. 하나는 '독일적'인 '건강한' 미술전이고, 다른 하나는 '반독일적'인 '퇴폐' 미술전이었다. 독일적 미술을 떠받든 논의는 국가사회주의자들에 의해 필경 여기까지 온 것이다.

히틀러의 제3제국은 20세기 회화의 기점을 이룬 앙리 마티스(Henry Matisse), 앙드레 드랭(André Derain), 모리스 드 블라맹크(Maurice de Vlaminck), 알베르 마르케(Albert Marquet) 등의 야수파(Fauvisme)와 함께 그 영향을 받은 독일 미술의 전위 운동인 표현주의의 에른스트 키르히너(Ernst Kirchner), 프란츠 마르크(Franz Marc), 에밀 놀데(Emil Nolde), 바실리 칸딘스키(Wassily Kandinsky) 등 범유럽적으로 높이 평가받는 화가들도 부정하였다. 프랑스에서 '야수'(fauve)의 표현이 단지 '프리미티프',

즉 원초적임을 의미한 데 비해서, 독일의 표현주의자들은 야수파 개념에 뒤러 시대를 본받아 '고귀한 야수', 즉 게르만적인 특별한 의미를 부여하였다. 국가사회주의자들에 의한 표현주의의 추방에 대해 핀더도 그 구제를 시도한 바 있으나 허사였다.

제1회 독일미술사학회가 1948년에 열렸다. 이 회의의 주제는 중세미술의 혁신과 재생이었다. 개회사에서 본(Bonn) 대학의 미술사가인 헤르베르트 폰 아이넴(Herbert von Einem)은 "만약 우리가 서양적 의식을 지속적으로 가지고 있었더라면" 파국을 피할 수 있었을 것이라고 말하면서 모든 시대가 새로운 역사상(歷史像)의 형성에 각별히 착수해야 함을 강조했다. 그러나 그 회의에서도 1933년 이후 적지 않는 미술사가들이 망명한 사실에 대해서는 아무도 언급하지 않았다. 1964년 국제미술사학회가 본에서 열렸다. 학회의 주제는 '서양미술에서의 양식과 전승'이었다. 그런데 '전승'의 의미를 역사의 발전과 대조되는 영속적인 것과 연속성에서 찾았다. 그러면서 참석자들은 그것을 옛 유럽에서 찾고자 하면서 의식적으로 근대는 제외하였다. 근대란 그 시점에서도 "전승의 소멸이라는, 미술의 거대한 빈곤화"를 초래한 것으로 여겨졌던 것일까.

미술사는 대체로 주요 미술가들과 그들의 작품들을 중심으로 기록된다. 이탈리아 르네상스의 경우에 우리는 레오나르도 다빈치(Leonardo da Vinci)나 미켈란젤로(Michelangelo), 라파엘로(Raffaello) 등 몇몇 예술가들을 우선 떠올린다. 그들은 저마다 독자적인 방식으로 창작했지만, 그러면서도 포괄적인 르네상스 양식에 함께 속한다. 이탈리아에서 싹트고 전개된 이른바 르네상스 양식은 그 뒤 유럽 여러 나라에 전파될 만큼 보편적인 시각 형태를, 즉 이탈리아적이면서도 범유럽적인 보편성을 띠게 되었다. 이 점에 착안하여 뵐플린은 — 앞에서 언급했듯이 — '시각의 여러 위상', 즉 양식의 변천을 규명하는 것이 미술사의 가장 기본적인 과제임을 강조했다.

유럽 미술사의 양식의 변천에서 뵐플린이 특히 획기적인 것으로 밝히는 것은 르네상스에서부터 바로크로의 양식의 전위(轉位), 곧 개혁이다. 그에 따르면, 그것은 "새로운 시대정신이 어떻게 새로운 형식을 강화하는가"를 보여주는 좋은 예이다. 뵐플린의 지적을 언급할 필요도 없이 조형예술에서의 양식의 신기원은 문화 전반 내지 시대정신의 특징과 표리를 이룬다. 르네상스 양식의 비례와 조화의 미학은 인문주의적 르네상스 문화가, 그 시대 전체가 지향한 인간 교양의 이념과 일심동체의 관계였다. 그에 반해 '비뚤어진 진주'로 비유된 바로크 양식은 조화와 형태를 아랑곳하지 않는, 양식으로부터 해방되기를 바라는 근대적 자아의 열정의 표현이었다.

양식의 자율적 변천을 예술사의 기초 개념으로 강조하면서도 뵐플린은 또한 '항상적인' 민족적 특성 내지 국민적 유형과 국민적 미의식, 미학의 차이에 크게 주목하였다. 양식이나 국민적 미학의 차이는 예술 작품의 가치 평가나 그 우월 여부와 무관하였다. 어느 양식, 어느 국민에 속하든 간에 일류의 걸작과 명품은 똑같은 걸작 내지 명품으로 받들어진다. 다빈치와 렘브란트, 뒤러는 동일한 의미에서 최고의 예술가라는 뜻이다.

독일 국민이 그토록 받든 뒤러와 그의 미학의 뿌리는 분명 독일적이며 그만큼 게르만적·중세적이었다. 이 점에서 바야흐로 근대적 시민사회를 지향하고 있었던 17세기 네덜란드를 배경으로, 아니 그 한복판에서 화업(畵業)에 정진하여 '네덜란드의 화가'로 대성한 렘브란트와는 참으로 대조적이었다. 이제 뒤러와 그의 작품 세계에 대해 생각해보자.

3. 뒤러, '독일적인 것'과 그 극복

화가이자 판화가, 조각가인 뒤러와의 만남은 내게 하나의 사건이며 발견이었다. 나는 10대 말경부터 20대 전반에 걸쳐 화집을 통해 이탈리아 르네상스와 고대 그리스의 고전주의 미술을 편력하며 그것들에 그런대로 매료되다가 식상할 무렵, 마침 고딕 성당 건축에 눈을 떴다. 그러면서 뒤러를 만나게 되었다. 그 계기가 된 것은 「기사, 죽음 및 악마」(1513)를 대하면서였다. 그 판화가 그동안 탐독한 괴테의 『파우스트』와 겹쳐 독일적인 것의 정수 내지 상징으로 비쳤다.

뒤러는 뉘른베르크에서 금속 공예사의 아들로 태어났다. 그는 관행에 따라 가업을 이어가기 위해 부친의 공방에서 배운 뒤, 화가가 되고픈 뜻을 품고 목판화가인 미카엘 볼게무트(Michael Wohlgemuth)의 도제로서 3년 이상 그의 공방에서 수련했다. 이어서 1490~94년 바젤, 콜마르, 슈트라스부르크 등 각지를 편력하면서 판화와 함께 새로이 수채화도 연마했다. 1495년부터 다음 해에 걸쳐서는 이탈리아의 베네치아를 여행했다. 당시 미술가가 되기 위한 도제들의 편력의 삶은 하나의 풍속인 양 일반적이었지만, 뒤러는 "모든 것들을 배우겠다"라는 당찬 결심으로 참으로 열정적이었다. 편력 기간에 그는 사생의 기법, 풍경 묘사, 유채의 기법 등 온갖 분야의 기법을 배웠으며, 1492년에는 바젤의 범유럽적 출판인인 니콜라우스 케슬러(Nicolaus Kessler)의 책에 삽화와 성인(聖人)의 초상화를 그리게 되어 일약 명성을 얻게 되었다.

제2차 이탈리아 여행 중 베네치아에 체재(1505~07)할 때에는 티치아노(Tiziano), 조르조네(Giorgione)와도 교분을 나누었다. 그리고 그곳 독일 상인거래소의 장식 작업에 참가하는 한편, 그림 제작 일도 했다. 미술의 나라 이탈리아는 뒤러에게 기회의 땅이었다. 그러나 1507년 뉘른베르크에 돌아와서 뒤러는 독일 신비주의 경향이 짙은 자신의 화업에 점차 몰두하게 되었다. 그의 자기 발견이라고 할까.

뒤러는 박식가이며 사교가이기도 했다. 이러한 사실은 명문가 출신으로 시 참사회원, 당대 최고의 지적 엘리트이기도 한 빌리발트 피르크하이머와의 평생 동안 두터운 우정에서도 잘 나타난다. 그리고 그는 루터와 에라스무스, 멜란히톤과도 교분을 나누었다. 그는 특히 학자나 과학자와 함께하는 자리를 즐겼다. 그 명성이 뿌리를 내리면서 고위 성직자, 귀족과도 대등한 친교를 나누었으며, 황제 막시밀리안 1세의 궁정화가가 되기도 했다. 당대 최고의 미술가 뒤러는 참으로 다방면의 호사가이자 르네상스적 인간이었다.

에르빈 파노프스키(Erwin Panofsky)는 『알브레히트 뒤러』(1943)에서 그를 독일 조형예술의 최고의 거장으로 대성케 한 삶의 핵심으로 "완전성을 위한 쉼 없는 동경"을 지적하고 있다. 뒤러는 일평생 70여 점 이상의 우화, 1백 점 이상의 동판화, 약 350여 점의 목판화, 그리고 1천여 점이 넘는 스케치를 남겼다. 이에 더해 인체비례론(人體比例論), 원근법, 이상미(理想美)를 논하면서 도시와 성곽, 시장 광장에 대해 저술하기도 했다. 그가 괴테와 같은 인물로 일컬어지는 이유이다.

> 뒤러의 유일한 결점은 끝을 알 수 없을 정도로 부지런하고 이따금 자신에게 엄격한 판단을 내리는 것이다.

뒤러와 가까웠던 어느 친지의 말이다. 그는 성품에서도 파우스트를 떠올리게 하는 극히 전형적인 독일적 인간이었다.

뒤러는 1494년에 결혼했다. 아내 아그네스 프라이(Agnes Frey)는 상냥하고 사랑스러웠지만, 아이가 없었던 그들의 결혼 생활은 불행했다. 그녀는 남편을 성실한 장인으로만 여겼다. 그가 예술에 생애를 건 대예술가, 그리고 르네상스적 교양인, '특별한 인간'임을 그녀는 전혀 알아차릴 수 없었던 것이다. 그뿐만 아니라 뒤러는 모든 사람들의 기억 속에 위대하기에 앞서 선량하며 소박한 인간적인 인물로 여겨졌다. 그에 더해 그 엄청난 성취와 명성에도 불구하고 어떠한 자만심도 없는, 모두에게 좋은 친구이자 경건한 그리스도 교도, 좋은 시민이었다. 그러면서도 그는 부인에게는 끝내 애정을 갖지 못한 불행한 나날을 보내야 했다.

뒤러의 예술 활동은 뛰어난 예술가, 작가, 사상가에게서 공통된 바로 자아 탐구였다. 그는 평생에 걸쳐 여러 편의 자화상을 제작했다. 그 가운데 그림이 3점, 소묘가 5점 남아 있다. 그런데 최초의 자화상은 1484년, 즉 그의 나이 13세 때의 작품이다. 자화상이 아직은 이례적으로 희귀했던 그 시절에 그는 일찍부터 자화상을 그렸다. 그만큼 자아 탐구의 열정이 대단했다고 볼 수 있다. 그리고 이러한 자아 탐구는 ── 사실은 파노프스키가 밝혔듯이 ── 독일과 독일적 예술을 향한 탐구와 발견으로 연동되었다.

뒤러는 화가이기 전에 판화가였다. 판화를 통해 뒤러는 독일 미술을 처음으로 유럽 미술사에 독자적인 자리를 잡게 했다. 그는 "독일인의 정신을 고려해야 한다. 무엇인가를 창조하고자 하는 사람은 누구든지 이전에 전혀 볼 수 없었던 새로운 형식을 체득해야 한다"라고 말하였다. 뒤러는 독일의 예술사상(藝術史上) 아니 사상사와 문학사 전체를 통해서도 '독일'을 의식한 최초의 인물이자 그 탐구를 한평생 지향한 인물이었다.

그의 독일은 우선 그가 태어난 고향 '뉘른베르크'의 독일이었다. 독일의 낭만파 작가 바켄로더는 낭만적 예술관의 전형으로 알려진 『예술을 사랑하는 어느 수도승의 진정한 피력』에서 뉘른베르크에 대해 다음과 같이 기술했다.

뉘른베르크! 그대, 지난날 세상에 잘 알려진 도읍이여! 얼마나 기쁨 가득히 그대의 꼬불꼬불한 샛길을 방황했던가. 얼마나 순진무구한 사랑으로써, 옛 우리 조국의 예술적 참모습을 굳게 지닌 그대의 고풍스러운 집들, 대성당을 응시했던가! 극히 소박하고 힘찬 진실을 토로하는 저 시대의 문화를 얼마나 마음껏 사랑할까. 이 모두는 나를 저 지난 옛

날로 참되게 인도하니. 그 무렵 뉘른베르크여, 그대는 조국 예술이 발랄
하게 떼 지어 모이는 학원이며 예술 정신이 참으로 풍요롭게 가득히 그
대의 성내(城內)에 넘쳐 생동했다.

바켄로더의 뉘른베르크는 바로 뒤러의 뉘른베르크로서 배움의 터전
이었다. 바켄로더의 뒤러 찬미는 이어진다. 뒤러의 그림 속 인물들은 모
두가 그 특징이 분명하다. "자연의 한복판으로부터 뛰쳐나와 …… 전적
으로 생생한 생명에 가득 찬 모습"이며, 슬픈 자는 슬퍼하고 분노한 자
는 분노하며 기도할 자는 기도한다. 그리고 "그림 전체의 의미와 영혼을
바로 굳게 마음에 새기도록 우리에게 이야기를 건다. 우리는 천부의 자
질을 온전히 갖춘 그, 뒤러가 우리에게 그려 보이는 모두를 믿는다. 그리
고 그것은 우리의 기억에서 결코 잊혀지지 않는다." 뒤러와 뒤러의 작품
세계에서 바켄로더를 비롯한 독일 낭만주의자들은, 그리고 그들을 따라
우리도 자연스럽고 소박한 순수무구의 경건 속에서 심오한 독일 예술과
사상, 문화 전체의 근원과 수수께끼를 본다. 「기사, 죽음 및 악마」에 이어
동판화 「멜랑콜리아 I」(1514) 역시 독일적인 것의 상징으로서 충격을 주
며 마음에 깊이 새겨진다.
　뒤러는 자화상에 감히 "신의 뜻대로 할지어다"라는 명문을 새겼다. 그
는 독일인이자 화가이기에 앞서 경건한 그리스도 교도였다. 세계의 종말
을 환상적으로 묘사한 신약성서의 묵시록(黙示錄)은 그리스도교적 유럽
에서 삽화의 좋은 주제였으며, 특히 뒤러는 자신의 목판화에서 그 최고
의 경지를 표현하였다. 뒤러의 작품은 「세 박사의 예배」(1504), 그 자매
편이라고 할 수 있는 동판화 「그리스도의 탄생」, 그리고 7대 죄악의 하나
인 '나태'의 비유와 사연이 있음 직한 미녀를 그린 「몽마, 혹은 박사의 꿈」
(1497/99), 목판화 「미하엘과 용의 싸움」(1498), 「성모의 죽음」(1511), 「수
태고지」(1511) 등 모두가 수수께끼처럼 난해하다. 특히 「멜랑콜리아 I」

앞에서 우리는 말을 잊은 채 좀처럼 그 주문(呪文)으로부터 풀려나지 못한다. 젊은 괴테는 뒤러의 활기 넘친 남성다움을 찬탄하면서도 묵시록의 '혼란스러운' 환상에는 이의를 제기했다.

말기 고딕의 미술을 빛낸 뒤러는 새 시대를 열었다기보다 종말 직전의 중세를 더 한층 높은 차원으로 표현함으로써 우리를 중세 속으로 끌어들인다. 그리고 19세기 초 독일 낭만파가 찬미한 중세와 고딕의 재생 배경에는 바로 뒤러의 중세가, 뒤러의 삶과 작품 세계가 크게 우뚝 자리잡고 있다.

바켄로더에게 뒤러는 독일의 자랑이면서 '유럽의 자랑'이기도 했다. 이 반듯한 낭만주의자는 뒤러를 결코 독일에 가두어두지 않았다. 『예술을 사랑하는 어느 수도승의 진정한 피력』은 이탈리아 르네상스와 특히 그 미술가들에 대한 찬탄으로 가득 차 있다. "저 행운의, 남방적 영감이 가득 찬" 이탈리아, 그중에서도 바켄로더는 '완전한 인간인 다빈치'의 '예언자적' 풍모를 찬탄하고 미켈란젤로에도 감탄했으며, '성스러운' 라파엘로에게는 특별한 친근감을 표했다. 뒤러도 꼭 마찬가지였다.

고대 그리스인이 인간의 가장 아름다운 모습을 자신들의 신 아폴로로서 표현하였듯이, 우리도 또한 이 척도를 세계에서 가장 아름다운 우리의 주이신 그리스도를 위해 쓰고 싶다. 그리고 그들이 가장 아름다운 여성으로서 비너스를 그렸던 것처럼, 우리는 그와 같은 모습을 신의 어머니이신 극히 청정(淸淨)한 성처녀 마리아를 위해 그리고자 한다.

뒤러는 "1천 년 넘게 숨었다가 5백 년이 지난 이제 이탈리아인에 의해 일어난 미술의 '재생'에 모든 독일 미술가들이 참여해야 한다"라고 신앙고백을 하듯이 언명하였다. 뵐플린과 마찬가지로 파노프스키도 미술사에서 어떠한 양식도 만들어내지 못한 독일은 종교와 형이상학적 사색에서 편향적이었고, 미술에서는 극단적인 주관주의에 빠졌다고 비판하였다. 그러나 뒤러의 중세는 그리스의 고전 세계 및 그것을 본받은 이탈리아 르네상스와 갖가지로 연동되었다. 뒤러가 괴테와 나란히 놓이는 또 하나의 주요한 이유이다.

뒤러의 다양한 감성과 상상력은 '묵시록'의 환상으로 들끓는 한편, 이탈리아인에게도 보란 듯이 우아하고 관능적 비례를 가진 여성 누드를 또한 그렸다. 이러한 진실에 대해 파노프스키는 뒤러는 동판의 선(線)에 집중함으로써 가장 '객관적'이었다고 말하였다. 뒤러는 창조적 예술성이 신의 은총인 '신비'(神秘)의 결실임을 확신했다. 그러면서도 합리적 원리를 갈망했다. 파노프스키는 뒤러의 본질적 양면성을 이탈리아로부터 영향을 받았다기보다 뒤러 자신의 내면세계의 '선천적인 갈등'에서 유래한다고 지적했다.

14세기 말에서 15세기 전반에 걸쳐 궁정 문화를 배경으로 생겨난 이탈리아와 프랑스의 우아한 국제 고딕 양식의 세례를 듬뿍 받은 이탈리아 사람들은 뒤러에 대해, 그의 '고전' 정신의 결여에 대해 이의를 제기하면서도 뒤러의 위대함은 결코 의심하지 않았다. 그뿐만 아니라 일부 이탈리아 사람들은 뒤러를 미술의 '위대한 예언자'(grad Druid)로 지칭했으며, 볼로냐에서는 라파엘로와 미켈란젤로 이상으로 르네상스에 크게 이바지한 인물로 찬탄했다.

'국민적 상상력'을 강조하면서 국민적 양식의 부각의 시대가 도래함을 밝힌 뵐플린도 『알브레히트 뒤러의 예술』(1905)에서 뒤러를 온화한 고전주의자로 서술하고 있다. 뒤러가 이탈리아적 형태를 받든 결과 독일 본연의 특징을 망각했다는 일부 독일 미술사가들의 비난에 대해 뵐플린은 뒤러와 함께 가장 독일적 화가로 불리는 마티아스 그뤼네발트(Matthias Grünewald)의 '독일적 특성'을 오히려 뒤러로부터의 '퇴화'로 인식하고 이탈리아를 향한 뒤러의 심정을 '전적으로 건강한' 결실로 보았다. 뒤러 속에서 뷜플린은 독일적 특성과 함께 이탈리아 고전주의와의 화해 내지 친화력을 의심치 않았던 것이다.

1506년 8월 18일, 뒤러는 베네치아로부터 보낸 편지에서 "나는 여기 베네치아에서는 이미 신사(紳士)가 되었습니다"라고 토로했다. 그리고 10월 13일경 귀국 전에 쓴 편지의 한 구절에서는 "아! 이 태양을 뒤로 (귀국하면) 얼마나 추울까. 여기에서 나는 신사이지만 (귀국하면) 식객에 지나지 않습니다"라고 말했다. 뒤러가 이탈리아에서 그에 걸맞게 높이 평가받았음을 시사하는 구절이다. 이탈리아에 대한 뒤러의 기행 이후에 비로소 북방 르네상스가 시작되었으며, 독일과 북유럽의 미술가 및 미술 애호가들에게 이탈리아행은 필수 과제 내지 관행이 되었다고 파노프스키는 언명한다.

독일 낭만파는 뒤러를 그리스도교적 주제에 전념한 신의 장인(匠人), 평생 신에게 자기를 바침으로써 온화하고 경건하게 삶을 산 인물로 보았다. 그러나 그들 낭만파들 가운데 한 사람은 「멜랑콜리아 I」을 파우스트와 동일시하면서 뒤러의 본질 속에서 '완전성'에 대한 끝없는 탐구 정신을 보았다. 진리를 위해 영혼마저 바친 파우스트, 그 파우스트를 우리는 독일적 인간상이 아닌 최고 수준의 예술적·시적·지적 인간 모두에게 공통된 보편적 인간상으로 인식하게 된다. 파우스트적 삶을 살아야 했던 뒤러! 그가 세상을 떠났을 때 피르크하이머는 묘비에 다음과 같은 헌사를 새겼다. "알브레히트 뒤러의 운명이 이 묘 아래에 잠들었다."

4. 바그너의 음악과 그의 세계

나는 신을 믿는다. 또 모차르트와 베토벤을 믿는다. 마찬가지로 그들의 제자들과 사도들을 믿는다. 나는 성령을 믿고 분열될 수 없는 예술의 진리를 믿는다. …… 나는 모든 사람이 이 예술을 통해 축복받으리라 믿는다. …… 나는 이 지상에는 아직도 조화를 이루지 못한 화음이 존재하여 그것이 음악을 통해 진정 빛나고 또 정화되리라 믿는다. 아멘.

이 기도문 그대로 음악예술의 고귀한 영혼에 일찍부터 탐닉한 19세기 최고의 가극 작곡가 리하르트 바그너(Richard Wagner), 그는 독일 라이프치히에서 태어났다. 부친은 경찰 서기였으며, 바그너가 태어난 반년 뒤에 세상을 떠났다. 상냥한 모친상(母親像)과는 거리가 먼 어머니는 배우인 루트비히 가이어(Ludwig Geyer)와 재혼했다. 바그너는 가정적 따뜻함을 모르는 불행한 어린 시절을 보냈다.

그는 학교에 입학한 9세 무렵에 집에서 피아노를 배웠으나 흥미를 느끼지 못하고, 오히려 돈보이는 글재주로 11세 때 학교에서 시 작품으로 우승하는 등 문학에 열중하여 13세의 어린 나이에 셰익스피어를 모방한 비극을 쓰기도 했다. 그 문학열은 15세경에 베토벤과의 첫 만남에서 음악가가 되기를 결심하면서도 식지 않았다. 특히 독일 낭만파의 대표적 작가 가운데 한 사람으로 작곡가와 악장(樂長), 음악평론가이기도 했던 음악적 공상의 탐미주의자 E. T. A. 호프만을 탐독했다. 그러면서 바그너는 평생토록 문필가로서 연극 대본과 소설을 비롯해 갖가지 논설도 썼다. 그러나 베토벤과의 만남은 그를 결국 음악가로 만들었다. 바그너는 베토벤에 대한 숭배의 표현으로 파리에서 소설 「베토벤 순례」(1840)를 발표하기도 하였다.

이처럼 바그너에게서 음악의 성령은 베토벤이었는데, 그와의 첫 만남은 소년 시절에 이루어졌다. 그는 고향 라이프치히의 게반트하우스 연주회에서 처음으로 베토벤의 「E장조 심포니」를 들었다. 이때의 감동을 훗날 자서전에서 "그 인상은 나에게 절대적이었다", "나는 음악가가 되고자 결심했다"라고 토로했다.

바그너는 베토벤에 앞서 어린 시절의 불행으로부터의 도피를 극장에서 찾았다. 그는 극장에 대해 "일상적인 마음의 현실로부터 (나를) 고혹한 마술의 세계로 끌어들였다"라고 말했다. 베버의 「마탄의 사수」, 모차르트의 「마술 피리」에 큰 감명을 받았지만 베토벤, 특히 9번 교향곡의 작곡가로서의 베토벤은 최고의 마에스트로로서 그의 음악예술과 삶 전체를 운명적으로 결정지었다.

「베토벤 순례」는 베토벤과의 (가공의) 만남을 묘사한 단편소설이며, 바그너는 이 작품 외에도 「베토벤」을 썼다. 「베토벤」은 베토벤 9번 교향곡에 관한 글(1846)로써 비롯되는, 베토벤을 둘러싼 그의 일련의 논고의 마지막 글이다.

음악의 여신을 받들어 자기의 음악 이념과 예술의 이상을 실현하기 위해 모든 것을 바친 바그너는 천생 자유분방한 정념의 인간이자 그만큼 스스로를 감당할 수 없었던 모순에 찬 부조리한 인간이었다. 물론 이러한 사실은 그의 예술 활동에서도 다양하게 나타났지만, 그 황당무계한 기질은 여성 편력에서 더욱 적나라하게 드러났다.

5. 자유분방한 삶, 현실과 이미지의 세계

바그너는 1836년 미나 플라너(Minna Planer)와 결혼했다. 순회 극단의 인기 여배우였던 그녀는 같은 극단의 음악 감독인 바그너보다 4세 연상인 24세의 미혼모였다. 바그너는 그녀의 미모에 반해 억지로 혼인 관계를 맺고 싶어했다. 그러나 두 사람은 곧 성격이 맞지 않음을 알아차렸다. 결혼 6개월 뒤부터 그녀는 가출을 되풀이 — 때로는 애인과 함께 — 했다. 두 사람은 별거를 거듭하면서도 1866년 그녀가 세상을 떠날 때까지 부부의 연은 지속했다. 혼외정사(婚外情事)는 물론 바그너도 마찬가지였다.

13세의 어린 나이 당시에 미인 자매에게 연정을 품고 마침내 뜻을 이룬 에피소드를 비롯하여 이와 비슷한 사랑놀이나 망명 시절에 도움을 받은 프랑스 포도주 상인의 젊은 부인 제시와의 실패로 끝난 사랑의 도피행각 등 수많은 사례가 있지만, 여기에서는 바그너의 여성 편력의 첫 번째 상대로서 그가 20세 때 노래를 듣고 감동하여 팬 레터를 전한 가수 크리스티네 빌헬미네(Christine Wilhelmine)와의 이야기를 예로 들어보자. 그녀는 당시 29세로 남편은 물론 아이도 있었다. 그 명성이 범유럽적이었던 이 프리마 돈나는 무명에 가까운 바그너에게는 필경 하늘의 별, 곧 동경의 뮤즈였다. 그러나 바그너는 몇 해 뒤에 음악가로서의 지위를 굳히면서 그녀와 가까운 사이가 된다. 그러자 그녀를 사랑과 미의 여신 비너스로서 자기의 작품 「리엔치」(1840), 「방황하는 네덜란드인」(1843), 「탄호이저」(1845)에 출연시켰다. 모두가 초연으로 드레스덴의 오페라 극장에서 상연했는데, 「방황하는 네덜란드인」은 바그너 자신이 직접 지휘하기도 했다. 빌헬미네는 바그너의 악극(樂劇)의 이념에 크게 이바지했으며, 두 사람은 만년에 이르기까지 좋은 벗으로 지냈다. 복잡미묘한 스캔들로 얼룩진 바그너의 여성 편력 가운데 참으로 축복받은 만남이었다.

　앞에 든 세 가지 작품으로 작곡가로서 부동의 명성을 굳힌 바그너는 그 자신감을 정치 참여로 분출시켰는데, 문필가인 바그너는 반체제적 지식인이기도 했다. 1848년 2월에 파리에서 일어난 민중봉기인 2월혁명은 빈에서 3월혁명으로 비화되고, 그다음 해 5월에는 드레스덴에서도 민중봉기가 터져 나왔다. 바그너는 그 5월혁명에 적극적으로 참가했다. 러시아의 혁명적 무정부주의자 미하일 바쿠닌(Mikhail Bakunin)과도 가까이 지냈다. 그러나 바그너는 당시 작센 왕국의 음악 감독이자 궁정 지휘자 신분이었다. 결국 그에게 체포 영장이 발부되자 스위스에서 15년간 망명 생활을 하였다.

　자유를 향한 바그너의 반권력적 의지는 음악가로서 그의 위치를 굳건히 한 가극, 즉 14세기 이탈리아의 정치가로서 귀족체제를 타도하고 공화정치를 실시하여 민중의 영웅이 된 호민관(護民官) 콜라 리엔치(Cola Rienzi)를 주제로 한 「리엔치」에 이미 잘 표현되었다. 바그너는 1830년 파리의 7월혁명에 대해 "역사적 세계는 나에게 이때부터 시작되었다"라고 분발하면서 '혁명의 아들'로서 사회시와 혁명시를 비롯한 많은 작품을 통해 독일의 비참한 현실과 교조주의에 맞선 하이네와 청년 독일파에 감복하여 동조하기도 했다. 그러나 바그너의 반권력의 의지는 필경 그의 자유분방한 천성, 즉 '정치적 취향'에 들뜬 것이었다. 한편 19세기 초반 사상적 흐름의 특징 내지 핵심은 유토피아에 대한 갈망이었는데, 그것은 바로 바그너의 생애와 음악예술에서의 결정(結晶)이기도 했다.

바그너는 국외 도피의 나날 속에서 부호들의 도움을 가리지 않고 받아들였으며, 국외 추방이 해제된(1862) 뒤에는 바이에른의 루트비히 2세의 초빙을 받고 그가 마련해준 왕성(王城) 근처의 저택에 입주했다. 그리고 19세의 왕의 탄생일을 축하하기 위해 「바이에른의 루트비히 2세에게 충성을 맹세하는 행진곡」을 작곡하기도 했다. 바그너에 심취한 루트비히 2세는 그를 국빈 격으로 대접하는 한편, 「니벨룽의 반지」(Der Ring des Nibelungen)를 완성하라고 공식적으로 하명하고 「방황하는 네덜란드인」과 「트리스탄과 이졸데」도 국왕의 어전에서 연주하게 했다. 그리고 바그너의 자서전 『나의 생애』도 루트비히의 요청에 따라 쓰였다. 이상과 같은 일련의 처사는 일부 궁정인과 시민의 반감을 사고 '황제를 알현하는 바그너'는 웃음거리와 반감의 대상이 되었다. 이에 당황한 루트비히는 바그너에게 바이에른 왕국으로부터 떠날 것을 요청해, 결국 그는 스위스로 옮아갔다. 바그너의 표리에 찬 정치적 취향은 독일 황제 빌헬름 1세에게 바친 「황제 행진곡」(1871)과 그 몇 해 뒤의 미국 독립 100주년을 축하하여 작곡한 「대축전 행진곡」(1876)에서도 엿볼 수 있다. 바그너는 1851년에 어느 친구에게 보낸 편지에서 "나는 공화주의자도, 민주주의자도, 사회주의자도, 공산주의자도 아닌 예술을 지향하는 인간이다. 그러므로 나는 나의 눈동자, 나의 바람, 내 의지가 미치는 모든 곳에서 철두철미하게 혁명가이며, 새로운 것의 창조자이자 낡은 것의 파괴자이다!"라고 말했다.

이상과 같은 여성 편력과 정치관을 통해 그의 삶의 도정은 자유분방, 아니 제멋대로의 모순과 부조리로 점철되었음을 알 수 있으며, 이런 가운데 필경 자기 예술에 몰두했음은 미루어 짐작된다. 어린 시절부터 천성처럼 싹튼 음악예술에 대한 도취와 그 '필생의 사업'은 죽음에 이르기까지 조금도 흔들림이 없었다.

망명의 피난처인 스위스 취리히는 그의 애정 스캔들에도 불구하고 배짱 좋은 바그너에게는 살기 편안한 곳이었다. 그리고 경제적 후원자들의 도움으로 바그너는 귀족과 같은 사치를 누릴 수 있었다. "나는 개처럼 살 수 없으며 초가집 침대에서는 잘 수 없고 값싼 술도 못 마신다"라거나 "나는 사치를 버리지 못한다"라고 스스로 말했듯이, 그는 호화롭고 사치스러운 생활로 인해 언제나 빚에 쪼들렸다.

바그너는 1883년 대운하 맞은편에 있는 베네치아의 객사(客舍)에서 숨을 거뒀다. 책상 위에는 집필 중이던 원고가 여러 매 놓여 있었는데, 제목은 「인간성에서의 여성적인 것에 대해」였다. 세상을 떠나기 이틀 전부터 쓴 글이었다. 그에게서 '여성' 내지 '여성적인 것'이란 무엇이었을까. 유고(遺稿)는 단편적 구절로 이어져 있으나, 그 말미에는 "…… 그러나 여성의 해방은 진행된다. 도취된 경련을 지니고. 사랑-비극성"이라는 문구가 담겨 있었다.

바그너는 미친 듯한 몽유병(夢遊病) 상태에서 작곡하는 일이 자주 있었노라고 스스로 즐겨 강조했다. 그가 현실과 상상의 세계를 분간하지 않고 끝내는 자기 신비화를 서슴지 않았음에도, 그것은 그의 음악예술에 대한 끊임없는 도취와 표리를 이룬다고 할 것이다. 철저한 유토피아주의자였던 바그너는 자신의 '인생'과 '작품'을 구별하는 것을 단연코 거부했다. 그리고 극도로 불가사의한 삶의 행태는 죽음에 이르기까지 변치 않았다.

바그너는 1882년의 어느 에세이에서 다음과 같이 언명한다.

열린 감성과 자유로운 마음으로써 거짓과 기만과 위선에 의해 묶여진, 합법적인 살인과 강탈의 이 세계를 평생토록 끊임없이 바라볼 수 있는 자가 있을까. …… 그러면 그 시선은 어디로 향할까. 아마도 죽음의 심연에 이르리라. 그러나 소명을 받아 운명에 의해 선별된 자에게는 그 가장 진실한 근사성(近似性)까지도 아마 가장 깊은 영혼의 구제를 예언하고 촉진하는 듯 생각된다. 이 근사한 예지몽에 따라 기만의 현실 세계 자체의 망각이 허용된다는 것은, 비천한 것으로서 그에게 인식된 고통에 가득 찬 현실에 대한 담보이리라.

바그너는 그 자신이 운명적으로 선택된 자임을 자각하면서 소명의 실현을 구원으로서의 음악에서 찾았다.

헝가리 출신의 미술사가로 영국에 망명하여 마르크스주의적 유물론을 작품 인식에 받아들이며 사회구조와의 관점에서 예술과 문학의 흐름을 파악한 『문학과 예술의 사회사』(1951)를 쓴 하우저에 의하면, 고전주의에서는 문학이 주도적인 데 비해 초기 낭만주의 시대에는 회화가 주도적이며, 후기 낭만주의 시대에 들어서는 완전히 음악의 시대라고 한다. 베버, 자코모 마이어베어(Giacomo Meyerbeer), 프레데리크 쇼팽(Frédéric Chopin), 프란츠 리스트(Franz Liszt), 바그너 등 낭만주의적 음악가들의 명성은 전 유럽을 매료시켰다.

이제 쇼펜하우어와 바그너의 만남에 대해 이야기해보자. 쇼펜하우어는 주저 『의지와 표상으로서의 세계』를 1818년에 발표했다. 그런데 그 작품은 1850년대 낭만주의가 유럽을 한참 석권하다시피 했을 때 충격적으로 되살아났다. 그리고 그 열풍은 1920년대까지 지속되었다.

우리는 저마다 의지(Wille)의 본성에 따라 주체와 개체를 인식한다. 이런 개성이 바로 의지이다.

쇼펜하우어는 여기서 예술가를 떠올린다. 왜냐하면 천재, 즉 신적 창조력을 지닌 예술가야말로 표상(表象)의 영역을 꿰뚫음으로써 변혁을 성취할 수 있기 때문이다. 그리고 쇼펜하우어에게서 표상의 영역에서 가장 자유로운 예술은 형태와 무관한 음악이다.

음악은 전체 의지가 직접적으로 드러난 형태이자 전체 의지의 복사(Copy)이다. 이는 세계 자체, 사실은 이상(理想)이 다양하게 드러나 개별적 사물의 세계를 이루는 것과 같다.

멜로디를 작곡하여 인간의 의지와 감정에 딸린 심오한 비밀을 드러내는 일이 천재의 일이다. …… 작곡가는 세계 속에 놓인 본성을 드러내고 이성이 이해하지 못하는 언어로 심오한 지혜를 표현한다. 그는 최면 상태에 빠진 사람처럼 자신이 깨어 있을 때 짐작조차 못하는 이야기를 풀어놓는다.

마치 바그너를 떠올리며 쓴 글 같은 『의지와 표상으로서의 세계』의 구절들이다.

바그너는 쇼펜하우어의 형이상학, 특히 그의 미학 예술론에 탄복하여 자신이 갖고 있던 종합예술에 대한 미학을 수정하고 작곡 방식도 바꾸었다. 그 전형적인 예로 「트리스탄과 이졸데」를 들 수 있으니, 그것은 그의 종합예술 개념에 따른 것이 아니라 음악이 다른 요소보다 단연 우위를 차지하는 작품이었다. 그리고 그러한 입장은 1860년에 쓴『미래의 음악』에서도 반영되었다.

바그너의 여성관과 사랑의 이상을 밝히는 일은 바로 그의 음악관과 예술관을 밝히는 일이라 할 수 있다. 그의 사랑-에로스의 비범한 자질은 모든 것을 음악의 세계에 끌어들이는 그의 엑스터시, 즉 황홀한 망아(忘我)의 결실이 아니었던가! 이제 그의 작품 세계의 보편성에 대해 생각해 보자.

6. '독일적 음악'과 그 세계적 보편성

대부분의 음악가들과 달리, 어린 시절의 바그너는 음악적 환경과는 거리가 멀었다. 그가 음악을 제대로 배우게 되는 것은 라이프치히 대학에 입학한 해인 1831년에 성(聖)토마스 교회의 음악 감독(칸토르)인 테오도르 바인리히(Theodor Weinlig)에게 대위법(代位法)과 작곡법을 배우면서부터였다. 이때 그의 나이가 이미 18세로 어떻게 보면 뒤늦은 출발이었으나, 바로 대단한 자질을 발휘하여 그 향상은 눈부셨다. 1833년부터 그는 오페라의 악장(카펠마이스터)으로서 여러 도시에서 경력을 차근차근 쌓아올리는데, 첫 번째 장편 오페라인 「요정」은 1834년 완성되었다. 그리고 괴테의『파우스트』를 읽은 감동에 더해 1839년 파리에서 베토벤 9번 교향곡을 듣고 영감이 떠올라 다음 해에, 「파우스트 서곡」을 세상에 선보였다. 한편 음악가로서의 그의 명성을 굳힌 「리엔치」를 작곡한 후에 그는 위대한 지휘자의 길을 자신 있게 내딛기 시작했다. 이때 그의 나이 27세, 참으로 음악의 성스러운 영혼에 홀린 천재의 눈부시고 현란한 나날들이었다.

바그너의 주요 작품 중 최초의 것은 앞서 언급했던 「요정」이다. 처자식이 있는 왕자와 요정이 금기된 사랑을 범함으로써 이별하게 되고 시련을 겪으면서 사랑의 힘에 의해 구원된다는 이야기이다. 이어서 오래전부터 전해 내려오는 전설을 바탕으로 완성한 「방황하는 네덜란드인」은 그의 음악 세계의 중심 주제가 되는 '구원'이 처음 나타나는 작품으로, 하이네의 소설을 바탕으로 대폭 수정·보완하여 영원한 저주로부터 구원될 길은 진실한 사랑뿐임을 음악적으로 형상화함으로써 자신만의 독자적 예술 세계에 들어섰다. 낭만적 오페라라는 형식으로 그 자신이 이상적으로 생각한 말과 언어와 하나가 된 종합예술 '악극'의 세계를 성취한 것은 「탄호이저」(1845)이다. 이 작품 역시 하이네의 풍자시를 바탕으로 구상되었는데, 독일 오페라의 신화적 요소와 프랑스의 그랑 오페라(Grand Opera) 요소를 절묘하게 결합한 것으로도 잘 알려져 있는 명작이다. 이어서 악극의 감동적 울림을 풍요롭게 분출한, 꿈꾸는 낭만적 가극의 정점을 이룬 비극 「로엔그린」(1848)과 오페라 역사상 가장 혁신적 작품으로 일컬어지는 「트리스탄과 이졸데」(1859)가 완성되었다.

취리히에서 바그너는 악극 「니벨룽의 반지」를 구상하던 무렵에 운명의 여인 마틸데 베젠동크(Mathilde Wesendonck)를 만나게 된다. 시인이기도 한 그녀는 바그너의 재정적 후원자인 무역상 — 버젓한 교양인이었던 남편은 지극한 애처가였다 — 의 부인으로 바그너에게는 이상형이나 다름없었다. 바그너는 1857년 8월 18일에 「트리스탄과 이졸데」의 초고 대본을 마틸데에게 바쳤는데, 이에 감동하여 그녀는 사랑의 기쁨과 고뇌를 읊은 자작시 「다섯 가지 시」(「천사」, 「멈추어라」, 「온실에서」, 「괴로움」, 「꿈」)를 바그너에게 바쳤다. 바그너의 사랑에 응답한 것이다. 바그너는 그것을 예견했다는 듯이, 「다섯 가지 시」 가운데 「꿈」에 곡을 붙여 베젠동크 저택의 홀에서 연주했다.

그간 바그너의 망명으로 별거의 나날을 보냈던 부인 미나도 남편의 스캔들을 잘 알고 있었다. 그러면서도 바그너는 독일 추방이 해제된 1862년 미나에게 기대어 드레스덴에 체류했다. 그러다가 두 사람은 영영 이별하게 되었다. 그 계기가 된 것이 코지마(Cosima, 1837~1930)와의 만남이었는지는 알 수 없다.

음악가 프란츠 리스트의 딸 코지마는 바그너를 사사한 적도 있는 피아니스트로, 바이에른 왕실 가극장의 지휘자인 한스 폰 뷜로(Hans von Bülow)의 부인이었다. 바그너는 1863년 11월에 베를린의 뷜로를 방문하면서 코지마를 처음 만났다. 바로 그날, 바그너와 코지마는 단둘이 마차로 드라이브하면서 서로 사랑을 느끼고 그 사실을 또한 서로 알아차렸다. 그리고 얼마 뒤에 코지마는 집을 나왔다. 두 연인은 동거에 들어갔으며, 1865년 4월에 코지마는 바그너의 아이를 낳았다. 그리고 1869년에 코지마는 뷜로와 이혼하고 다음 해에 바그너와 재혼했다. 결혼할 때 코지마는 바그너의 부인임을, 따라서 부끄럽지 않게 처신하리라 스스로 다짐했다. 참으로 당찬 여인이었다. 이때 코지마는 33세, 바그너는 57세였다.

그 사랑 못지않게 바그너를 존경한 코지마는 남편 바그너를 잘 받들었다. 바그너가 서거한 뒤 바이로이트(Bayreuth) 음악제가 세계 최고의 음악 축제로 자리잡는 데 그 초석을 쌓은 것은 바로 그녀였다. 바이로이트 음악제는 1908년까지 코지마에 의해, 그리고 그에 이어 그녀의 아들 지크프리트(1930년까지)와 그의 아내 비니프레트(1944)에 의해 관리되었다. 음악제는 제2차 세계대전으로 중단되었다가 1951년에 부활했고 1969년까지 바그너의 손자에 의해 관리되었다. 그러다가 1970년 이후에는 그 관리권이 바이에른 주정부에 의해 신설된 재단으로 옮겨졌다. 그러나 축제 때마다 작품 선정은 여전히 바그너 가문에 의해 이루어졌다. 모두가 바그너를 극진히 추모한 코지마의 덕이었다.

음악가 바그너는 연극인이었다. 방대한 그의 작품의 주종을 이룬 '악극'(Musikdrama, 바그너 자신은 이 명칭을 거부하였다)에서 볼 수 있듯이, 종합예술을 지향하는 음악과 연극은 똑같은 무게와 매혹으로써 바그너를 사로잡았다.

  그런데 왜 성악이 기악과 마찬가지로 위대하고 엄숙한 예술 장르여서는 안 될까. …… 인간의 목소리는 오케스트라의 어느 악기보다 훨씬 아름답고 고귀한 음(音)의 기관입니다. …… 사람의 소리는 천성적으로 악기의 성격과는 전혀 다르지만, 바로 그 특성이 더욱 강조되고 확보되어 극히 다양한 결과를 낳습니다.

  악기가 대표하는 것은 창조와 자연의 원시 기관, …… 악기가 재현하는 것은 원시 감정 그 자체이지만 …… 인간의 소리라는 신령은 인간의 마음, 마음이 지닌 완결된 개인적 감각을 대표합니다. …… 악기와 소리라는 두 요소를 동반해보십시오. 최고의 것을, 막연히 예감한 이전과는 달리 그것을 신(神)의 의식으로 바꾸어 명백히 내면적으로 자각하게 될 것입니다.

「베토벤 순례」에서 바그너에게 들려주는 베토벤의 언명이다. 바그너는 베토벤 속에서, 특히 9번 교향곡에서 종합예술로서의 음악예술의 핵심을 감지했다. 그리고 그는 시와 음악이 조화를 이룬 「탄호이저」에서 종합예술로서의 자신의 악극을 보여주고자 했다. 이제 바그너의 독일 발견에 대해 생각해보자.
  바그너는 20대 후반 두 번에 걸친 파리 체재에서 많은 것을 배웠지만, 19세기의 근대적 메트로폴리스 파리와 그 오페라 극장에서 오히려 환멸을 느꼈다. 그러면서 그는 독일과 중세에 차츰 눈을 뜨게 되었다. 계기는 「마탄의 사수」의 작곡가 베버와의 만남이었다. 독일 중세를 무대로 민요풍의 선율들이 울려 퍼진 낭만파 가극의 창시자인 베버 속에서 바그너는 독일 국민가극을 발견하고 그에 심취했다. 이상향으로서의 중세의 뉘른베르크를 무대로 장인 가수인 마이스터쟁거(Meistersänger)와 그들을 배출한 시민계급, 그리고 독일 예술을 찬미한「뉘른베르크의 마이스터쟁거」(1867)의 구상이 움트고 바이로이트 축제 극장의 설계가 싹튼 것도 베버를 경청한 직후였다. 바그너는 자서전『나의 인생』마지막 부분에서 "처음으로 나는 라인 강을 보았다. 뜨거운 눈물을 흘리면서 가난한 예술가인 나는 조국 독일에 영원한 충성을 맹세했다"라고 말했다. 이와 같은 독일의 발견은 '바그너의 독일', '독일의 바그너'라는 관념을 낳았다.

나치는 1933년 정권을 잡자 그들의 예술적 상징으로 바그너의 오페라「마이스터쟁거」를 기념 상연하였다. 히틀러는「마이스터쟁거」를 100회 이상 보았다고 한다.

바그너는 반유대주의자였다. 한때 그에게 독일적 음악이 아닌 음악은 유대주의 음악으로 비쳤다. 마이어베어와 멘델스존도 거기에 속한 것으로 비하당했다. 그들에 반해 바흐, 베토벤, 베버와 더불어 자신의 음악을 '독일 음악의 정신'으로 받들었다. 바그너는 아리아인의 우월성을 강조한 반유대주의자인 프랑스의 작가이자 외교가 조제프-아르튀르 고비노(Joseph-Arthur Gobineau)와도 가까이 지냈다. 인종이론가인 고비노의 희곡과 소설은 낭만주의적 경향이 강했다. 바그너는 논문「음악에서의 유대성」(1850)에서 "방황하는 유대인의 해방이란 망해 없어지는 것이리라!"라고 극언하였다.

미국의 시인이며 역사학자인 조지 비렉(George Viereck)은 나치즘의 정신적 기원을 바그너의 음악과 사상에서 찾고 그 견해를 1939년 11월 12일 미국 잡지『커먼 센스』(Common Sense)에 발표한 바 있다. 그에 의하면, '편견의 천재'인 바그너는 "아마도 나치 이데올로기의 가장 중요한, 유일한 원천"이었다. 지크프리트와 뉘른베르크 전설의 감상적 북방 원시주의, 특히 자신의 정치적·경제적 국가철학의 모든 것들을 신비주의적인 하나의 통일체로 꾸며낸 바그너의 형이상학은 그를 분명 나치즘의 정신적 선구자로 둔갑시켰다. 바그너는 독일인이 '그 자신의 목적을 위해' 행동하는 데 반해, 유대인이나 '유대화'된 '이른바 라틴 민족 세계'는 '공리적인 동기'로써 만사를 행한다고 했다. 독일이 상실한 아리아인의 순결성의 구출을 에세이 「영웅의 세계」에서 영웅의 소명으로 강조함으로써, 바그너는 제3제국의 총통 개념을 마무리지었다. 토마스 만은 이상과 같은 비렉의 바그너 비판에 대한 '답변'으로 1940년 1월 『커먼 센스』 편집장에게 한 통의 편지를 보냈다. 일찍부터 바그너에 심취한 만은 음악가 바그너뿐만 아니라 사상가 바그너도 사랑과 찬미를 아끼지 않고 신뢰한 것이다.

만에게서 바그너는 쇼펜하우어나 니체와 더불어 독일의 하늘에 빛나는 자기 길잡이의 별이었다. 그러면서도 그의 저서 『리하르트 바그너의 고뇌와 위대함』(1933)에서 볼 수 있듯이, 그 바그너 숭배는 미묘한 망설임과 고뇌로부터 자유로울 수 없었다. 니체와 마찬가지로 만도 바그너의 '기적'(Wunderwerke) 속에서 가장 숭고한 것과 가장 비천한 것을 보았던 것이다. 그러나 프랭크 M. 터너(Frank M. Turner)가 지적한 것처럼 바그너의 반유대주의는 — 인종적인 것이라기보다는 그의 논고 「음악의 유대인」(1850)에서 밝혀주듯이 — 문화적인 측면에서였다. 바그너는 당대 예술의 데카당스와 속물주의 속에서 유대적인 것을 보고 고발했던 것이다.

바그너뿐만 아니라 독일의 위대한 정신적 업적과 고귀한 창조는 부조리한 마술성으로부터 자유롭기는커녕 오히려 그것으로부터 싹트고 결정(結晶)된 것으로 이해된다. 새삼 '독일적'이란 무엇인가를 묻게 된다. 괴테와 칸트, 베토벤과 횔덜린을 낳은 시와 철학, 음악의 '좋은' 독일과 히틀러의 나치를 낳은 '나쁜' 독일이 따로 있는 것이 아니라고 만은 주장하였지만, 현대 영국의 외교관이자 문인이었던 해럴드 니콜슨(Harold

Nicolson)은 "독일인의 성격은 인간성의 발전 속에서 가장 훌륭한 것에 속하나 그것만큼 남에게 폐스러운 것도 없다"라고 말한 바 있다.

제10장

독일 내셔널리즘, 민족주의와 그 극복

1. 랑케의 국가관, 비스마르크에 이르는 길

1789년의 혁명 전후에 태동한 내셔널리즘은 19세기 최대의 정치 이념이었다. 그런데 그것은 유럽을 크게 둘로 갈라놓았다. 프랑스에서의 '내셔널리즘의 국민화'(에드워드 H. 카)와 민족 및 민족문화의 이념을 추구한 독일의 경우가 그것이다.

그런데 주목할 사실은 낭만주의의 영향 아래 민족문화와의 혈연적 친화를 굳게 다지면서 추진된 독일 내셔널리즘이 대체로 옛 문화, 낡은 정치사회적 체제, 낡은 이념과 손을 잡으면서 마침내는 권력 정치의 항진을 기도한 국가주의적 성격을 드러냈다는 사실이다. 그러한 진상을 우리는 낭만파의 제자이자 독일 내셔널리즘의 이념적 정초자 중 한 사람이라 할 수 있는 역사가 랑케에게서 찾아볼 수 있다.

랑케 사관의 중요한 기본 개념은 '국민'(Nation)이다. 랑케는 『새로운 역사의 제 시기』에서 다음과 같이 말한다.

세계사가 만약 국민과 민족이라는 확고한 기반에서 이탈한다면 그것은 철학이나 공상으로 타락할 것이다.

이렇듯 '국민'은 랑케에게 인류 역사의 가장 '본질적인 것'으로 확신되었다. 이러한 랑케의 '국민' 사상은 18세기의 계몽적 세계주의 사상이나 낡은 정통주의의 교설을 타파하였다. 그러나 랑케는 '국민'과 '민족'에 결코 과분한 지위를 부여하거나 기대하지 않았다. "국민과 민족 그 자체 속에 인류의 역사가 나타난다"라고 말했듯이, 그에게서 특수한 개별성이 보편성과 깊이 관련된 것처럼 그는 국민을 인식할 때도 또한 '인류'를 떠올렸다. 그에 더해 설명해보자면, 랑케는 『강국론』에서 "어떤 특정한 것이 다른 것을 지배한다든가 그 본질을 침해하는 일이 없이 ……많은 개성이 보다 더 높은 공동의 세계에서 서로 접촉하고 ……", "진정한 조화는 분리와 순수성의 조화에서 이루어진다"라고 언급했다. 그가 원한 것은 제 국민과 제 민족의 다양한 공존, 즉 세계사 속의 국민과 민족이었다. 이러한 입장 위에서 그의 독일 국가관이 표명된 것이다.

랑케는 비스마르크가 그를 '개종'시키기 전까지 독일 통일 문제에서 이원주의자였으며, 오스트리아에 호감을 갖고 있었다. 언제나 역사적인 것을 존중한 그는 이미 형성된 제(諸) 영방국가의 해체란 생각할 수 없었다. 랑케가 원한 것은 독일의 연방적인 조화일 뿐 그 해체 위에 이룩될 통일이 아니었다. 이상과 같은 역사주의의 관점에서 랑케는 표면상으로는 혼돈을 보여주는 듯한 유럽의 근세사 속에서 실은 여러 국가의 독자적 원리와 독특한 발전을 통찰하였다. 그는 『강국론』에서 근대 유럽 열강들이 그들의 독자적 원리 위에 형성된 모습을 가톨릭적·독일적인 오스트리아, 비잔틴적·슬라브적인 러시아, 게르만적·해양적인 영국 및 독일적·프로테스탄트적인 프로이센의 공존 속에서 찾으면서 역사적 특성 위에 형성되는 그들의 독특한 발전을 긍정적으로 논하고 있다. 이렇듯 개체성의 이념에 일관된 그의 인식은 언제나 개체적인 것과 함께 보편성을 중요시했으며, 제 국민의 다양성 위에 유럽의 공통된 보편성을 바라마지 않았다.

존재하는 것은 "저마다 모두 자기 자신의 본원적 생명을 지니고 있다"라고 한 랑케의 개체성에 대한 사상은 바로 현실적인 것과 이념적인 것의 일치에 관한 그의 동일성 사상(Identitätsgedanken)의 기초가 되었다. 랑케에 의하면, 국가란 바로 현실적이면서도 정신적인 '실재'(實在, Real-Geistige)이다.

국가의 독자적인 생명 원리에 대해 랑케는 다음과 같이 말하기도 한다.

> 모든 국가는 저마다 독특한 경향을 지니고 있다. 이 경향은 정신적인 것으로서, 국민 전체의 성격도 그것에 따라 규정되고 씻을 수 없는 각인을 지니게 된다. 모든 것은 그 최고 이념에 의존한다.

그리고 그는 국가의 본질에 대해 다음과 같이 토로하였다.

> 인간적 존재의 하나의 한정일 뿐만 아니라, 특히 국민적 존재의 하나의 한정이기도 하다. 왜냐하면 국가는 본질적으로 국민보다 더 긴밀한 것이기 때문이다.

랑케에게서 인간은 무엇보다 국가와의 관련 아래 있는 존재, 다시 말해 '국민'으로서 간주되었다. 따라서 그는 민족도 거대한 역사의 과정 속에서 오직 '국가 민족'(Staatsvolk)으로서 자신의 사명을 다할 수 있는 것으로 생각하였다.

이상과 같은 국가의 개체성에 대한 랑케의 사상은 19세기 독일의 법학자이자 정치가인 카를 폰 사비니(Karl von Savigny)의 역사법학, 즉 한 국민의 법제(法制)란 그 국민의 고유한 문화 속에서 내재적으로 발전한다는 이론에 의해 뒷받침되어 독일 국가사상에 보다 더 현실적인 전기를 마련했다. 랑케에게서 '국민성' 내지 '민족성'은 그에 앞선 세대에서처럼 관념적인 것이 아니라 "실재로서 분명히 존재하고 국가 속에 표현된 국민정신"을 의미하였다. 랑케는 보다 더 이념적인 국가와 보다 더 현실적인 국민성의 일치 내지 조화의 어려움을 잘 알고 있었다. 그러므로 그는 국민의 국가 형성적인 힘보다 국가에 의한 국민 형성의 힘을 더 높이 평가했다. 『정치 대화』의 결말에서 랑케는 하나의 이념이 아닌 "국가 속에서 표현되고 본질적으로 현존하는 국민"에 대한 자신의 관심을 강조하면서 국민 존재의 근거를 바로 국가 속에서 찾았다. 랑케에게는 국가의 문제야말로 '역사가의 최우선 과제'였다. 그러한 그의 국가 인식은 거대한 보편주의적 이데올로기를 앞세운 나폴레옹의 침략으로부터 조국에 눈을 뜬 해방전쟁 전후의 독일 국민의 내셔널리즘적 동향과도 일치하였다.

이제 확고한 역사적 인식에 뒷받침되어 랑케는 국가를 '정신적 실재', '인간 정신의 창조물', 그리고 바로 '신의 사상'(Gottes Gedanken)임을 선언했다. 이제 랑케는 국가 숭배 사상의 중요한 개척자 역할을 다하게 되었다.

독일에서 정치사상으로서의 국가 숭배에 앞장선 것은 루터였다. 그의 '국가교회주의'(Staatskirchentum)는 교회를 순전히 내면화하는 한편, 교회까지 포함하여 모든 것 위에 군림하는 국가의 절대권력을 요망하였다. 그러므로 국가는 교회를 흡수하고 교회를 대신하여 스스로 질서와 권위, 평화와 정의의 상징이라는 자기 목적이 되었다. 이와 같은 루터의 정치철학의 '업적'을 랑케는 높이 평가하였다.

랑케는 국가의 권력 행사를 '국가 최고 법칙'이라고 주장하면서 국민에게 이 '최고 법칙'에 따르기를 요구했다.

나는 인간 개성의 발전은 그가 얼마나 진실하게 (국가의) 공공의 복지 증진에, 공동의 본질에 참여하고 있느냐에 달려 있다고 확신한다.

이제 랑케에게서 '애국심'(Vaterlandsliebe)이야말로 "모든 활동의 원리"였으며, '조국 이념'은 유일한 목표로 확신되었다. '조국'이란 이름 아래 랑케는 "언제나 우리와 함께 있으며 우리들 속에 존재하는 것, 그것은 우리들의 내부에 살고 있다. 어느 나라 어느 땅을 방황하더라도 우리는 필연적으로 조국 독일을 표현한다. 우리는 처음부터 그것에 근거하고 있으며 그것으로부터 해방될 수 없다. 극히 일상적인 것으로부터 극히 고귀한 것에 이르기까지 모든 것에 충만되어 있는 이 은혜로운 존재 …… 우리들이 호흡하는 정신적 공기라고도 할 수 있는 것"을 생각하였다.
  랑케에 의해 국가권력은 '도덕적인 힘'으로 인식됨으로써 바로 자기 목적이 되었다.

  권력 그 자체 속에 정신적 존재, 즉 본원적인 정화(精華)가 나타난다. 그러므로 그것은 독자적인 생명을 지닌다.

  권력에 대한 랑케의 도덕적 확신 속에서 나는 권력의 본질을 '덕성'(virtu)으로 파악한 마키아벨리를 떠올리며, 한편으로는 또 국가를 하나의 '필요악'으로, 평등한 개인의 자발적 결사(voluntary association)로서의 교회와 권력에 복종시키는 강제 조직(compulsory organization)으로서의 국가를 엄격히 구별하고 국가를 필요악으로 생각하여, 국가와 사회의 이원론 위에 서서 권력을 억제할 필요성을 강조한 영국·프랑스를 비롯한 서유럽의 자유주의적 국가관을 긍정적으로 강조하고 싶다.
  그 자신의 국가사상으로 랑케는 역사에서의 정치가들의 행위를 감탄의 마음으로 서술할 수 있었다. 왜냐하면 그에게서 국가의 정신이란 정치가의 이념과 행위 속에 구현되기 때문이다. 프리드리히 대왕에 대해 그는『강국론』에서 "진실한 천재에게는 자기 자신이 바로 법칙이요, 그는 자기의 독특한 진리 위에 서 있다"라고 말했다. 랑케는 프리드리히의 군사적 행동 속에서 '내면적·도덕적·정신적 성격'을 감지한 것일까.

랑케는 또한『성찰록』에서 "국가의 이념은 진정한 정치가 속에 실재한다. 그것은 그들의 태도의 규범이며, 그들의 사유, 그들의 정신 속에 국가의 정신적 실재가 집중되어 있다"라고 말하면서, 정치가에 대해서는 다음과 같이 국가의 본질에 투철할 것을 요망하였다.

> 국가의 지도자란 자기 본질에 대해 완전한 인식과 이해를 가지고 있는 인물이다.

참으로 비스마르크의 출현을 기대하고 예견한 듯한 말투이다. 이제 비스마르크의 제국 창건에 대해 생각해보자.

2. 비스마르크 제국과 그 유산

나폴레옹 전쟁 이후 유럽의 재편 문제를 논의하기 위한 국제회의, 즉 빈 회의가 1814년 9월부터 1815년 6월까지 오스트리아 빈에서 열렸다. 그로부터 1848년의 3월혁명 직전까지의 시기는 독일 역사에서 흔히 '3월 전기(前期)'(Vormärz)로 불린다. 그것은 혁명의 도래를 시사하는 시대이기보다 검열과 탄압의 시대, 즉 반혁명의 시대였다. 그러나 프랑스의 1848년 2월혁명도 1789년 혁명과 다름없이 범유럽적 혁명으로 독일에 파급되고 확산되었다. 빈에서는 3월혁명이, 연이어 베를린에서도 4월혁명이 일어났던 것이다. 빈에서는 학생 주도의 민중 시위대가 왕궁을 에워싸자 황제는 그간 외상(外相)과 재상(宰相)으로서 오스트리아를 다스리고 빈 회의(1814~15)에서는 의장으로서 30년 이상 '빈 체제'를 구축했던 메테르니히를 영국으로 강제로 망명시켰다.

백작 가문 출신의 메테르니히는 1789년 혁명을 시작으로 1830년의 7월혁명과 1848년 2월혁명으로 점철된 자신의 생애를 '혼란과 소요가 극에 달한 병든 사회'의 나날로 인식했다. 그리고 그는 '혁명의 적대자' 임을 자부하며 '법이야말로 바로 진정한 파워'임을 강조하면서 혁명적 소란에 적극적으로 맞섰다.

> 신기한 것, 공허한 이론의 힘에 저항하지 못한 약한 사람들을 많이 보아왔다. 그러나 나의 이론과 양심은 그러한 화려한 공론 따위에 대해 양식과 정당한 권리의 법정에서는 지지할 수 없는 것으로 언제나 배제했다.

메테르니히는 계몽주의의 세례를 받은 적지 않는 귀족 내지 상류사회 출신의 인사들과 자기 자신을 명백히 구별했다. 그에게서 계몽주의 사상은 '18세기가 저지른 커다란 과오'일 뿐이었으며, "쟈코뱅 당원의 도그마와 민중적 정열의 호소"에 대한 그의 혐오감은 날로 격렬해졌다. 그러면서도 그는 미래에 대해 '절대적인 신뢰'를 견지했다. 정치적 생애 내내 일관되게 자유주의와 국민주의의 도도한 흐름을 탄압한 '정통주의의 돈키호테' 메테르니히는 결국 빈 혁명(1848)으로 실각하여 영국으로 망명하였다.

한편 베를린 4월혁명에서는 총격전이 벌어지기도 했지만, 시민군에 의해 질서가 회복되고 선거에 의해 프랑크푸르트에서 1848년 5월 18일 국민의회가 개최되었다. 국민의회는 그 다양한 구성(법조인과 행정직 319명, 교수와 교원 104명, 상공업자 38명, 농민 1명)으로 보아 독일사상 일종의 역

사적 이벤트였다. 그 구성원 중에는 급진적 공화주의자도 있었다. 의장
에는 내각 수반으로서 프로이센 주도의 연방국가 실현에 노력한 자유주
의자 빌헬름 가게른(Wilhelm Gagern)이 앉게 되었다. 국민의회는 새로운
국가 수립의 기반으로 '국가주권'을 선언했다. 그러나 프로이센도 오스
트리아도 이에 소극적이었으며, 대다수의 영방은 저마다의 헌법을 꾸몄
다. 그러므로 국민의회는 필경 무력한 존재에 지나지 않았다. 이후 독일
은 오스트리아를 제외한 프로이센 중심의 영방 연합을 기반으로 한정적
통합을 지향하는 '소독일'파와 오스트리아 중심의 전체 독일 통합을 표
방하는 '대독일'파로 분열되었으며, 그 대립은 비스마르크에 의한 프로
이센의 헤게모니에 따르는 독일 통일로 귀착되었다.

> 우리 시대의 커다란 문제를 해결하는 것은 연설도 투표(다수결)도 아
> 니다. 철과 피일 뿐이다.

제국 수상이 된 직후, 1862년 9월 30일에 프로이센 하원에서 행한 비
스마르크의 이른바 '철혈 연설'의 유명한 구절이다. 비스마르크는 전환
기적 시대 속에서 미래에 대한 거대한 비전을 지녔으면서도 현실을 리
얼하게 통찰하며 그 현실에 극히 합리적으로 대처한, 알렉산드로스 대
왕, 율리우스 카이사르, 프리드리히 대왕, 나폴레옹과도 비길 만큼 높이
평가받은 행동하는 '환상가'(phontast)였다. 그는 독일 통일에도 신중했
다. 1865년에 그는 "독일 민족이란 없다. 우리의 정책은 독일을 프로이
센 속으로 흡수함으로써 프로이센을 독일화하는 것이다"라고 언명했다.
프로이센에 대한 범독일적 기대와 여론을 먼저 받아들인 것이다. 그리
고 비스마르크는 그 자신을 반기지 않았던 소수파에 대해서도 신중했다.
독일 전체 인구의 5분의 2를 차지한 가톨릭 교도에 대한 이른바 '문화투
쟁'(Kultur Kampf)에서도 국가에 의한 학교 관리와 혼인계의 제출 정도로

타협하였다. 그리고 일찍부터 제거 대상으로 여긴 사회민주주의자 등 좌파에 대한 탄압에 대해서도 1878년 황제 암살 미수 사건이 일어나자 기다렸다는 듯이 '공공 이익에 해로운 운동 금지법'인 사회주의자 탄압법 (1879)을 의회에 제출하였다.

　제국 창건 이전, 19세기 후반의 독일 국민운동에 앞장선 것은 자유주의자들이었다. 그러나 프로테스탄티즘을 신봉한 그들은 국가의 실질적 지배자인 보수파 정치 엘리트에게 동조하여 필경 비스마르크의 문화적·정치적 '합의와 동질성'을 열망하게 되고 비스마르크 제국의 이데올로기적 견인차가 되었다. 막스 베버는 비스마르크가 국민 영웅으로 받들어진 것은 독일 상층 시민계급이 자신들의 계급적 지위를 보장하는 '새로운 카이사르를 열망한' 까닭이라고 언명한 바 있다. 그러나 그들 자유주의자들은 언론의 자유, 대의제, 배심재판제 등을 끊임없이 부르짖으며 국민의 자유 획득에 앞장섰다. 그리고 그 실현에 그런대로 성공했다. 물론 비스마르크의 동의가 전제되었다. 이에 더해 대중의 국민적 자각은 정당정치의 길과 함께 범국민적 정치 네트워크를 조성하여 독일 통일의 길을 개척했다. 그런데 프로이센 중심의 통일에는 전쟁이 필요했다. 비스마르크는 이제 더 이상 기다릴 필요가 없었다. 1866년 대(對)오스트리아 전쟁에서 대승을 거둔 다음, 프랑스와의 전쟁을 일으켜 파리에 입성(1871)하여 베르사유 궁전에서 독일 통일을 선언했다. 이 모든 것들을 예견이라도 했듯이, 하이네는 파리 망명 중인 1841년에 이미 이 시대를 '산업과 비스마르크의 시대'라고 토로했다. 물론 부정적인 의미에서였다.

　비스마르크는 범국민적 환호 속에서 독일 통일과 제국 창건이라는 위업을 달성했다. 그리고 단시일 내에 독일을 유럽 제일의 공업국으로 발전시켰다. 또한 유럽 여러 나라에 앞서 보험 기금, 재해 보험, 퇴직 보험 등 사회주의적 법제를 개설했다. 이 모든 것은 노동자를 국가의 관리 아래에 순종시키기 위함이었다. 그리고 대외적으로는 "독일의 미래는 바다에 달려 있다"라고 선언하여 대함대를 창설함으로써 영국과 맞섰다. 그러고 나서 1882년에는 오스트리아, 이탈리아와 손잡고 영국, 프랑스, 러시아와 맞서 아프리카에서 식민지를 경영하고 베를린, 비잔티움, 바그다드를 연결한 이른바 3B정책 등 범유럽적 헤게모니를 위한 세계정책을 과시했다. 이 모든 것이 국민을 열광시켰고 비스마르크 숭배에 연동되었다.

비스마르크는 랑케의 후예로 일컬어진다. 그러나 국가권력에 대한 적극적인 긍정에도 불구하고 랑케는 결코 국가의 어두운 면, 크라토스(Kratos)적인 권력의 본질을 간과하지 않았다. 그는 권력의 비대화 현상에 대해 "권력은 한번 형성되면 언제까지나 팽창되고자 한다"라고 말하면서, 권력은 언제나 정당한 방법에 의해 행사되어야 한다고 경고했다. 그러나 랑케의 '당당한 안티테제'(마이네케)는 비스마르크에 의해 무너졌다. 비스마르크의 제국 창건 이후에 드러난 내셔널리즘의 특수 독일적인 위험한 행보에는 세계와의 유대를 외면하고 '민족'의 독자성에 지나치게 기울어진, 트라이치케를 비롯한 독일 정치사학의 오류가 적지 않은 책임이 있었다. 그 모든 그릇된 행보가 조심스러운 현자(賢者)였던 비스마르크 치하에서는 감춰질 수 있었다.

그러나 문제는 그 정책을 이어받은 황제 빌헬름 2세(재위 1888~1918)였다. 그의 유아독존적이며 충동적인 성격은 뜻있는 인사들에게 위태롭게 보였다. 『교육자로서의 렘브란트』의 저자 랑벤은 미래를 예감한 듯이, "누구를 황제로 하는 것이 좋을까? 가장 조심스러운 인간이 좋다"라고 하였다. 그러나 빌헬름은 딴판이었다. 자기 자신을 '초인'(Übermensch)으로 여기며 비스마르크를 파면하였다. 비스마르크 본인은 "모든 책임으로부터 해방되는 것이, 황제와 그의 구상을 떠올리면 나에게는 극히 매력적이다"라고 말했다. 그럴듯하지만 무책임한 언명이다. 그는 자신의 제국의 갖가지 위험한 문제성에 무감각했던 것일까.

비스마르크가 제국의 재상 직에서 물러난 뒤, 그를 둘러싼 신화가 창출되었다. 즉, 그의 명성이 기념비나 제전(祭典), 우표나 그림엽서, 그림과 문예작품을 통해 부풀려졌다. 물론 비스마르크와 함께 그가 창시한 독일 제국의 영광을 예찬하기 위한 의도에서였다.

비스마르크가 이룩한 '무장한 국가', '무장한 민족'(ein volk in Waffen)은 과연 바람직하였을까? 그가 이룩한 강대한 독일은 언제나 무기를 통해 '으르렁거려'(qui-vive) 유럽을 불안에 빠뜨렸으며, 유럽으로 하여금 독일과 독일 국민을 적대시하게 했다. 비스마르크와 그의 제국이 독일과 독일 국민에게 남긴 진실은 과연 무엇이었던가.

니체는 1870년부터 1890년까지 20년간의 비스마르크 시대를 『반시대적 고찰』의 머리말에서 다음과 같이 비판했다.

> 엄한 군율, 태어나면서부터의 용감함과 인내, 지도자의 절대적 우월성, 그 지도자에 따르는 자들의 결속과 순종, 말하자면 문화와는 거의 관련이 없는 요소의 덕택으로 우리는 승리를 거둘 수 있었다. 적대국에는 이들 요소의 가장 주요한 부분이 결여되었다.

이른바 '독일적 미덕' 속에 반문화적 요소를 간파한 니체는 비스마르크의 승리와 그 신화 속에 반문화적인 문제성을 간파한 것이다. 그는 1888년에 스웨덴의 세계적 극작가인 아우구스트 스트린드베리(August Strindberg)에게 보낸 글에서 "왕후회의를 로마에서 열도록 소집하여 젊은 황제 빌헬름을 총살하도록 처리하겠노라"라고 말하기도 했다.

3. 마이네케와 과거와의 결별

히틀러 제3제국 치하의 엄청난 시련을 겪은 독일에서 전후 역사학은 새로운 전환기를 맞이하였다. 이른바 '과거로부터의 결별'이다. 종래의 역사관의 청산이라는 과제를 짊어지게 된 독일 역사학계에서 마이네케는 새로운 방향 설정의 중심에 서게 되었다. 이는 그가 20세기 독일 사학계에서 지도적 존재였다는 사실뿐만 아니라, 역사의 왜곡과 날조가 공공연하게 벌어지고 그러면서도 대다수의 역사가들이 그 심각한 의미를 파악하지 못한 저 나치 치하에서 일찍부터 히틀러의 권력 장악을 독일에 대한 '최대의 불행의 시초'라고 경고하고 시종일관 이에 저항했다는 사실로 봐서도 당연한 일이라고도 할 것이다.

마이네케는 일찍이 "어떠한 역사적 위기의 뒤에도 과거에 대한 새로운 의미를 발견하는 것은 살아남은 자의 의무이다"라고 말한 바 있다. 마이네케는 1936년 랑케 서거 50주년을 맞이하여 프로이센 과학 아카데미에서 기념 강연을 하였다. 랑케와 랑케의 시대, 이상주의 철학과 독일 인문주의 문학이 주류를 이루었던 그 시대는 마이네케에게 평생토록 '영원한 고향'이었다. 그러나 베를린 대학생이었던 젊은 시절에 그를 둘러싼 시대 상황은 랑케의 시대와는 달랐다. 자유보다는 권력을 더 요구하는 소리가 날로 높아갔으며, 1871년의 제국 창건 속에서 독일 정신과학을 대표한 것은 프리드리히 달만을 비롯하여 지벨, 드로이젠, 트라이치케 등의 프로이센 학파였다. 그들은 새 제국이 당면한 역사적 현실과 비전에 적극적으로 응답하고자 했다. 드로이젠은 자신들의 지향이 "조국애와 조국에 대한 신뢰를 표명하고 정당화하는 데" 있음을 선언했다. 역사학 교수이면서 정치가이기도 한 그들의 펜은 비스마르크 제국을 위한 검(劍)이 되었다. 그들의 문하생인 마이네케에게 프로이센 학파의 영향은 지극했다. 마이네케가 학문적 생애의 첫걸음을 디뎠을 때, 그를 인도한 인물은 스승 지벨이었다. 마이네케는 지벨이 관장이던 프로이센 국립문서관에서 사료 편찬에 종사하는 한편, 1896년에는 『사학 잡지』 (Historische Zeitschrift)의 편집 책임자가 됐다. 이상과 같이 마이네케는 프로이센 학파의 계승자로서 제국의 통일을 '신성한 재산'으로 받들었다. 베버 또한 마찬가지였다. 카를 야스퍼스(Karl Jaspers)에 의하면, 독일이 비스마르크의 영광에 들뜨고 있을 때 젊은 베버도 그를 찬탄하여 보수주의적 통일독일당에 입당했다. 당시 독일의 자유주의자, 온건 보수주의자들과 마찬가지로 "독일 국민의 생명과 권력이" 모든 것에 우선했기 때문이다.

그러나 그 뒤 유럽에 눈을 뜨면서 유럽적인 보편적 이상과 독일적 국민국가의 이념의 문제는 점차 마이네케의 최대의 과제가 되었다. 그리고 그는 이 문제를 자신의 첫 저서인 『세계시민주의와 국민국가』(1904)에서 다루었다. 근대 독일 사학사상 기념비적 저작인 이 저술에서 마이네케는 "근대 독일 국민국가 사상의 발생 속에서 싹튼 세계적 이상과 국민적 이상의 진정한 관계"를, 독일에 고유한 문학적·사상적인 통합으로부터 정치적 통일로 상승하는 독일 내셔널리즘의 완만한 형성을, 문화 국민으로부터 국민국가로의 추이 속에서 추구하였다. 이때 그는 근대적 국민국가를 향한 독일 국민의 의지를 찬양하고 있다.

마이네케가 이 책에서 무엇보다 적극적으로 긍정한 것은 국민국가 및 역사적 삶에서의 정치적 권력의 존재 가치이다. 그러면서 마이네케는 '비정치적 견해의 찌꺼기'인 초국민적 공동체에 대한 신앙에 사로잡힌 훔볼트와 권력을 '그 자체로 악'으로 정의한 부르크하르트를 비판했다. 이때 그에게 랑케는 "현실적이면서도 정신적인 실재"인 국가에 대한 확신에 사로잡힌 역사가로 비치고 받들어졌다. 그리고 그 연장선상에서 프로이센 출신의 마이네케는 비스마르크 제국의 탄생과 그 전도를 충심으로 축복할 수 있었다.

그러나 비스마르크 제국이 점차 취약성과 문제성을 드러내기 시작하자, 하나의 의혹이 마이네케의 마음속에 일어나게 되었다. 즉, 비스마르크의 '현실정치'와 그것이 쌓아올린 제국의 현실은 과연 최선의 방법 혹은 바람직한 현실일까. 이와 같은 고통스러운 의혹과 함께 프로이센 학파에 대한 비판이 고개를 들었다.

제국 창건의 과업이 성취되었을 때, 정론적(政論的)인 프로이센 학파의 존재는 퇴색되었다. 그리고 역사 연구의 흐름은 랑케의 객관주의로 돌아갔다. 이어서 마이네케는 하찮은 것에 매달리는, 이른바 전문성과 이념적 특성이 결여된 정치사학에 실망을 드러냈다. 정치사학의 한계를 극복하고 정치사와 정신사의 종합을 통해 역사학의 참된 위상을 밝힐 '이념사'(理念史, Ideengeschichte)의 구상이 마이네케에게서 싹텄으며, 그 기념비적 저작이 바로『세계시민주의와 국민국가』이다. 마이네케는 이제 '역사의 가장 생생한 현실'을, 그 배경을 이루고 밑바닥에 깔려 있는 '이념'과 '시대정신' 혹은 '특수한 인간성'을 통해 파헤쳤다.

마이네케는 랑케가 체험하지 못한 19세기 말 이래 현대 독일과 유럽을 비롯하여 세계사적인 갖가지 시련을 체험하고 그것에 전인적으로 대결하였다. 그는 참으로 역사 속의 역사가였다.「반파시스트 지식인 선언」(1925)을 비롯하여 철학은 본질적으로 역사철학임을 언명한 역저『사고로서의 역사와 행위로서의 역사』(1938)를 저술한 이탈리아의 뛰어난 사상가이자 역사가 베네데토 크로체(Benedetto Croce)는『세계시민주의와 국민국가』를 두고 "이 저작은 현대의 철학이며, 이것이야말로 새로운 철학과 역사 기술의 한 시기의 막을 연 것이다"라고 찬탄했다.

한편 제1차 세계대전의 체험은 마이네케로 하여금『국가이성의 이념』(1924)을 저술하게 하였다. 마이네케에 의하면, "국가 행동의 규칙, 국가 운영의 법칙"을 의미하는 '국가이성'(Staatsräson)은 그 자체 속에 "자연으로 향하는 일면과 또 정신으로 향하는 일면을 지니고 있으며, 그러므로 그것은 필연적으로 크라토스(힘)와 에토스(윤리), 권력 충동과 윤리적 책임 사이의 대립과 긴장이라는 이중성과 분열성을 내포하고 있다." 그렇듯 빛과 암흑의 사이에서 흔들리고 있는 국가는 그 본질이 권력이기도 하여 부르크하르트가 언명한 것처럼 '그 자체로 악'은 아닐지라도, '원초적인 권력 충동'의 맹목성을 마이네케는 두려워했다. 그러므로 마이네케는 권력은 더욱 "윤리적인 세계로 자기를 높여야 한다"라고 생각했다. 『국가이성의 이념』의 의도는 명백하였다. 이 저작을 통해 마이네케는 지난날의 낙관적인 국가관으로부터 탈피했음을 밝혔다. 그리고 '힘'에 의한 '윤리'의 패배라는 20세기 초의 쓰라린 역사적 현실이 그를 과거와의 결별로 이끌었다.

『국가이성의 이념』에서 우리는 이미 랑케의 국가관으로부터 점차 탈피하여 부르크하르트의 국가관에 접근하고 있는 마이네케의 모습을 본다. 이와 같은 그의 변모는 히틀러 제3제국으로 인해 날로 심화되어 마침내 '과거와의 결별'을 밝힌 논문 「랑케와 부르크하르트」(1954)의 발표로 이어졌다. 마이네케의 변모는 스승 랑케에 대한 비판으로 연동되고 심화되었다. 그에 의하면 랑케의 소박한 이상주의는 낙천적 역사관이나 국가관을 낳았으며, 그로 인해 역사적 세계의 심연을 간과하고 정치적 세계의 문제점을 은폐하는 중대한 과오를 범하였다. 또한 마이네케는 언젠가 랑케에 대한 한 각서에서 "아마 진정한 역사가라면 누구나 자기 자신의 정치적 이상을 가지고 있을 것이다. 그리고 그가 보는 역사도 어느 정도 그 이상의 성격을 띠게 될 것이다. 그러나 그는 자신의 이상의 몰락에도 견딜 만한 마음가짐을 갖고 있어야 한다"라고 말했다. 참으로 깊이 명심할 언명이다.

그러나 세계대전 이후에도 대다수 독일 역사가들은 패전을 굴욕으로만 생각할 뿐 전과 다름없는 강대국 독일이라는 환상에 사로잡혀 비스마르크를 받드는 데 급급했다. 그렇듯 그들은 새로운 시대의 문제에 눈을 감았다. 그리고 그들은 대다수 국민과 함께 새로이 탄생한 바이마르 공화국에 적의를 품었다.

마이네케는 바이마르 공화국을 지지한 소수의 역사가와 지식인 가운데 한 사람이었다. 그에게 신생 공화국은 민주주의적·자유주의적인 독일 재생에 역사적으로 불가피한 것으로 이해되었다. 당시 그의 소원은 그리스도교와 독일, 독일 국민과 휴머니즘적 인간성의 이상, 근대적인 사회사상 및 민주주의의 융합이었다. 그리하여 그는 바이마르 헌법의 입안에 큰 역할을 한 프리드리히 나우만(Friedrich Naumann)의 국민사회주의 운동의 앞날을 축복하였다. 그리고 바이마르 연합파에 속한 지도자들과도 친교를 맺었다.

그러나 『국가이성의 이념』의 저자의 의도에 반해 대다수 역사가와 지식인은 일반 대중과 함께 새로이 대두되고 있던 '권력의 데몬'에 영합하였다. 이제 니체의 이른바 '권력에의 의지'가 시대를 이끌었다. 히틀러 제3제국의 출현이다. 그간의 독일 근대사의 도정을 마이네케는 해방전쟁 시대의 '인간성'으로부터 비스마르크 시대의 '국민성'으로, 그리고 나치의 '야수성'(野獸性)으로의 퇴화 현상으로 지적하였다. 그간의 마이네케의 역사적 탐구는 그의 바람과는 달리 끝내 독일 국민에게 '교육의 힘'으로서 기능하지 못했다. 그 결정적인 요인을 마이네케는 "정신과 권력, 국민과 인류의 결합을 이론적으로는 기꺼이 긍정하면서도 일단 그 대립이 위기에 놓이는 순간, 헛된 권력 이해의 길로 무기력하게 유혹되는" 독일 시민계급의 정신적 구조의 결함 속에서 찾았다.

1930년대에 이르러 암흑의 시대가 시작되었다. 마이네케는 나치에 의해 40년간 종사한 『사학 잡지』의 편집인 지위에서 쫓겨났다(1935). 이미 노령에 들어선 역사가는 명상의 생활을 그리워했으며, 이념사의 마지막 저서인 『역사주의의 성립』(1936)을 남겼다. 마이네케가 세상을 떠난 뒤 새로이 출판된 그의 저작집(Friedrich Meinecke Werke, 전9권, 1957~79)의 간행자 가운데 한 사람이자 역사주의를 깊이 연구했던 발터 호퍼(Walter Hofer)는 마이네케를 "서구 사상이 체험한 가장 위대한 정신적 혁명 중 하나"로 받들었으며, 역사주의의 성립을 서술한 이 저작을 두고 죽음 앞에서 빛과도 같은 광명에 찬 지혜로운 저작이라고 극찬했다.

베네딕트 앤더슨(Benedict Anderson)이 지적했듯이, '국민'이란 "이미 지로서 마음에 그려진 상상된 정치 공동체(imagined political community)이다." 국민국가가 '새로운' 것으로 태동하더라도 국민 자체는 먼 과거로부터 막연한 모습으로 나타나고 무한한 미래로 표류한다. 그러므로 내셔널리즘을 정치 이데올로기의 차원에서 논해서는 안 된다. 그에 앞선 대규모의 문화적 비전 차원에서 통찰해야 한다. 이것이 마이네케의 이념 사학이 갖는 공덕이며, 오래전부터 그를 인도(引導)의 스승으로 우러러 본받아 역사를 문화사로 여겨온 나 자신의 바람이기도 하다.

그러나 마이네케는 체념하듯이 과거에만 머무를 수 없었다. 80세의 노구에 육체적인 병환을 무릅쓰고 쓴 『독일의 비극』(1946)은 독일 국민 전체를 향한 함성으로, 그는 조국과 국민 앞에 다시 '짐승 그대로의' 히틀러주의에 대한 고발과 단죄를 강조했다. 그러나 마이네케의 비판 대상은 히틀러주의에 그치지 않았다. 그는 프로이센 군국주의자와 "모든 것을 단순화하는 무서운 인간"의 출현을, 그리고 그 괴물을 출현시킨 근대사회의 지나친 기술적·공리적 타산, 이성을 압도하고 있는 공작인(工作人, homo faber)의 존재, 즉 근대 문명이 잉태하고 있는 속성을 냉정히 파헤쳤다.

4. 토마스 만의 비통한 자기 검증

나는 1875년 뤼베크에서 태어났다. 아버지는 그 자유도시의 시 참사회원을 지낸 상인이며, …… 나는 차남으로 태어났다.

이어서 토마스 만은 자신의 천성인 '삶의 진지한 길잡이'를 부계(父系)로부터, '낙천적 기질, 즉 예술가적·관능적 성격'과 '꿈꾸는 성향'은 라틴계의 모계로부터 물려받았노라고 토로하였다. 만이 1930년에 쓴 『삶의 개요』의 머리말이다. 이 글은 괴테의 자서전 『시와 진실』의 머리말을 떠올리게 한다. 만은 평생 경애로운 스승으로 받든 괴테와 마찬가지로 유서 깊은 대도시의 부유하고 교양 있는 시민의 아들로 태어났다. 그리고 그는 대를 이어온 가업인 곡물상을 계승하기 위해 실업고등학교에 입학하고 보험회사에 입사한다. 그러나 얼마 뒤부터 자신의 길을, 즉 문학의 길을 걷기로 마음먹었다.

만은 최초의 작품인 단편소설 「전락」(1894)을 보험회사의 탁상에서 몰래 썼는데, 이 작품은 당시 독일의 대표적 시인이었던 데멜의 극찬을 받았다. 만은 회사를 그만두고 뮌헨 대학의 청강생이 되었다. 이때 그의 나이 19세였다. 그리고 1897년에는 그의 문명(文名)을 범유럽적으로 드높인 『부덴브로크가(家)의 사람들』에 착수해 1901년에 완성하였다. 여러 대에 걸쳐 건전한 삶을 누리며 번성한 가족이 후대에 이르러 종교적 회의에 빠지고 음악에 매료됨으로써 끝내 몰락한 가족의 '타락 이야기'를 묘사한 이 작품의 주제는 시민적 삶과 정신, 예술의 대립과 갈등의 문제, 시민사회에서의 예술과 예술가의 고고한 고뇌의 문제였다. 그리고 이 문제는 이후 만의 모든 작품에 반영된, 그의 필생의 문제이자 과제이기도 했다.

만은 자서전에서도 밝혔듯이, 자신의 삶을 형성하고 교양적 길잡이별로서 니체와 쇼펜하우어, 바그너를 들고 있다. 그가 '온 정신을 바친 삶을 극찬한 빛'인 니체에게서 발견한 것은 '자기 극복자의 모습'이었다. 그러나 니체나 쇼펜하우어, 바그너에 대한 그의 깊은 애정은 결코 일면적이 아니었다. 그 아름다운 길잡이별들 속에서 만은 독일 낭만주의에 짙게 물든 '독일적' 사고와 정신, 그 아름다움의 위험성을 또한 알아차렸다. 그러면서 괴테가 그 저편(니체와 바그너)보다 드높이 큰 별로서 만에게 손짓했다. 그러나 예술적 파토스의 인간인 만의 고뇌는 간단없이 이어졌다. "예술가는 스스로를 인간으로 의식하는 순간 끝장난다"라고 토로하는 예술지상주의자를 다룬 『토니오 크뢰거』(1903), 죽음에 매혹되어 몰락하는 예술가를 그린 『베네치아에서의 죽음』(1912), 그리고 마침내 1913년에는 『마의 산』에 착수하였다. 만은 1912년 폐렴으로 요양 중인 부인을 문병하기 위해 스위스의 한 고원(高原)에 머물게 된다. 그때 의사가 만의 폐침윤(肺浸潤)을 발견하고 요양을 권하지만, 그는 거절하고 하산한다. 그때의 경험에 착안하여 그는 『마의 산』을 쓰기 시작했다.

'순수하고 선량한' 주인공인 젊은 한스 카스토르프는 요양 중인 연상의 조카를 찾아 스위스의 고원 사나토리움에 찾아든다. 그리고 거기서 자기의 병을 발견하여 긴 요양 생활을 하게 된다. 여러 나라에서 온 환자들은 중산층 혹은 상층 시민계급 출신의 남녀들로서 카스토르프는 그런 대로 좋은 나날을 보낸다. 그 요양객들 가운데 호기심이 남다르고 인문주의자로 자처하는 이탈리아 출신의 제템브리니는 우리들의 주인공을 그의 방식대로 세례하고자 마음먹는다. 그리고 카스토르프도 그에게 흥미를 느끼고 귀를 기울인다. 그런데 그에게는 또 한 사람의 교육자가 나타난다. 유대인 나프타. 그는 유럽 부르주아지의 시민적·계몽주의적 지성의 대변자 격인 제템브리니와는 대조적으로 중세 신비주의의 신봉자이기에, 부르주아 이데올로기와 시민적 질서에 비판적이다. 그에 대해 제템브리니는 반박한다.

그러나 이성과 계몽이 인류의 영혼을 뒤덮은 그러한 어두운 그림자를 제거하지 않았소. 아직 완전히 제거하지 못했으나, 빛을 위한 싸움을 위해서 이 세상의 일들은 이 세상을 위한, 즉 인류의 명예나 이익을 위한 일들을 해야 합니다. …… 인류의 반듯한 해방과 진보와 문명을 위해 …….

나프타도 뒤질세라 반박한다.

순수 인식이란 없습니다. …… 신앙이야말로 인식의 기관이며, 지성이란 2차적인 것일 뿐입니다. 언제나 하나의 신앙, 하나의 세계관, 하나의 이념, 요컨대 하나의 의지가 존재할 뿐입니다.

권위와 진리 간에는 충돌이란 없습니다. 양자는 일치합니다.

시민적 데모크러시의 신성동맹인 '이성이나 세계 공화국'에 대한 찬탄이 제템브리니에게서 이어진다. 두 교육자에게 귀를 기울이면서 카스토르프는 그 어느 쪽에도 말려들지 않는다.

『마의 산』이 구상되고 쓰인 당시 유럽의 두 가지 사상적 흐름을 대변하는 두 교육자는 카스토르프를 자기편으로 끌어들이려고 했다. 그러나 그는 어느 편에도 가담하지 않는다. 필경 '교양을 찾는 나그네'인 그는 자기의 길을 찾아 헤매며 삶을 둘러싼 갖가지 일들을 즐긴다. 그리고 삶을 긍정하는 그는 현실을 진지하고 귀하게 여기며 하산한다. 그러면서 (제1차 세계대전의) 전쟁터로 뛰어든다. 이상과 같은 주인공 카스토르프 속에서 우리는 만의 '시와 진실'을 엿본다. 『마의 산』이 현대 최고의 교양소설로 우리들에게 많은 것들을 환기하는 이유이다.

만이『베네치아에서의 죽음』을 발표하고『마의 산』을 한참 쓰고 있을 때인 1914년에 제1차 세계대전이 일어났다. 그리하여 만 자신도 현실 세계 속으로 하산해야 했다. 그는『마의 산』 집필을 중단하고 독일인으로 돌아가 정치평론 「프리드리히와 대동맹」(1915)과 「비정치적 인간의 고찰」, 「독일 공화국에 대하여」 등을 발표하였다.

　1933년 5월 11일, 베를린 대학 앞 광장에서는 기묘한 축제가 벌어졌다. 트럭과 자동차에 가득 실린 약 2만 권의 책이 '반독일적 서적'이라는 낙인이 찍혀 학생들에 의해 4만 군중의 환호성 속에 불태워졌다. '독일 정신의 궐기'를 모토로 행해진 베를린 대학생들에 의한 이 화형식에서 계몽선전 장관인 요제프 괴벨스(Joseph Goebbels)는 격려 연설을 퍼부었으며, 한밤중에 장장 5마일에 이르는 운터 덴 린덴 거리는 횃불 행진과 호르스트 베셀(Horst Wessel)의 나치 당가(黨歌)로 뒤덮였다. 이날 밤에 다른 30여 곳의 대학가에서도 같은 소요가 일어났다. 뮌헨의 경우에 분서(焚書) 행사는 대학총장의 격려사로 시작되었다. 이 사건 후에도 나치 계열의 학생들은 나치 돌격대와 동조하여 도서관과 연구실, 서점은 물론이거니와 심지어 개인의 서가에서도 많은 서적을 끄집어내 불태웠다. 나치 정권이 1935년 5월에 작성한 분서 목록에 오른 책은 약 4천 종에 달했다. 상식을 조롱하는 이러한 만행이 어떻게 일어날 수 있었을까.

　히틀러와 괴벨스를 비롯하여 헤르만 괴링(Hermann Göring), 루돌프 헤스(Rudolf Hess), 마르틴 보르만(Martin Bormann), 요아힘 폰 리벤트로프(Joachim von Ribbentrop), 알프레트 로젠베르크(Alfred Rosenberg) 등 독일 제3제국의 중심인물들은 거의가 정상적인 교육을 받지 못했다. 그들 중에서 대학을 제대로 나온 사람은 오직 괴벨스뿐이었다. 히틀러만 하더라도 제1차 세계대전에 참전한 후, 노동자 내지 화공(畵工)으로 부랑자 수용소에서 나날을 보냈다. 그들은 사회적 질서와 함께 지식인과 지식, 이성을 본능적으로 증오하고 미워했다. 그러면서도 그들은 학문과 대학, 대학인이 독일에서 차지하는 각별한 무게를 잘 알고 있었다. 따라서 그들은 대학과 대학인들부터 '공략'하기로 마음먹었던 것이다. 그러나 많은 지식인들은 나치가 바야흐로 권력 장악의 길을 지향하고 있던 1930년대 초에 그들을 비웃으며 이구동성으로 "그들에게 정권을 맡겨보자. 6주도 못 가서 국정을 다스릴 능력이 없다는 것이 드러나고, 책임이 있는 정부의 일 자체가 나치를 파멸시킬 것이다"라고 말했다.

한편 1929년에 독일에 거주하면서 나치 운동을 체험하고 반파시즘 운동에 적극적으로 가담했던 영국의 시인이자 비평가 스티븐 스펜더 (Stephen Spender)는 "나치의 행위 그 자체 못지않게 무서웠던 것은 사건에 대한 (독일) 사람들의 무관심, 공포를 눈앞에 두고 두려워하지 않았다는 사실이다. …… 직접 사건에 말려들지 않았던 사람은 도덕적으로 무관심하였다. 그리고 이와 같은 무관심이야말로 파시즘을 독일에 가능케 한 것이었다"라고 토로했다. 대학 중심의 독일 교양계층과 지식인 사회의 나치에 대한 방관 내지 무관심에 이어 작가와 예술가들의 행태에 대해서도 생각해보자.

니체가 상징적으로 선언한 '신의 죽음'의 시대인 19세기 말 이래, 유럽은 니힐리즘과 데카당스의 시대에 들어섰다. 그러한 상태는 패전과 혁명을 거듭하면서 모든 과거가 부정되다시피 한 1920년대와 1930년대의 독일에서 특히 극심했다. 그 틈을 타서 히틀러가 나타났던 것이며, 나치가 '니힐리즘 혁명'으로 불리는 이유이다.

니힐리즘의 예술적 표현은 20세기 초 이래 독일의 미술을 비롯하여 연극과 영화, 음악 및 문학까지도 휩쓸다시피 한 격렬한 표현 형태를 드러낸 표현주의(Exprssionismus)에서 잘 나타났다. 특히 20세기 초의 화가들은 형체를 무시하고 격정적인 원색이나 거친 터치를 구사하면서 사회비판적 주제를 즐겨 선택했다. 그 중심인물은 키르히너, 마르크, 놀데 등이며, 그들의 작품은 나치로부터 퇴폐예술로 불렸다. 칸딘스키와 파울 클레(Paul Klee) 등 청기사(靑騎士, der Blaue Reiter) 그룹도 그 운동에 포함되었다. 낡은 세계의 몰락과 예단할 수 없는 새로운 세계라는 2중의 부재 상황의 불안은 문학에서도 언어와 문체를 파괴하는 이른바 '전보문체'(電報文體) 혹은 '규환극'(叫喚劇)을 만들어냈다. 존재 상실의 해명과 그로부터의 탈출이라는 '존재의 문학'이 태동한 것이다. 이러한 표현주의 예술은 제1차 세계대전을 겪으면서 현실과 맞서는 정치적 성격을 잉태하였다. 그 가운데 유대계 작가인 알프레트 되블린(Alfred Döblin)의 『베를린 알렉산더 광장』(1929)은 표현주의 소설의 기념비적 걸작으로 높이 평가받았으며, 극작가 베르톨트 브레히트(Bertold Brecht)는 부르주아지를 강도보다 더 악질로 풍자한 『서푼짜리 오페라』(1928)를 통해 표현주의의 장자(長子)로 기록되었다. 최종적으로 표현주의 문학은 프란츠 카프카(Franz Kafka)에 이르러 최고의 상속자를 발견하게 된다. 이와 같은 조류 속에서 나치는 유대계 작가나 국제주의적 작가를 박해하는 한편, 자신들의 이른바 국민문학 수립을 강행하여 낭만주의적인 향토문학을 신봉하는 시인과 작가들을 자신들의 입맛에 맞게 동원하였다. 그러나 작가란 원래 저항하는 인간이기에 약 5백 명을 헤아리는 많은 작가들이 망명 길에 올랐으며, 그 밖에도 많은 작가들이 국내 망명의 길을 택했다. 당시 독일 문학의 원로였던 문호 게르하르트 하우프트만(Gerhart Hauptmann)도 제2차 세계대전을 체험하면서 폭력이 다스리는 세태를 혐오하여 협력을 원했던 히틀러의 요청을 무시하며 침묵을 지켰다. 일종의 체제 저항이었다. 그러자 나치는 1942년 11월 15일 그의 80세 생일에 즈음한 범국민적인 축제를 무시하면서 그를 '유대적 평화주의 문학의 대변자'로 지칭하여, 그에 대한 어떠한 경의의 표시도 금지했다.

한편 당시 대가였던 헤르만 헤세(Herman Hesse)와 한스 카로사(Hans Carossa)는 일종의 국내 망명의 나날을 보냈다. 헤세는 제1차 세계대전 때에는 스위스에 체재하면서 대내외적으로 평화와 국제 협조를 호소하여 모국으로부터 배신자로 탄핵받기도 했다. 작가이자 의사였던 카로사는 그 작품 세계나 삶이 경건하고도 조용하고 태평스러워 스스로를 '괴테의 제자'로 자부하며 일생을 살았던 인물이다. 제1차 세계대전 당시에는 군의(軍醫)로 종군하여 그 체험 기록인『전쟁터 일기』(1924)를 남겼는데, 이 작품은 전쟁문학의 걸작으로 일컬어진다. 아울러 1951년에 발표한『동등하지 않는 세계』(1951)에서는 나치 체제 전시 아래에서의 황당한 세상을 그렸다. 이상에서 보았듯이 하우프트만과 헤세, 카로사는 토마스 만과는 달리 적극적인 정치적 인간은 아니었다.

이제 우리는 정치적 작가이자 문명비평가인 만에 가까이 다가왔다. 루카치는 만의『마의 산』을 바이마르 공화국 시대를 통해 민주주의의 문제를 세계관의 문제로서 밝힌 단 하나의 중요한 작품으로 평가한 바 있다. 1922년 이래 만은 민주주의와 민주적 바이마르 공화국을 향한 자신의 신뢰가 담긴 참으로 많은 강연을 하고 글을 남겼다. 그 첫 번째 기록인「독일 공화국에 대하여」(1922)를 중심으로 당시 만의 참모습을 생각해보자.

1919년에 성립된 바이마르 공화국에 대해 독일 국민과 지식인 계층은 대체로 무관심했으며 불만으로 가득 차 있었다. 그들은 신생 공화국이 내세운 민주주의에 무감각했을 뿐만 아니라 반발을 드러내 보였던 것이다. 이러한 경향에 대해 만은 경고의 심정으로 미래 지향적, 민주주의적 공화국의 진실에 눈을 뜨게 하고자 했던 것이다. 만은 주장하였다. 지금 민주적 공화국에 대한 온갖 악담이 퍼져 있으나 "왕조적·봉건적 정점(頂點)이 물러난 오늘날 이 나라의 정신적 정점을 국민의 눈에 더욱 분명히 비쳐주는 것은 민주주의임을 확인해야 한다"라고 역설했다. 민주주의는 만에게서 하나의 정치적·사회적 제도인 동시에 정신문화적인 것으로도 일대 정점을 이루는 고귀한 것으로 확신되었다. 그러한 소신 아래 그는 독일 낭만파의 노발리스를 19세기 미국의 시인 월트 휘트먼(Walt Whitman)과 함께 즐겨 끌어들인다. "역사적 체제에 대한 애착, 조상의 기념비, 영광스러운 국가의 명문가들의 기념비에 대한 사랑과 심복"과 함께 "자유라는 매혹적 감정, 힘찬 사회적 활동에 대한 무조건적 기대,

새롭고 젊은 것에 대한 기쁨, 그리고 모든 겨레와의 자유로운 접촉, 인간적인 보편타당성에 대한 자랑, 개인의 권리와 전체의 공공성에 대한 기쁨, 힘찬 시민감정"을 강조한 낭만파 최고의 시인 노발리스에 대해 만은 민중의 인간적 참모습을 읊은 시인임과 동시에 민주당 좌파의 정치가이기도 했던 휘트먼의 쌍둥이인 양 찬탄하였다.

> 분명하게 말하지만 나의 의도는, 최대한 여러분을 공화국 편에 끌어들이는 것이며 민주주의라고 불리는 것의 편에 가담시키는 일입니다.

하지만 결국 바이마르 공화국은 히틀러에 의해 1933년 단명으로 사라졌다. 그리고 히틀러가 정권을 잡자, 만은 스위스로의 망명 길에 올랐다. 그러면서 그는 적극적으로 행동하는 정치적 지식인이 되었다. 참으로 대단한 전신(轉身)이었다. 그의 나치 비판은 과거의 독일에 대한 그의 비통한 비판적 대결로서 마이네케를 상기시키는, 지난날의 자신과의 가혹한 결별과 표리를 이루었다.

만의 독일 비판의 출발점에서 주조음을 이루는 것은 "나쁜 독일과 좋은 독일"(Das böse und gute Deutschland)이라는 "두 개의 독일이 있는 것이 아니라 독일은 하나"이며 그 가장 좋은 것이 악마의 책략에 걸려 악으로 변했다는 것이다. 그러면서 그 유래를 만은 특히 루터와 독일 음악의 지극한 '내면성'에서 찾았다.

만에 의하면, 루터는 성서를 번역함으로서 독일어를 창조하다시피 하고 '모든 사람은 자기 자신의 사제'임을 강조함으로써 스콜라 철학을 타파한 동시에 그리스도교와 양심을 소생시켰으며 개인의 자유와 사유·비판의 자유를 주장했다. 그는 참으로 독일을 빛낸 세계사적 인물이었다. 그러나 루터는 농민 반란을 무자비하게 탄압하기도 했고, 시민적 자유와 정치적 자유에는 무감각했다. 만은 자유를 둘러싼 독일적 자기 도착은 루터로부터 유래됨을 강조하였다. 독일적 자유의 충동은 언제나 독일 밖의 다른 나라를 향한 자기 중심적, 민족적 에고이즘이 되었다.

독일은 음악에서 자신만의 독특한 이상주의 철학이나 형이상학 이상으로 유럽 및 세계에 크게 이바지했다. 시와 철학의 나라 독일은 그에 앞서 음악의 나라였다. 그런데 순수 배양된 독일적 '내면성'의 정수인 음악은 신비하고 심오한 만큼이나 비현실적·카오스적이며 데몬적인 악령을 잉태했다. 독일 낭만주의도 이 음악적 내면성의 사도였다. 프랑스 작가 오노레 드 발자크(Honoré de Balzac)는 독일인을 가리켜 "천생 모든 악기를 연주할 수 있으나 자유라는 위대한 악기를 연주할 방법을 모른다"라고 했던가? 자유는, 개인적이면서 그만큼 진정으로 사회적인 자유는 현실과 맞선 슬기로운 정치적 사유와 실천에서 싹트고 발전한다. 만은 비통한 자기 검증인 강연 「독일과 독일인」을, 시민적 민주주의를 넘어선 사회적 휴머니즘의 실현을 깊이깊이 바라며 맺고 있다.

게이, 피터, 주명철 옮김,『계몽주의의 기원』, 민음사, 1998.

괴테, 요한 볼프강 폰, 전영애·최민숙 옮김,『괴테 자서전: 시와 진실』, 민음사, 2009.

_____, 정서웅 옮김,『파우스트』, 민음사, 1999.

기조, 프랑수아, 임승휘 옮김,『유럽 문명의 역사』, 아카넷, 2014.

노발리스, 김재혁 옮김,『푸른 꽃』, 민음사, 2003.

니체, 프리드리히, 이진우 옮김,『비극의 탄생/반시대적 고찰』, 책세상, 2005.

디드로, 드니, 이은주 옮김,『맹인에 관한 서한』, 지만지, 2010.

레싱, 고트홀트 에프라임, 송전 옮김,『에밀리아 갈로티』, 서문당, 2000.

_____, 윤도중 옮김,『라오콘』, 나남출판, 2008.

_____, 윤도중 옮김,『현자 나탄』, 지만지, 2011.

롤랑, 로맹, 이휘영 옮김,『베토벤의 생애』, 문예출판사, 2005.

루소, 장 자크, 김중현 옮김,『에밀』, 한길사, 2003.

_____, 서익원 옮김,『신엘로이즈 1·2』, 한길사, 2008.

_____, 이환 옮김,『사회계약론』, 서울대학교출판문화원, 2016.

_____, 주경복 옮김,『인간 불평등 기원론』, 책세상, 2003.

루터, 마르틴, 황정욱 옮김,『독일 민족의 그리스도인 귀족에게 고함 외』, 도서출판 길,
   2017.

마이네케, 프리드리히, 이광주 옮김,『국가권력의 이념사』, 한길사, 2010.

메링, 프란츠, 윤도중 옮김,『레싱 전설』, 한길사, 2005.

모르네, 다니엘, 주명철 옮김,『프랑스 혁명의 지적 기원』, 민음사, 1993.

버크, 에드먼드, 이태숙 옮김, 『프랑스혁명에 관한 성찰』, 한길사, 2008.

베버, 막스, 김덕영 옮김, 『프로테스탄티즘의 윤리와 자본주의 정신』, 도서출판 길, 2010.

베인턴, 롤런드, 박종숙 옮김, 『에라스무스의 생애』, 크리스천다이제스트, 2001.

벤야민, 발터, 최성만 옮김, 『괴테의 친화력』, 도서출판 길, 2012.

부르크하르트, 야코프, 이기숙 옮김, 『이탈리아 르네상스의 문화』, 한길사, 2003.

브란트, 제바스티안, 노성두 옮김, 『바보배』, 안티쿠스, 2006.

스탈, 마담 드, 권유현 옮김, 『마담 드 스탈의 독일론』, 나남출판, 2008.

아우어바흐, 에리히, 『미메시스: 서구문학에 나타난 현실묘사』, 민음사, 1987/1991.

아자르, 폴, 조한경 옮김, 『유럽 의식의 위기』, 민음사, 1990.

에커만, 요한 페터, 장희창 옮김, 『괴테와의 대화 1·2』, 민음사, 2008.

에코, 움베르토, 이윤기 옮김, 『장미의 이름』, 열린책들, 2009.

이광주, 「독일 교양시민층의 성립」, 『시민계급과 시민사회』, 한울아카데미, 1993.

_____, 『나의 유럽, 나의 편력: 젊은 날 내 영혼의 거장들』, 한길사, 2015.

_____, 『담론의 탄생: 유럽의 살롱과 클럽과 카페 그 자유로운 풍경』, 한길사, 2015.

_____, 『대학사: 이념·제도·구조』, 민음사, 1997.

_____, 『정념으로서의 역사』, 문학과지성사, 1987.

_____, 『지식인과 권력: 근대 독일 지성사 연구』, 문학과지성사, 1992.

_____, 『편력: 내 젊은 날의 마에스트로』, 한길사, 2005.

츠바이크, 슈테판, 정민영 옮김, 『에라스무스』, 자작나무, 1997.

칼라일, 토머스, 박상익 옮김, 『영웅숭배론』, 한길사, 2003.

코저, 루이스, 이광주 옮김, 『살롱 카페, 아카데미』, 지평문화사, 1993.

페브르, 뤼시앵, 김중현 옮김, 『마르틴 루터, 한 인간의 운명』, 이른비, 2016.

푸어만, 호르스트, 차용구 옮김, 『교황의 역사』, 도서출판 길, 2013.

하우저, 아르놀트, 반성완·백낙청·염무웅 옮김, 『문학과 예술의 사회사』, 창작과비평사, 1999.

하위징아, 요한, 이광주 옮김, 『역사의 매력: 새로운 문화와 역사를 위해』, 도서출판 길, 2013.

하위징아, 요한, 이종인 옮김, 『중세의 가을』, 연암서가, 2012.

헤르더, 요한 고트프리트 폰, 조경식 옮김, 『언어의 기원에 대하여』, 한길사, 2003.

홋타 요시에, 오정환 옮김, 『라 로슈푸코의 인간을 위한 변명』, 한길사, 2005.

회슬레, 비토리오, 이신철 옮김, 『독일 철학사: 독일 정신은 존재하는가』, 에코리브르, 2015.

Arnold, Matthew, *Culture and Anarchy and Other Writings*, Cambridge University Press, 1993.

Burckhardt, Jacob, *Kulturgeschichte vortiäge*, Stuttgart, 1959.

Curtius, Ernst R., *Europäische Literatur und Lateinisches Mittelalter*, 1948; trans. W. R. Trask, *European Literature and The Latin Middle Ages*, London, 1979.

Dahrendorf, Ralf, *Gesellschaft und Demokratie in Deutschland*, 1996.

Diderot et D'Alembert, Encyclopédie 1751~1780; 『百科全書』, 岩波文庫, 2006.

Dilthey, Wilhelm, "Friedrich der Gross und die deutschen Aufklärung", in *Ges. Schriften*, Bd. 3, Stuttgart, 1959.

Erasmus, *Praise of Folly*, Penguin Classics, 1993.

Garin, Eugenio, *Der Italienische Humanismus*; trans. P. Munz, *Italian Humanism: Philosophy and Civic Life in the Renaissance*, Oxford: Basil Blackwell, 1965.

Huizinga, Johan, *Erasmus and the Age of Reformation*, New York, 1957.

Humboldt, Wilhelm von, "Ideen zu einem Versuch, die Gränzen der Wirksamkeit des Staats zu bestmmen", in Humboldt, *Werke*, Bd. I, Stuttgart: Gotta, 1960.

Joachimsen, Paul, "Der Humanismus und die Entwicklung des deutschen Geistes", in *DVLG* 8, 1930.

Krieck, E., *Bildungssysteme der Kulturvölker*, Leipzig, 1927.

Lepenies, Wolf, "Der Krieg der Wissenschaften und der Literatur", in *Gefährliche Wahlverwandtschaften: Essay zur Wissenschaftsgeschichte*, Reclam, 1989.

Montaigne, *The essays*, Penguin Classics, 1998.

Mumford, Lewis, *The City in History*, New York: Penguin Book, 1975.

Paulsen, Friedrich, *Das Deutsche Bildungswesen in seiner geschichtlichen Entwicklung*, 1996.

Paulsen, Friedrich, *Geschichte des gelehrten Unterrichts*, Bd. I, Leipzig, 1919.

Priestley, John, *Literature and Western man*, New York: Harper & Brothers, 1960.

Ritter, Gerhard, *Das deutsche Problem: Grundfragen deutschen Staatslebens Gestern und Heuet*, München, 1996.

Williams, Raymond, *Keywords A Vocabulary of Culture and Society*, Oxford University Press, 1985.

27, 331, 332

르봉, 귀스타브(Le Bon, Gustave) 180

리글, 알로이스(Riegl, Alois) 321

리벤트로프, 요아힘 폰(Ribbentrop, Joachim von) 371

리스트, 프란츠(Liszt, Franz) 339, 343

리엔치, 콜라(Rienzi, Cola) 337

리처드슨, 새무얼(Richardson, Samuel) 149

리히텐베르크, 게오르크(Lichtenberg, Georg) 155

린네, 카를 폰(Linné, Carl von) 248

릴케, 라이너 마리아(Rilke, Rainer Maria) 239

| ㅁ |

마르비츠, 게오르크 폰 데어(Marwitz, Georg von der) 203

마르케, 알베르(Marquet, Albert) 324

마르크, 프란츠(Marc, Franz) 324, 372

마르크스, 카를(Marx, Karl) 18, 73, 74, 115, 218, 312

마리아 테레지아(Maria Theresia) 44, 53, 54

마이네케, 프리드리히(Meinecke, Friedrich) 167, 176, 194, 200, 268, 272, 276, 360, 362~67, 375

마이어베어, 자코모(Meyerbeer, Giacomo) 339, 345

마치니, 주세페(Mazzini, Giuseppe) 188

마키아벨리, 니콜로(Machiavelli, Niccolò) 88, 355

마티스, 앙리(Matisse, Henry) 324

막시밀리안 1세 39, 44, 328

막시밀리안 2세 53

만, 골로(Mann, Golo) 38, 42

만, 토마스(Mann, Thomas) 17, 18, 61, 69, 96, 97, 103, 104, 107, 135, 258, 268, 274, 277, 279, 283, 346, 368, 370, 371, 374, 375

말라르메, 스테판(Mallarmé, Stéphane) 238

말제르브, 기욤 드(Malesherbes, Guillaume de) 132, 133

매컬리, 토머스(Macaulay, Thomas) 187

맥키버, 로버트 M.(MacIver, Robert M.) 209

멈퍼드, 루이스(Mumford, Lewis) 73

메링, 프란츠(Mehring, Franz) 146

메테르니히(Metternich) 313, 357

멘델스존, 모제스(Mendelssohn, Moses) 146, 165

멘델스존, 펠릭스(Mendelssohn, Felix) 145, 345

멜란히톤, 필리프(Melanchton, Philipp) 84, 85, 104, 210, 328

면죄부 87, 88, 95

명예혁명 125, 226

모국어 148, 149, 155

모어, 토머스(More, Thomas) 98

모저, 요한(Moser, Johann) 190

모페르튀이, 피에르(Maupertuis, Pierre) 147

몰리에르(Molière) 149, 267

몸젠, 테오도르(Mommsen, Theodor) 308

몽테뉴, 미셸 드(Montaigne, Michel de) 21, 80, 136, 212, 213, 281

몽테스키외(Montesquieu) 47, 123, 128, 133, 176, 185, 190, 191

뫼리케, 프리드리히(Mörike, Friedrich) 239

91, 93, 95, 97, 102, 103, 106~09,
111, 152, 158, 166, 210, 283
죽음의 찬미(Liebestod) 295
중상주의(Kameralismus) 49, 50, 163, 164
지기스문트 황제 39
지드, 앙드레(Gide, André) 136
지벨, 하인리히 폰(Sybel, Heinrich von)
308, 362, 363
지식인 51, 52, 104, 115, 118, 124, 125,
132, 135, 191, 203, 207, 208, 211,
216, 224, 229, 237, 278, 280, 366,
371, 372, 374, 375
지킹겐, 프란츠 폰(Sickingen, Franz von) 40
징슈필(Singspiel) 303

| ㅊ |

찰스 1세 125
처칠, 윈스턴(Churchill, Winston) 126
천재(Genius) 238, 265, 269, 340, 356
철학하는 자유 153, 154, 156
청교도혁명 68, 125
청교주의(淸敎主義) 77, 90, 108
청기사 그룹 372
체임버스, 이프레임(Chambers, Ephraim)
127
첼티스, 콘라트(Celtis, Conrad) 80, 81
추디, 길크(Gilg, Tschudi) 323
춘프트(Zunft) 57, 58, 67
출판 문화 70, 127, 148
츠바이크, 슈테판(Zweig, Stefan) 102
츠빙글리, 울리히(Zwingli, Ulrich) 94
7년전쟁 51, 163, 165, 166, 190, 279
7월혁명 266, 282, 337, 357

| ㅋ |

카, 에드워드. H.(Carr, Edward H.) 351
카로사, 한스(Carossa, Hans) 373, 374
카르펜티어, 율리에 폰(Charpentier, Julie
von) 296
카를 1세(샤를마뉴 대제) 31, 34
카를 4세 32, 78
카를 5세 30, 38, 39, 53, 98
카를 6세 44
카를로스 1세 30
카시러, 에른스트(Cassirer, Ernst) 298, 299
카우니츠, 안톤 폰(Kaunitz, Anton von) 235
카이사르, 율리우스(Caesar, Julius) 34, 358
카프카, 프란츠(Kafka, Franz) 373
칸딘스키, 바실리(Kandinsky, Wassily) 324,
372
칸트, 이마누엘(Kant, Immanuel) 20, 67, 96,
146, 147, 165, 173, 186, 220, 229~
31, 238, 245, 249, 298, 346
칼라일, 토머스(Carlyle, Thomas) 108, 109,
301
칼뱅, 장(Calvin, Jean) 83, 89
케슬러, 니콜라우스(Kessler, Nicolaus) 327
코르네유, 피에르(Corneille, Pierre) 149
코뮌(commune) 58, 64
코뮌 운동 58, 62
콘스탄츠 공의회 87
콘체, 베르너(Conze, Werner) 42
쿠르티우스, 에른스트(Curtius, Ernst) 212
쿠자누스, 니콜라우스(Cusanus, Nicolaus)
82, 238
퀸, 조피 폰(Kühn, Sophie von) 295
크네벨, 루트비히 폰(Knebel, Ludwig von)